문화적 영웅 환상

일러두기

1. 본 책은 서강대 박사학위논문 「어네스트 베커의 환상 담론으로 본 삶과 죽음 연구 : 『난중일기』와 『티벳 사자의 서』를 중심으로」를 수정 보완 재편집하여 단행본으로 출가한 것임.

2. 본 책의 주석들은 편집의 간결성을 위해 많이 삭제되었으므로 내용의 정확한 출처를 알고자 하는 독자들은 위의 논문을 참조하기 바람.

환상을 마시고
환상을 토해내고
환상에 울고 웃는 인간의 삶

Illusion of Cultural Heroes

문화적 영웅 환상

| 배병훈 |

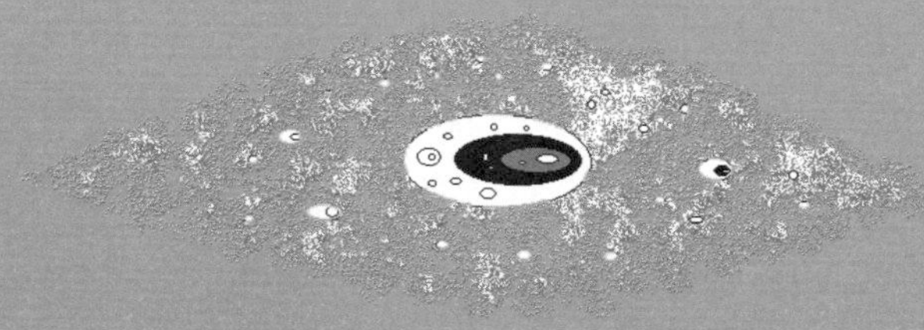

BOW

|프롤로그|

인간은 아무리 혹독한 상황에서도 희망의 끈을 놓지 못한다. 일말의 희망조차 없으면, 자기만의 환상을 쏘아서라도, 그것을 향해 나아간다. 하느님이, 부처님이, 조상님이 도와주실 거라는 절실한 믿음으로 살아간다. 그것도 아니면 자기만의 근거 없는 나르시시즘으로 "나는 무조건 잘 될 거다. 지금은 때가 아니다. 내일이면 반드시 좋은 소식이 올 거다"라는 믿음으로 하루하루를 버티며, 살아간다. 그러나 계속되는 실패와 좌절로 굳건했던 믿음이 서서히 붕괴되면, 절로 무력해지고 삶의 의욕을 잃게 되고, 한없이 무너져 내린다. 그것이 우울증이며, 신체적 이상 징후로 나타나는 것이 신경증이다. 그러한 증상이 더욱 심화되면 망상이 나타나고, 몇몇은 정신분열증과 유사한 증상을 보일 수 있다. 그리고 인간은 스스로 헤어나지 못할 막다른 골목에 계속 몰리면, 자기 파괴 심지어 자살 충동에 이르게 된다. 그처럼 한없이 나약한 모습이 인간의 삶이다.

인간은 혼자서 살 수 없다. 살다 보면 너무나 부러울 정도로 똑똑하고 매력적인 사람들을 많이 만나게 된다. 하지만 그러한 사람일지라도 타인에 대한 배려가 없는 사람은 더이상 멋있게 보이지 않고, 관심도 사라지게 된다. 요즘 우리 주변엔 이런 사람들이 너무나 넘쳐난다. 그들은 세상이 자기를 중심으로 돈다고 생각한다. 자기만의 환상에 갇혀 타자를 보고 세상을 본다. 어네스트 베커는 그들을 나르시시즘적 세속적 영웅성이라고 부른다. 그들 잘난 사람들에 의해 주변의 사람들은 말하지 못할 고통을 겪게 되고, 그들로 인해 인간 세상에는 온갖 갈등과 분란이 야기된다. 그러한 잘난 인간이 철이 들고 세상을 알게 되려면, 혹독한 코페르니쿠스적 전환을 경험해야만 한다. 더이상 "세상이 나를 중심으로 돌지 않는다"는 것을 처절하게 인식해야만 한다.

개인적으로 종교심리학과 죽음학을 전공했지만, 솔직히 공자가 가르친 덕으로 통치되는 이상세계, 붓다가 설법한 해탈과 열반의 길, 노자가 주장한 무위자연의 도 그리고 예수가 주장한 하느님이 다스리는 천국 등 여러 성인들이 설파한 가르침들을 깊이 공감하면서도, 한편으로는 의구심을 떨칠 수 없다. 왜냐하면 그들이 제시한 무수한 진리와 별개로, 수천 년간 인간 세상은 무수한 갈등과 폭력, 분쟁과 전쟁이 거칠 날이 없었고, 지금 이 순간에도 지구 곳곳에는 테러와 전쟁으로 인해 무고한 희생자가 속출하고 있다.

한마디로 그들의 이상론적인 가르침은 인간 세상을 구원하는데 별로 힘을 발휘하지 못하였고, 오히려 그들로 인한 서로 다른 종교적 믿음과 문화가 갈등을 양산하고 분쟁을 불러일으키는 요인이 되고 있다. 그러므로 성인들이 가르친 진리들은 어쩌면 그들 당대 인간들의 삶을 고달프게 하는 외침에 의한 전쟁, 집단 간 권력투쟁, 계층갈등 등과 같이 숱한 영웅들의 용트림 속에서 생사를 넘나들며, 모진 목숨을 부지하기 위해 정처없이 유랑하는 민중들의 혹독한 삶을 구제하려는 일종의 이상적 해결책일 수 있다. 그것들은 그들 문화권의 수많은 사상이 집약된 정수로서, 민중의 고단한 삶과 죽음의 공포를 달래주고, 삶에 의미를 부여해주는 '문화적 환상'으로 볼 수 있다. 그렇다고 그 속에 성인들의 통찰과 깨달음에 의해 인식된 궁극적 실재가 존재하지 않다고 단언하는 것은 아니다. 다만 그것이 너무나 요원하고, 깊은 심층에 숨겨져 있기에, 현실에는 실재하지 않은 것처럼 보인다는 것이다.

왜 이렇게 과격하게 표현하느냐고 묻는다면, 그 이유는 기독교의 유일신 진리가 인도의 다신교 문화권에서는 별 의미를 갖지 못하고, 우리 주변에 예수님의 실재함과 사랑을 주장하는 이는 많지만, 과연 그것을 진정으로 실천하는 이는 몇이나 될까. 또한 천명을 부여받은 덕스러운 왕이 다스린 유교적 이상세계는 한 번이라도 구현된 적이 있었던가. 붓다가 제시한 해탈과 열반의 길을 나선 수행자가 셀 수 없이 많았지만, 과연 그것을 성취한 이는 몇이나 될까. 그리고 대승에서 해탈을 미루고 중생을 구제하려는 보살들의 존재를 말하지만, 과연 그들은 지금 어디에 있는가? 그러므로 인간들이 진리로 여기고 배우고 습득하고 믿어온 주장, 이념, 신념의 성인들 가르침은 어쩌면 각 문화권에서 체계화한 '문화적 환상'일 수 있다.

단언컨대 각 문화권의 성현인 공자, 붓다, 예수, 무함마드 등은 일종의 모범적인 이상적 인간상으로서 누구나 숭앙하는 '문화적 영웅 환상'이다. 물론 현대에는 IT산업의 영웅인 스티브 잡스, 빌 게이츠, 일론 머스크 등의 성공한 기업가, 노벨상을 받는 각 분야 전문가, 그리고 스포츠나 연예 산업의 세계적 스타들이 문화적 영웅으로 군림하고 있다. 대중들은 그들을 찬탄의 눈으로 바라보고 부러워하면서 상대적으로 자신의 평범함에 절망하곤 한다. 이러한 모든 것이 바로 본 책의 주요 관점이다. 그러나 무엇보다도 진정으로 삶과 죽음의 의미를 추구한다면 자기의 환상과 주변의 문화적 환상에 부화뇌동하지 말고, 그것을 제대로 직시하는 자기성찰의 삶의 자세가 필요하다.

그렇다면 나는 왜 이러한 연구를 하였는가. 어찌 보면 다분히 비판받을 여지가 많은 이러한 관점을 깨닫기 위해, 나는 생업을 중단한 채 무려 15년을 외롭게 고뇌하면서 연구하였다. 짐작되겠지만 남들이 알아주지 않는 학문을 오랜 기간 묵묵히 한다는 것은 결코 쉬운 일이 아니었다. 하지만 이번 생에 나에게 주어진 소명이라 여기고 버틸 수밖에 없었다. 그 길만이 고통스런 삶을 계속 살아야 할 내 삶의 의미라고 여겼다. 그럼 도대체 무엇이 이토록 오랜 시간 학문을 하게 이끌었고, 좌절할 때면 다시 일어나도록 독려하였는가. 그것은 인간이면 누구나 가지는 근원적인 질문들 때문이다. 대부분은 이런 질문을 가슴에 묻어둔 채 살아가지만, 나는 천성이 비루하고 우둔하면서 성질은 조급하여 차일피일 미룰 수가 없었다. 왜냐하면 어느 순간 갑작스럽게 죽게 된다면, 이러한 공부를 영원히 다시 할 수 없으리라는 생각이 죽음보다 더한 공포로 다가왔기 때문이다.

그 질문들은 수많은 종교의 수행자, 철학자, 심리학자, 예술가들이 자기 생을 오롯이 바쳐 해오고 있는 질문으로서, "인간은 왜 살아가야 하는가?", "나는 누구이며, 나는 어디에서 와서, 또 어디로 가는가?", "인간의 삶은 왜 이렇게 고통스러운가?", "죽음 이후는 또 어떻게 되는가?", "왜 이렇게 의미 없는 삶을 연장해야 하는가?", "왜 이렇게 삶은 불안하고 우울하고, 허무한가?" 등이다. 그들처럼 나 또한 이러한 질문을 부여잡고 끙끙대며, 답을 찾기 위해 서강대 종교학과 대학원에서 석박사를 거치며 수많은 책 속에서 헤매고, 훌륭한 교수님들의 죽음학, 종교심리학, 정신분석학, 유교, 불교, 기독교 관련 수업을 듣고, 여러 학우들과 함께 고민하고 토론하였다. 그리고 한편으로는 여러 사상들을 바탕으로 나만의 명상법인 'BOW-자기통찰 명상법'을 계발하여 수행하면서, 인간의 내밀한 마음을 들여다보고, 인생의 숱한 고민을 해결할 수 있는 새로운 해법을 찾고자 하였다. 그것을 학문적으로 정리한 것이 나의 박사학위 논문인 「어네스트 베커의 환상 담론으로 본 삶과 죽음 연구 : 『난중일기』와 『티벳 사자의 서』를 중심으로」이다. 그것의 주요 내용을 다시 수정 보완하여 이렇게 단행본으로 출간하게 되었다.

이 책의 주요 내용은 어네스트 베커의 인간학과 죽음연구의 핵심인 인간의 자아와 죽음 인식 그리고 더 나아가 그것을 부정하기 위한 무수한 환상이 배타적으로 작용할 때 세상에 악을 가져온다는 것이다. 인간은 태어나면서부터 환상을 마시고, 자기만의 환상을 토해내고, 그러한 무수한 환상의 안개가 자욱한 삶의 전쟁터를 정처없이 헤매는 존재이다. 서로 다른 환상과 환상의 부딪침 속에서, 인간의 삶과 죽음의 여정에는 예기치 않은 무수한 고난과 고통이 야기된다. 그렇지만 인간은 환상 없이 살 수 없고, 환상을 벗어나 살 수도 없다. 그리고 인간은 죽음에 대한 각기 다른 문화적 환상으로 막연한 죽음의 공포를 달래고, 또한 홀로 죽음을 맞이하게 된다. 죽음의 진정한 실재는 그 누구도 알 수 없다. 이러한 내용을 『난중일기』와 『티벳 사자의 서』 그리고 여러 관련 자료들을 통해 밝혀 보고자 하였다.

이 책이 삶의 언저리에서 내밀하게 삶의 고난과 죽음의 두려움 속에서 삶과 죽음의 의미를 찾아 방황하는 외로운 이들에게, 자신의 존재적 의미와 자신을 둘러싼 세계를 새로운 관점으로 바라보는 데 조금이라도 도움이 된다면, 개인적으로 더할 나위 없이 큰 기쁨이 될 것이다.

지금까지 본 연구에 가장 큰 이해와 가르침으로 이끌어주고 끝까지 도와주신 스승이신 김재영 교수님과 여러 서강대 교수님들 그리고 심사위원으로 참여하여 부족한 부분을 보완해주신 정소이(서강대 종교학과), 안성두(서울대 철학과), 고진호(동국대 교육학과) 교수님과 이순신연구소 제장명 소장님께도 감사의 말씀을 드립니다. 또한 멀리서 항상 같이 의논하고 응원해준 이상호 박사님, 미국 유학 중에도 기꺼이 도움을 아끼지 않은 후배 이경수에게 이 자리를 빌어 감사의 말을 전합니다. 무엇보다도 오랜 기간을 인내하고 지원해준 사랑하는 아내와 아이들 그리고 부모님에게 이 책을 바칩니다.

2023년 1월
배병훈

| 목 차 |

1장

삶과 죽음의 공포와 환상

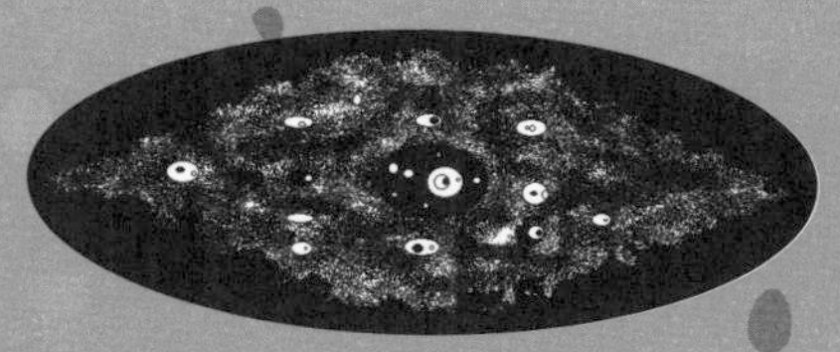

나는 늘 생명체의 허약함에 대한 막연한 생각이나 느낌을 가지고 있다. 마치 계속해서 서 있으려면 엄청난 에너지가 필요해서 언제라도 무너져 내릴 것 같다. 그리고 바로 그 허약함이 내 조각들과 유사하다.

- 알베르토 자코메티-

삶과 죽음의 공포 그리고 환상

인간의 삶은 삶과 죽음의 경계선을 줄타기하는 것과 유사하다. 매일같이 누군가가 자살하고, 누군가는 사고로 죽었다는 뉴스가 쏟아진다. 내일이면 그 누군가가 바로 자기 자신일 수 있다는 불안과 공포가 만연해 있다. 다만 애써 그것을 외면하며 담담히 살아갈 뿐이다. 하지만 평화로운 일상에 균열을 가져오는 예기치 않은 사건이 자신의 주변에서 발생하면 그동안 가까스로 무의식에 억압해오던 죽음의 공포가 불쑥 의식의 전면으로 부상하게 된다. 그때 경험하게 되는 섬찟한 느낌은 그 어떤 말로도 표현하기 어려울 정도로 무시무시하다.

도대체 인간은 왜 그토록 죽음에 대해 공포를 느끼는가? 또 누군가에게는 살아가는 것마저 공포스럽게 느껴지는가. 그처럼 삶에 대한 공포 이면에조차도 죽음에 대한 공포가 도사리고 있다는 것을 간파한 이는 어네스트 베커(Ernest Becker, 1924~1974)이다.

그에 의하면 누구도 인간의 삶에서 야기하는 죽음의 불안과 공포는 죽는 그 순간까지도 벗어날 수 없다. 그래서 그는 그토록 소름 끼치게 무서운 죽음공포를 진정으로 대면하는 이를 영웅이라고 칭하며, 죽음공포를 부정하려는 인간의 온갖 행위가 오히려 인간 사회의 모든 문제를 야기한다고 보았다.

그렇다면 인간은 그러한 불안과 공포에 대해 어떻게 반응하는가? 그것은 바로 '환상' 만들기이다. 지그문트 프로이트(Sigmund Freud, 1856~1939)에 의하면, 인간은 현실과 반대되는 무언가를 강렬히 원망(願望)하면서 환상을 만든다.[1] 심지어 그는 종교적 관념들도 일종의 환상이라고 보았다; "교리의 형태로 주어지는 종교적 관념들은 경험의 침전물도 아니고 사색의 최종 결과물도 아니다. 그것들은 환상이며, 인류의 가장 오래되고 강력하고 절박한 원망의 실현이다. 종교적 교리가 그토록 강력한 힘을 발휘하는 것은 원망의 강력함에 있다."[2] 논자는 이러한 프로이트의 종교적 견해에 전적으로 동의하는 것은 아니지만, 어느 정도 공감하기에 베커의 영웅적 환상 개념을 적용하여 '문화적 영웅 환상'으로 보고자 한다.

흔히 일상에서 환상(illusion)이라는 어휘는 '현실적인 어려움에 상관없이 모든 일이 쉽게 이루어질 것'이라는 의미로 통용된다. 그러므로 '환상적'이라는 말은 '현실감이 없는', '상상적', '황홀한', '신비로운' 말과 동격으로 쓰이기도 한다. 하지만 본 글에서 사용하는 '환상'은 베커의 관점으로 인간이 자신의 근원적인 불안과 죽음공포를 방어하고 억압하고 극복하기 위해, 무의식적으로 불가피하게 만들어내

---

1. 지그문트 프로이트, 김석희 역, 『문명 속의 불만』, (파주: 열린책들, 2008), 198.
2. 위의 책, 197.

는 고안물(考案物)의 의미를 지닌다.

베커는 그의 유명한 저작인 『죽음의 부정』의 핵심 내용으로, 인간의 영웅성에는 죽음의 공포를 부정하기 위해, 죽음을 능가하는 불멸의 영웅이 되려 하는 세속적 영웅성과 죽음을 대면하고 초월하기 위해 궁극적 실재를 추구하는 우주적 영웅성이 있다고 주장한다. 한마디로 이러한 영웅성을 꿈꾸는 그 자체가 '환상'이다. 더 나아가 그 문화권 안에서 수많은 대중으로부터 불멸의 영웅으로 인정받으려 하는 것이기에 집단적인 '문화적 영웅 환상'이라 칭할 수 있다. 인간의 가장 내밀하면서도 강력한 원망은 죽음을 초월하여 영속하는 것이다. 그것을 위협하는 것이 죽음공포이다. 인간이 무의식적으로 꿈꾸는 모든 환상은 인간 내면의 근원적인 죽음공포의 반작용이다. 베커는 이러한 환상이 불안과 공포를 달래주고 위안을 주는 선한 기능도 있지만, 역으로 인간의 삶에 나타나는 모든 다양하고 복잡한 문제와 세상의 악을 배태한다고 본다; "유한성을 부정하고 영웅적인 자기 이미지를 성취하기 위한 인간의 자연적이고 필수불가결한 충동이 인간 악의 근원적 원인이 된다."[3] 이것이 본 글이 베커의 환상 개념을 주된 관점으로 가져온 이유이다.

본 글은 이러한 베커의 '환상' 관점으로, 인간의 삶과 죽음의 고통을 연구한다.

첫째, 인간의 삶에서 '괴로움'은 영원한 미해결의 숙제이다. 왜

3. Ernest Becker, Escape From Evil, (New York: Free Press, 1975), xvii.

인간의 삶은 고통스럽고 숱한 문제들로 점철되어 있는지, 왜 인간은 일상에서 불안과 공포를 떨쳐 내지 못하고 전전긍긍하며 살 수밖에 없는지, 그 근본 이유를 밝히기 위해 종교심리학, 유교, 불교의 기본 사상을 자아와 환상의 관점으로 고찰해 본다.

둘째, 인간 내면의 의식에서 인식하는 자아에는 어떠한 것들이 있으며, 그러한 자아들이 왜, 어떻게 환상을 만들어내는지, 환상의 종류는 어떤 것들이 있고, 그러한 각각의 환상들의 속성은 무엇인지 살펴본다. 그리고 그러한 환상들이 인간의 삶과 죽음의 여정에서 어떤 숱한 고난과 고통의 문제를 야기하는 지를 밝혀 본다.

셋째, 인간이 추구하는 불멸의 영웅 환상이 역으로 타자를 배척하고 공격하는 세상의 악으로 표출될 수 있다. 자기 개인과 집단의 영속적인 불멸을 위해, 타자를 무참하게 공격하는 악으로 변질된다는 것이 베커의 근본적 관점이다. 본 연구는『난중일기』를 통해 임진왜란의 영웅들이 품었던 집단적인 문화적 환상을 살펴보고, 그들의 환상과 환상의 부딪침이 얼마나 많은 민중의 삶을 파괴시키고 고통스럽게 만드는지를 밝혀 본다. 특히 선조, 이순신, 도요토미 히데요시를 중심으로 살펴볼 것이다.

넷째, 인간의 무의식적인 죽음에 대한 공포는 죽음 이후에 대해 전혀 알 수 없기에 더욱 두렵게 느껴지는 것으로 보고,『티벳 사자의 서』를 통해 사후에 겪게 되는 죽음의 여정에 대한 연구로 죽음에 대한 이해를 증진 시키고자 한다. 인간은 죽음의 여정에서도, 생전에 품었던 환상으로 인해 여전히 고통받는다는 것, 그리고 생존에 대한 집착을 버리지 못해 대부분 다시 환생을 택한다는 점을 통해 삶에 대해 긍정적 관점을 제시해 본다.

다섯째, 인간의 삶과 죽음의 여정에서 인간이 만들어 낸 환상은 자아를 보호하면서도 삶의 실재를 제대로 보지 못하게 가로막는 장애가 되기도 한다. 이러한 환상에 부화뇌동하지 않기 위해서는 환상을 대면하고 직시하는 인간의 진정한 용기와 자기통찰이 필요하다. 환상이 인간의 삶에 진정 불가피하다면, 더 나은 참되고 궁극적 환상을 가질 필요가 있다. 본 글은 그러한 참된 환상으로서 우주적 자아의 '궁극적 환상'을 제시해 볼 것이다.

여섯째, 위의 연구를 위해 사상적 배경으로 유교와 불교의 주요 사상을 간략히 살펴보면서, 베커의 환상 개념으로 새로운 해석을 시도해보고자 한다. 그것을 통해 인간의 삶과 죽음의 고통에 대한 원인과 그 해결책을 알아보기 위해 유교와 불교 사상 안에서, 여러 성인의 해답을 고찰해 본다. 그리하여 성인들의 가르침 또한 그들이 살았던 당대의 숱한 인간의 고통 문제를 해결하기 위해, 그들 문화권의 무수한 지적 사유를 집약하고, 그들만의 고독한 자기성찰과 수행을 통해 획기적으로 깨달은 통찰이자, 고도의 지적 사유체계로서 그들 문화의 '궁극적 환상'임을 주장해 보고자 한다.

결론적으로 본 글은 인간의 삶과 죽음의 여정에서 맞닥뜨리는 수많은 고통과 환난이 환상에 의한 것임을 살펴보면서, 인간 스스로가 만드는 무수한 환상의 경쟁이 인간세계의 온갖 문제의 근원임을 밝히고, 그러한 환상이 인간의 삶에 불가피하다면 성인들이 설파한 보다 '궁극적 환상'을 지니고 살아야 함을 제언하고자 한다. 그리고 많은 이들이 인간의 삶과 죽음에 대해서 보다 포괄적 이해를 얻고, 자기 내면의 영적인 우주적 자아를 자각하여, 보다 의미 있는 삶을 추구하는데, 이 글이 조금이라도 보탬이 되었으면 한다.

본 글은 인간 내면의 자아가 죽음의 공포에 대응하기 위해 숱한 환상을 만들어낸다는 관점으로, 인간이 삶과 죽음의 여정에서 경험하게 되는 온갖 고난과 고통의 문제를 다룬다. 이러한 목적을 위해 다양한 텍스트를 통해 연구를 진행하는데, 다음과 같은 방법론을 택한다. 크게 다음 세 분야로 나누어 연구한다.

첫째, 베커의 후기 걸작인 『의미의 탄생과 죽음(The Birth and Death of Meaning)』(1971), 『죽음의 부정(Denial of Death)』(1972), 『악으로부터의 도피(Escape from Evil)』(1975)를 베커의 종교심리학 관점의 주 텍스트로 다룬다. 먼저 인간 행위의 강력한 동기가 되는 환상을 만들어내는 것이 자아라고 보고, 그러한 자아의 정의와 유형 그리고 그 범주를 정리해본다. 그리고 베커 사상의 근저를 이루는 핵심적인 용어가 환상임을 밝히고, 그것의 형성 과정과 유형을 살펴본다. 그러면서 베커가 말하는 여러 자아와 환상의 개념이 프로이트의 정신분석학에서 유래한 것이고, 그것의 영향을 받은 오토 랑크, 칼 융, 알프레드 아들러, 에리히 프롬 그리고 윌리엄 제임스 등에서 어떻게 다르게 논의되고 있는지를 살펴본다. 그것들과 더불어 베커의 환상 개념이 궁극적으로 내포하고 있는 문화적 영웅 환상이 무엇인지 정리해본다.

둘째, 인간이 경험하게 되는 참혹한 삶의 고난을 살펴보기 위해, 어네스트 베커의 환상 개념으로 임진왜란 기간에 기록된 이순신의 『난중일기』, 류성룡의 『징비록』, 루이스 프로이스의 『임진왜란과 도요토미 히데요시』, 박창기의 『도요토미 히데요시』 그리고 정조대에 왕명으로 간행된 『이충무공전서』와 국사편찬 위원회의 조선왕조실록 중에서 『선조실록, 『선조수정실록』을 중심으로 살펴본다. 여기에서 중점적으로 다루고자 하는 바는, 히데요시의 끝없는 불멸의 권력욕이 자아내는 세속적 영웅 환상과 선조와 사림의 이상적인 문화적 환상이 충돌하면서 아무 예고 없이 당하게 되는 조선 민중들의 혹독한 삶의 여정과 고통이다. 그들의 삶과 오늘을 사는 보통 사람들의 삶이나 전혀 다를 바 없음을 살펴본다.

그보다 앞서 조선 중기 임진왜란 시기를 살았던 이들의 사상적 배경을 이해하고, 인간의 삶과 죽음의 고통에 대한 유교적 해결책과 지향점을 살펴보기 위해, 유교 사상의 전반적인 고찰을 시도한다. 특히 공자, 맹자, 주자를 거쳐 조선의 성리학으로 이어지는 사상의 맥을 살펴보고, 그러한 성인들의 가르침 안에 인간이 사는 세상을 보다 나아지게 하려는, 그들만의 이상적인 문화적 환상이 담겨져 있음을 논한다.

셋째, 인간에게 죽음 이후는 미지의 영역이다. 특별한 종교적 교리나 믿음을 가지고 있는 이들조차도 두려운 것은 마찬가지이다. 이러한 사후의 죽음 여정에서 해탈에 이르는 과정을 자세히 밝히고 가르침을 주는 불교의 경전이 파드마삼바바의 『티벳 사자의 서』(8세기)이다. 본 글은 죽음에 대한 이해를 심화시키기 위해 이 경전을 주 텍스트로 삼았는데, 에반스 웬츠의 영역본과 그것을 류시화가 한역한 것을 같이 다룬다. 그것과 더불어서 티벳 스승들의 수행과정과 바르도 체험을 잘 설명하고 있는, 족첸 폰롭 린포체의 『티벳 사자의 여행 안내서』와 톨쿠 퇸둡의 『평화로운 죽음 기쁜 환생』을 참고 자료로 활용한다. 이러한 죽음의 여정에 대한 이해는 죽어가는 이에게는 죽음의 공포를 누그러뜨리고, 당면한 죽음을 진지하게 대면하게 도와주며, 남아 있는 산 자들에게는 죽음을 긍정적으로 바라보게 하고 상실의 아픔을 위무해줄 일종의 문화적 환상으로 작용한다.

『티벳 사자의 서』는 대승 계열의 티벳 불교 경전이다. 이 경전의 사상적 배경을 이해하고, 인간의 삶과 죽음의 고통에 대한 불교적 해결책과 지향점을 살펴보기 위해, 먼저 붓다의 출가와 가르침을 살펴보고, 초기불교부터 대승의 중관, 유식학, 후기 인도의 밀교를 거쳐 티벳 불교로 전해지는 불교 사상의 맥을 여러 관련 서적을 통해 대략적으로 살펴본다. 특히 불교사상의 핵심인 사성제와 팔정도, 무아와 업 그리고 윤회 사상에 대한 전반적 이해를 통해, 『티벳 사자의 서』에 담긴 보다 깊은 의미를 해석해 보고자 한다. 그리고 유식학을 통해 사후의 죽음 여정을 하는 주체가 8식인 알라야식 임을 밝힌다. 그것은 인간 심층의 가장 깊은 곳에서 폭류처럼 흐르는 '식의 흐름'으로서, 비록 고정된 실체가 아니지만, 자기의 업이 뭉친 일종의 덩어리로 이해될 수 있다.

본 글에서 『난중일기』와 『티벳 사자의 서』를 주 텍스트로 선정하여 같이 비교하는 특별한 이유가 있다. 이 두 권의 텍스트는 얼핏 보기에 서로 관련이 없어 보일 수도 있다. 그렇지만 앞서 밝혔듯이 본 글의 주된 목적은 환상이 자아내는 삶의 고통, 인간의 근원적 죽음공포, 그리고 사후에 경험하는 인간의 죽음 여정에 대한 총체적 이해이다. 그러한 목적을 위해, 우리나라 역사상 가장 치열한 전쟁의 하나인 임진왜란의 한 가운데서 기록되어, 인간 삶의 처절한 실재와 비애를 여실히 보여주는『난중일기』를 택하였다. 그리고 인간의 고독한 죽음 여정을 상세하게 잘 묘사하여 전 세계적으로 인간의 죽음 이해에 큰 도움을 준『티벳 사자의 서』를 같이 선정하게 되었다. 그럼으로써 인간이 삶과 죽음의 여정에서 경험하는 혹독한 삶의 고난과 죽음의 고통을 서로 대비시켜 보고자 하였다. 그와 더불어 역사적으로 동아시아에서 인간의 삶과 죽음에 대한 모든 사상의 밑바탕이 된 유교와 불교의 관점을 베커의 환상 개념으로 들여다보고, 그러한 사상을 형성하는데 작용해온 당대 성인들의 의식 저변에도 무의식적인 숱한 '문화적 영웅 환상'이 작용하였음을 추정해보고자 한다.

2장

어네스트 베커의 환상 논의

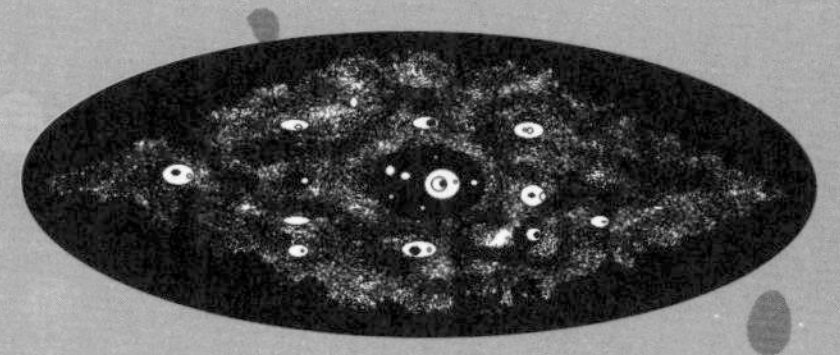

외부로부터 어떠한 위협도 침투해 들어올 수 없는 자기만의 세계를 세우려 하는 사람들은 외부세계에 대한 방어에만 지나치게 치중한 나머지 정작 내부 세계는 방치해둔다. 바로 그 틈을 타서 아메르툼(슬픔의 독)이 내부 세계에 돌이킬 수 없는 손상을 입히기 시작한다.

- 파울로 코엘료 〈베로니카 죽기로 결심하다〉

1절. 베커의 인간학과 죽음연구

베커가 연구한 '인간학'이란 무엇인가? 그것은 "무엇이 인간으로 하여금 그들이 행하는 방식대로 행동하게 하는가?(What makes people act the way they do?)"[4]에 대한 연구이다. 한마디로 인간의 본성에 대한 연구이다. 그것은 어느 하나의 학문만으로 해답을 찾을 수 있는 것이 아니라, 인류학, 사회학, 심리학, 정신분석학, 종교학 등의 다양한 학문의 종합을 바탕으로 한 통찰력이 요구되는 학문이다. 베커는 직접 인간학(the science of man)에 대해, "그것은 인간 스스로에 대한 앎으로서 학문이다. 그것은 오싹하면서도 일종의 전율을 제공하는데, 자기를 고스란히 드러내는 오싹함이다"[5] 라고 밝혔다. 프로이트가 인간의 가장 숨기고 싶은 동물성의 원초적 '성적 본능'을 꾸밈없이 밝혀 많은 비판을 받았듯이, 베커의 인간학도 인간 본성의 특성들을 숨김없이 그대로 과감하게 밝히고자 하였기에, 초기엔 여러 학문 분과에서 제대로 인정받지 못하였다. 그렇다면 베커는 왜 이렇게 힘들고 사람들이 제대로 인정해주지 않는 인간학에 특별히 관심을 갖게 되었

4. Ernest Becker, The Birth and Death of Meaning, (New York: Free Press, 1971), vii.
5. op. cit., vii.

는지 알아보자.

베커의 인간학에 대한 특이한 관심은 자신의 경험과 몇몇 사상가들의 사상적 영향 때문에 생겨났다. 그는 제2차 세계대전에 직접 참여하면서 현대문명이 갖고 있는 근원적 모순을 생각하기 시작했다. 바로 그러한 인식은 그가 외교관 생활을 하면서도 계속 추구되었다. 특히 그는 현대인들이 바쁜 일상 속에서도 지독하게 경험하고 있는 삶의 역설과 그 뿌리가 무엇인지를 비판적으로 들여다보기 시작하였다. 그러한 논의를 추구하기 위해서 그는 문화인류학, 종교학, 철학, 그리고 정신분석학과 관련된 다양한 연구를 진행하였다.

특히 베커는 시러큐즈 대학교의 토마스 자쓰 교수로부터 많은 영향을 받았는데, 그는 자신의 책에서 기존의 정신의학의 문제점을 비판하고, 정신질환을 몸과의 분리 속에서 이해하기보다는 심층적으로 통합적인 관점에서 이해하려고 하였다. 아마도 그는 지금 논의되고 있는 인문 치료학이나 철학적 상담 분야의 개척자라고 볼 수 있다. 베커는 이러한 자쓰 교수의 영향으로 몸과 정신의 문제를 대립적인 이원론으로 보기보다는 통합적인 관점에서 새롭게 해석하였다.[6]

더 나아가 베커는 인간 이해의 새로운 대안으로서 정신분석적 이해를 넘어서 종교나 우주적인 영성에 대한 논의에 적극적으로 관심을 기울였다. 특히 그가 결정적으로 영향을 받은 사상가들은 키에르케고어, 윌리엄 제임스, 그리고 오토 랑크 등이다. 베커는 키에르케고어와 제임스로부터 인간의 근원적 삶의 조건인 고통에 대한 해답

---

6. 어네스트 베커, 『죽음의 부정』, 김재영 역 (고양: 인간사랑, 2008), 20.

으로서 신앙이나 종교에 대한 논의를 많이 참고하였다. 그러면서 그는 정신분석의 핵심은 프로이트의 성이나 아들러의 권력이 아니라, 죽음에 대한 문제 인식이라는 랑크의 논의를 자신의 연구 핵심으로 받아들였다. 이러한 베커의 인간학 연구는 심리학, 정신분석학, 종교학을 아우르는 죽음연구로 연결된다.

베커에 의하면 인간의 모든 역설적이고 근원적인 고통의 문제는 죽음을 어떻게 대면하는가의 관점으로 귀결된다. 이러한 그의 죽음연구가 어떤 의미와 가치를 가지는지를 잘 알 수 있는 사례는, 그가 죽음을 앞두고 병실에서 만난 편집자 샘 킨에게 처음이자 마지막으로 남긴 다음의 말 속에 잘 담겨있다.

> 당신은 죽음이 임박한 때 나를 만나러 왔군요. 이것은 내가 죽음에 대해 지금까지 쓴 모든 것을 검증하는 것입니다. 나는 이제 인간이 어떻게 죽을 수 있는지, 죽음에 직면해 어떤 태도를 취할 수 있는지 보여줄 기회를 갖게 된거죠. 인간이 위엄있고 대담하게 죽음을 맞이할 수 있는지 없는지, 죽음에 대해 어떤 생각들을 하는지, 어떻게 죽음을 받아들이는지 보여주게 된 거죠.[7]

베커의 이 말은 그가 죽음연구를 통해 밝혀낸 정수를 담고 있다. 인간은 죽음을 대면하기를 겁내고 부정한다. 대부분 인간은 자신의 죽음을 두려워하여 쉽게 받아들이지 못하고, 온갖 환상들로 자신을 포장하여 죽음을 회피한다. 세상에 만연한 온갖 문제는 그것들로 인해 생겨난다. 이러한 모든 것은 그가 오랜 죽음연구를 통해 밝혀낸 내용들이

---

7. 어네스트 베커, 『죽음의 부정』, 9.

다. 그는 자신의 죽음을 통해 죽음을 의연하고 담담하게 받아들이는 진정한 용기를 보여주고자 하였다. 이처럼 베커의 죽음연구는 죽음을 대하는 인간의 부정적 심리와 그것이 유발하는 다양한 환상들이 초래하는 여러 사회악을 연구하는 것이다.

베커에 의하면 인간은 근원적으로 죽음에 대한 공포를 지니고, 그것에 대한 자신의 무력감을 절감하고 자신을 지켜줄 영웅적 대상을 필요로 한다. 그것은 인격적 대상일 수 있고, 비인격적인 상징일 수 있다. 전자는 부모나 영웅적인 지도자나 대중의 인기를 한 몸에 받는 대중스타일 수 있다. 후자는 돈, 권력, 신념, 이데올로기 등이 될 수 있다. 베커가 우려한 것은 이러한 영웅적 대상을 무비판적으로 숭배하여 고착화하고 우상화하는 것이다. 왜냐하면 부정적 우상화에 잘못 빠져들 경우 자신의 내면을 정직하게 대면하지 못하고, 자신에 대한 그릇된 환상을 만들어 쉽게 나르시시즘에 빠지게 되고, 타자의 환상을 조금도 허용하지 않는 배타성을 지니게 되기 때문이다.

또한 인간은 죽음이라는 소멸에 대한 두려움을 억압하기 위하여, 영원한 지속을 약속하는, 불멸의 문화적 상징들을 세운다. 문화는 자연이 그에게 부과한 것보다도 더 오래가고 강력한 힘을 지닌 또 다른 상징적 유기체를 제공한다. 인간은 욕구 충족을 위해 살뿐만 아니라, 특별히 자신의 삶에 의미를 발견함으로써 죽음을 초월하려 한다.[8] 그러므로 인류의 문화와 문명은 서양이든 동양이든, 제도적 종교이든 아니든, 배운 자이든 아니든, 권력자이든 그렇지 않든, 부자

8. Ernest Becker, Escape From Evil, 3.

이든 가난한 자이든, 개인적으로나 집단적으로 모두 각기 다른 삶의 환경 안에서 맞닥뜨리게 되는 삶과 죽음의 공포를 벗어나기 위한 집단적 영웅성의 발현이며 그 축적물들이다.[9]

베커의 죽음연구에서 가장 중요한 것은 인간이 자신의 죽음을 인식한다는 것이다. 그러한 죽음 인식과 동시에 그것을 극복하려는 무의식적 욕구가 분출한다. 인간은 자신의 육체적 죽음을 상징적 불멸로 초월하려고 한다. 그들은 상징성을 확보하기 위해 어떤 고안물들을 만들어내는데, 그것들이 때로는 타자에 대한 공격성과 배타성으로 표출됨으로써 세상에 악을 만들어낸다. 즉 자신이 영원히 살고자 하는 갈망으로 타자를 무차별적으로 죽이는 것이다. 이러한 역설이 베커가 인간학과 죽음연구를 통해 결론적으로 밝힌 내용이다. 이러한 자신의 연구에 대한 총체적인 견해가 『악으로부터의 도피』 서문에 실려있다.

> 이 책은 『죽음의 부정』과 한 쌍을 이루는 책으로써, 인간에 대한 과학적이고 비극적인 관점을 종합한 것이다. 『죽음의 부정』에서 나는 인간이 천부적으로 항상 품고 있는 죽음의 공포가 그로 하여금 문화적으로 규범화된 영웅체계와 상징들을 통하여 죽음을 초월하려는 숱한 시도를 하게 만든다고 주장했다. 이 책에서 나는 유한성을 부정하고 영웅적인 자기 이미지를 성취하기 위한 인간의 자연적이고 필수불가결한 충동이 인간 악의 근원적 원인임을 보여주려고 한다. 이 책은 오토 랑크의 저작에 대한 나의 대면과 일반적인 인간학의 관련성을 밝히려는 시도로 작성된 것이다. 이상적으로 두 책은 내가 가진 통합적이고 포괄적인 그림을 전하기

9. 김재영, 『종교심리학의 이해』, 248.

위해서 나란히 같이 읽혀져야만 한다.[10]

그 책들을 통해서 베커는 초기에 가졌던 '인간이 인간에게 가하는 사악한 행위가 어디에서 유래된 것인지'에 대한 질문에 대해 자기 나름의 해답을 제시한다. 인간 사회에 만연한 악은 신의 징벌이나 섭리의 문제가 아니라, 인간 스스로 유한성을 부정하고 죽음을 초월한 영웅적 이미지를 고취하려는 내면의 자연스런 충동에서 유발된다는 것을 주장한다. 한마디로 인간의 악은 내면에 작동하는 죽음공포와 그 반작용으로서 영웅성의 문제이다.

결론적으로 베커의 인간학과 죽음연구는 이념이나 관념상이 아닌 구체적인 인간의 삶에서 일어나는 인간의 실존에 관한 연구이다. 그가 본 인간의 문제는 인간 본성에 내재된 죽음을 부정하고 영속된 삶을 배타적으로 갈망하는 데서 기인한다. 그가 찾은 결론은 인간이 나르시시즘적인 영웅성으로 자기의 불멸만을 추구하는 것이 아니라, 유한성을 인정하고 무한성의 궁극적 실재를 지향하며, 죽음을 의연하게 대면하며 살아가는 것이다.

10. Ernest Becker, Escape From Evil, xvii.

2절. '나'를 의식하는 여러 자아

인간은 잠시도 자기를 의식하지 않는 순간이 없을 것이다. 그것은 '나르시시즘'적 자기도취의 문제가 아니라, 이 세상이 끊임없이 '당신이 누구인지?'를 물어오기 때문이다. 진정 자기를 의식하지 못하는 인간이 있다면, 그는 정신분열증에 걸려 자신을 망각한 이, 아니면 자아를 가뿐히 초월한 영적으로 고매한 스승일 것이다. 그렇지 않은 정상적인 인간이라면 모두 매 순간 자기를 의식하게 된다. 그리고 인간은 자신의 자아를 어떻게 인식하느냐에 따라서 예기치 않은 행위를 유발할 수도, 그렇지 않을 수도 있다. 그만큼 자아 인식은 민감하고 복잡한 내면의 심리를 내포하고 있다.

인간의 자아는 심층적으로 순수한 내면적 자아, 사회에서 주고받는 상징적인 외면적 자아, 그리고 그런 것들을 넘어 자기의 죽음을 인식하고 무한한 영속성을 추구하는 영적인 우주적 자아로 분류될 수 있다. 먼저 이러한 여러 자아의 정의를 알아본 후, 이들 자아의 범주와 특징들을 살펴보자.

1. 자아의 형성과 정립

일상에서 흔히 말하는 '자아'[11]는 '나'를 의식하는 것이다. 그렇다면 '나'란 무엇인가. 사람들과의 관계에서 자아에 대한 인식이 집약된 용어가 '나'이다. 그렇다면 이러한 나에 대한 주관적 의식인 자아는 어떠한 과정을 거쳐 형성되는 것일까? 우선 동물과 다른 영장류가 어떻게 자기와 주변의 세계에 대한 의식을 갖게 되었고 공유하게 되었는지를 베커의 『의미의 탄생과 죽음』을 통해 알아보자. "초기 영장류들은 나약한 몸으로 동물을 사냥하기 위해서 서로 협동할 필요가 있었고, 그러한 친밀한 협동을 위해서는 사냥감을 균등하게 분배하고, 서로 간에 성적인 관계를 조율할 필요가 있었다. 그러한 과정을 통해 구성원들 간에 상징성을 공유할 마음이 형성되었다."[12] 이러한 베커의 관점과 유사한 견해는 유발 하라리의 『사피엔스』에서 볼 수 있다. 호모 사피엔스가 세상을 정복한 것은 고유한 언어 덕분이며, 그러한 언어의 특이성은 사실적 정보를 전달하는 것보다는 오히려 '전혀 존재하지 않은 허구의 정보'를 전달할 수 있다는 점이다. 이러한 언어 덕분에 인간은 단순한 상상을 넘어 집단적으로 상상할 수 있게 되었다.[13] 그리하여 인간은 보이지 않은 수호정령에게 몇 시간씩 기도를 하고, 공통의 신화를 만들고, 그것을 기반으로 함께 어우러져 살며 자기와 세계의 관계를 설정하고, 삶에 의미를 부여할 줄

---

11. 본 글에서 말하는 자아는 정신분석과 심리학에서 사용하는 개념을 위주로 한다. 특히 프로이트, 융의 글에서 자아는 영어 'ego'를 번역한 것이고, 그 외 제임스, 랑크, 베커의 글에서 사용된 자아는 영어 'self'를 번역한 것임을 미리 밝혀 둔다.

12. Ernest Becker, The Birth and Death of Meaning, 2-3.

13. 유발 하라리, 『사피엔스』, 조현욱 역 (파주: 김영사, 2016), 48-49.

알게 되었다. 이처럼 인간이 눈에 보이지 않는 허구를 상징적 언어를 통해 서로 공유할 수 있게 된 것은, 내면에서 자기 주변의 세계를 지켜보고 반응할 수 있는 능력 때문이라고 베커는 말한다.

> 고대시대 이래로 인간을 매혹시켜온 하나의 신비가 있는데, 그것은 상징적 언어의 재능이다. 이제 우리는 중세시대에 공통적으로 말해지던, 언어는 유일한 신적 행위(Divine act)에 의하여 인간에게 주입된 하느님의 특별한 창조라고 더 이상 믿지 않는다. 언어는 수십만 년 동안 점진적으로 발전되어 온 것으로, 우리는 그것에 대한 기본적인 성향의 많은 것을 이해할 수 있다. 우리가 기대하는 것처럼, 인간 안에 상징의 탄생을 위한 몇몇 준비 작업이 진화의 초기 단계에 저장되어져 있다. 소위 우리가 부르는 "마음"이란 단순히 자신의 환경에 대한 유기체의 반응 형식이다. 가장 단순한 유기체도 자신의 세계를 주시하고, 그것을 통해 진로를 정하고, 그리고 그것으로부터 필요한 무언가를 얻는다; 그것(마음)은 자신의 세계를 "지켜보는 것"이며, 레슬리 화이트(Leslie White)에 의하면, 그것으로부터 "의미 있는 반응"을 끌어내는 것이다.[14]

인간은 대상과 자신 그리고 세계를 지켜보고 관찰하며 의미 있는 반응을 하면서 마음속으로 상상하고 생각하면서 자신의 의식을 심화시키게 된다. 초기 인류인 구석기 시대의 인간은 가장 원시적인 생활을 하고 있었기에, 동물에 버금가는 가장 원초적인 생각이나 감정을 가지고 오랜 세월 동안 생활해왔으리라 여겨진다. 하지만 알타미라 동굴이나 라스코 동굴벽화들을 보면 그들의 그림 솜씨에 감탄하지 않을 수 없다. 그중에서도 3만 2천 년 전의 프랑스의 쇼베 동굴

14. Ernest Becker, The Birth and Death of Meaning, 5.

벽화는 피카소 그림에 맞먹을 정도로 예술성이 뛰어나다. 그렇게 정교하고 우아한 선들이 그려내는 동물들의 모습은 현대의 웬만한 화가들도 따라갈 수 없는 최고의 경지를 보이고 있다. 그러한 작품이 원시인과 다름없는 구석기인들에 의해 그려졌다는 것이 믿겨 지지 않는다. 떼를 지어 달리는 말이나 들소, 코뿔소 그리고 표범들의 근육은 마치 살아 꿈틀거리는 듯이 그려졌는데, 아마도 그것들은 그들이 생활하는 광활한 들판에서 경이롭게 바라 본 모습을 그대로 상기하면서 그려졌을 것이다. 그렇게 정교한 그림은 그만큼 예리하게 대상을 관찰하고, 마음속으로 그릴 수 있을 때에만 가능한 것이다. 자연현상을 관찰하는 그들의 이지적인 눈썰미가 현대인에 비해 전혀 손색이 없었음을 유추해 볼 수 있다. 대상을 지켜보고 기억하고 생각하고 상상하고 반추할 수 있는 그들의 능력은 현대인과 거의 유사하다. 단지 현대인과 다른 상황은 그들이 다룰 수 있는 문명의 도구가 부족했던 것뿐이다. 그러므로 몇만 년 전의 구석기인들도 세계를 주시하고 의미 있는 반응을 하는 마음과 의식을 가지고 있었음에 틀림없다. 비록 그들의 생활은 비참했을지라도 그들의 내면의 정신은 오히려 현대인들보다도 더 풍부했을 것이다. 한마디로 그들이 본 세계는 경이로움과 신비로움 그리고 불가사의 그 자체였다. 그러므로 그들은 그들의 경험을 후손에게 전달하고자 어떤 상징적 언어가 필요했다. 그러한 내면의 의식은 본질적으로 동물과는 전혀 다른 차원의 능력이다.

그렇다면 주변을 의식하는 마음이 먼저 생겨났고, 그다음 자기를 의식하게 된 것일까? 아니면 그러한 의식은 동시에 이루어지는 것인가? 칸트에 의하면 '나'라는 주체의 인식 이전에 '나에게(me)'라는

'타자의 대상'으로서 스스로를 먼저 확립했다. 즉 그가 스스로를 위한 행위의 주체가 되기 이전에 타자와의 관계 안에서 스스로를 먼저 인식하였다. 그러면서 그는 스스로에 대한 하나의 대상이 되며, 그의 몸이 바깥세계 안의 어떤 것으로서, 단지 그에게 속한 하나의 매개로서 발견하게 된다.[15] 이처럼 자아가 하나의 대상으로서 먼저 인식되고, 그것이 점차 주체적인 '나'로 형성하게 된 것이다. 이러한 칸트의 자아 인식의 개념은 베커의 자아 개념에 많은 영향을 끼친 윌리엄 제임스의 글에서 보다 더 구체적인 모습으로 나타난다.

> 나 자신이 무엇인가에 대해 생각하고 있을 때, 나는 언제나 동시에 나 자신에 대해 나의 개인적 존재에 대해 다소 자각하고 있다. 이때 자각하고 있는 것은 나이다. 이렇듯 나의 전체 자아는 이중적이다. 부분적으로는 인식의 대상이 되고, 또 부분적으로는 인식의 주체가 된다. 말하자면 부분적으로 객체임과 동시에 부분적으로 주체인 것이다. 그렇기 때문에 나의 전체 자아는 그 안에 서로 뚜렷이 구별되는 2가지 양상을 포함하고 있음에 틀림없다. 우리는 이 양상 중 하나를 간단히 'Me'라고 부르고 다른 하나를 'I'라고 부를 것이다. 나는 이것들을 분리된 것이 아닌 '구별된 양상'이라고 부른다. ... 나는 인식의 대상으로서, 즉 'Me'로서, 혹은 가끔 불리는 대로 '경험적 자아'로서 자아를 다루고, 이어서 인식의 주체로서, 즉 'I'로서 일부 저자들이 말하는 '순수한 자아'로서의 자아를 다룰 것이다.[16]

제임스는 인간은 자신을 대상이 되는 객체인 동시에 그것을 인식하는 주체로서 자아를 인식한다고 본다. 그러므로 자아에서 자

15. Ernest Becker, The Birth and Death of Meaning, 22.
16. 윌리엄 제임스, 『심리학의 원리』, 정명진 역 (서울: 부글북스, 2014), 231-232.

아를 인식하는 내면의 의식이 중요하다. 이와 달리 정신분석학에서 프로이트는 자아(ego)를 의식하는 개념으로 보다는, 이드의 본능적 욕망을 방어하고 억제하는 현실인식의 기능으로 보았다. 프로이트에게서 이드는 하위동물의 반응적인 삶이고, 자아는 그러한 반응성을 조정하는 것이다. 이드는 순간적인 감정적 의미들의 영원한 저장소인 반면에, 자아는 시간이라는 개념인 과거-현재-미래가 서로 묶여 자기와 관련된 고정된 지점으로서 세계가 형성되고 그것을 중심으로 이드의 본능적 충동과 욕망은 조정된다. 그러한 조정된 시간의 흐름이 존재 안으로 도입되면서 '나'라는 의식이 형성된다.[17]

또한 프로이트는 자아를 내면의 이드를 방어하고 조정하는 것뿐만 아니라, 외부의 위험에 대해서도 방어적 기능을 하여 기민한 경계병처럼 유기체로서의 자기 몸을 위험으로부터 지켜주고 불안을 피하도록 돕는 역할을 하는 것으로 보았다. 이처럼 자아는 자기의 유기체적 생명체가 내면의 충동과 외부의 위험으로부터 자신을 지키는 조정자 역할을 한다. 하지만 프로이트의 딸 안나 프로이트(Anna Freud, 1895~1982)가 밝힌 것처럼 정신분석학은 자아의 개념을 구체적으로 명확히 밝히지 않았다.

> 정신분석이라는 과학이 발달하는 과정에서 분명 개인의 자아에 대한 이론적 연구가 별로 인기 없던 시기가 있었다. 웬일인지 많은 분석가들은 과학적이고 치료적인 작업의 가치는 그 작업이 주의를 쏟는 정신적 지층의 깊이에 직접 비례한다고 믿었다. 관심이 정신적 지층의 깊은 곳에서

---

17. Ernest Becker, The Birth and Death of Meaning, 16.

얕은 곳으로 이동할 때마다, 다시 말해서 연구의 초점이 이드로부터 자아로 옮겨질 때마다, 이는 정신분석에 대한 총체적 배신행위처럼 여겨졌다. 그리하여 정신분석은 무의식적 정신생활과 관련된 새로운 발견에만 적용되어야 한다는 믿음이 고수되었다. 즉 억압된 본능적 충동이나 감정 그리고 환상에 대한 연구만이 정신분석이라는 것이다.[18]

정신분석학은 억압된 이드의 무의식적 욕망을 해석하는데 집중하였지, 의식의 대상으로서 자아 그 자체에 집중하지는 않았다. 오히려 자아는 대상과의 관계에서 성적 에너지인 리비도를 대상 쪽으로 내보내고 다시 되돌려 받는 리비도의 거대한 저장소로 인식되었다. 그러므로 정신분석학은 제임스가 자아를 대상인 객체이자 주체로 인식한 관점과는 달리, 무의식적인 이드의 충동을 억제하고 조정하는 역할과 대상과 주고받는 리비도의 저장소로 보았다. 그렇다면 본 글의 주된 관점인 베커의 자아개념은 어느 갈래를 따르고 있는가? 앞으로 자세히 언급하겠지만, 베커는 인간의 내외면의 다양한 현상을 연구하기 위해 다양한 학문의 핵심 논의를 연구하였기에, 그의 견해에는 다양한 관점들이 융합되고 종합되어 있다. 즉 베커의 자아 개념에는 정신분석학의 무의식적 욕망과 제임스의 자기 인식이 결합되어 있을 뿐 아니라, 아들러의 사회적 관점, 키에르케고어와 오토 랑크 그리고 융과 제임스의 종교성이 반영되어 총체적인 인간에 대한 이해를 보여주고 있다.

18. 안나 프로이트, 『자아와 방어기제』, 김건종 역 (파주: 열린책들, 2015), 11.

자아의 심리학적 정의

자아의 정의에 대한 여러 견해 중 베커에게 영향을 끼친 학자들을 중심으로 살펴보자. 먼저 미국의 저명한 종교심리학자인 윌리엄 제임스는 '개인의 자아'를 '내가 생각하고, 내가 느끼는 연결된 생각들'[19]이라고 보고 있다. 개인의 의식 안에서 생각은 스스로 느낄 수 있을 만큼 지속적이다. '지속적'이라는 표현은 균열이나 틈 혹은 단절이 없다는 뜻이다. 개개인이 어릴 때부터 보고 듣고 경험한 모든 것과 생각하고 상상한 모든 것들이 끊임없이 연속적인 흐름으로 지속된다는 것을 말한다. 그리하여 개인마다 고유한 의식의 흐름이 이어지며 그것이 그 사람의 고유한 특성이 된다. 이와 같이 제임스는 과거의 마음 상태와 현재의 마음 상태가 서로 연결되어 똑같은 마음에서 생겨난 '나의 생각과 느낌'이라는 지속적인 '의식의 흐름'을 '나의 것'이라고 여기고, 그러한 동일성을 '자아'로 인식하였다.

알프레드 아들러의 견해를 살펴보자. 그는 프로이트로부터 정신분석학의 핵심인 무의식과 성적인 본능으로부터 관심을 돌려버렸다는 비판을 받고, 결국 프로이트를 떠난 첫 번째 제자이다. 그는 인간의 성격발달과 신경증을 권력과 힘에의 의지로 소급시켰다. 아들러는 무의식의 성적본능을 인정하지 않았기에 그것을 억압하고 조정하는 자아의 역할을 도외시하였다. 대신 유아기의 상황과 경험이 성격형성에 지대한 영향을 끼치고 그것이 삶의 패턴을 좌우한다고 보았다. 그러므로 개인의 성격을 이해하고 판단하기 위해서는 그가 처

19. 윌리엄 제임스, 앞의 책, 201.

해있는 특별한 상황을 함께 고려해야 한다고 말한다. 한마디로 인간의 모든 능력은 사회생활의 토대 위에서 개발된 것으로, 인간의 모든 사고는 공동체에 적합하도록 만들어진다고 본다. 인간은 사회 속에서 열등감과 인정 욕구를 경험하고 그에 따라 권력과 힘에의 의지가 솟아나고, 그것은 행동에 영향을 끼치게 된다. 그는 이러한 보편적 일반론으로 인간의 성격을 보고, 개인이 처해온 독특한 환경에 따라 그 사람의 고유한 성격이 형성된다고 본다. 그러므로 아들러의 관점에서는 고유한 성격이 그 사람의 자아라고 볼 수 있다.

아들러에 이어 프로이트를 떠난 칼 융은 프로이트가 거부하려 애쓴 신비와 종교성에 심취하여 자아(ego)에 대한 다른 해석을 제시한다. 프로이트는 아들같이 의지하고 믿었던 융의 변신에 대해, 정신분석학이 어렵게 획득한 성적 진리를 희생하면 할수록 세상의 저항이 없어져 가겠지만, 그의 관점은 현실적 요구에 지나치게 순응하는 것이라고 비판했다.[20] 그들 둘은 성적 본능뿐만 아니라 자아에 대해서도 서로 다른 견해를 가지고 있다. 프로이트의 자아는 이드의 성적 욕망을 감시하고 억압하는 역할을 주로 하지만, 융의 자아는 의식에 대한 수문장 역할을 하는데, 생각, 감정, 기억 혹은 지각 결과가 자아에 의해 존재를 인정받지 못하면 그것들은 자각될 수 없다. 그리고 제임스의 견해처럼, 자아는 인격의 동일성과 지속성을 가진다. 즉 자아는 정신재료들을 취사선택함으로써 개인 인격의 일관성이 유지될 수 있도록 만든다. 그리고 융은 『아이온』에서 자아가 의식에 대한

---

20. 지그문트 프로이트, 『정신분석학 개요』, 박성수 · 한승완 역 (파주: 열린책들, 2006), 118.

주체임을 다음과 같이 분명히 밝히고 있다.

> 우리는 자아를 모든 의식적인 내용물이 관련 있는 복합적 요소로 이해한다. 말하자면 자아는 의식 분야의 중심을 형성하는데, 이것이 경험적 인격을 구성하는 한에서는, 자아는 의식의 모든 개인적 행위의 주체이다. 자아에 대한 정신적 내용물의 관계는 그것의 의식에 대한 판단 기준이 되는데, 왜냐하면 그것이 주체에게 제시되지 않으면 어떤 내용물도 의식될 수 없기 때문이다.[21]

융에게서 자아는 신체적인 감각이나 정신적인 의식의 주체로서 스스로에게 일관되게 지속되는 것이며, 모든 느낌, 감정, 생각을 자각하는 주체이다. 그 다음 프로이트의 제자이며 베커에게 인간 행위의 본질적 동기가 죽음공포임을 일깨워 준 오토 랑크는 『심리학을 넘어서(Beyond Psychology)』(1958)에서 다양한 자아의 여러 측면을 언급하고 있다. 구체적으로 자아에 대한 정의를 밝히지 않았지만, 자아가 지닌 여러 속성에 자아의 이름을 붙이고 있다. 불멸의 자아, 유한한 자아, 지적인 자아, 본능적 자아, 생물학적 자아, 정신적 자아, 문명화된 자아, 창조적 자아, 영웅적 자아, 사회적 자아 등 다양한 자아의 이름을 붙여 인간의 본성을 설명하고 있다. 그는 인간 안에는 합리적 요소와 비합리적 요소가 상존하고 있음을 강조한다; "인간의 문명과 그것을 표현하는 다양한 성격의 유형은 초자연적(supernatural) 개념에 근거한 세계관 안의 합리적이고 비합리적인 요소의 결합인 제3의 원칙

21. 칼 구스타프 융, 『아이온』, 김세영 · 정명진 역 (서울: 부글북스, 2016). 12.

의 영구적인 작용으로부터 출현해왔다"[22] 이처럼 랑크에게 자아는 한 인간의 다양한 본성과 특질이 종합된 개념이다. 인간은 불멸의 자아를 위해 초자연적인 종교, 철학, 심리학, 사회제도와 같은 문화를 만들어 자기 영속성을 추구한다는 것이 랑크의 자아 개념의 핵심이다.

2. 의식의 주체인 내면적 자아

자아(自我)의 사전적 의미는 '자기 자신에 대한 의식이나 관념'이다. 그것은 자기 자신에 대한 실질적인 지각의 경험을 반영한다. 한마디로 자아는 "자기가 자기 스스로를 '나'로 의식하는 것"이다. 이러한 자아의 정의나 범위 그리고 명칭이 각 문화권의 사유체계나 사상가들의 개인적 성향에 따라 다양하게 표현되고 암시된다.

베커는 내면적 자아(inner self)를 '내면의 사고와 상상력'[23]이라고 보는데, 그의 정의는 표면적으로 윌리엄 제임스에게서 많은 영향을 받았다. 그것은 뒤에서 다시 자세히 살펴볼 것이다. 그 전에 베커가 알게 모르게 많은 영향을 받은 프로이트의 정신분석학에서 내면적 자아의 토대가 되는 개념들을 먼저 추적해보고자 한다.

내면적 자아는 프로이트의 이드(id), 자아(ego) 그리고 의식과 무의식에 관한 견해 개념들을 토대로 하는 용어이다. 베커뿐만 아니라 다른 학자들도 그것을 암묵적으로 인정하고 그것을 기반으로 다양한 자기 견해를 첨가한다. 그것은 자기 내면의 이드에 충만한 충동과

22. Otto Rank, Beyond Psychology, (New York: Dover, 1958), 62.
23. Ernest Becker, The Birth and Death of Meaning, 29.

본능 그것을 억압하고 조정하는 자아 그리고 그것의 상위개념인 도덕적 윤리적으로 자아를 감시하는 초자아에 의해 형성된다. 우선 프로이트의 기본적인 자아 개념을 먼저 살펴보자. 프로이트는 그의 저작「문명 속의 불만」(1930)에서 이드와 자아에 대해 다음과 같이 설명한다.

> 우리 자신의 자아(ego)에 대한 감각만큼 확실한 것은 없다. 자아는 자율성과 통일성을 갖고 있으며, 다른 모든 것과 뚜렷이 구별되는 것처럼 보인다. 즉 겉모습은 믿을 수 없다는 것, 그와 반대로 자아는 내면으로 연장되어 우리가 이드(Id)라고 부르는 무의식적인 정신적 실체와 뚜렷한 경계선 없이 이어진다는 것, 자아는 그 이드의 겉포장 구실을 하고 있다는 것, 이것이 정신분석적 연구가 처음 발견한 것들이었다. 정신분석적 연구는 자아와 이드의 관계에 대해 그 밖에도 많은 것을 밝혀낼 것이다. 그러나 어쨌든 자아는 적어도 외부세계에 대해서는 분명하고 뚜렷한 경계를 유지하고 있는 것처럼 보인다.[24]

프로이트는 정신분석 이론 중에서 '본능(Trieb)'[25] 이론은 가장 힘들게 다듬은 것이라면서 정신분석학의 전체 구조에 절대 불가결한 요소로 규정하고 있다. 그것은 실러의 "세계를 움직이는 것은 식욕과 사랑"이라는 말을 출발점으로, 식욕은 개체 보존의 목적, 사랑은 종족 보존을 목표로 하는 주체할 수 없는 인간의 본능이 이드에 충만해 있다는 것이다. 그러한 본능을 억제하고 조절하는 것이 자아이

---

24. 지그문트 프로이트, 『문명속의 불만』, 235–236.
25. 프로이트가 정신분석학에서 사용하는 '본능(Trieb)'은 단순한 육체적 충동(instinct)으로서의 본능이 아니라, "정신과 육체 사이의 경계선에 있는 개념으로, 신체 기관 내에서 발생하여 정신에 도달하는 심리적 대표자"이다./ 지그문트 프로이트, 『정신분석학의 근본개념』, 윤희기 · 박찬부 역 (파주: 열린책들, 2008), 93–94. 참조.

다. 그리고 자아의 행위와 의도를 감시하고 심판하는 것이 초자아이다. 초자아의 준엄함을 보여주는 죄책감은 양심의 엄격함과 동일시되며, 그리고 죄책감은 자아가 이런 식으로 감시받고 있다는 지각으로 규정된다. 그렇다면 이드의 본능을 자아는 어떻게 조절하는가? 그것은 프로이트의 중요한 개념인 '의식과 무의식'을 나누는 기준점인 '억압'에 의해 조정된다. 어쩌면 이 억압이 프로이트가 무의식 개념을 중요시하게 된 근원적 동기가 될 것인데, 프로이트 스스로도 정신분석의 모든 이론적 구조의 초석은 '억압'이론이라고 선언한 바 있다.

프로이트는 「정신분석에서의 무의식에 관한 노트」(1912) 라는 논문에서, 우리가 인식할 수 있는 표상을 '의식적'이라고 부르고, 우리가 인식할 수는 없지만 그 존재는 다른 증거나 징후를 근거로 받아들일 수 있는 '무의식적'인 것이 있음을 주장하였다. 다음은 프로이트의 「무의식에 관하여」(1915) 라는 논문에 대해, 번역자가 서두에 언급한 내용인데, 프로이트의 무의식을 잘 설명하고 있다.

> 여기서 분명히 해두어야 할 것은 무의식에 대한 프로이트의 관심이 철학적인 관심은 아니라는 점이다. 그의 관심은 실제적인 관심이었다. 말하자면 프로이트는 무의식의 정신과정이 존재한다는 가정이 없이는 그가 마주친 다양한 현상을 설명할 수도, 있는 그대로 그려 낼 수도 없다는 생각을 한 것이었다. 반면에 그 가정을 세움으로써 그는 새로운 지식이 가득한 비옥하고 광활한 땅으로 들어서는 길을 발견할 수 있었다.[26]

위의 글로 알 수 있듯이 무의식은 프로이트가 무수한 신경증

---

26. 지그문트 프로이트, 『정신분석학의 근본개념』, 156.

환자들의 임상 경험에서 부닥친 실질적인 문제를 이해하고 해결하기 위해서 불가피하게 설정한 개념이다. 그러므로 무의식은 그의 경험에서 도출된 개념이지 단지 철학적인 사유에서 우연히 만들어진 것이 아니다.

그러면 프로이트의 '억압' 이론의 정확한 의미는 무엇일까? 그것은 어떤 표상을 제거하거나 지우는 데 있는 것이 아니라 그 표상이 의식의 영역에 나타나지 않도록 하는 데 있다. 이처럼 억압을 통해 어떤 표상이 의식의 전면에 나타나지 않을 때 그 표상이 무의식 상태에 있다고 한다. 하지만 무의식 상태에 있는 표상은 나름대로 영향력을 발휘하는데, 무의식과 의식의 중간상태인 전의식에 있다가 어떤 적절한 조건이 이루어지면 특별한 저항을 받지 않고 의식의 대상이 될 수 있다. 예를 들면 자아가 경계의 긴장을 푸는 잠잘 때의 꿈속이나 무심결에 행해지는 실수에서 무의식의 표상이 드러나기도 한다. 주로 환자들에게서는 신경증이나 강박 증상으로 무의식이 표출된다. 그것이 바로 프로이트가 정신분석을 시도한 목적이다. 무의식 분석의 진정한 목적은 환자들의 신경증 증상을 해결하기 위한 것이었다. 그리고 의식에 나타나는 표상이란 무엇인가? 그것은 이드에 내재된 본능을 대변하는 것으로 무의식에 억압된 감정이 의식상의 구체적인 느낌, 사고, 형상으로 표출된 것이다. 이처럼 본능이 어떤 표상으로 드러나지 않으면 본능을 의식할 수있는 방법은 없다.

프로이트의 의식과 무의식

인간의 내면을 의식적인 것과 무의식적인 것으로 나누는 것이 정신분석학의 기본 전제이다. 특히 프로이트의 정신분석학은 의식보다 무의식에 많은 비중을 둔다. 자아에 의해 억압된 성적 충동이 무의식에 억압되어 있다가 신경증으로 표출된다고 믿고, 그러한 증상을 치유하기 위해서는 억압된 원인을 분석해 내야 한다고 믿었다. 왜냐하면 프로이트는 인간의 신경증을 해석하는데 성욕과 오이디푸스 콤플렉스를 배제하는 것은 정신분석학이 아니라는 확고한 믿음이 있었다. 그렇기에 프로이트는 정신분석학의 성적본능을 기준으로 자신을 떠난 융과 아들러를 비난했다. 융은 혐오감을 줄이고 윤리적인 기준에 순응하려고 오이디푸스 콤플렉스의 참된 의미를 제거하였고, 아들러는 무의식적인 것과 성적인 본능으로부터 관심을 돌려 성격발달과 신경증의 발달을 힘에의 의지로 소급시켰다는 것이다. 그러므로 성적본능은 정신분석학에서 불변의 진리이다. 즉 모든 신경증 증상은 억압된 성적 본능이 왜곡되어 표출된 것이다. 다음은 프로이트가 무의식과 전의식 그리고 인간의 삶과의 관계를 밝힌 것이다.

> 무의식 조직은 생생하게 살아 있으며, 계속 발달할 수 있는 능력도 있으며, 전의식 조직과 협력 관계를 포함한 여러 관계를 유지하고 있다. 간단히 말해 무의식 조직은 그 파생자를 통해 계속 존속되고 우리 삶의 여러 면에 영향을 미칠 수도 있으며, 전의식 조직에 지속적인 영향을 미치기도 하면서 또한 전의식 조직에게서 영향을 받기도 한다.[27]

무의식 조직의 내용은 비유적으로 말하면 우리 정신 속에 거주하는 원주민이라 할 수 있다. 만일 인간에게 유전으로 물려받은 어떤 정신적인

27. 위의 책, 195.

형성체들이 존재한다면 그것들이 바로 무의식 조직의 핵심을 구성하는 내용들이다. 차후에는 거기에 어린 시절 동안의 성장 과정에서 무용한 것으로 버려졌던 것이 덧붙여질 수 있을 것이다.[28]

위의 인용 글에서 알 수 있듯이, 프로이트의 무의식은 전의식 그리고 의식과 분명한 경계선을 지니고 서로 단절된 것이 아니라 서로 끊임없이 영향을 주고받으며 생생하게 살아있다. 그리고 그러한 무의식은 유아가 태어나 새로이 경험한 기억의 퇴적물에 한정된 것이 아니라 융의 집단무의식과 유사하게 정신적 형성체의 유전의 영향을 내포하고 있음을 알 수 있다.

프로이트의 견해에서 무의식과 달리 의식한다는 것은 무슨 의미인가? 프로이트는 "인간의 내면에 정신과정을 일관성 있게 조직화하는 것이 존재한다"고 생각했고, 그것을 자아(ego)라고 보았다. 자아는 의식이 부착될 때 의식된다. 이드의 감정이 언어표상에 부착될 때 의식화되며, 내면의 사고과정이 지각된다. 그리고 프로이트는 "사고과정에 리비도 과잉 집중이 발생하면 사고는 마치 그것이 외부로부터 온 것처럼 실제적으로 지각되고 결과적으로 사실로 받아들여진다"[29]고 보았다. 이와 같이 프로이트의 자아 개념은 그것의 핵인 지각의 조직에서 출발하고 기억의 잔재물과 인접해있는 전의식을 끌어안음으로써 시작된다. 또한 프로이트는 다음과 같이 자아의 부단한 노고를 칭송한다.

---

28. 위의 책, 202.
29. 위의 책, 361.

우리는 이 동일한 자아가 바로 세 주인을 섬겨야 하고 따라서 세 가지 위험, 즉 외부세계, 이드의 리비도, 초자아의 가혹함에서 오는 위험으로부터 위협받고 있는 가련한 존재라는 사실을 알게 된다. ... 국경 지방에 위치한 존재로서 자아는 세계와 이드를 중재시키려하고 이드로 하여금 세계에 유연하게 대처하도록 하며, 힘찬 활동으로 세계가 이드의 바람에 부응하게 만들려고 노력한다.[30]

위와 같이 내면의 자아는 외부세계, 이드, 초자아로부터 오는 위험에 대항해 쉼 없이 자기 자신의 존재를 지키기 위해 긴장감을 유지하고 있다. 그것이 인간들이 스스로 감당할 수 없는 삶의 무게에 짓눌려 스트레스를 받으면 정신적으로 쉽게 무너지는 이유이다.

__ 제임스의 '의식의 흐름'

윌리엄 제임스는 그의 책『심리학의 원리』에서 인간 내면의 의식 상태에 대해 자세히 논하고 있다. 즉 인간이라면 누구나 자신의 내면적 경험을 통해 구체적으로 확인할 수 있는데 '의식이 계속된다는 점'이다.[31] 마음의 상태들이 내면에서 계속 이어진다는 의미이다. 그러면서 제임스는 '어떤 식으로 의식이 계속 이어지는지'에 대해 의식 작용의 몇 가지 주요 특징을 다음과 같이 밝힌다.

1) 모든 '마음 상태'는 그 사람의 개인적 의식의 일부를 이룬다.

2) 각자의 개인적 의식 안에서 마음 상태는 언제나 변화하고 있다.

30. 위의 책, 402-403.

31. 윌리엄 제임스, 앞의 책, 198.

3) 각자의 개인적 의식은 눈에 두드러질 정도로 연속적이다.

4) 각자의 의식은 그 대상의 일부 부분들에 관심을 두고 나머지는 배제하려 든다.[32]

인간의 마음 상태는 지속적으로 변화지만 의식은 연속적으로 이어진다. 자신의 경험, 느낌, 기억, 생각들이 단절되지 않고 이어지면서 '나의 의식'이 된다. 그러므로 제임스는 의식적 사실은 '느낌과 생각이 존재하는 것'이 아니고, '내가 생각하고 내가 느낀다는 것'이라고 주장한다. 그리고 어떠한 심리학도 개인적 자아의 존재에 대해서 의문을 제기할 수 없고, 그러한 생각들이 연결되어 있다고 느낄 때 그 연결된 생각들이 바로 개인의 자아를 이룬다고 본다. 그러면서 제임스는 다음과 같이 자아는 '인식의 주체'로서 '흘러가는 생각들'임을 분명히 밝히고 있다.

> 자아의 의식은 생각의 흐름을 수반하고, 이 흐름의 각 부분은 'I'로서 그 전에 흘러간 것들을 기억할 수 있고, 그 흘러간 것들이 알았던 것들을 알고 있고, 그것들 중에서 어떤 것들을 'Me'로 영원히 보살핀다. 이 'Me'는 객관적으로 경험된 것들의 집합이다. 이 경험된 것들을 아는 'I' 자체는 하나의 집합일 수 없다. 'I'는 심리학적 목적을 위해서도 영혼과 같은 불변의 추상적인 실체가 될 필요가 없으며, 시간을 벗어난 초월적인 에고같은 어떤 원칙일 필요도 없다. 'I'는 하나의 생각이다. 매 순간 그 전 순간의 생각과 다르지만 그 전 순간의 생각은 물론이고, 그 전 순간의 생각이 자신의 것이라고 주장하는 모든 것을 포용하고 있는 그런 생각이다. 경험적인 모든 사실은 이 같은 묘사 안에 다 포함된다. 그리고 이 사실들은 흘러가는

32. 위의 책, 199.

마음의 생각 혹은 마음의 상태가 존재한다는 가설 외에는 어떠한 가설도 필요로 하지 않는다. ... 자연과학으로 대접받는 심리학이 고려할 필요가 있는 유일한 '인식주체'는 바로 이 흘러가는 생각들이다.[33]

제임스는 매일 같이 인간이 생각하고 느끼는 그 모든 것들이 '지속적으로 일관성을 가지고 흐르고 있음을 의식하는 것'이 바로 자아라고 주장한다. 정신분석학에서 이드와 초자아 사이에서 능숙하게 균형역할을 하는 자아와 달리, 제임스는 인간이 일상에서 경험하는 '의식의 흐름'을 자아라고 쉽게 규정한다. 그 의식은 인간의 내면에서 주체적인 'I'와 대상으로서의 'Me'의 끊임없는 대화일 수 있다. 그러한 끊임없는 '의식의 흐름'을 인지하기에, 인간은 자신이 살아 있다는 느낌을 유지할 수 있다.

결론적으로 베커에게 있어서 '내면적 자아'는 무엇인가? 그는 『죽음의 부정』에서 프로이트가 그렇게 중요시하던 성욕이 왜 하나의 보편적인 문제인가에 대한 랑크의 탁월한 견해를 설명하면서 '내면적 자아(inner self)'라는 개념을 다음과 같이 언급하고 있다. 하지만 이러한 용어를 자주 사용한 것도 아니고, 범주도 명확하지 않지만, 대략 물질적임 몸과 달리 내면에서 자아를 인식하고, 의식하는 모든 것을 총칭하고 있다.

성욕이 어떻게 우리의 존재론적 역설인 인간본성의 이중성으로부터 분리시킬 수 없는지를 보임으로써 그 점을 예측할 수는 있다. 사람은 자

---

33. 위의 책, 281-282.

아(self)이자 몸이며, 그리고 처음부터 그가 실제로 "어디에 존재하는지" 즉 상징적인[34] 내면적 자아(inner self)인지 혹은 육체적인 몸에 존재하는지에 관한 혼란이 존재한다. 내면적 자아는 사고, 상상력, 그리고 상징성의 무한한 내뻗음을 나타내고, 몸은 결정성과 한계를 나타낸다. 아이는 점차 유일한 존재인 그의 자유가 '어떤' 존재인지를 명령하는 몸과 부속물에 의해 방해받는 것을 배운다. 이런 이유 때문에 성욕은 아이에게뿐만 아니라 어른에게 있어서도 상당히 중요한 문제이다.[35]

여기에서 베커는 내면적 자아를 몸과 분리된 '내면의 사고, 상상력, 그리고 상징성의 무한한 내뻗음'이라고 규정한다. 즉 제임스가 '의식의 흐름'이라고 일컬은 것과 일맥상통한다. 그러면서 프로이트와 달리 자아를 'ego' 대신 'self'로 적고 있다.

결론적으로 베커 관점의 '내면적 자아'는 프로이트의 주요 개념인 이드, 자아, 초자아를 총칭하는 것이며, 인간의 내면에서 타자와 무관하게 자동적이며 지속적인 '의식의 흐름'을 의미하는 개념이다. 그러나 베커가 논하는 그의 세속적인 인간 본성의 핵심은 이러한 '내면적 자아'에 있지 않고, 타자와의 사회적 관계 속에서 형성되고 왜곡되며, 가면처럼 상징적으로 가공되어지는 '외면적 자아'에 있다.

34. 베커는 물질적인 몸에 대응하는 정신적인 것을 상징으로 보고 내면적 자아를 상징적이라고 지칭하였다. 하지만 본 글은 타자에 대응하여 나를 대변하는 외면적 자아를 상징적이라고 보고자 한다.

35. 어네스트 베커, 『죽음의 부정』, 101.

3. 사회적 상징인 외면적 자아

인간의 내면에서 자기를 인식하는 의식의 흐름이 내면적 자아인 반면에 자기가 속해 있는 세계 안에서 타자를 대면하며 자기를 대변하는 자아는 사회적 상징을 지닌 '외면적 자아'(outer self)이다. 내면적 자아가 자기 안에서 자기를 의식하는 반면에 외면적 자아는 사회 속에서 타자와의 대면 속에서 형성화된 대외적인 '나'이다. 자기의 이름, 성격, 이미지, 살아온 이력, 소유물 등이 종합적으로 어우러져 자기를 대변한다.

베커는 "자아는 신체적인 것이 아니라 상징적이다"[36] 라고 정의한다. 그것은 우리가 타자에게 어떻게 보이고, 인식되는지에 관한 상징성이 사회적 관계에서 중요하다는 의미이다. 그러한 상징은 소중한 목숨보다도 더 가치 있게 느껴지곤 한다. 그것이 인간 사회의 온갖 문제를 일으키는 원인일 수도 있다. 인간이 매일 고군분투하는 이유도 자기의 상징적 자아를 더 크게 부풀리게 하기 위함인 줄도 모른다. 그러므로 이러한 상징성은 베커의 자아 개념에 아주 중요한데, 이러한 상징성이 잘 반영된 '상징적 자아'(symbolic self)에 대해 베커는 다음과 같이 적고 있다.

> 인간은 명백하게 자연으로부터 갈라놓는 상징적 정체성을 가지고 있다. 그는 상징적 자아 즉 이름과 삶의 역사를 가진 창조물이다. 원자와 무한성에 대해 심사숙고하기 위해 하늘을 나는 마음을 가지고 있고, 상상 속에서 그 자신을 우주의 한 지점에 놓고 멍하니 그 자신의 행성을 관찰

36. Ernest Becker, The Birth and Death of Meaning, 31.

할 수 있는 창조자이다. 그와 동시에 인간은 벌레이자 벌레들을 위한 음식으로 존재한다. 이것은 역설이다. 그는 자연 밖에 존재함과 동시에 절망적이게도 자연 안에 속한다. 그는 이중적이다.[37]

인간은 자신을 우주의 먼 지점까지 데려갈 수 있는, 즉 우주를 관조할 수 있는 상징적 자아를 갖는다. 그것은 때로는 우주의 저 너머까지 확장되기도 하고, 때로는 벌레만큼 하찮은 존재로 축소되기도 한다. 그러나 베커가 실질적으로 상징적 자아를 언급한 것은 이렇게 고상한 의미뿐만 아니라 인간의 육체라는 몸의 한계 안에서 죽음과 부패를 인식하면서도 그것을 상징적으로 벗어나고자 하는 인간의 역설적 본성을 드러내고자 함이다. 이것은 베커가 노만 브라운에게서 영향을 받은 견해이다. 브라운은 프로이트의 '항문애'(anality) 개념에서 자기만의 독특한 해석을 하였다. 그에 따르면 '항문애'는 인간 조건의 이중성(자아와 몸)을 분명히 드러내는데, 인간이 아무리 위대한 공상의 나래를 펼친다 하더라도 항상 몸으로 다시 돌아올 수밖에 없다는 것이다. 여기서 항문은 육체적인 모든 것의 숙명, 즉 부패와 죽음을 대변한다. 그러기에 삶에서 인간의 주된 작업은 항문이 나타나는 것을 부정하는 고상한 상징들을 만들어내는 것이다. 그러므로 브라운에게서 '항문적'이라는 것은 삶의 사건과 죽음의 위험에 대해 스스로를 보호하기 위해 특별한 노력을 기울인다는 것이고, 자연의 신비에 대한 승리의 확실한 수단으로써 문화의 상징들을 이용하려 애쓴다는 것이며, 자신을 동물이 아닌 다른 어떤 것인 것처럼 애쓴다는

37. 어네스트 베커, 『죽음의 부정』, 79.

것이다. 여기에는 랑크가 말한 인간 내면의 동기인 '죽음의 공포와 부정'이 개입된다. 다른 동물처럼 쉽게 죽어질 몸만 가진 것이 아닌, 고상한 상징들을 스스로 체화함으로서 부패와 죽음을 극복할 수 있는 불멸을 꿈꾸는 것이다. 이 세계와 우주에서 스스로가 독특하고 고귀한 존재임을 증명해 보임으로서 불멸의 가치를 인정받으려고 한다.

> 인간은 단순히 물질이 아니라 꿈과 상징의 세계에서 이름을 가지고 살아가는 피조물이다. 자신의 가치에 대한 감각은 상징적으로 구성되며, 그가 소중히 간직한 상징, 자기가치의 추상적 개념을 먹고 산다. 여기서 추상적 개념은 방송에서, 마음에서, 혹은 종이 위에서, 표현된 소리들, 말들, 이미지들로 구성된다. 이것은 유기체적 활동, 즉 연합과 확장의 기쁨을 갈망하는 인간의 자연스런 열망이 상징의 영역에서 무제한 길러져서 불멸을 향해 나아갈 수 있다는 것을 의미한다.[38]

이것으로 알 수 있는 것은 인간은 세포질의 건강한 몸만으로 사는 게 아니다. 그의 몸이 구성하는 이미지, 그의 말과 행동이 이루어내는 이미지와 평판이 만들어내는 상징의 구성으로 세계 내에서 그의 자존감(self-esteem)이 확보되어야만 안정적으로 살아갈 수 있다. 베커는 이 자존감을 인간의 지배적인 동인이라고 본다. 그것은 아가들이 엄마의 따뜻한 품에서 엄마 젖을 빨 때에 느끼는 따스한 만족감으로부터 시작된다. 자존감을 얻음으로써 인간은 자아 안정감, 자기 정당성, 자연스런 연속성을 느끼며, 더 나아가 불안을 완화 시키게 된다. 그러나 이러한 자존감은 타인의 시선에 지대한 영향을 받는다.

---

38. 위의 책, 42.

그들이 바라보는 시선이 애정과 믿음, 그리고 신뢰가 듬뿍 담겨있으면 자신감과 용기를 얻게 되고, 불신과 경멸을 담고 있으면 위축되고 의기소침하게 된다. 이처럼 인간의 외면적 자아는 타자와의 상호 관계에 큰 영향을 받는다. 그것은 인간의 각기 다른 성격으로 나타난다.

외면적 자아의 성격

인간의 성격은 어떻게 형성되고, 왜 제각기 다른가? 베커는 인간이 스스로의 유약함을 인식하고 세상 속에서 안전하게 자신을 위치시키기 위해 성격을 형성하였다고 본다. "그것은 그로 하여금 조화롭지 못한 것을 견디게 하고, 불가능한 것도 해내게 하고, 모르는 것을 잘 해내게 하는 그의 특별한 작품이다."[39] 이처럼 성격은 아이가 출생부터 세상의 무수한 타자와의 상호교류 속에서 불안을 감추고 상대방에게 인정받고 호감을 얻을 뿐만 아니라 자신의 무력함을 숨기고 스스로를 지키기 위한 방편으로서 견고하게 다듬어 온 것이다. 이러한 성격에 대해 알프레드 아들러는 다음과 같이 설명한다.

> 성격이라고 부르는 것은 삶의 과제를 해결하려는 인간의 정신이 특정한 형식으로 표현된 것이다. 성격이란 사회적 개념이다. ... 성격이란 정신이 취하는 입장이며, 한 인간이 주변 환경과 관계를 맺어가는 방식이다. 또한 그것은 인정 욕구가 공동체감과 연결되면서 형성되는 행동 패턴이다. 우리는 한 인간의 모든 행동은 목표에 의해 정해진다는 사실을 확인하였다. 이 목표는 다름 아닌 우월과 권력이며 다른 사람을 압도하는 것이다. 이 목표는 세계관에 영향을 끼친다. 또한 그것은 한 인간의 행동 패

39. 위의 책, 129.

턴을 형성하며 그의 사고나 감정을 특정한 방향으로 이끈다. 한 인간의 삶의 방식이나 행동패턴이 밖으로 표현된 것이 성격이다. 우리는 성격을 통해 인간이 주변 환경, 주변 사람, 공동체, 그리고 자신의 삶의 문제에 대해 어떤 태도를 취하는지 알 수 있다. 성격은 인격 전체가 인정받기 위해 사용하는 수단이다. 이 도구를 사용하는 것은 살아가는 방법이 된다.[40]

흔히 인간의 성격을 소심한, 낙천적인, 긍정적인, 비관적인 등으로 쉽게 이야기하고 있지만, 그러한 성격 속에는 한사람이 세상에 나와 숱한 자신만의 고단한 삶의 환경에 맞서 고군분투하며 살아온 삶의 역정이 녹아 있다. 그러기에 키에르케고어가 성격의 거짓말(lie of character)은 아이가 세상과 부모 그리고 그 자신의 실존적 딜레마에 적응할 필요 때문에 구축한 것이라고 말한 것이 이해된다.

성격은 한 인간의 외면적 자아를 특징짓는 대표적인 것이다. 그 사람의 성격이 내면의 많은 것을 대변하고 있기 때문이다. 이러한 성격이 형성되는 과정은 다른 말로 인간화 혹은 사회화 과정이라고 할 수 있다. 베커에 의하면 유기체로서 아이는 부모와의 상호 작용 안에서 스스로의 안전을 위한 규칙을 만든다. 이렇게 부모에게 적응하면서 에고의 무한한 팽창은 심각한 손상을 입고, 그러한 에고는 아이의 내면세계의 박탈감에 의하여 성장한다. 결국 방어 메카니즘은 자기기만의 아주 탁월한 테크닉으로서의 인간화이다. 이러한 인간화의 부작용이 바로 프로이트에 의하면 신경증이다. 그것은 경험의 제한, 지각의 부분화 그리고 진정한 내면적 조절의 박탈을 초래한다.

---

40. 알프레드 아들러, 라영균 역, 『인간이해』 (서울: 일빛, 2009), 161–162.

사회화 과정은 부모가 속한 사회의 규율과 문화적 상징체계를 습득하는 과정이다.[41] 그것은 아이들이 자유로이 충동적으로 놀이하고 실험하고 조작하는 것을 계속적으로 간섭하고 차단하고 제어한다. 그러한 간섭에는 부모의 두려움과 초조함에 기반한다. 자기 자식을 누구에게나 인정받는 호감 있는 아이로 양육하고픈 욕심이 아이를 옥죄게 만든다. 아이는 이러한 부모의 강력한 요구에 순응하고 타협하면서 사회화된다. 외부세계의 강력한 권위에 복종하고 금지에 순응하고 통합되면서, 자기 자신의 진정한 쾌락을 포기하고 체념하게 된다. 아이는 그러한 양육 과정을 거치며 인간이 되고 사회인이 된다. 그러한 과정의 이면에는 인간의 자연스런 충동과 쾌락 그리고 무한한 확장의 기쁨이 희생되어 신경증으로 남게 된다.

_ 사회적 상징과 소유

인간화와 사회화를 통해 형성된 인간의 고유한 성격은 타자에게 자신을 대변하는 한 요소로 작용한다. 그러한 성격은 고정된 것이 아니라, 끊임없이 상황과 기분에 따라, 혹은 사회적 처지에 따라 바뀌어 간다. 그러한 변화 속에서도 한 사람의 독특한 특성을 나타내는 어떤 일관된 성격이 있다. 그리고 윌리엄 제임스에 의하면 사회적으로 자신을 지칭하는 사회적 'Me'에는 성격 이외에도 무수히 많은 것들이 있다.

---

41. Patrick H. Munley & Phillip D. Johnson, "Ernest Becker: a vital resource for counselling psychology," Counselling Psychology Quarterly,16(2003), 364–365.

어떤 사람이 me라고 부르는 것과 mine이라고 부르는 것 사이에 구분선을 그리기가 어렵다. 우리가 자신의 것들에 대해 느끼고 행동하는 것을 보면, 우리 자신에 대해 느끼고 행동하는 것과 많이 비슷하다. 우리의 명예, 우리의 자식들, 우리의 손으로 만든 작품들은 우리에게 우리의 신체만큼이나 소중하며, 어쩌다 그런 것들이 공격을 당하기라도 하면 똑같은 보복의 느낌과 행동이 일어난다. ... 넓은 의미로 보면, 한 사람의 'Me'는 그가 자신의 것이라고 부를 수 있는 것들 모두, 말하자면 자신의 육체와 정신뿐만 아니라 자신의 의상과 주택, 자신의 아내와 자식, 자신의 조상과 친구, 자신의 명예와 작품, 자신의 땅과 말과 요트와 예금까지 포함한 모든 것의 총합이다. 이 모든 것은 그 사람에게 똑같은 감정을 안겨준다. 만일 그런 것들이 커가고 번창하다면, 그는 의기양양해 한다. 만일 그런 것들이 쇠퇴하거나 죽거나 하면, 그는 의기소침해 한다.[42]

위의 인용 글에서처럼 사회적인 외면적 자아를 이루는 것은 셀 수 없이 많다. 문제는 이러한 것들이 고정되어 있는 것이 아니고, 주관적으로 혹은 객관적으로 천차만별로 변동이 심하다는 것이다. 자기 것으로 철석같이 믿고 아꼈던 것이 어느 순간 남의 손에 가있고, 지금까지 소중하게 아꼈던 것이 순식간에 아무런 가치가 없는 것으로 판명될 수 있다. 이러한 소유의 불확정성은 불안을 야기하고, 경쟁적으로 더 많이 소유하려고 다투게 만든다.

인간은 누구나 소유를 많이 하면 할수록 자아가 확장된다고 믿는다. 그것이 바로 타자와 비교하는 사회적 상징으로서 외면적 자아이다. 이러한 소유와 자아의 관계를 에리히 프롬은 『소유냐 존재냐』에서 다음과 같이 언급한다. "궁극적으로 '나(주체)는 무엇(객체)을 가

42. 윌리엄 제임스, 『심리학의 원리』, 232-233.

지고 있다'는 진술은 객체를 소유하고 있음을 빌려서 나의 자아를 정의하고 있다. 나 자신이 아니라 내가 가지고 있는 그것이 나를 존재하게 하는 주체이다. 나의 소유물이 나와 나의 실체의 근거가 된다. '나는 나이다'라는 진술의 토대가 되는 생각은 '나는 X를 소유하고 있기 때문에 나이다.' 여기서 X는 내가 영속적으로 소유하며 지배할 수 있는 힘에 의해서 관계를 맺고 있는 모든 자연의 사물과 인간이다."[43] 여기에서 '내가 가지고 있는 그것이 나를 존재하게 하는 주체'라는 말이 내포한, 소유와 주체의 관계는 외면적 자아의 특징을 그대로 보여준다. 이러한 자아 개념이 만연하다 보면, 사람들은 타자가 원하고 부러워하는 방식대로 자기를 맞추어 가는 삶을 살게 된다. 역으로 진정한 자신의 삶을 서서히 잃어가게 된다. 프롬에게 영향을 받은 라이너 풍크는 이러한 기현상을 비판적으로 바라본다.

> 생활 전반에 걸쳐 마케팅이 요구되다 보니 사람들은 생산품의 '겉모습', 심지어 인간의 외모에만 집착한다. 실질적인 내용과 가치는 무시된 채, 온 관심을 포장에만 쏟고, 이미지에 매달리며, 깜짝 쇼를 벌여야만 대박이 터진다고 믿는다. 모든 게 설정이자 연출인 것이다. 이제 자신의 인격마저 마케팅의 대상이 되다 보니 세상이 무서울 정도로 바뀌고 있다. 그 사람이 실제 어떤 능력을 가지고 있고, 어떤 일을 하는지, 그 사람의 진면목이 무엇인지, 진실한 성격의 소유자인지는 사람을 판단하는 데에서 그 우선순위가 한참 뒤로 밀리고 말았다. 이보다 훨씬 더 중요한 것은 '어떻게 보이느냐'이다. 때문에 사람들은 자신의 능력을 좀 더 그럴싸하게 포장하는 데 온 신경을 집중한다. 수단 방법을 가리지 않고, 각종 증명서와 학위를 손에 넣으려는 태도는 이렇게 해서 생겨난다. 구직자를 위

---

43. 에리히 프롬, 『소유냐 존재냐』, 차경아 역 (서울: 까치, 2011), 111.

한 각종 트레이닝과 세미나에 사람들이 몰려드는 것도 마찬가지이다. 사람들은 자신의 이미지를 꾸미고, 그 꾸며진 이미지를 진짜처럼 보이게 하려고 혈안이 된다.[44]

이러한 인간의 전형적인 삶의 모습은 풍크가 살았던 당시나 현재 인간의 삶이나 별반 차이가 없다. 아니 지금이 더 심각해졌다고 보아도 틀리지 않을 것이다. 보다 좋은 학위, 직장, 집, 자동차, 명품 옷이나 가방, 시계 혹은 상류층 생활의 무수한 경험들은 선망의 대상이 되고 있다. 끊임없이 타자를 의식하고 비교하면서 우월감, 자존감, 비참함을 경험하며 자기를 독려하고 비판하고, 타자를 부러워하고 시기한다. 이렇게 매일의 삶 속에서 경험하는 자아가 바로 사회적인 외면적 자아이다.

베커는 이렇게 인간이 자신의 외면적 자아를 매 순간 끊임없이 점검하고 비판하고 성찰하는 모습을 '내면의 뉴스릴'(inner-newsreel)이란 개념으로 잘 설명하고 있다. 다음의 인용 글을 읽으면 누구나 쉽게 공감이 갈 것이다. 한마디로 자기 마음속의 내밀한 작동이 발가벗겨진 느낌일 것이며, 누구도 부인할 수 없기에 서글픈 마음도 생겨난다. 인간의 마음은 고상한 생각도 품지만, 매일 같이 이러한 사소한 느낌, 이미지, 생각들로 정신없이 돌아간다.

우리의 대부분 시간을 무엇을 하며 보내는지를 우리 스스로 솔직하게 인정하려고 시도한다면, 우리의 첫 번째 반응은 과장되게 어깨를 으쓱하

44. 라이너 풍크, 『내가 에리히 프롬에게 배운 것들』, 김희상 역 (서울: 갤리온, 2008), 171.

는 것일 거다. 우리는 내가 "내면의 뉴스릴"이라고 부르는 것을 운용하는데, 자신을 중요하고 선하게 느끼게 만들고, 자존감을 주는 상징들을 끊임없이 되돌려보면서 시간을 보낸다. 우리는 가장 미비한 사건들도 기록되는 시나리오상에서, 우리가 실제로 어떤 사람인지를 테스트하고 예행연습을 하며, 그리고 가장 미묘한 것도 엄청나게 중요한 것으로 추정한다. 결국 자존감은 상징적이며, 상징의 주요 특징은 그들이 실제를 아주 정교하게 자른다는 점이다.

모든 사람은 마치 같은 상징적 사건들을 기록하지 않은 것처럼 내면의 뉴스릴을 운용한다. 항상 그것은 그에게 그 자신에 관한 따뜻한 느낌을 주는 자신이 선택한 특이한 상징을 리뷰하면서 보낸다: 그가 유혹했던 여인, 그가 벌었던 돈, 그가 찍은 사진, 그가 출판했던 책, 칵테일 파티에서 되받아쳤던 재치, 멋진 레스토랑에서 세련되게 주문했던 것, 피아노 모음곡의 완벽한 연주 등. 하루 종일 이들 이미지들을 리뷰하면서 보내는데, 우리들 대부분은 잠을 자면서 조차도 그렇게 한다. 단지 차이라곤 우리가 깨어 있을 때는 그 시나리오에 대해서 몇 가지 조정을 한다는 것이다. 뉴스릴이 부정적 이미지를 기록할 때, 즉 실언, 돈을 잃음, 엉망이 된 유혹, 상태가 안 좋은 자동차 구입, 형편없는 책 등, 우리는 즉시 부정적 이미지를 긍정적인 것으로 조정하고, 우리의 자존감의 균형을 맞추기 위해 호의적인 측면을 부각하려고 애쓴다.[45]

이러한 '내면의 뉴스릴'은 살아 있는 누구나 남녀노소를 불문하고, 잘났거나 못났거나 상관없이, 성공과 실패와 무관하게 모든 인간의 마음속에서 쉼 없이 작동한다. 그러기에 마음은 하루에도 수십 번 바뀐다는 말이 있고, 번뇌 망상에 휩싸여 사는 게 중생의 삶이라는 말이 생겨난다. 이러한 내면의 뉴스릴이 부정적으로 흔히 나타나는 경우가 있다. 예를 들면 자기 내면의 마음에 그린 자아의 상에 자

---

45. Ernest Becker, The Birth and Death of Meaning, 68–69.

기의 성격, 외모, 능력, 재능 등의 자기만의 특별한 가치를 스스로 부여하고 자아를 그것에 동일시함으로써 자신의 자아에 대해 과장되게 생각하는 경우이다. 그럼으로써 타자가 자기가 그린 자아상과 동일하게 바라봐주지 않으면 화를 내고 분노를 느낀다. 자기를 제대로 봐주지 않고, 별 볼일 없는 문제투성이의 하찮은 존재로 보는 것에 서운하게 여기고 분노한다. 이것에 의해 인간 간에 서로 미움과 질투와 증오가 생겨난다.

인간은 끊임없이 자존감을 확인해야만 고단한 삶을 버틸 수 있다. 그러한 내면의 뉴스릴이 제대로 작동하지 않은 절망의 상태는 우울증으로 발전하게 된다. 무기력하고 의기소침하고 모든 것에 절망하고 관심을 놓게 된다. 내면의 뉴스릴은 인간이 자신을 지키고 방어하는 최후 보루인 것이다. 그것이 긍정적으로 작동하지 않으면, 불안, 우울, 무기력, 그리고 권태가 물밀 듯이 자아를 덮쳐버리게 된다. 어쩌면 성격이란 갑옷이 타자로부터 자기를 지키는 전초적인 방어 성격을 띤다면, 내면의 뉴스릴은 최후 방어선인 셈이다. 그러므로 내면의 뉴스릴은 사회적인 상징의 외면적 자아를 끊임없이 점검하는 필수적인 역할을 한다.

베커는 '외면적 자아'라는 용어를 직접 사용하지 않았지만, 그의 자아에 대한 관념을 유추하면, 이 용어가 적절하다고 생각한다. 정리하자면 상징적인 '외면적 자아'는 사회 속에서 타자와의 대면 속에서 형성된 대외적인 '나'이다. 자기의 이름, 성격, 이미지, 살아온 이력, 소유물 등이 종합적으로 어우러져 자기를 대변하고 상징하는 자아이다. 이것은 앞서 언급한 많은 학자들의 성격, 상징, 인간화, 사회화, 사회적 'Me'의 개념들을 전체적으로 정리한 것으로, 타자와의 대면에서 사회적으로 자아를 상징하는 의미를 내포한다.

4. 심층의 영적인 우주적 자아

영적인 '우주적 자아'[46]는 한마디로 내면적 자아, 외면적 자아 그리고 영혼의 개념을 모두 아우르는 통합적인 자아 개념이다. 그것은 키에르케고어, 오토 랑크 그리고 어네스트 베커가 공통적으로 주장하는 특별한 자아 개념으로서, '몸의 유한성을 철저히 인식하고 불멸의 무한성인 궁극적 실재를 지향하는 인간의 근원적 본성'을 지칭한다.

인간의 대부분은 영혼의 존재에 관심을 갖고 그것에 대한 믿음을 공유한다. 그것은 흔히 사랑하는 가족의 죽음에 대한 상실감에 연유하며, 또한 자신의 죽음에 대한 은근한 걱정과 불안에 기반한다. 일반적으로 영혼(soul)이란 현생을 넘어 과거의 생 그리고 앞으로 올 미래의 생을 연결시켜주는 매개체의 의미로 통용된다. 그러므로 인간에게 영혼이란 개념은 엄청난 위안을 가져다준다. 오토 랑크에 따르면, 영혼은 인류가 매우 초기에 만들어낸 가장 영리한 발명품 중 하나로, 인간은 영혼 덕분에 자신을 단순히 육체적 존재 이상으로 인식하고 죽음을 회피할 수 있게 되었다. 랑크는 저서에서 영혼은 저항할 수 없는 심리적 힘으로서 영원히 살고자 하는 의지와 죽음이라는 불변의 생물학적 사실이 충돌하는 빅뱅 속에서 탄생했다고 주장한다. 이처럼 유한한

46. '우주적 자아'는 본 글에서 가장 중요한 용어로서, 랑크와 베커가 결론적으로 주장하는 인간 내면의 종교성을 반영하는 자아로서, 인간 내면의 가장 고결한 특성을 대변한다.

육체에 얽매이지 않는 영혼의 존재는 인간의 필요에 의해 만들어진 추상적 개념인지, 아니면 실제로 존재하는 것인지는 아무도 알 수 없다.

그렇다면 이러한 영혼의 개념과 영적인 우주적 자아(cosmic self)는 같은 의미인가? 단언컨대 그렇지는 않다. 왜냐하면 영혼이란 인간의 마음속 깊은 곳에 위치한다고 추정해 볼 수 있다. 그곳은 인간의 의식이 도달할 수 없는 의식의 경계를 넘어있다. 그곳은 무경계 혹은 무의식의 상태이다. 그곳은 시간과 공간의 한계를 넘어있기에 과거 생과 현재 그리고 미래 생이 공존한다. 하지만 영적인 우주적 자아는 다르다. 인간은 언제나 마음만 먹으면 그것을 의식할 수 있다. 왜냐하면 영적인 '우주적 자아'도 일종의 자아이기에, 내면의 '의식 흐름'을 인식할 수 있다. 다만 그것은 자기의 유한성을 인식하고 무한성을 추구하며, 죽음의 경계 너머까지를 의식하는 자아이다. 이것은 융의 다음 설명으로 이해될 수 있다. "자기 자신 안에 아주 좁게 제약되어 있다는 의식만이 무의식의 무한성에 접속될 수 있다."[47] 달리 말하면, 우주적 자아는 '의식과 무의식을 관통하면서도 내면의 가장 깊은 심층에서 자신의 삶과 죽음을 동시에 인식하며 무한성을 추구하는 영적인 의식체'이다.

프로이트의 정신분석학에서는 '영혼(spirit)'이라는 단어는 금기시되었다. 프로이트는 융이 이러한 용어를 즐겨 사용하는 것을 탐탁하지 않게 생각했다. 융의 회고에 의하면, "무엇보다도 영혼에 관한 프로이트의 태도는 나에게 몹시 수상쩍게 여겨졌다. 어떤 인물이나 어떤 예술작품에서 영성(spirituality)의 표현이 나타나는 경우에, 그는 언

---

47. 칼 구스타프 융, 『기억 꿈 사상』, 조성기 역 (파주: 김영사, 2010), 573.

제나 의심하는 태도로 그것이 '억압된 성욕(repressed sexuality)'임을 넌지시 시사하곤 했다. 성욕이라고 단적으로 판정할 수 없는 것은 '정신적 성욕(psychosexuality)'이라고 불렀다."[48] 이러한 영혼에 관한 관점의 차이가 프로이트와 융 사이의 심각한 간극으로 대두된다.

프로이트와 달리 융에게 신화, 꿈, 환상, 신비, 영혼 등은 그의 핵심 주제였다. 그러나 프로이트는 꿈을 제외하고 이러한 논의를 경멸했다. 더 나아가 그는 신비 사상의 물결로부터 성 이론을 지켜내는 것이 정신분석학의 임무라고 설파했다. 하지만 융은 프로이트의 성 이론에 동의할 수 없어 결별하게 된다. 그렇다면 융은 영혼에 대해 어떠한 생각을 지니고 있었을까? 김재영은 『종교심리학의 이해』에서 융의 관점을 다음과 같이 소개한다.

> 융의 논의에 의하면 영의 존재는 외부적으로 증명해 보이거나 합리적으로 파악할 수 있는 대상이 아니다. 하지만, 파악할 수 없는 미지의 대상이라고 해서 결코 존재하지 않는 것은 아니다. 그것은 의식적 자아의 현상으로 인식하는 것보다는 차원을 훨씬 넘어선 무의식적 · 초월적 차원을 지향하고 있다는 점에서 역동적으로 작동하고 있는 신비적 존재이다. 그것은 인간의 삶에 의미와 목적을 부여해주기도 하고 삶의 가능성을 확대해 나갈 수 있는 용기를 제공하기도 한다. 단지 인간 주체가 해야 하는 것은 살아있는 영의 존재에 관심을 기울이는 삶이다. 융은 그러한 삶을 영적인 삶으로 규정하였다.[49]

융은 영의 존재를 의식적으로 알 수 없지만, 무의식의 차원에

48. 위의 책, 279-280.
49. 김재영, 『종교심리학의 이해』, 117.

서는 접근 가능한 것으로 믿고 있었다. 위의 인용에서 융이 이해한 영은 '차원을 훨씬 넘어선 무의식적 · 초월적 차원을 지향' 하며, 영적인 '우주적 자아'처럼 내면의 '의식 흐름'을 통해 감지할 수 있다.

융의 무의식에 대한 생각은 프로이트와 판이하게 다르다. 프로이트는 인간이 탄생의 순간부터 경험한 숱한 이미지, 생각, 느낌이 의식되지 않을지라도 무의식의 층에 모두 저장되어 있다고 보았고, 이드의 성적 욕망도 에고에 의해 억압되어 무의식에 저장되어 있다고 보았다. 하지만 융은 자신의 회고록 『기억 꿈 사상(Momories, Dreams, reflections)』의 서문의 첫 문장에, "나의 생애는 무의식의 자기실현(self-realisation)의 역사"라고 규정할 정도로, 무의식에 많은 의미를 부여하였다. 그는 무의식에 대해 설명하기를, "그것은 근원적인 마음의 일부분을 형성하던 원시적 특성을 보존하고 있는 것이며, 꿈의 상징이 항상 우리에게 전하려고 하는 메시지가 바로 이 특성이다. 무의식은 마음이 그 발전 도상에서 버렸던 온갖 옛것들(환각, 공상, 구태의연한 사고형태, 기본적인 본능 따위)을 저장해 두고 있는 듯이 보인다."[50], 그리고 무의식은 가장 멀리 떨어진 시초까지 되돌아갈 수 있는 모든 인간 경험의 저장고이다. 그것은 일종의 버려진 쓰레기더미 같은 죽은 저장고가 아니라. 보이지 않은 방식으로 개인들의 삶을 결정하는 능력과 반작용의 살아 있는 시스템이다. 그것은 소위 선험적인 역사적 조건, 거대한 역사적 편견이 아니다; 단순히 본능의 형태로 간주되는 원형(archetypes)을 위한 본능의 원천이다. 본능의 살아 있는 출처로부터 창

50. 칼 구스타프 융, 『인간과 상징』, 이윤기 역 (파주: 열린책들, 2012), 145.

조되어 나오는 모든 것으로 흘러나온다. 그러기에 융은 이러한 어마어마한 무의식의 자기실현이 일으키는 삶에서의 무수한 신비와 환상을 연구하기 위해 한평생을 바쳤다.

융의 'Self', 제임스의 'I'

융의 사상에서 영적인 우주적 자아에 해당되는 개념은 '자기'(Self)이다. 그것은 지금까지 자아(ego)로 알려져 온 실체를 대체하지 않는 하나의 상위개념으로서 자아를 포함한다. 즉 분명히 현실에 존재하고 있음에도 불구하고, 절대로 완벽하게 알 수 없는 인격 전체를 자기라고 부른다면, 자아는 정의상 자기에 종속되며, 전체와 부분의 관계로 자기와 연결되어 있다. 융은 자아를 의식의 주체로 본 반면에, 자기는 의식과 무의식을 전체적으로 아우르는 개념으로 자기를 사용한다. 그는 무의식이 의식으로 넘쳐 들어오며 자기를 실현하려는 현상을 연구의 핵심으로 삼았다. 이러한 융의 자기와 유사하게 프로이트도 「문명 속의 불만」에서 확장된 개념으로 '원초적 자아' 감각을 설명하기도 하였다.

> 자아(ego)는 외부세계에서 자신을 분리한다. 아니, 좀 더 정확히 표현하면, 원래 자아는 모든 것을 포함하고 있지만 나중에 자신한테서 외부세계를 분리한다. 따라서 우리가 현재 갖고 있는 자아 감각은 훨씬 포괄적인 감각의 위축된 잔해에 불과하다. 정신생활 속에 이 원초적 자아 감각을 어느 정도 유지하고 있는 사람이 많다고 가정하면, 그 원초적 자아 감각은 더 범위가 좁고 뚜렷한 경계선을 가진 성숙한 자아 감각과 한 쌍을 이루어 나란히 존재할 것이다. 그런 경우 원초적 자아 감각에 어울리는

관념적 내용은 무한함 및 우주와의 유대감일 것이다.[51]

의식의 주체인 자아가 무의식을 포함한 보다 차원 높은 상위 개념이 융의 '자기' 개념이라면, 프로이트는 역으로 의식과 무의식이 나누어지기 이전의 하위개념으로서 '원초적 자아' 감각을 주장하고 있다. 그것은 자아와 대상이 완전히 분리되기 이전에 온전히 하나로 인식되는 무한한 우주와의 연대감으로서, 의식과 무의식이 나누어지기 이전의 상태를 말하고 있다. 그렇다면 이러한 개념들이 우주적 자아 개념과 어떻게 비교될 수 있을까? 영적인 우주적 자아는 제임스의『심리학의 원리』에서 언급된 정신적 'Me'와 인식주체로서의 'I'(The Self as Knower)라는 두 개의 개념을 포괄한다.

정신적 'Me'는 의식의 상태들과 정신적 기능들의 구체적인 성향을 모두 모은 인식대상의 집합체를 의미한다.[52] 제임스는 그것을 자아의 핵심으로서 '내면의 어떤 상태들이 작용하고 있다는 감각'으로 보았는데, 이 작용 감각이 인간의 영혼 안에서 살아있는 실체로 직접적으로 드러난다고 여겼다. 인간의 몸 안에 거주하지만, 의식되지 않는 불변의 영혼 개념이 아니라, 영적인 우주적 자아는 인간 내면의 심층에 있으면서도 뭔가가 작용되고 있다는 느낌을 주는 살아 있는 실체로 의식된다. 그렇지만 이러한 '정신적 Me'는 아무리 고상한 뜻을 부여해도 의식의 대상에 불과하다. 그러므로 자아라는 용어가 붙기 위해서는 인식주체로서의 'I'라는 개념이 첨부되어야 한다. 다음은

51. 지그문트 프로이트,『문명속의 불만』, 238.

52. 윌리엄 제임스,『심리학의 원리』, 238.

인식주체로서의 'I'에 대한 제임스의 설명이다.

'I', 즉 '순수한 자아'는 'Me'보다 공부하기에 훨씬 더 어려운 주제이다. 'I'는 어떠한 순간에라도 의식하고 있는 것인 반면에, 'Me'는 'I'가 의식한 것들 중 하나에 지나지 않는다. 달리 말하면, 'I'는 '사상가'이다. 그러면 즉시 이런 질문이 떠오른다. 이 사상가는 도대체 어떤 사상가냐? 그것은 흘러가는 의식의 상태 그 자체인가, 아니면 더 깊고 덜 변덕스런 그 무엇인가? 우리는 흘러가는 의식의 상태가 바로 변화의 구현이라는 것을 보았다. 그럼에도 우리 모두 'I'라는 언제나 똑같은 무엇인가를 의미한다고 무의식적으로 생각한다. 그래서 대부분의 철학자들은 흘러가는 의식의 상태 뒤에 영원한 본질 혹은 영원한 '동인' 같은 것이 있다고 생각했다. 이 본질 혹은 동인의 변형이나 작용이 바로 의식으로 나타난다는 것이다. 이 동인이 사상가이고, '상태'는 사상가의 도구이거나 수단이다. '영혼'과 '초월적 자아 정신'은 영구한 이 사상가를 부르는 이름들이다.[53]

흘러가는 의식의 흐름 뒤에서 영원한 동인으로서의 인식의 주체인 'I'와 그 대상으로서 인간 영혼 안의 살아 있는 실체인 정신적 'Me'가 합일된 것이 영적인 '우주적 자아'에 포함된다. 제임스는 인식주체인 사상가 'I'가 대상인 'Me'에 대해 모든 구체적인 결정을 내리는 것으로 보고, "매 순간 밖으로 나와 과거의 'Me'를 알아보면서 'Me'가 아닌 것을 낯선 것으로 던져버리는 그 무엇, 바로 그것이 어디에서나 똑같이 적용되는 정신작용의 영원한 원칙이 아닌가?"라고 반문하면서, 어제와 오늘을 이어가는 내면의 의식에 어떤 기능적 동일성이 있음을 강조하였다.

53. 위의 책, 258.

이러한 두 기능 외에 보다 본질적인 영적인 작용이 우주적 자아에 포함되는데, 제임스는 그것을 다른 책에서 언급하고 있다. 제임스는 자신의『종교경험의 다양성』에서 앞의 개념보다 더 포괄적인 '무한한 생명과 힘을 지닌 영'을 언급하면서, 그것을 신이라고 칭한다.

> 우주의 가장 중심적인 사실은 모든 것의 배후에 있는 무한한 생명과 힘을 지닌 영인데, 이것은 모든 것 안에서 그리고 모든 것을 통해서 스스로를 드러낸다. 모든 것의 배후에 있는 무한한 생명과 힘을 지닌 이 영을 나는 신이라고 부른다. 우리가 가장 중심적인 사실 자체에 관해 의견이 일치하는 한, 당신이 그 영을 은혜로운 빛 또는 섭리, 최고의 혼, 전능자 또는 가장 적절한 어떤 용어를 선택해서 사용하든 나는 개의치 않는다.[54]

이 글에서 중요한 것은 "모든 것 안에서 그리고 모든 것을 통해서 스스로를 드러낸다"는 점이다. 인간 내면의 가장 심층에 있는 무한한 생명의 영이 그냥 숨겨져 있는 것이 아니라, 모든 것 안에서 스스로를 드러낸다는 것은, 인간의 인식 안으로 들어온다는 의미이다. 그것은 의식 안에서 무한한 생명과 교류하며, 또한 개인의 무의식과 관통하며 끊임없이 작용하고 있다는 것이다. 결국 영적인 우주적 자아는 제임스가 밝힌 정신적인 Me, 인식주체로서의 I, 그리고 무한한 생명의 영이라는 이 세 가지를 합쳤다고 볼 수 있다. 그러나 좀 더 깊이 베커의 핵심 논의를 파고들면 약간 뉘앙스가 달라진다.

---

54. 윌리엄 제임스,『종교적 경험의 다양성』, 김재영 역 (파주: 한길사, 2009), 165.

베커의 '우주적 자아'

베커는 이러한 영적인 '우주적 자아(cosmic self)' 개념에 대해 어떤 관점을 지니고 있었을까? 비록 베커는 이 용어를 직접 언급하지 않았지만, 그가 『죽음의 부정』에서 핵심적으로 주장하는 모든 것이 바로 '우주적 자아' 그 자체라 할 수 있다. 그것은 한마디로 인간이 '유한성으로서 자신의 죽음을 인식하고 무한성을 꿈꾸는 자아'이다. 자기의 몸이라는 피조물의 한계를 지니고, 신적 차원인 궁극적 가치나 영원한 생명을 지향하며, 무한성을 향해 나아가는 고귀한 인간의 행위를 지칭하기도 한다. 하지만 분명히 해두고 싶은 것은, 베커가 직접 '우주적 자아'라고 말한 적은 없다. 단지 그는 '우주적 영웅성(cosmic heroism)'을 말하였는데, 그것은 몸의 한계인 피조물성을 인정하고, 신의 뜻에 부응하고 영원한 생명의 또 다른 차원으로 들어가려는 영웅적 행위라고 설명하고 있다. 논자는 그러한 우주적 영웅성을 자각한 자아를 '우주적 자아'로 칭하고자 한다. 대부분 인간은 자신의 필멸을 인식하면서 죽음의 공포를 경험하고 그것을 억압하고 회피하기 위해 자기의 특별함을 과시하면서 불멸을 얻기 위한 영웅이 되려 한다. 더 나아가 궁극적 실재를 향한 무한성을 추구한다. 그것이 베커의 영웅성에 담긴 우주적 의미로서, 베커 논의의 핵심이다.

베커의 우주적 자아는 앞서 논의했던 내면적 자아, 외면적 자아를 포함하면서 '자아를 초월하여 자기의 실존적 운명으로서의 탄생, 삶, 죽음 그리고 죽음 너머를 관조하며 무한성을 추구하는 자의식'이라고 정리해볼 수 있다. 그러므로 영적인 우주적 자아는 영혼, 영, 정신 등의 추상적인 언어와 유사하면서도 같지는 않다. 비록 베커는 자기의 필멸의 운명을 분명히 자각하는 '자의식'을 직접 강조하지는 않았지만, 랑크의 영향을 받아 인간의 내면에 도사리고 있는 죽음공포를 모든 삶의 동기로 보았다는 점에서 죽음 인식을 그 배경으로 두고 있다. 베커는 이러한 자의식의 탄생을 키에르케고어의 아담과 이브의 타락신화에 그 근원을 두고 있다.

> 키에르케고어의 인간관의 주춧돌은 에덴동산에서 아담과 이브를 추방한 사건인 타락신화에서 나온 것이다. 이 신화에는 모든 시대에 대한 기본적인 심리학적 통찰이 포함돼 있다. 그 통찰이란 인간은 자의식과 생리적 몸, 즉 반대되는 것의 합일이라는 것이다. 인간은 하등동물의 본능적이고 분별없는 행동에서 벗어나 자신의 조건을 성찰하게 되었다. 인간은 창조물 가운데 개인성에 대한 자의식과 부분적 신성인 자신의 얼굴과 이름의 아름다움과 독특성을 부여받았다. 동시에 세계의 공포와 그 자신의 죽음과 부패에 대해 인식하게 되었다. 이러한 패러독스는 역사와 사회의 모든 기간에 걸쳐서 실로 인간에게 끊임없이 나타나는 것이다.[55]

베커는 이에 대해 자의식으로의 타락, 즉 본성 안에서의 안전한 무지로부터의 출현은 인간에게 가혹한 형벌이었으며, 그것은 인간에게 공포 또는 불안을 안겨주었다고 밝힌다. 그러면서 키에르케고어가 '자의식'과 불안에 대해 언급한 것을 밝힌다. "인간은 영적인 것과 육적인 것의 종합체여서 불안을 경험한다. 다시 말해서 우리는 '영적인 것'을 '자의식'이라고 읽어내야만 한다. ... 자의식의 최종적인 공포는 인간 자신의 죽음에 대한 앎이다."[56] 이러한 인간의 자의식인

---

55. 어네스트 베커, 『죽음의 부정』, 146.
56. 위의 책, 147.

피조물의 불안을 베커는 인간의 불안 그 자체로 보고 있다. 그러면서 자의식적인 동물의 정의를 다음과 같이 밝힌다.

> 자의식적인 동물이 된다는 것은 무엇을 의미하는가? 그런 관념은 기괴하지 않다면 우스꽝스러운 것이다. 그것은 사람이 벌레의 먹이가 된다는 것을 안다는 것이다. 무에서 출현해서 이름, 자의식, 심층적 내면의 느낌들, 삶과 자기표현에 대한 강렬한 내면적 열망을 소유한다는 것, 그리고 이 모든 것을 소유한 존재가 죽어야 한다는 것은 공포다.[57]

이처럼 자신의 '죽을 운명'을 인식하는 불안을 안고 사는 인간이지만, 그러한 죽음공포에 마냥 짓눌려 사는 것은 아니다. 그들은 그러한 불안과 공포를 넘어 자기의 존재 가치를 확인하기 위해 시공간을 초월한 인식이 가능하기에 영적인 '우주적 자아'를 지닌다.

> 인간은 그가 먹을 수 있는 것뿐만 아니라 자라나는 모든 것을 고찰할 수 있다. 이 순간에만 사는 것이 아니라 그 내면의 자신을 최근까지로 확장시킬 수 있고, 호기심을 수 세기 이전으로 확장할 수도 있다. 그리고 태양이 차갑게 식어버리는 지금으로부터 50억 년 전으로 두려움을 확장할 수도 있으며, 희망을 현재에서 영원으로 확장할 수도 있다. 인간은 작은 영토에 살 뿐만 아니라 은하수, 우주, 그리고 보이는 우주들 너머의 차원에 살기도 한다. 인간이 견뎌야 하는 짐, 즉 경험에 바탕을 둔 짐은 섬뜩할 정도이다.[58]

이러한 인간의 자기 존재에 대한 섬뜩한 자기 인식은 존재의

---

57. 위의 책, 173.
58. 위의 책, 117.

무게로 다가온다. 자신이 누구인지, 왜 태어났는지, 이 행성에서 무엇을 하고 있는지, 그리고 무엇을 해야 하는지, 무엇을 기대하는지를 스스로에게 질문하게 된다. 그러면서 자기의 비루한 몸을 초월하는 우주적인 영웅성을 꿈꾸게 된다. 이처럼 인간은 육체성과 내면의 영성을 동시에 인식하게 되면서 자신의 본성에 대해 바른 자각에 이르게 된다. 베커는 이것을 바탕으로 인간을 '항문을 가진 신(gods with anuses)'이라고 규정한다. 그것은 베커의 인간관을 함축시켜 보여주는 대표적 비유이다. 한마디로 인간은 먹고 싸는 생물학적 한계를 지니고 살면서도, 신에 대한 고상한 믿음을 지니고 산다는 의미이다.

지금까지 살펴본 베커의 영적인 '우주적 자아'는 인간이 자기 존재의 출현과 소멸에 대해 궁금증을 가지고 스스로 자기의 운명과 고단한 삶에 대한 자각과 죽음에 대한 인식과 불안과 공포를 경험하는 자기 내면의 고차원적인 인식을 일컫는다. 그것은 자기 내면에 한정된 것도 아니고, 자기 주변 세계의 타자를 의식한 가변적인 외면도 아니고, 자기의 실존적인 의미에 대한 총체적인 자각으로서의 주체적인 의식이다. 결론적으로 영적인 우주적 자아는 인간의 의식 너머 보다 심층적인 무의식까지 관통하고, 더 나아가 삶과 죽음을 넘어서 전 우주와의 합일을 꿈꾼다. 이러한 우주적 자아가 깨어 있어야만 비로소 진정한 인간으로서 삶을 사는 것이다. 다음 절에서는 지금까지 살펴본 여러 자아 들이 융합되어 만들어내는 숱한 환상들에 대해 살펴보고자 한다. 그것들이 펼쳐내는 무궁무진한 변화가 온갖 인간 삶의 갈등과 투쟁과 분노를 자아낸다는 것을 주장할 것이다.

3절. 자아가 만드는 다양한 환상

환상은 베커 사상의 근저를 이루는 핵심용어로서, 인간만이 만들어내는 특질이다. 느끼고 상상하고 생각하고 공유할 줄 아는 인간의 능력은 공포를 억압하고 그것을 극복하기 위해, 무의식과 의식의 결합으로 환상을 만들어 자신을 위안하기도 하고, 혹은 자신을 속이고 기만하기도 한다. 그리고 눈에 보이지 않는 대상을 믿고 숭배하는 종교적 행위도 이러한 능력 때문에 가능할지 모른다. 이러한 환상은 불안에 떠는 자아에 위안을 주면서, 한편으로 타자를 공격하는 원인을 제공하기도 한다. 인간은 자신이 만든 환상, 혹은 타자나 집단으로부터 주입된 문화적 환상에 의하여 선하게 되거나, 악하게 될 수도 있다.

1. 환상의 범주와 생성

흔히 사용하는 '환상'이란 말에는 '신비롭고, 따스한 희망이 담겨 있고, 고달픈 현실을 잊게 하는' 어떤 뉘앙스를 품고 있다. 환상(幻想)의 사전적 의미는 "현실적인 기초나 가능성이 없는 헛된 생각이나 공상"이다. 영어 'illusion, fantasy, vision, ,...' 등이 우리말 '환상'으로 번역되곤

한다. 먼저 'illusion'의 의미는 "환상, 착각, 망상"이다. 이것은 프로이트의 한 논문이 「환상의 미래(The Future of an Illusion)」(1927)로 영역될 때 사용된 단어이다. 여기에서 프로이트는 종교적 관념들을 환상으로 치부하는데, 종교적 교리들을 인류의 가장 오래되고 강력하며 절박한 원망(願望, wish)의 실현이라고 단언한다. 즉 자애로운 신의 지배가 삶의 위험에 처한 인간의 두려움을 달래주고, 이승에서의 생존이 내세에서도 연장된다는 개념은 인간의 원망 실현의 극치를 보여준다. 다음은 프로이트가 그 논문에서 설명한 환상(illusion)의 정의이다.

> 인도로 가는 새로운 항로를 발견했다는 콜럼부스의 믿음은 환상이었다. ... 인도-게르만족만이 문명창조의 능력을 가진 유일한 민족이라는 일부 민족주의자들의 주장도 환상이라고 부를 수 있다. 어린이에게는 성욕이 없다는 믿음은 얼마 전에야 정신분석학이 깨뜨린 환상이었다. 환상의 특징은 바로 인간의 원망에서 유래한다는 점이다. 이 점에서 환상은 정신병적 망상(delusion, 병적으로 생긴 잘못된 판단이나 확신)과 비슷하다. 그러나 망상의 구조가 더 복잡하다는 점은 별도로 하더라도, 망상과 환상은 여러 가지로 다르다. 망상의 경우에는 현실과 모순된다는 점이 불가결한 요소로 강조된다. 환상은 반드시 허위일 필요는 없다.[59]

프로이트는 위의 말에 덧붙여, 어떤 믿음을 갖게 된 주요 동기가 원망 실현이면 환상이라 부르고, 환상 자체는 입증을 중시하지 않는다고 언급한다. 그러면서 환상과 현실의 관계는 크게 중요하지 않다고 본다. 더 나아가 모든 종교적 교리도 입증할 수 없는 환상이라

59. 지그문트 프로이트, 『문명속의 불만』, 198.

고 주장한다. 그리고 그는 "인간은 종교적 환상의 위안이 없이는 도저히 살아갈 수 없으며, 그 위안이 없이는 삶의 어려움과 현실의 잔인함도 견딜 수 없다"는 혹자의 말에 동의할 수 없으며, 인간이 우주라는 거대한 체계 안에서 얼마나 무력하고 하찮은 존재인지를 절실히 깨달을 필요가 있다고 주장한다. 그러한 현실적인 자각만이 운명을 감수하고, 모든 사람들이 견딜 수 있는 삶과 그 누구도 억압하지 않는 문명을 이룰 수 있다고 본다. 물론 그러한 일이 요원하기에 자신의 주장도 일종의 환상일 수 있다고 한발 물러서면서도, 끝까지 자기의 주장을 고수한다.

> 환상을 피하기가 얼마나 어려운지는 나는 잘 알고 있다. 그러나 나는 한 가지 차이를 단호히 고집한다. 나와 똑같은 환상을 품지 않는다 해도 벌을 받지는 않는다는 점은 제쳐 놓고라도, 내 환상은 종교적 환상과는 달리 수정할 수가 있다. 내 환상은 망상적 성격을 가지지 않는다.[60]

위와 같이 프로이트가 주장하는 '환상'의 개념은 삶의 위험으로부터 벗어나 위안을 얻으려는 인간의 강력한 원망이 만들어 낸 것이다. 그러면서 프로이트는 인간이 그러한 환상을 환상임을 알고, 잘못된 환상은 과감히 수정할 수 있는 인간의 이성을 중요시한다. 인류가 지금까지 만들고 쌓아온 두터운 환상을 하나하나 벗겨 내려면 믿을 건 이성밖에 없다고 본다. 하지만 이러한 이성을 위주로 한 계몽주의적 시각은 프로이트의 한계로 지적받는다. 또한 프로이트는 인

---

60. 위의 책, 225.

간은 삶을 견디기 위한 속임수로 환상을 적극적으로 만드는데 그것이 곧 인간의 문명이라는 관점을 제시한다. 그것은 오토 랑크와 어네스트 베커의 관점에서 보다 심화된다.

제임스는 『심리학의 원리(Psychology: The Briefer Course)』(1892)에서, 'illusion'을 '착각'이라는 의미로 사용한다. 즉 인간의 지각작용에서 감각이 착각을 일으켜 현상이나 대상을 다르게 인식한다는 것이다. 예를 들면 술래잡기 놀이를 하는 소년, 추적자를 따돌리고 있는 범죄자, 한밤중에 숲을 가로지르거나 교회의 묘지를 지나치는 사람, 숲에서 길을 잃은 사람, 애인과 밤에 밀회를 약속해놓고 가슴을 두근거리고 있는 소녀 등등, 이들은 모두 소리나 시야의 착각(illusion)에 놀라기 쉬우며, 이 착각은 사실이 아닌 것으로 드러날 때까지 그들의 가슴을 벌렁거리게 만든다. 이러한 착각은 인간이라면 누구나 순간적으로 잘못 지각할 수 있다. 그것은 단순한 실수로 치부될 수도 있지만, 당사자에게는 너무나 사실적으로 비춰져, 자기 자신이 뭔가에 홀리지 않고서는, 그러한 착각에 빠질 리 없다고 생각하게 된다.

또한 제임스는 그의 다른 저명한 책인 『종교경험의 다양성(The Varieties of Religious Experience)』(1902)[61]에서 'illusion'에 버금가는 'vision'을 사용하여 종교적 천재나 지도자 혹은 정신병자들이 경험한 환상을 표현하고 있다. "그들은 빈번히 몽환상태에 빠지거나 환청을 듣거나 환상(vision)을 보았고(64p)", "신에 대한 최고의 믿음, 그리고 신에 대한 가장 진실한 관념이 그때 내 안에서 잉태되고 있었다. 그 이후로 나

61. 윌리엄 제임스, 『종교적 경험의 다양성』, 64, 128, 231 참조.

는 환상의 산(Mount of Vision) 위에 서 있었다(128p)", "정신병자의 공포에 대한 환상(vision)은 모두 일상적 사실의 요소로부터 나온다(231p)" 여기서 'vision'을 환상으로 번역한 것은, 어떤 시각적 형상이 초현실적인 작용에 의하여 우연히, 갑작스럽게, 부지불식간에 떠오른 것을 뜻한다. 그것을 경험한 당사자의 의지와 무관하게 저절로 눈앞에 나타난 것을 경이와 공포로 경험한 것을 표현한 것이다. 실제로는 존재하지 않은 것이 존재하는 것처럼 눈앞에 보여진 것이기에 환상으로 칭한 것이다. 제임스와 달리 칼 융의 환상은 내면의 무의식에서 떠오른 예시적인 성격을 띤다.

융은 그의 책 『기억, 꿈, 사상』(Memories, Dreams, Reflections)에서 'fantasies'라는 단어를 많이 사용하는데, 그것도 환상으로 번역된다. 융은 1913년과 1914년 세계 제1차 대전이 발발할 무렵까지 무수한 환상들(fantasies)을 보게 된다. 융은 환상의 어느 한 장면을 묘사할 때는 'vision'이라고 적고 있다.

> 1913년 10월에 내가 혼자서 여행하고 있을 때 갑자기 거대한 환상(overpowering vision)이 나를 압도해버렸다. 나는 북해와 알프스산 사이의 지대 낮은 북쪽 나라를 모두 삼키는 무시무시한 홍수를 보았다. 그 홍수는 영국에서 러시아까지 미쳤고, 북해 기슭에서 거의 알프스까지 이르렀다. 홍수가 스위스를 삼키려고 할 즈음, 나는 산들이 마치 스위스를 보호하려는 듯이 점점 높아지는 것을 보았다. 끔찍한 재앙이 벌어지고 있었다. 나는 엄청난 황톳빛 물결과 물에 떠내려가는 문명의 파편들, 헤아릴 수 없는 수천의 주검을 보았다. 어느새 바다는 피바다로 변했다. 이 환상은 한 시간 가까이 지속되었다. 나는 혼란스럽고 역겨워지면서 나 자신의

연약함에 부끄러움을 느꼈다.[62]

융은 1914년 8월 1일 세계대전이 발발 한 이후에도 환상들을 체험하는데, 그러한 자신의 체험이 집단의 체험과 어느 정도까지 연관이 있는지 이해하기 위해 힘썼다.

> 끝없는 환상(fantasies)의 흐름이 펼쳐졌다. 나는 방향감각을 잃지 않고 길을 찾기 위해 최선을 다했다. 나는 낯선 세계 속에 속수무책으로 서 있었다. 모든 것이 내게는 어렵고 이해하기 불가능한 듯이 보였다. 나는 줄곧 팽팽한 긴장 속에 살았다. 마치 거대한 돌이 내게로 굴러떨어지는 듯한 느낌을 자주 받았다. ... 그러나 내 안에 마력 같은 힘이 있어, 내가 환상에서 겪은 것의 의미를 찾지 않으면 안 되도록 처음부터 나를 붙들어 주었다. 내가 노도와 같은 무의식의 엄습을 견뎌냈을 때, 보다 높은 어떤 의지에 순종하는 느낌을 피할 수 없었고, 그러한 느낌은 나의 과제를 수행하는데 나침반 역할을 해주었다.[63]

위의 인용구에서 융이 밝힌 것처럼, 그에게 '거대한 환상의 흐름'은 '무의식의 엄습'이다. 자신과 집단의 무의식이 인류에게 닥칠 재앙을 예시해주고 있다. 그것은 망연한 상태에서 눈앞에 펼쳐지는 환상(vision)으로 나타나기도 하고, 잠 속에서 꾸는 꿈(dream)으로 나타나기도 한다. 어떻게 나타나든 분명한 것은 그 모든 것이 무의미한 것이 아니라, 무의식에서 보내는 어떤 암시를 담고 있다는 것이다. 특히 융은 신화를 잃어버린 현대인들은 이러한 무의식과의 교류를 잃

62. 칼 구스타프 융, 『기억 꿈 사상』, 322-323.
63. 위의 책, 325.

어버렸기 때문에, 많은 것이 차단되고 신경증에 걸리고 있다고 진단하면서, 무의식과의 대면을 두려워하거나 회피해서는 안 된다고 경고한다. 그러면서 자신의 삶을 무의식이 들려주는 이야기에 귀를 기울이는 데 바쳤다. 이처럼 융의 환상은 무의식의 예시가 담겨있는 신비한 환상(fantasies)이라는 점이 독특하다.

__ 베커의 환상 개념

베커의 환상 개념은 박사학위를 쓴 1960년대에는 거의 일반적인 '강렬한 소원'의 의미로 사용하였지만, 1972년 『죽음의 부정(Denial of Death)』에서 '죽음의 공포를 부정하고 회피하는 방어책'으로서 비중있게 사용된다. 이것은 베커가 오토 랑크의 견해를 적극적으로 수용하면서 비롯되었다. 그것은 보통의 사람들이 걱정을 잊은 채 사는 것처럼 보이는 것은 삶과 죽음의 문제를 회피하기 위한 거대한 방어벽을 세웠기 때문이라는 것이다. 그 거대한 벽은 인간이 만든 문화적 환상(cultural illusion) 이다. 그것은 종교, 건축, 연극, 문학과 같이 초자연적인 것으로 인간에게 불멸의 상징을 제공한다. 랑크는 이러한 환상에 대한 믿음이 확고하지 못하면 신경증 환자가 된다고 보았다. 어떤 사람들은 문화생활의 거짓말에, 또 다른 사람들은 지나칠 정도로 사려 없이 확고하게 사로잡혀있는 자기원인 프로젝트의 환상에 집착한다. 신경증 환자는 문화적 환상과 자연적 현실의 균형을 잡는 일에 어려움을 겪는다. 자신과 세상에 관한 가능한 끔찍한 진실이 그의 의식 속에 침투했기 때문이다. 보통의 사람들은 문화적 게임이 적어도 진리, 즉 흔들리지 않는 견고한 진리라고 확신한다. 그들은 문화적 환상을 만들고, 그것을 확고하게 믿지만, 신경증 환자들은 그것에 대한 확신을 갖지 못한다. 랑크는 그러한 원인이 인간의 자의식 때문이라고 본다. 그러한 자의식에 의해 자기가 믿던 환상이 한낱 속임수에 불과하다는 것을 인식해버림으로써 삶의 비정함을 감당할 수 없게 된 것이다. 다음은 랑크의 글을 인용한 것이다.

(그는) 그 자신을 실재하지 않으며, 견뎌낼 수 없는 실재로 지각한다. 왜냐하면 그에게는 환상(illusion)의 기제들이 자의식에 의해 알려졌고, 자의식에 의해 파괴되었기 때문이다. 그는 자신에 대해서 더 이상 스스로를 속일 수 없으며, 인성에 대한 그 자신의 이상에 대해서조차도 환멸을 느낀다. 그는 조그맣고, 약하고, 무력한 생물체로서 서투르고, 죄지은 열등한 존재로서 스스로를 지각하는데, 그것은 오이디푸스가 자신의 영웅적인 운명이 박살났을 때 발견했던 것처럼, 인간에 대한 진리이다. 이러한 모든 것들이 환상이며 속임수이지만, 그것들은 자신의 자아와 삶을 견디기 위한 필수적인 속임수이다.[64]

랑크는 인간이 삶을 영위하기 위해 문화적 환상을 만들 수밖에 없는 연약한 동물임을 인정하고, 인간은 더 나아가 그것을 통해 불멸을 획책한다고 지적한다. 한마디로 이러한 문화적 환상은 인간이 모듬살이를 통해 일구어 온 모든 관념을 통칭한다. 즉 눈에 보이지 않는 것을 보고 느끼고 생각하고 상상한 것으로서, 인간의 삶에 영향을 끼치는 모든 다양한 신념, 믿음, 사상, 세계관, 가치관, 이데올로기, 자연관, 우주관, 종교관을 총칭하는 개념이다. 이러한 문화적

64. 어네스트 베커, 앞의 책, 326–327.

환상은 시대를 넘어 보다 정교해지며, 인류의 물질문명을 발전시키는데 기여하면서도, 다른 문명을 배타적으로 공격하는 원인을 제공하기도 한다. 이러한 랑크의 견해를 오롯이 받아들인 것이 베커 환상 개념이다. 베커의 문화적 환상에 대한 관점은 다음과 같이 단언 된다.

> 인간은 어느 정도의 환상에 의해 살아가는가? 지금 환상이 필요하다고 말할 때 우리가 냉소적이지 않다는 점을 상기해야만 한다. 참으로 문화적 자기원인 프로젝트 속에는 대단히 많은 거짓과 자기기만이 있지만, 이러한 프로젝트는 필수적이다. 인간에게는 '제2의' 세계, 인간적으로 창조된 의미의 세계, 자기 자신을 극화시키고, 성장시키고, 살아가게 하는, 새로운 실재가 필요하다. '환상'은 가장 높은 수준의 창조적 놀이를 의미한다. 문화적 환상은 자기 정당화의 필수적인 이데올로기이며, 영웅적 차원은 상징적 동물에게서 삶 그 자체이다. 영웅적인 문화적 환상의 안전성을 잃는 것은 죽는 것이며, 그것은 원시인의 탈문화화가 의미하고 보여주는 바이다. 그것은 그들을 죽이거나 혹은 상습적인 싸움과 간음의 동물적 수준으로 격하시킨다. 삶은 단지 계속적으로 이러한 혼미한 상태에서만 가능하게 된다.[65]

베커가 말하고자 하는 바는 문화적 환상으로 만든 의미의 세계가 없다면, 인류의 삶은 동물의 수준으로 전락하여 서로 죽이고 죽는 일상이 반복될 것이라는 거다. 더 나아가 베커는 그의 유작인 『악으로부터의 도피』(Escape from Evil)에서 그러한 문화적 환상이 오히려 타자를 죽이고 자기의 불멸을 꾀하는데 오용된다고 주장한다. 지금까지 랑크와 베커의 관점으로 환상의 또 다른 차원인 문화적 환상에 대

---

65. 위의 책, 328.

해 알아보았다. 그리고 배타적인 문화적 환상은 뒤에서 보다 더 자세히 논하게 될 것이다.

이제부터는 이러한 환상이 앞에서 언급한 여러 자아들과 어떤 관련성이 있으며, 그리고 인간 의식의 어느 영역에서 어떤 과정을 거쳐 만들어지는지에 대해 살펴보자.

1) 의식의 주체인 '내면적 자아'와 환상의 관련성

프로이트의 정신분석학에서 자아(ego)는 이드와 초자아 사이에서 균형을 맞추고 있다. 즉 무의식과 전의식 그리고 의식의 관계에서 어떤 표상이 무의식 상태에 있으면, 그것은 의식에 떠오르지는 않지만 끊임없이 어떤 영향력을 행사한다. 무의식 상태에서 어떤 욕망이 소원성취로 구현될 때 그것은 꿈속에서 왜곡된 상으로 나타나고, 환상 속에서는 신비한 어떤 상으로 형상화된다. 프로이트에게서 무의식의 욕망은 오이디푸스적인 성적 욕망이고, 아들러에게 권력욕, 융에게 무의식의 자기실현, 그리고 랑크와 베커에게는 영웅적인 불멸추구의 욕구이다. 문제는 이러한 다양한 무의식적 욕구가 프로이트 관점으로 소원 성취적인 환상의 특징으로 나타난다는 것이다. 그것은 내면에 의식되든 의식되지 않던 거대한 '의식의 흐름'으로 나타나는 '내면적 자아'가 만들어내는 무의식적 원망이 반영된 환상이라고 칭할 수 있다.

2) 사회적 상징인 '외면적 자아'와 환상의 관련성

인간은 자기의 마음에 그린 자아의 상에 자기의 성격, 외모, 능력, 재능, 등의 자기만의 특별한 가치를 스스로 부여하고, 자아를 그것과 동일시함으로써 자신의 자아에 대한 오해와 착각을 가지고 있다. 그럼으로써 타자가 자신을 볼 때, 자기가 그린 자아상으로 바라봐주지 않으면 화를 내고 분노를 느낀다. 이처럼 누구나 자기가 그린 자아상과 타인이 자기를 봐주는 상이 서로 다름을 느낀다. 그러기에 부단히 자기를 과시하기 위해 떠벌리고 허세를 부리고 다른 사람과 눈을 맞추려고 한다. 그것은 타자를 잘 이해하고 알기 위해서가 아니라, 오히려 자신을 제대로 알아봐 달라는 간절한 애원의 눈빛이다. 이처럼 스스로 갖는 자아의 환상과 타자가 바라보는 상은 서로 다르기에 오해와 착각이 상존한다. 이 모든 것은 제임스가 『심리학의 원리』에서 '환상'(illusion)을 '착각'으로 설명한 것과 일맥상통한다. 물론 제임스가 설명한 것은 지각상의 착오를 예로 든 것이지만, 결론적으로 같은 대상을 전혀 다르게 인식했다는 점에서, 제임스의 '착각'의 관점과 외면적 자아와 관련된 환상을 연결시켜 이해할 수 있다.

3) 심층의 영적인 '우주적 자아'와 환상의 관련성

우주적 자아는 자신의 실존으로서 유한한 몸과 무한을 추구하는 자기의 본성을 자각하고, 죽음 인식을 통해 삶과 죽음의 심원한 문제를 고찰하는 자아이다. 이러한 깨어있는 자아에도 환상이 부여될까? 그것은 제임스가 언급한 신비적인 우주 합일의 경험이다. 그러한 경험은 의식적으로 할 수 있는 것이 아니라, 부지불식간에 찾아오는 황홀한 경험이다. 융의 관점에서 표현하자면 무의식에서 솟아나는 영적인 예시와 같은 환상이다.

그러나 무엇보다 우주적 자아와 환상의 관계를 베커의 관점에서 논할 필요가 있다. 베커가 보기에 프로이트 연구의 역사적 가치는 인간이 자신의 본성에 대해 냉정하게 볼 수 있게 했다는 점이다. 인간은 동물과 달리 본능적으로 평정심을 유지할 수 없고, 스스로 그러한 평정심을 유지할 수 있는 법을 고안하고 창조해야 만 하는 독특한 동물이다. 예를 들면 인간의 성격 형성이 자신의 한계와 그것을 극복하려는 그 자신만의 특별한 고안물이라는 것이다. 또한 인간은 자신의 운명에 대해 자각하게 되면서 피할 수 없는 죽음을 인식하고, 그것에 대한 두려움과 공포를 달래기 위한 장치를 고안해야 했다. 그것은 망각과 회피로 억압하거나, 혹은 막연한 희망과 소원으로 환상을 만들어 그 반대쪽을 보는 것이다. 이러한 환상은 그들이 매일 세우는 계획, 목표, 비전, 꿈속에 담겨있다. 언제나 그 결과는 실망과 아쉬움 그리고 좌절일지라도, 인간은 허무와 무력감과 상실감을 잊기 위해 또 다른 환상을 만들 수밖에 없다. 달리 말하면 자신의 나약함과 불안을 억압하고 안정성을 확보하기 위해 자신의 이미지를 아주 강하고 특별하게 포장하는 환상을 만들게 된다. 한마디로 "나는 그렇게 하찮고, 나약하고, 무의미한 존재가 아니다"라는 것을 스스로 증명해야만 한다. 그리고 더 나아가 무한한 우주와의 합일 통해 영원성을 확보하려 한다. 이것이 자신의 실존적 운명을 자각하고 그것을 회피하기 위해 영적인 우주적 자아가 만들어내는 불멸의 영웅적 환상이다. 그러므로 인간은 매일의 삶에서 환상을 완전히 지우고 살 수는 없다. 가장 고상한 우주적 자아마저도 이렇게 환상을 만들기 때문이다. 물론 지금까지 논한 여러 자아와 환상의 관계를 도식적으로 연관 짓는 것은 무의미할 수 있다. 하지만 중요한건 자아의 여러 성향과 환상의 관계가 불가분으로 연결되어 있다는 것은 분명하다. 자아 안에서 이루어지는 의식과 무의식의 융합이 환상을 불어 일으키는 주요한 원인임이 틀림없다. 왜 그렇게 생각하는지, 그리고 환상이 어디에서 만들어지는지를 도널드 위니캇의 독특한 개념인 '중간현상(transitional phenomena)'으로 설명해 보겠다.

위니캇의 '중간현상'

프로이트는 물론 지금까지 앞에서 언급한 사상가들은 환상이 어디에서 어떻게 만들어지는지를 구체적으로 언급하지는 않았다. 하지만 환상을 논하면서 그것을 생각해보지 않을 수 없다. 그것의 실마리를 후기 프로이트 학자이면서 대상관계론 전공의 아동정신분석가인 도널드 위니캇에게서 찾아보고자 한다. 먼저 위니캇이 주장하는 '중간현상'에 대해 알아보자.

그의 연구에 의하면, 갓 태어난 아이는 생후 몇 개월이 지나면 인형을 가지고 놀기를 좋아한다. 아이들은 그것들에 특별한 애착을 보인다. 이처럼 아이는 자신에게 모든 관심을 기울이던 자기애적인 단계에서 외부의 대상에게로 관심을 돌리게 된다. 즉 자신 속의 내적 대상뿐만 아니라 현실 세계에 존재하는 외적 실재와의 관계를 맺는 법을 배우게 된다. 위니캇은 이러한 자기애적 몰두에서 외적인 대상과 관계 맺는 과정으로 전환하는 중간 단계를 상정했다. 그것이 바로 중간현상이다. 아이에게 중간대상은 전적으로 주관적인 것도 전적으로 객관적인 것도 아니다. 그러한 중간대상은 자기인 동시에 자기가 아니다. 위니캇에 의하면 이러한 중간대상(transitional objects)이 환상의 경험에 처음으로 주도적 영향을 끼치는 것은 엄마의 젖가슴이다.

> 엄마는 아기의 탄생 직후에는 거의 백 퍼센트 적응해 줌으로써 유아로 하여금 엄마의 젖가슴이 자신의 일부라는 환상(illusion)을 가질 수 있는 기회를 제공한다. 그 젖가슴은 실로 아기의 마술적 통제 아래에 있다. ... 젖가슴은 유아의 사랑 능력, 또는 필요성에 의하여 거듭거듭 유아에 의해 창조된다. 우리가 엄마의 젖가슴이라 부르는 하나의 주관적인 현상이 아기 안에서 발달한다. 엄마는 유아가 창조할 준비가 되어 있는 바로 거기에, 바로 그 순간에 실제의 젖가슴을 위치시킨다. ... 유아의 욕구에 대한 엄마의 적응이 충분히 좋다면, 그것은 유아로 하여금 자신의 창조적 능력에 상응해주는 실재가 있다는 환상을 갖게 한다.[66]

유아는 자기의 통제 아래에 있다는 환상을 품고 엄마의 젖가슴을 자기 내면의 내적 대상으로 삼으며, 그것과 현실상에 있는 외적 실제 사이에 중간대상을 설정한다. 바로 그곳에서 기억, 상상, 생각, 꿈꾸기 등이 작용하며 환상이 생겨난다. 만약에 외적 대상이 부재한 상태에서 내적 대상이 공상적으로 과도하게 부풀려지면 공상이나 망상이 된다. 이처럼 환상은 인간이 유아 시기부터 외부의 대상을 향하여 어떤 소원을 가지게 되면서, 그것을 주도적으로 통제하고 차지하려는 욕구에 의해서, 자기 내면과 외적 실재 사이에 생겨난다. 이러한 아이 내면의 욕구와 충동을 잘 설명하고 있는 수잔 아이작의 글을 인용해 본다.

> 배고픈 유아, 어머니의 젖가슴을 욕망하는 아기는 '젖꼭지를 빨고 싶

66. 도널드 위니캇, 『놀이와 현실』, 이재훈 역 (서울: 한국심리치료연구소, 1997), 28-29.

다'는 환상을 가질 수 있고, 이 환상이 불안과 결합하여 강렬하게 나타날 경우 '엄마를 모두 먹어버리고 싶다'는 환상을 가질 수 있다. 또 엄마의 상실을 피하거나 자신의 즐거움을 위해 '엄마를 내 안에 들이고 싶다'는 환상을 드러낼 수 있다. 아기가 좌절감을 느꼈을 때 공격적 충동이 강해지며, 이 경우 '젖가슴을 깨물고 싶다'고 느낀다. 따라서 아기는 손가락 빨기와 같은 자가성애적 만족에서 나타나는 환상 혹은 환각적 체험을 통해 그 상실을 극복하려 한다. 충동을 상징화하고자 하는 욕망이 무의식적 환상을 만들어내고, 억압되지 않은 강렬한 무의식적 충동 혹은 환상은 육체를 통한 증상으로 표현된다.[67]

이러한 환상은 프로이트식으로 말하면 무의식과 의식 사이에서, 랑크와 베커식으로 말하면 유한과 무한 사이에서 혹은 합리성과 비합리성 사이에서 솟아난다. 의식적으로 인위적으로 만들어지기보다는 불현듯 영감처럼 떠올라 우리의 뇌리를 자극하고 행위를 유발하고 삶에 끊임없이 영향을 끼친다. 그러므로 환상이 만들어지는 공간은 위니캇이 말하는 중간영역이다. 위니캇은 이러한 중간영역이 의미를 지닌 것은 그것이 문화와 놀이와 종교가 일어나는 곳이기 때문이라고 본다. 주관적인 환상의 세계도 아니고 객관적인 현실의 세계도 아닌 두 세계가 중첩된 이 공간에서 진정한 삶이 가능하다는 것이다.

---

67. Isaacs, S. "The nature and function of phantasy," The International Journal of Psychoanalysis, 29(1948), 82.

2. 죽음공포와 불가결한 환상

인간이 가장 공포를 느낄 때는 언제인가? 예상치 못한 위험, 감당하지 못할 고통을 겪을 때이다. 자기의 목숨이 끊어질지도 모른다는 무의식적 예감이 공포를 자아낸다. 불안은 그러한 공포를 경험하고, 그것이 언제 또다시 닥칠지도 모른다는 것을 의식하고 두려워하는 것이다. 어네스트 베커는『죽음의 부정』서문에서 "이 책의 주요 주제는 죽음에 대한 생각, 죽음에 대한 공포가 인간이라는 동물을 따라다니며 끊임없이 괴롭힌다는 그 이상의 의미를 다루는 것이다. 다시 말해서 죽음은 인간 행위의 주요 동기라는 것 그 이상이다"라고 밝혔다. 그러면서 그러한 인간 행위는 죽음의 치명성을 피하려고 고안된, 어떤 면에서는 죽음이 인간의 최종 운명이라는 것을 부정함으로써 죽음을 극복하려고 고안된 행위로 보았다.

아마도 모든 인간 행위의 본질은 죽음을 회피하거나, 죽음으로부터 멀리 달아나거나, 죽음이 자기의 주변을 얼씬거리지 못하도록 견고하고 완전한 성을 구축하는 것이다. 인간은 죽음이라는 진실 그대로 살 수 없다. 어쩔 수 없이 인간은 살아가기 위해 환상을 필요로 한다. 즉 부와 권력을 가짐으로써 누구도 넘보지 못할 힘을 소유하면 불멸이 가능하리라는 환상을 지니고, 그것을 쟁취하기 위해 밤낮없이 고군분투한다. 그런 와중에 시기와 질투 그리고 다툼과 분쟁이 발생한다. 그러면서 인간들은 죽음의 공포보다 삶이 더 공포스럽다고 느끼게 된다. 다음은 김재영의『종교심리학의 이해』에서 인용한 글로서, 실존주의 심리학자인 롤로 메이의 견해를 반영하여 삶의 공포 이면에도 죽음공포가 작동한다는 것을 잘 설명하고 있다.

> 인격이 어떤 모습이 되었든 불안 밑바닥에는 공통적으로 한계상황의 죽음 인식 공포가 본질적으로 깔려있다. 메이는 바로 이 점을 랑크의 죽음 인식 논의에서 통찰을 받아 집중적으로 삶의 공포와 죽음의 공포로 불안에 대한 논의를 발전시켰다. 메이는 단순히 생물학적 몸의 소멸로서 죽음의 공포와 더불어 삶의 과정에서 경험하는 삶의 공포도 불안의 범위 안에 존재한다고 이해하였다. 삶의 공포도 그 이면을 보면 다른 형태의 죽음공포와 밀접히 연결되어 발생한다는 것이다. 이를테면 생물학적 몸의 소멸이라는 인식에 국한해서만 죽음공포가 발생한다기보다는, 죽음이라는 한계상황으로 인해 주어진 삶에서 완수해야 할 일을 완성하지 못하는 데서 밀려오는, 정신적 불안이 공포를 근원적으로 불러내기도 한다는 것이다.[68]

인간이 실존적으로 느끼는 삶과 죽음의 공포는 매 순간 모든 인간의 삶에 동반한다. 다만 인간은 그러한 공포와 그것이 자아내는 불안을 의식적으로 회피하고, "모든 게 잘 될 것이다!"라는 자기 주문으로 그것을 억압한다. 그렇다면 도대체 왜 인간은 시도 때도 없이 불안해하는가? 많은 부와 권력을 가진 유명한 사람들도 그러한 불안에서 벗어날 수 없다. 하물며 그렇지 못한 사람이 겪는 불안은 도대체 얼마나 클 것인가? 이처럼 현대인이 겪는 불안의 본질에 대한 메이의 견해에 대한 김재영의 다음 설명은 매우 공감이 간다.

> 메이는 현대인의 삶에서 불안의 근본적 모습인 죽음의 공포를 다층적

---

68. 김재영, 『종교심리학의 이해』, 170.

으로 분석하였다. 그는 그러한 분석을 토대로 현대인이 겪는 불안의 특징을 두 가지로 분류하였다. 하나는 현대인은 과학 발전과 문명의 다양한 혜택을 받고 있어 과거와 비교해서 훨씬 윤택한 삶을 살고 있는 것 같지만 이면에는 과거에는 상상할 수 없는 공허감 때문에 겪는 불안을 심각할 정도로 깊이 갖고 있다. 현대인은 공허감을 메우기 위해서 끊임없이 밖으로 향하고 있지만 내면은 언제나 허기진 상태에 있다는 것이다. 다른 하나는 현대인은 경쟁으로 인해 재산이나 명예 또는 지위를 갑자기 박탈당하거나 인간관계에서 소외당할지도 모른다는 불안을 어떤 시대보다도 강하게 지니고 있다. 현대인이 갖는 불안의 이면에도 자신을 지켜줄 것이라고 믿어 온 것들이 언젠가는 떨어져 나가거나 무너질지도 모른다는 공포가 불안으로 깊이 작동하고 있다는 것이다. 그러므로 현대인들은 생물학적 몸의 소멸 때문에 죽음의 공포로 인한 불안을 경험하는 것보다는 인간이 관계 맺은 사물이나 사람과의 분리인 상징적 죽음 인식으로 더 많은 불안을 경험하고 있다.[69]

대부분 인간은 뭔가 내적으로 충족되지 않은 공허감과 언제 자기가 평생 쌓아온 사회적 지위나 명예와 부가 한순간에 허물어질지 모른다는 불안감으로 하루하루를 살아가고 있다. 그것은 앞에서 언급한 영적인 우주적 자아가 채워지지 않은 채, 사회적 상징인 외면적 자아가 일순간에 허물어질 수 있다는 '상징적 죽음'의 불안감이다. 그처럼 위태위태한 상태에서 매일의 일상을 살아가는 현대인은 언제나 실존적 공포를 느끼지 않을 수 없다. 그러면 이렇게 감당하기 어려운 죽음공포는 과연 떨쳐 낼 수 없는 것인가? 왜 죽음이 그렇게도 두렵고 받아들일 수 없는 것일까? 흔히들 죽음은 자연스

69. 위의 책, 170-171.

런 생명의 과정이고 누구나 겪어야만 하는 것이기에 담담히 받아들여야 한다고 쉽게 말한다. 하지만 사람들이 두려워하는 죽음은, 타자의 죽음이 아니라 자기 자신의 죽음이다. 이것이 죽음에 대한 고통과 두려움의 본질이다. 죽음은 남녀노소를 막론하고, 가난한 자나 부자를 가리지 않고 누구에게나 닥칠 수 있는 엄연한 자연의 섭리이다. 그렇지만 보다 젊고 건강하고, 보다 우월한 부와 권력을 쥐고 있으면 보다 안전할 것 같다는 암묵적인 믿음이 인간 사회에 만연해 있다. 인간은 죽음을 피할 수만 있다면 영원히 피하고 싶어 한다. 베커도 『악으로부터의 도피』 서문에서, 죽음을 피하고 영원히 번영하며 영속하는 것이 모든 생명체의 본질이라고 밝히고 있다.

> 에로스와 영속성을 향한 이러한 절대적인 헌신은 유기체들 사이의 보편적 현상이고, 이 지구 위의 생명의 본질이다. 그리고 우리는 그것을 자기 영속성(self-preservation)을 위한 본능이라고 부른다. 인류학자인 호카트(A.M. Hocart)는 이러한 유기체적 갈망을 인간사회의 보편적 야망인 "번영"을 위한 추구 형태로 취하였다. 인간의 계속적인 번영에 반대되는 것은 나쁜 것인데, 질병과 죽음은 인간의 유기체적인 조건의 두 가지 주요한 악이다. 질병은 인간이 살아가는 동안 번영의 쾌감을 상쇄시키고, 죽음은 번영을 단호하게 꺾어버린다.[70]

누구나 인정하듯이 인간은 자신의 번영을 막는 죽음과 질병을 가장 두려워한다. 왜냐하면 인간은 그러한 것들에 대해 스스로가 유약하고 무력하다고 여기기 때문이다. 그것 때문에 실존적으로

---

70. Ernest Becker, Escape From Evil, 2.

불안을 안고 살 수밖에 없다. 키에르케고어는 불안을 인간의 연약한 유한성, 무력감, 그리고 죽음이라는 인간의 조건에 대한 가장 기본적인 반응으로 보았고, 그리고 프로이트는 불안을 위험에 대한 유기체의 보편적인 반응으로 보았다. 그렇다면 인간은 언제부터, 왜 그러한 무력감과 죽음공포를 경험하게 되었을까? 그에 대한 해답은 랑크에게서 찾을 수 있다.

랑크는 이러한 죽음공포가 아기가 엄마의 자궁으로부터 태어나는 순간에 최초로 경험하고, 그것은 트라우마가 되어 평생 동안 잊혀지지 않고 삶에 지속적으로 영향을 끼친다고 주장한다.

> 랑크는 『탄생의 트라우마』에서 지적하였듯이 태어날 때 처음으로 분리인 죽음의 고통을 경험하고 그러한 경험은 하나의 트라우마로 삶의 과정에서 계속해서 영향을 미치게 된다. 인간은 누구든 트라우마의 경험으로부터 벗어날 수 없고 동시에 트라우마의 경험 이후에도 계속해서 죽음의 공포를 지니게 된다. 단지 차이점은 어떤 사람은 그러한 고통스러운 죽음의 공포를 의지적으로 극복하려고 하는 데 반면에 어떤 사람은 의도적으로 도망가거나 기존의 삶의 자리로부터 조금도 벗어나지 않고 공포를 은폐시키는 고착화에 지속적으로 머물러 있다는 데 있다.[71]

이러한 유아의 경험은 아무런 예고 없이 부지불식간에 당하는 것이기에 충격이 더 크다. 의식적으로 떠 올릴 수는 없지만 무의식에 또렷이 각인되어 한평생 그의 심리와 행위에 영향을 끼친다. 특히 어떤 불가사의한 힘에 의하여 따뜻하고 안락하고 익숙한 엄마의 품으

71. 김재영, 『종교심리학의 이해』, 157.

로부터 타의적으로 분리될 때 경험하는 두려움과 공포는 죽음공포 그 자체이다. 그러므로 그가 성인이 되어서 자의든 타의든 자기가 속했던 가정이나 사회 조직으로부터 내쳐져 이탈될 때, 경험하게 되는 불안은 탄생시 겪었던 최초의 탄생 트라우마가 되살려지기 때문이다. 그것은 깊이 억압해 숨겨두었던 악몽 같은 죽음공포이다.

_ 불가결한 거짓말과 신경증

인간은 태생적인 무력감, 소외감 그리고 죽음공포를 어떻게 극복할까? 그것의 가장 손쉬운 방법은 환상을 만드는 것이다. 환상 만들기는 인간만의 탁월한 능력이다. 인간은 자기의 유약함과 무력감을 감추기 위해, 강력한 타자나 대상의 상징적 힘을 이용한다. 자기의 능력을 고취하여 사회적으로 인정받는 정당한 방법도 있지만, 한편으로는 모두가 부러워하는 부와 권력을 쟁취하여 자신의 가치를 과도하게 부풀린다. 이 모든 것은 사회에서 통용되는 상징적인 문화적 환상을 이용하는 몸짓이다. 그러므로 인간의 모든 행위는 죽음공포를 억누르는 필수적인 불가결의 거짓말이다.

인간의 유약함이 환상을 만든다는 것을 직접적으로 밝힌 이는 아들러이다. 그는 삶을 적대적인 눈으로 바라보는 아이들은 환상의 힘을 크게 발전시키며, 언제나 긴장하며 조심스럽게 행동한다고 말한다. 따라서 어려움을 많이 겪은 유약한 아이들은 환상에 집착하는 경향이 있으며, 그것이 더 발전하게 되면 환상의 힘을 빌려 현실을 회피하려고만 한다. 즉 환상은 현실을 거부하는 수단으로 오용될 수 있으며, 하찮은 삶에서 벗어나려는 사람이 쉽게 빠지는 도피처가 된다. 이러한 사례는 프로이트의 딸 안나 프로이트가 시행한 한 소년의 정신분석에서 잘 나타난다.

> 내가 분석했던 일곱 살 소년은 다음과 같은 환상을 즐기곤 했다. 즉 자신에게 모든 사람을 겁먹게 만들고 오로지 그만을 사랑하는 길이 잘 든 사자가 있다는 것이다. 사자는 부르면 다가왔고, 어딜 가든 강아지처럼 따라다녔다. 그는 사자를 돌보았고, 먹이를 주었으며 항상 편안하게 지내도록 챙겨주었고, 저녁이 오면 방 안에 잠자리를 마련해주었다. ... 백일몽 속에서 그는 가장무도회에 가서 모든 사람들에게 자신이 데려온 사자가 사실은 변장한 친구라고 이야기했다. 이는 거짓말이었는데, '변장한 친구'는 정말로 사자였기 때문이었다. 그는 사람들이 이 비밀을 알게 되면 얼마나 놀랄까 상상해보며 기뻐하곤 했다.[72]

안나 프로이트는 비록 오이디푸스 콤플렉스로 이 소년의 사자를 아버지의 대체물로 해석했지만, 다른 식으로 해석해 보면, 이 소년은 자기의 유약한 자아를 보호해주는 수호신으로서 환상을 적극적으로 활용하고 있다고 볼 수도 있다. 이처럼 인간은 유아나 어른이나 자기의 나약함을 보강하여 사람들로부터 자기의 특별함을 인정받아야만 비로소 스스로에 대한 충족감을 느끼게 된다. 이것에 관한 다음과 같은 베커의 글이 있다.

> 인간은 이 세계의 물질을 가지고 그의 주술을 시행할 필요가 있는데, 인간은 사회적 삶에 의하여 주술을 일으킬 수 있는 가장 기본적인 자재이다. 서문에서 밝혔듯이 유기체적 삶의 주요한 동기 중 하나는 자기중심

72. 안나 프로이트, 앞의 책, 101-102.

적인 느낌, 그리고 장애를 극복하고 다른 유기체와 통합하는데 성공함으로서 얻게 되는 자신에 대한 고양된 느낌에 대한 갈구이다. 인간은 그의 자기 중심적인 느낌을 물리적 통합뿐만 아니라, 그 자신의 특출함에 대한 일종의 승리와 과시에 의하여 확장시킨다. 즉 다른 유기체를 축소시키고, 자기 자신의 규모나 중요성을 증대시키는 것이 자기중심적인 느낌을 얻는 직접적인 방법이다.[73]

인간은 다른 매개물이나 도구를 소유하거나, 타자의 힘을 이용하고, 상징적으로 통합하면 자기의 사회적인 외면적 자아가 확장된다고 믿는다. 그리하여 다른 사람들로부터 인정받게 되면 자기의 나르시시즘이 고양되어 이 세상 그 무엇도 두렵지 않다고 느끼게 된다. 그 순간 그의 모든 실존적 공포도 일순간에 사라지게 된다. 그러한 모든 인간 심리의 작동이 환상이다.

베커는 정신분석학의 가장 과학적인 단순성이 이것을 설명하고 있다고 말한다. 즉 아이의 초기경험의 전체는 그의 출현의 불안, 지지의 상실에 대한 두려움, 홀로서는 것, 무기력을 회피하려는 시도라고 본다. 아이의 특성이자 삶의 스타일은 자신들의 천성적 무기력을 회피하기 위해 문화의 산물과 개념의 지지인 다른 사람의 힘을 이용하는 방식이다. 먼저 아이들은 점차 힘, 의미심장함 그리고 자기 가치에 대한 기본적 의미를 느끼게 해주는 방어들을 확립해 가면서 이러한 두려움과 절망을 피한다. 베커는 이러한 것들을 '불가결한 거짓말(vital lie)'이라고 부르는데, 그것도 일종의 환상이다.

---

73. Ernest Becker, Escape From Evil, 11.

그것들은 아이의 삶과 죽음을 아이 자신이 통제하며, 아이가 의지를 지닌 자유로운 개인으로 살아가고 행동하고, 유일한 자기방식의 정체성을 지니고 있으며, 그리고 특별한 존재라는 것을 느끼게 한다. 인간 삶의 스타일을 불가결한 거짓말이라고 불렀는데, 이제 왜 그것을 불가결이라 칭했는지 더 잘 이해할 수 있게 되었다. 그것은 우리 자신과 우리의 전체적인 상황에 대한 필수적이고 기본적인 거짓이다.[74]

이것에 덧붙여, 베커는 인간은 모두 스스로가 안전하고 평온하게 살기 위하여 고안한 일종의 거짓말과 어떤 자기 망각의 방식에 이끌린다고 보았다. 그러면서 어거스틴의 말을 인용하면서, 인간은 그가 얻은 것을 자랑하고 과시할 수 있지만, 실제로는 신, 일련의 성적인 정복자, 빅 브라더, 깃발, 프롤레타리아, 돈, 그리고 은행 잔고로부터 그의 '존재의 용기'(courge to be) 끌어낸다고 보았다. 이러한 것들이 인간이 고안한 불가결한 방어책이다. 실제로 그것들이 무력감과 나약함을 떨쳐버리는 데 도움을 주는지는 모르지만, 심리적으로 그것들을 자기의 외면적 자아에 포함하고 있으면 든든하고 안정감을 확보할 수 있다. 그와 유사하게 인간이 고안한 최고의 방어책은 '성격의 갑옷'이라는 환상이다.

베커는 '성격의 갑옷'은 우리에게 너무나 불가결해서 그것을 벗는 것은 죽음과 광기를 무릅쓰는 것을 의미한다고 말한다. 그것을 설명하는 것은 어렵지 않다. 만약 인간의 성격이 절망에 대한 신경증적 방어이고, 인간이 무심코 그 방어를 제거한다면, 그 순간 예기

74. Ibid., 123.

치 않은 상황을 맞게 된다. 그것은 인간들이 정말 두려워하고, 그들이 맞서 투쟁해왔던, 그들이 끌리면서도 벗어나려 했던, 진실한 인간 조건의 비참한 현실을 직접 목격하게 되는 것이다. 그럼으로써 그는 홍수 같이 밀려드는 절망을 감내해야만 한다. 그러므로 인간은 자기의 무력감을 숨기고 비참한 현실을 외면할 수 있는 자기만의 방어책을 강구하게 된다. 그러한 방어책이 제대로 작동하려면 사회적 인정도 중요하지만, 스스로에 대한 확고한 믿음이 있어야 한다. 그것이 자신을 지켜주리라는 자기만의 환상이 필요하다. 그러한 환상이 거짓임이 밝혀지면, 감당하지 못할 냉혹한 현실에 직면하게 된다. 그러면 자기를 최종적으로 방어할 또 다른 방안을 고안하는데, 그것이 바로 신경증이다.

랑크는 신경증을 어떤 경우에는 정상적이고 보편적인 것으로, 또 다른 경우에는 불건전하고 사적인 것으로 보았다. 어떤 경우에는 생활의 사소한 문제에, 또 다른 경우에는 실제로 정신질환을 포함시켜 사용했다. 왜냐하면 랑크는 신경증이 삶의 모든 문제를 요약해준다고 보았기 때문이다. 그런데 왜 신경증이 보편적인 것인가? 그것은 모든 사람들이 삶의 진리인 현실의 부담을 안고 살아가는 데 어려움을 겪고, 그것에 대한 혹독한 대가를 치러야 하기 때문이다. 그러한 의미에서 신경증은 보편적이고 정상적이다. 한마디로 세상은 너무나 압도적으로 살벌하며, 인간은 그러한 세상으로부터 자신을 보호하기 위해, 일상의 자잘한 일에 필사적으로 몰두하며 세상을 제한하고, 경험을 차단하고, 자신의 불안을 망각하려 한다. 그것마저 실패할 때는 신경증으로 도피한다.

그리고 프로이트 정신분석학에서의 억압은 본질적으로 성적 충동에 대한 억압이라기보다는, 모진 삶의 현실로부터 정상적으로 자기를 보호하고, 창조적으로 스스로를 통제하는 장치라고 볼 수 있다. 랑크는 이러한 장치를 '부분화', 베커는 '페티시화'라고 부르는데, 이것은 어느 특정 환상에 과도하게 집착하는 것을 의미한다.

> 랑크는 자연스런 인간의 재능을 표현하는 완벽하면서도 중요한 용어를 '부분화'(partialization)라고 불렀고, 부분화 없이는 삶이 불가능하다는 것을 정확하게 알고 있었고, 소위 잘 적응한 사람은 편안하게 행동하기 위해 세상을 부분화하는 능력을 지니고 있었다. 나는 '페티시화'(fetishization)라는 용어를 사용하는데, 정확하게 이 용어는 '정상적인' 사람이 인생에서 소화할 수 있는 분량만 섭취하고 그 이상을 취하지 않는 것과 같은 이치이다. 달리 말해 인간은 신이 되거나 혹은 세계 전체를 받아들이기 위해 만들어지지 않았다. 인간은 다른 동물들과 마찬가지로 자신의 코앞에 있는 땅 한 조각을 받아들이기 위해 만들어졌다.[75]

그러나 이러한 억압, 부분화, 그리고 페티시화가 실패한다면, 바로 그 지점에서 신경증이 시작된다. 모든 사람이 다 그런 것은 아니지만, 어떤 사람들은 다른 사람들 보다 그들의 거짓말로 인해 훨씬 더 어려움을 겪는다. 그들에게 세상은 너무 벅차고, 세상을 궁지에 몰아넣고 원하는 크기로 잘라내기 위해 발전시킨 기술은 마침내 그들을 질식시키기 시작한다. 이것이 아주 간결한 신경증이다. 신경증이란 삶의 실재에 대한 실패한 거짓말로 생긴 것이다.[76] 이처럼 현실

75. 어네스트 베커, 앞의 책, 312.

76. 위의 책, 313.

에 대한 거짓말이 먹혀들지 않으면 전체 상황은 더욱 복잡해지고, "신경증 환자"라는 꼬리표가 붙게 된다. 이러한 신경증이 삶을 얼마나 위축시키는 지는지를 알면 섬찟해진다.

> 신경증은 사람들이 원하거나 필요로 하는 추진력, 새로운 선택, 그리고 성장을 방해한다. 예를 들면 사랑의 관계 안에서만 자신의 구원을 발견하고자 하는 이들은 너무 편협한 인식으로 인해, 그것이 좌절되면 신경증이 된다. 그는 지나치게 수동적이고 의존적이거나, 파트너가 그를 어떻게 취급하든 파트너 없이는 자신의 삶을 시도하는 것을 두려워한다. 그 대상은 그의 전부 즉 그의 세계의 전체가 된다. 그는 자신이 좁은 지평에 갇혀 있다고 느끼며, 특별한 '넘어섬'을 필요로 하지만 막상 그것을 넘어서는 것을 두려워한다.[77]

아무리 신경증이 각박한 현실을 살아가는데 불가피하고 보편적인 현상이라고 해도, 신경증에 매몰되어 살아가는 것은 제대로 사는 것이 아니다. 인간은 이러한 신경증에 걸리지 않기 위해 자존감을 확보하기 위해 부단히 노력한다. 그것은 나르시시즘이라는 영웅적 환상으로 나타난다.

_ 나르시시즘의 영웅적 환상

인간 안에서 나르시시즘의 실질적 차원은 자기 가치의 기본적 의미인 자존감과 분리될 수 없다. 인간이 가장 필요로 하는 것은 자존감 안에서 안전함을 느끼는 것이다. 그러나 인간은 단순히 어리석

---

77. 위의 책, 314.

은 세포질의 눈먼 덩어리가 아니다. 인간은 단순히 물질이 아니라 꿈과 상징의 세계에서 이름을 가지고 살아가는 피조물이다. 자신의 가치에 대한 감각은 상징적으로 구성되며, 그가 소중히 간직한 나르시시즘은 상징과 자기 가치의 추상적 개념을 먹고 산다. 여기서 추상적 개념이란 표현된 소리들, 말들, 이미지들로 구성된다. 이것은 연합과 확장의 기쁨을 갈망하는 유기체적 활동의 자연스런 열망이 상징의 영역에서 무제한 길러져서 불멸을 향해 나아갈 수 있다는 것을 의미한다. 세계 내에서 자기의 몸과 정신, 말과 행동이 풍기는 이미지로 이루어진 외면적 자아로서 인정을 받아야만 안정적으로 살 수 있다. 인간은 그것을 위해 끊임없이 자기 이미지를 포장하고 가꾸고 다듬는다. 사회에서 인정받고 존중받아야만 자존감이 확장되고 살맛이 나는 것이다. 물론 타인의 눈으로만 자신을 보면 진정한 자기 삶의 가치를 놓칠 수 있다. 하지만 그것은 언제나 부차적인 문제로 취급받는다. 가혹한 세상에서 자기를 인정받는 것이 결코 쉬운 일이 아니다. 하물며 죽음의 공포를 멀리 날릴 수 있는 영웅성을 확보하는 것은 더욱 요원할 수 있다.

영웅성은 베커 사상을 대변하는 주요 개념이다. 인간의 가장 큰 환상은 죽음의 공포를 벗어나 불멸의 명예를 확보하여 영원히 이 세계 안에서 영웅적 가치를 확보하는 것이다. 베커는 『의미의 탄생과 죽음』에서 프로이트와 프롬을 통해 이러한 나르시시즘적인 영웅적 충동에 대해 다음과 같이 설명한다.

> 자기 보존, 생리 화학적 정체성, 맥박이 뛰는 몸의 온기, 행위에서 힘과

만족의 감각, 이 모든 것이 영웅적 충동의 출현에 관한 상징적 인간 안에 합해진다. 프로이트는 이런 사실들의 심리적 본질을 보았고, 그는 나르시시즘이라는 명칭 아래에 그것들을 모았다. 이것은 진실로 훌륭한 공식으로서 프롬은 최근에 그것을 강조하였다. 인간의 전적인 자아 중심과 자기 심취의 표출, 각 개인들의 느낌은, 그가 창조에서 유일자이며, 그의 삶은 모든 삶을 대변하며, 그것을 예찬한다.[78]

인간의 성격 중에서 이러한 자아 중심의 나르시시즘 경향은 더욱 많은 환상을 만들어낸다. 세상이 자기를 중심으로 돌아간다고 믿기에 혹은 세상이 자기를 중심으로 돌아가지 않을까 봐 전전긍긍하면서 환상을 만들어낸다. 인간은 모두가 자기를 중심으로 세상을 바라보고 판단한다. 옆에 사람이 불운으로 사고를 당해 쓰러져도, 자기만은 괜찮을 거라고 믿으며 세상 속으로 과감히 뛰어든다. 물론 수없이 나자빠지고 넘어져도 다시 일어나 도전할 수 있는 것은 내일이면 행운이 나에게 오리라는 믿음이 있기 때문이다. 그러한 자아 중심의 환상이 있기에 죽음공포를 견딜 수 있다. 이러한 환상 중에서 최고는 영웅성이다. 영웅성은 죽음의 두려움을 자기 연속성의 안정성으로 변형시킨다.

하지만 현대를 사는 인간들에게 진정한 영웅성은 요원하게만 느껴진다. 즉 보통의 인간은 영웅이나 영웅성에 대한 말을 들으면 자신들과 무관하거나 자신보다 훨씬 고상한 인격과 불굴의 용기를 가진 특별한 존재를 상기한다. 그리하여 주로 역사상의 위인들에 영웅

78. Ernest Becker, The Birth and Death of Meaning, 77.

성을 부여하고 그들의 삶을 본받으려고 노력한다. 그러나 그것은 일상적인 현실의 삶에 별로 직접적인 연관이 없는 교과서적인 배움으로 그칠 뿐이다. 실제적인 인간의 삶은 이익을 다투는 경쟁 논리 속에 하루하루를 살기에도 버거울 뿐이다. 그러한 현실적 여건 때문에, 인간은 자기의 영웅성에 대한 몸부림을 은밀하게 위장한다. 예를 들면 그러한 영웅성은 조금 더 나은 집, 더 크고 비싼 자동차를 소유하고, 더 똑똑한 아이들을 두고, 명품 옷이나 가방을 구입하고 사회적으로 높은 지위에 오르려는 것으로 대체된다. 그러나 아무리 이렇게 위장하더라도, 인간은 자기 내면의 밑바닥에 우주적 특별함에 대한 열망이 고동치고 있다는 것을 숨길 수 없다. 이러한 위장된 영웅성에 대한 적절한 사례가 있어 소개한다. 그것은 『슬픈 불멸주의자』의 저자 중 1명이 친구랑 함께 시애틀 공항에서 우연히 캐딜락을 렌트하여 운전한 경험에 관한 이야기이다.

> 일주일 동안 그들은 상류층 대접을 받았다. 그들이 빛나고 날렵하며 가죽시트를 갖춘 캐딜락을 타고 호텔과 레스토랑에 갈 때면 사람들은 그들을 갈망 어린 눈으로 보는 듯했다. 렌트한 캐딜락 열쇠를 돌려줄 때는 깊은 슬픔마저 느꼈다. 그들은 회원제 고급 클럽에서 강등되거나 쫓겨난 듯한 기분을 맛봤다. 캐딜락에 타고 있을 때 그들은 '거물'이 된 것 같은 기분을 느꼈지만 이를 반납하고 나니 평범한, 한낱 인간의 크기로 다시 줄어든 듯한 아쉬움이 밀려왔다. 두 사람 모두 물질만능주의자도 아니고 특별히 차를 좋아하지도 않았지만 캐딜락을 몬, 한 주 동안은 하찮은 인간이 아니라 황제 같은 기분을 느꼈다. 이와 마찬가지로 당신이 명품을 살 때 사람들은 당신에게 관심을 기울인다. 그럴 때 당신은 특별한 기분

을 맛본다. 아울러 죽음의 공포를 막아주는 자존감도 상승한다.[79]

이러한 사례의 주인공들이 특별히 속물주의자도 아닌 보통의 인간일 뿐인데도, 생각지도 않게 모든 사람들이 부러워할 만한 명품차를 타면서 경험한 우월감으로 인해 영웅이 된 듯한 자존감의 무한 상승은 죽음의 공포를 일순간에 제거한 경험이었다. 그러하기에 사람들은 앞다퉈 명품 옷, 명품 차, 명품 집을 소유하려고 애쓴다. 그러나 이러한 경향은 모든 사람에게 적용되는 것도 아니고, 마냥 무한히 추구되는 것도 아니다. 어느 순간 그러한 욕망이 영원히 채워지는 것이 아님을 알게 되고, 또한 자신에게 그러한 능력이 없음을 스스로 자각하게 되면서 그러한 영웅성 추구는 표면적으로 시들해진다. 그러면서 현대인의 영웅성은 무표정한 얼굴 뒷면으로 숨겨져 있다가, 조직 내에서 일을 통해서나, 스포츠 경기를 통해서만 가끔 솟구치기도 한다.

3. 전이와 광증의 우월집단 환상

전이(transference, 아동기 동안에 중요한 사람들과의 관계에서 경험했던 느낌, 사고, 행동 유형이 현재 맺고 있는 다른 사람들과의 관계로 전치 된 것)는 모든 환상의 입문이다. 전이를 통해 환상을 만드는 방법을 터득한다고 볼 수도 있다. 어쩌면 전이가 없다면 인간사회가 구성되지 못하고, 인간은 뿔뿔이 흩어져 수렵과 채집 생활에 머문 채 살아왔을지 모른다. 이러한 전이 때문에 인간은 서로 끈끈하게 관계를 맺으며 싫으나 좋으나 함께 살

79. 샐던 솔로몬 외 2명, 앞의 책, 184.

고 있는지 모른다.

베커는 인간의 비상식적인 전이 현상에 대해 의문을 품고, 대중들이 지도자들에게 열광하는 이유를 찾게 된 계기를 다음과 같이 밝힌다. "오랜 세월 동안 인간은 자신의 어리석음에 대해 자책했는데, 즉 이런저런 사람들에게 충성했다는 것, 그리고 너무나 맹목적으로 믿고, 너무나 기꺼이 복종했다는 것을 자책해 왔다. 인간이 자신들을 거의 파괴할 뻔했던 주문으로부터 재빨리 빠져나와 그것을 숙고할 때, 그것들은 이치에 전혀 맞지 않는 것처럼 보인다. 어떻게 성숙한 사람이 그렇게 매료당할 수 있는가, 그리고 그 이유는 무엇일까?"[80]

베커가 진정 궁금하게 여겼던 현상은, 프로이트의 정신분석학에서 밝혀낸 '전이' 개념에서 유래한다. 프로이트는 자신이 분석하던 환자가 자신에게 비정상적으로 강렬한 애착을 보이고 발전시킨다는 것을 발견하였다. 마치 분석자가 환자의 세계와 삶의 중심이 된 것처럼 느껴졌다. 다음 글은 그러한 경험에 대한 프로이트의 자세한 설명이다.

> 환자들은 의사인 나를 두고 현실과는 조금도 관련이 없는 환상을 갖곤 했다. 어떤 환자는 나를 전지전능하면서 모르는 게 없는 사람으로 취급하는가 하면, 다른 환자는 나를 수줍음을 타는 허약한 남자로 여겼다. 또 다른 환자는 나를 아예 사악한 괴물인 양 바라보았다. ... 전이는 어린아이에게서 가장 잘 볼 수 있다. 먹을 것을 챙겨주고 따뜻하게 감싸주며 감정을 나누는 보호자가 없는 아이는 잠재의식 속에 두려움이 가득하기 마련이다. 하지만 성인이라고 해서 남의 도움이 필요하지 않는 것은 아니다. 성인도 어느 모로 보나 남의 도움 없이는 살아가기 힘들다. 곤경에 부딪칠

80. 어네스트 베커, 『죽음의 부정』, 234.

때마다 자신보다 강한 사람의 힘에 의존할 수밖에 없으며, 각종 제도나 기관에 의지해 어려움을 극복하기도 한다. 이런 생존의 어려움을 사회의 기득권층은 교묘히 이용하기도 한다.[81]

이러한 전이란 주체가 대상에 자신만의 독특한 경험으로 의미를 부여할 때만이 가능하다. 아이들은 자신의 무력감을 달래주고 따뜻하게 보살펴주고 온갖 위험으로부터 보호해주는 부모에게 의존하고, 성인이 되어서는 권력을 가진 지도자나 각종 제도에 의지하며, 특히 강력한 카리스마를 가진 독재자에게 맹목적인 존경과 숭배를 바친다.

에리히 프롬은 프로이트의 전이를 보다 냉철하게 바라보았는데, 프롬은 한 인간의 잠재의식에 접근할 수 있는 통로인 전이에 훨씬 더 포괄적인 의미를 부여했다. 전이란 일상생활에서 현실을 직시하지 못하고 불합리한 감정에 이끌려 자신과 남의 관계를 왜곡하는 것이라고 보았다. 그러면서 전이의 결정적인 문제가 한 인간이 자신의 욕구를 충족하는 데 다른 사람을 필요로 한다는 점이다. 예들 들어 너무나 불안하고 허약한 나머지 스스로 아무런 결정도 내릴 수 없는 사람은, 자신감이 넘치고 힘과 권력을 가진 사람에게서 피난처를 구하려 든다는 것이다. 그래서 프롬은 전이를 통해 인간이 다른 사람에게 기대하는 것은 오로지 자기의 욕구 충족임을 강조했다. 다른 사람을 자기 내면의 희망이나 욕구, 두려움으로만 바라보게 되니 상대의 참모습을 보지 못하고, 왜곡된 우상으로 만들어 그를 좇는다고 말한다. 그것이 많은 비극적인 사회 현상을 만들어내는 원인이다.

---

81. 라이너 풍크, 앞의 책, 75.

> 전이는 인간이 현실을 평가하는 데에 있어 저지르는 실수와 갈등의 가장 중요한 원인이다. 우리는 전이를 하면서 세상을 우리의 희망과 두려움으로 채색된 안경을 쓰고 바라본다. 환상을 현실로 착각하는 것이다. 우리는 다른 사람을 있는 그대로 보지 않고, 우리가 원하고 두려워하는 그대로만 바라본다.[82]

그러므로 전이를 프로이트처럼 단순히 유년 시절의 경험이 되풀이되는 것만으로 보는 것은 적절하지 않다. 오히려 전이는 나이의 적고 많음을 떠나 인간 사회 어디서나 볼 수 있는 '영웅을 좇는 헤맴'으로 이해해야 한다. 왜냐하면 인간은 불가사의한 거대한 자연의 힘 앞에 스스로 무력하고 왜소하다고 느끼기 때문이다. 그래서 그것을 보완해줄 힘을 찾는다. 그러한 힘을 지녔다고 보이는 대상을 흠모하고 따르는 것은 어쩌면 당연하다. 프롬은 그러한 인간의 내면적 속성에 대해 다음과 같이 언급한다.

> 인간 내면의 공허함과 무력감을 극복하기 위하여 인간은 자기 자신이 지닌 인간적 특성을 투사하는 대상을 선택한다. 사랑, 지성, 용기 등 이러한 대상에 복종함으로써 인간은 자기 자신의 특성과 만난다고 느낀다. 그는 강하고, 현명하고, 용기 있고, 안전하다고 느낀다. 대상을 잃는 것은 자아 상실의 위기를 뜻한다. 이러한 기제, 즉 개개인의 소외에 기초한 한 대상의 우상적 숭배는 전이의 핵심동력이며, 전이에 힘과 강렬함을 제공하는 것이다.[83]

---

82. 위의 책, 77.

83. 어네스트 베커, 『죽음의 부정』, 256.

프롬이 본 전이는 인간 자신의 소외와 무력감에 대한 고도의 방어적 책략이다. 그들은 영웅의 그늘에서 자기의 나약함과 불안을 잊고, 더 큰 대의를 위해 자기의 삶과 목숨마저 바칠 수 있다고 여기게 된다. 하지만 그들이 따르는 영웅이 부정하고 타락하고 아무런 권능이 없다는 것이 밝혀지면 그 영웅은 바로 축출되어 진다. 그것을 보면 영웅은 그를 따르는 인간들의 요구에 부응할 때에만 숭배를 받는 한시적 운명이다.

베커는 영웅 숭배의 이러한 속성을 간파했다. 영웅이란 사람들이 그에게 특별히 관심을 쏟지 않는다면 사실상 다른 사람들과 별 차이가 없는 그저 평범한 인간에 불과하다. 그들의 인성에 특별한 매력이 있다고 한다면, 그것은 매력을 경험하는 사람의 눈 안에 있다는 것이다. 영웅을 흠모하고 영웅의 그늘에서 안정을 찾고, 위험과 불안으로부터 벗어나고자 하는 사람들의 내면적 욕구에 의해 영웅은 만들어진다.

이러한 영웅이 우리의 삶에 얼마나 큰 영향력을 주고 있는지를, 한 유명 연예인과 함께하는 사람들의 심리에서 잘 나타나 있다. 다음은 『슬픈 불멸주의자』에 있는 내용으로, 뉴욕에서 런던으로 가는 비행기 안에서 심한 난기류를 만나 비행기가 거의 추락하듯이 뭔가에 부딪치고 흔들리고 떨어지다 구사일생으로 살아남은 사람들의 이야기이다.

> 다행히 비행기는 추락을 멈췄지만 여전히 로데오 말처럼 출렁거린다. 그때 흔들림이 멈추고 비행기가 평탄하게 움직인다. 비행기에 탄 모든 사람이 크게 안도의 한숨을 쉬고, 환호성이 터져 나온다. 기장의 목소리가 기내에 다시 울려 퍼진다. "죄송합니다. 승객 여러분. 커다란 난기류였습니다. 이제 우리는 고도를 높일 것이며 더는 난기류에 휩쓸리지 않

기를 바랄 뿐입니다." 위험에서 벗어났다는 안도감이 퍼지면서 사방에서 사람들이 웅성거리기 시작했다. 그 가운데 당신 뒷자리에 앉은 사람이 이렇게 말한다. "우아, 조지 클루니가 이 비행기에 타고 있다는 걸 아나요? 그는 일등석에 타고 있어요. 어쩌면 그 덕분에 우리가 추락을 면했는지도 몰라요."[84]

대체로 사람들은 막연히 유명한 사람이 함께 있으면 불운이 닥치지 않으리라고 믿는다. 유명한 사람이 가까이에 있다는 그 사실만으로 자기의 주변에 엄청난 힘이 공존한다고 믿는다. 서로 아무런 관련 없는 사람들이 유명인을 중심으로 하나의 연결고리가 형성되고, 공동체감이 형성된다. 그렇게 유명인의 굉장한 영향력을 공유함으로써 자기들도 덩달아 힘이 강해짐을 느낀다. 그러면서 그들은 어떠한 불운이나 죽음의 위험도 자신들을 비켜 가리라는 확신을 갖게 된다. 냉정하게 보면 이 모든 게 근거 없는 환상일 수 있다. 하지만 그러한 환상은 위험한 여행을 안전하게 할 수 있는 심리적 안정감을 가져다준다. 그것이 환상의 유효성이다.

집단의 결속과 전이

프로이트도 집단을 묶어주는 정확한 힘을 설명함으로써 왜 집단이 위험을 두려워하지 않는지를 보여준다. 그는 집단의 특성을 "무엇이 사실이고 무엇이 잘못인가를 전혀 의심하지 않을뿐더러, 자신의 막강한 힘을 의식하고 있기 때문에, 너그럽지 못하고 편협하며 권

84. 샐던 솔로몬 외 2명, 앞의 책, 173-174.

위에 순종적"이라고 보았다. 그러한 집단은 영웅들에게 강한 힘과 심지어 폭력까지 요구한다고 지적했다.[85] 그러므로 집단 구성원은 자신이 동일시하는 영웅적 지도자의 권력 안에 들어가면, 자신의 왜소함과 무력감에도 불구하고 혼자라고 느끼지 않는다.[86] 그렇다면 자기최면에 걸린 듯이 집단은 왜 그렇게 맹목적이고 어리석은가? 프로이트가 답하기를 "그들은 환상을 요구하기 때문이다. 그들은 끊임없이 실제적인 것보다, 비실제적인 것에 우위를 부여한다. 실제의 세계는 너무 끔찍하기 때문에 인정하지 않는다. 실제 세계에 의하면 인간은 쇠퇴하고 죽게 될 왜소하며 떨고 있는 동물이다. 환상은 이 모든 것을 변화시키고 자신은 우주에 없어서는 안 될 존재로 어떤 점에서는 불멸적인 존재로 보이게끔 만든다."[87] 아이는 이런 거대한 거짓말을 부모로부터 전달받거나 무의식적으로 자연스럽게 습득한다. 대중은 필요한 허위를 계속 제공받기 위해 지도자들에게 의지한다. 즉 그들은 자신의 자아를 지도자에게 넘겨주고, 지도자의 권력에 동화되며, 이상형이 된 지도자와 함께하기 위해 노력한다. 그러나 이처럼 지도자에 대한 맹목적인 숭배는 예기치 않은 병폐를 야기시킨다.

집단 속에 있을 때 사람들은 권력자의 승인하에서 욕구를 완전히 분출할 수 있는 전능한 영웅이 된 것처럼 행동한다. 바로 거기에 집단행동의 무서운 사디즘이 존재한다. 프로이트는 이것에 대해, 개인이 모여 집단을 이루면 개인의 윤리적 억제는 약해지고, 개인 속

85. 지그문트 프로이트, 『문명속의 불만』, 84.

86. 어네스트 베커, 앞의 책, 241.

87. 위의 책, 242.

에 원시시대의 유물로 잠들어 있던 잔인하고 야비하고 파괴적인 본능이 깨어나기 때문이라고 설명한다. 에리히 프롬은 이러한 인간의 사악함과 맹목성에 대한 프로이트의 통찰력을 간파했다. 베커는 이러한 프롬의 견해에 대해 자세히 상술하고 있다.

> 프롬은 프로이트의 나르시시즘에 관한 근본적인 통찰을 인간의 일차적인 특징으로 계속 보았다. 사람들이 나르시시즘에 의해 어떻게 자신의 삶의 의미를 부풀리고 다른 사람들의 삶을 격하시키는지, 또 '나와 비슷하거나 내게 속한 사람들'과 '외부 사람이거나 이방인'을 얼마나 첨예하게 구분하는지 말이다. 또한 프롬은 '근친관계의 공생'(incestuous symbiosis)이라고 부른 것의 중요성을 고집했다. 그것은 가족으로부터 벗어나서 자신의 책임감과 힘으로 딛고 일어서서 세계로 들어가는 것에 대한 두려움, 더 큰 권력의 원천 안으로 자신을 밀어 넣고자 하는 욕망이다. 바로 이것들이 '집단', '국가', '혈통', '모국이나 조국' 등과 같은 신비를 조장하는 것이다. 이러한 느낌은 어머니와 편안히 합쳐있던 우리의 초기경험에 배태되어 있다. 프롬이 제시했듯이 우리는 이러한 느낌에 의해 '모성적인 인종적 · 국가적 · 종교적 고착의 감옥'에 갇혀 있다.[88]

인간은 유아기 때부터 속해 있던 자기의 집단에 평생토록 고착되어 있다. 그것에서 벗어나는 것은 엄청난 고통이 따른다. 그들은 배타적으로 내부인과 외부인을 구분한다. 자기들은 선이고 상대는 악이라는 편견과 적대가 세상의 악을 만들어낸다. 자기들은 세상에 존재할 가치가 있는 반면에 상대편은 사라져야 할 대상으로 여긴다. 자기의 집단, 국가, 인종, 종교는 지켜지고 보호받아야 하지만, 상대

---

88. 위의 책, 243.

는 약화되고 사라져야만 한다. 이처럼 악은 자기 집단이 만들고 믿어온 사회적 공감대와 의례를 편향적이고 무비판적으로 수행한 결과이다. 이러한 집단적 환상 속에서 타 집단을 바라보게 되니, 인간 사회의 갈등과 분쟁이 그칠 날이 없다.

__ 광기의 집단적 파괴성

보통의 사람들도 타자를 공격할 때는 무자비하게 잔인해지고 파괴적이 된다. 도대체 그들의 광증은 어디에서 유래하는가? 이웃의 선한 청년이자 아저씨가 전쟁터에서는 무지막지하게 적을 죽이는 군인이 된다. 그 이유는 그렇게 하게끔 끊임없이 교육받고, 환상을 주입받기 때문이다. 베커는 사람들이 전쟁 중에 지도자의 명령에 따라 살육하는 것을 살인이 아니라 '신성한 영웅적 행위'라고 스스로 믿는다고 말한다. 그렇지 않고서야 어떻게 그렇게 끔찍한 일을 계속적으로 자행할 수 있겠는가.

> 추종자들은 지도자가 발산하는 강력한 후광 안에서 봉사하고 그가 제공하는 환상, 즉 세상을 영웅답게 바꾸는 것을 허락하는 환상을 실행할 수 있기를 갈망한다. 그가 최면으로 건 주문 속에서, 영웅적인 자기 팽창을 위한 욕망으로 가득한 힘을 지닌 상태에서 두려워할 필요가 없다. 그들은 냉정하게 살인할 수 있다. 사실 그들은 희생자들에게 '호의'를 베풀고 있다고 느낀 듯 했는데, 이것은 자신의 '신성한 소명' 안에 희생자들을 포함시킴으로써 그들을 성화시켰다는 것을 의미한다. 우리가 문화 인류학의 문헌으로부터 배운 것처럼, 성화된 희생자는 신, 자연 혹은 운명에 바치는 신성한 제물이 된다. 공동체는 희생자의 죽음에 의해 더욱 더

생명을 누리게 된다.[89]

프롬은 이러한 인간의 의식이 만들어내는 모든 현상을 허구이며 망상으로 규정한다. 그는 이것을 사람들이 진실을 볼 수 없기 때문이 아니라 사회의 기능 때문이라고 본다. 인간 역사의 대부분 소수가 그의 동료인 다수자를 지배하고 착취해 왔다. 비록 소수 지배층이 권력을 쥐고 사용했지만, 그것만으로 모든 게 가능한 게 아니었다. 다수자가 그 착취를 승인하고 받아들였기 때문에 가능했다.[90] 왜 다수자는 쉽게 자기들의 권리를 제한하는 그들에게 복종하는가? 그것은 스스로 무력감을 느끼는 개개인이 강력한 힘을 가진 지도자의 권능 안으로 들어가 자기의 안위를 맡겨야 할 정도로 세상이 위험하기 때문이다. 그리고 지도자를 중심으로 공동체를 형성함으로써 보다 큰 힘 안에서 적의 위험을 막고, 자기 가족을 지켜낼 수 있다는 우월집단에 대한 환상을 품었기 때문이다.

프로이트는 세계 1차대전을 경험한 이후 「집단심리학과 자아분석」(1921)이라는 논문에서 집단 속의 개인을 하나로 묶어주는 것이 무엇인지를 찾고자 하였다. 그렇지 않고서야 나약한 개인이 강력한 집단을 구성하고 다른 집단에 대한 무자비한 공격을 가할 수 없으리라 여겼다. 그는 집단 속의 개인들은 리비도적 결합으로 묶여 있다고 보았다. 그것의 단서로 군대 집단에서 잘 연구된 '공황' 현상에서 찾는다. 즉 집단이 붕괴되면 공황이 일어나는데, 상관의 명령도 듣지 않

89. 위의 책, 249-250.

90. 에리히 프롬 외 2명, 『선과 정신분석』, 김용정 역 (서울: 정음사, 1981), 48.

고, 집단 구성원 간의 끈끈한 상호 결속력도 순식간에 와해되고, 서로 살려고 혼비백산 달아난다는 것이다. 그러한 상태에서는 같은 집단으로 서로 지켜준다는 인간적 유대의 애정은 사라지고 각자도생해야 한다는 절박감이 팽배하여 아비규환이 연출된다. 이처럼 인간은 각자의 필요에 의해 집단을 만들고 지킬뿐이다.

또한 프로이트는 「문명 속의 불만」(1930)에서 인간 본능의 욕구와 문명의 제약 사이에 존재하는 대립 관계에서 에로스와 인간의 공격본능을 다루었는데, 왜 인간이 서로 공격하고 파괴하는지를 집중적으로 논하고 있다. 프로이트는 문명이 에로스에 봉사하는 과정이며, 에로스의 목적은 개인을 결합시키고, 그 다음에는 가족을 결합시키고, 그 다음에는 종족과 민족과 국가를 결합시켜, 결국 하나의 커다란 단위로 만든다고 보았다. 그러면서 이런 인간 집단은 리비도를 통해서 서로 묶여야 한다고 주장했다. 그러나 인간의 타고난 공격본능은 문명의 이 계획을 반대하고 저지한다. 이 공격본능은 에로스와 나란히 세계를 지배하는 죽음본능에서 유래한다고 보았다. 그러면서 문명은 인류를 무대로 에로스와 죽음, 삶의 본능과 파괴 본능 사이의 투쟁이라고 규정한다. 그러나 프로이트는 공격본능, 죽음본능이 인간의 타고난 본능으로 보았지만, 왜 그러한 본능이 어느 순간 동기화되는지는 설명 못 하고 있다. 하지만 랑크와 베커 관점에서 보면, 설명이 가능하다. 공격본능도 에로스로 설명할 수 있는데, 자기의 왜소함과 무력감을 떨쳐 내려면, 자기의 나르시시즘적인 영웅성으로 에로스적 관계를 확장하고, 영향력을 키우면, 죽음의 공포를 물리칠 수 있다는 것이다. 공격본능은 자기의 에로스적 확장을 용납하지 않은 개인이나 집단을 적으로 간주하여, 강제로 자기의 영향력을 키우고 자기의 영역을 확장하겠다는 환상에 근거한다. 그것은 자기를 막는 타자를 정복시키면 자신이 무한히 확장하여, 죽음의 공포에서 벗어날 수 있으리라는 무의식적 환상이다. 그것이 바로 인간 내면의 삶의 본능이자, 타자에 대한 파괴본능이다. 그렇다면 개인의 무의식적인 에로스적 확장의 환상이 어떻게 집단을 형성하는가? 위니캇은 그것에 대해 다음과 같이 말한다.

> 한 사람이 자신의 것이 아닌 환상을 다른 사람들에게 공유할 것을 강요할 정도로 과도하게 강력한 주장을 하게 될 때에는 광증의 보증서가 되기도 한다. 우리는 환상 경험에 대한 관심을 공유할 수 있으며, 우리가 원한다면 우리의 환상 경험의 유사성을 기초로 한 집단을 형성할 수도 있다. 이것이 인간들 사이에서 행해지는 집단형성의 자연스런 뿌리이다.[91]

인간이 이루는 집단은 부모 세대로부터 전해지는 공통의 환상 경험을 공유하면서 형성되고, 지속적으로 유지된다. 특히 외적의 침입을 공동으로 막으면서 집단의 결속력이 더 강해지고, 자손대대로 무한히 번영하고 영속하는 공동체를 만들기 위해 자기들을 우월집단으로 만들어 주변을 정복할 필요를 느낀다. 상대를 공격하면서 스스로의 강력한 힘에 대한 자부심을 느끼고, 상대로부터 패배를 인정받아 자기들의 우월함을 증명받아야만 자기들의 불멸을 확신할 수 있다. 이것이 바로 우월집단 환상이다. 랑크도 적절히 표

91. 도널드 위니캇, 『놀이와 현실』, 25.

현했듯이 인간은 그 자신의 불멸화를 위한 물질을 항상 갈망한다. 집단도 또한 그것을 필요로 한다. 그것은 영웅에 대한 끝없는 갈망을 설명해준다.

> 작든지 크든지 모든 집단은 그 자체로 영속화를 향한 '개별적인 충동'을 지닌다. 그것은 국가적 · 종교적 · 예술적인 영웅들을 창조하고 돌보는 데서 드러난다. ... 개개인은 이러한 집단적인 영원성의 충동을 위한 길을 닦는다.[92]

인간의 역사에서 한 집단이 사라지거나 영속하는 것은 전쟁의 승패에 달려 있다. 그러므로 우월집단은 상대를 정복하면서 스스로의 힘을 과시하고 증명받아야만 했다. 이상론자들이 말하는 평화는 그저 오지 않는다. 강력한 지도자의 비전 아래 전 구성원이 일치단결해야만 그러한 영광을 얻을 수 있다. 대중은 그러한 지도자를 영웅으로 숭배하며 맹목적으로 따른다. 그러나 이러한 우월집단의 환상에 사로잡힌 국가를 주변에 둔 국가들은 언제나 전쟁의 위협과 죽음의 공포에 떨어야만 한다. 이러한 우월집단의 환상은 언제나 전쟁을 일으킬 소지가 많다. 한마디로 인간의 죽음 부정의 나르시시즘 환상이 주변국에는 에로스적인 파괴성으로 표출되어 죽음의 공포를 야기시킨다. 그것이 인간 문명의 비극이다.

92. 어네스트 베커, 앞의 책, 264.

4. 죽음 초월의 문화적 영웅 환상

인간의 근원적 죽음공포의 이면에는 불멸에 대한 무의식적 욕망이 존재한다. 그러한 욕망이 현실의 숱한 장애와 어려운 상황에 접할 때 환상이 일어난다. 현실의 상황을 왜곡하여 자기에게 유리한 방향으로 받아들여 불안을 해소한다. 그러면서 부와 권력을 상징하는 외면적 자아를 확장하면서 무의식적으로 자기 영속성의 환상을 불러일으킨다. 한마디로 의식과 무의식이 만나는 지점에서 환상이 일어난다.

유기체적 몸을 가진 인간은 동물과 달리 자기의 죽음을 인식할 수 있는 자의식을 가졌다. 앞서 그러한 의식은 인간의 영적인 우주적 자아에서 인식되는 것이라고 밝혔다. 이러한 죽음에 대한 인식은 인간에게 근원적인 죽음공포를 야기하였고, 예로부터 인간은 그러한 공포를 달래거나 회피하는 전략을 구사해 왔다. 그것은 현실을 왜곡하거나 전이를 통해 힘이 센 권력자나 불굴의 영웅을 숭배하고 따르는 것이다. 그러한 모든 죽음부정의 행위는 무의식적으로 솟아나는 환상에 기인한다. 환상은 꿈처럼 무의식적 소원성취를 목적으로 생겨난다. 그렇다면 인간 내면의 가장 본질적인 소원은 무엇인가? 그것은 죽음의 공포가 없는 불멸의 영웅성이다. 그러한 이룰 수 없는 소원이 인간의 전 삶을 이끌고 있다.

프로이트의 견해에 따르면, 죽음을 회피하고 불멸을 추구하기 위한 인간의 모든 행위가 문명(civilization)을 이루었다고 본다. 그는 「환상의 미래」(1927)에서 인간은 원시적 삶에서부터 거친 자연으로부터 스스로를 지키기 위해 자연의 힘을 다루고 조정하는 능력을 키워왔고, 또 한편으로는 인간의 상호 관계를 조정하고 생산물을 공정하게 분배하는 나름의 제도를 발전시켜왔는데, 그것이 바로 인간의 문명이라고 말한다.[93] 그는 문명의 첫 번째 사명이 인류를 자연으로부터 보호하는 것, 두 번째 사명은 인간을 다른 인간들로부터 지켜주는 것이라고 보았다. 문명의 금지가 없었다면 인간은 자기의 욕망을 채우려고 다른 이를 무자비하게 죽이고 죽임을 당하는 악순환으로 거의 멸종했을 것이다.

랑크는 프로이트보다 더 깊이 인간의 문화(culture)에 대한 통찰력을 보여준다. 그의 문화에 대한 이해는 자연 안에서 존재하지 않는 어떤 초자연적인 것으로 인식한다. 그것은 초기의 영적 믿음으로부터 종교, 철학, 그리고 최근의 심리학에 이르기까지 인류의 모든 영적 가치뿐만 아니라 사회적 제도를 총칭한다. 인간이 이러한 자연을 거스르는 초자연적인 것을 고안한 이유는 자기 영속화를 위한 것이다. 랑크의 이러한 개념을 베커는 그의 저서 『악으로부터 도피』에서 자세히 부연 설명하고 있다.

> 사람은 그의 헌신을 바치는 자기 영속의 이데올로기 안에서 자신의 불멸을 키운다. 이것은 그것이 가질 수 있는 지속적인 의의를 그의 삶에 제공한다. ... 모든 문화적 형태는 본질에 있어 성스럽다. 왜냐하면 그들이 각자의 삶에서 구원과 영속성을 추구하기 때문이다. 이것이 불멸 이데올로기의 무대 혹은 계승으로서 역사를 보는 랑크의 놀랄만한 의의이다. 문화는 그것이 초자연적임을 의미한다. 모든 문화는 육체를 초월할, 영구적

93. 지그문트 프로이트, 『문명속의 불만』, 168.

으로 그것을 초월할 기본적인 권한을 지닌다. 모든 인간의 이데올로기는 개인적이고, 집단적인 삶의 성스러움에 대해 직접 다루는 역할을 하는데, 그것이 그렇게 보이든 아니든, 그들이 그것을 인정하든 아니든, 사람들이 스스로 그것을 알든 모르든 상관없다.[94]

여기에서 말하는 초자연적이란 자연스런 인간의 충동적 본성을 억제하고 조정하는 것을 일컫는다. 모든 금기, 도덕, 관습, 그리고 법은 인간의 자기제약(self-limitation)을 대변하는 것으로, 인간의 쾌락적인 삶을 억제하고 지속적인 삶을 추구하는 것이다. 랑크에 의하면 인간의 몸은 인간의 불멸 프로젝트를 위해 포기한 첫 번째 대상으로서, 처음부터 성적 제한은 외부적인 권위의 결과가 아니라 스스로의 '자발적인, 자의적인' 행위였다. 한마디로 인간은 지속적인 삶을 위해 기꺼이 자신의 몸을 희생한 독특한 생명체이다. 하지만 인간이 조정한 것은 자기의 몸만이 아니었다. 인간은 조그만 유기적 생명체이면서도 감히 자기의 단순한 몇몇 행위를 통해 거대한 자연을 조정할 수 있다고 믿었다.

인간이 처음으로 자연을 조종하여 자기의 번영과 생명 연장을 도모하기 위해 한 일은 의례이다. 의례는 풍족한 삶을 증진 시키고, 악을 회피하는 최고의 기술이다. 그것은 역사 이전의 시기부터 방대한 세월 동안 인류가 삶을 통제하기 위해 발전시켜온 집단적인 행위이다. 달리 말하면 의례는 물질적인 세계를 통제하여 자신들이 사는 세계를 초자연적으로 만들어 부패와 죽음을 초월하려는 문화적 불멸 프로젝트이다. 이러한 의례에 대해 베커는 보이지 않는 힘의 연결을

94. Ernest Becker, Escape From Evil, 64.

염두에 두었다고 말한다.

> 현대인들이 원시적인 의례를 비웃거나 조소하는 것은, 그것을 표면적으로만 보고, 그 이면의 논리를 보지 못하기 때문이다. 그 의례에 작용하는 힘은 그것들에 대한 원시인들의 이해에 따라 작용한다. 전체적으로 작용하는 핵심 아이디어는, 희생제의를 하는 사람들은 제단과 희생물을 조작하고, 그것들과 스스로를 동일시하는데, 물건으로서가 아니라, 그들 내면의 본질로서 그리고 신과 영의 세계와의 보이지 않는 연결로서 그렇게 한다. 이러한 것 역시 논리적인 것이다. 우리가 우리의 원자이론을 가지고 있는 것처럼, 원시인들도 자연의 내면에 대한 개념화를 가지고 있다. 물건들은 보이지 않는 힘에 의하여 살아났고, 씨앗은 어린아이처럼 보이지 않은 곳으로부터 탄생했다. 희생의 테크닉을 가지고 그들이 하려한 모든 것은, 이들 보이지 않는 힘을 소유하고, 그것들을 공동체의 이익을 위해 사용하는 것이다. 한마디로 희생의 행위는 실제의 보이지 않는 차원 안에 그 기반을 채택하고 있는데, 이것들은 희생제의를 하는 사람이 초월적 능력을 가진 신성한 몸, 신비적이고 본질적인 자아를 설정하는 데 기여한다.[95]

현대인들처럼 원시인들도 나름대로 그들만의 논리로 세계를 이해하고 조정한다. 그들은 의례를 통해서 자연의 신과 영 그리고 인간의 삶을 보이지 않는 힘의 흐름으로 서로 연결된 것으로 이해한다. 그들은 희생제의를 통해 보이지 않는 세계로부터 보이는 그들의 세계로 힘의 이동이라는 순환체계를 믿고 있었다. 이와 같이 인간은 그들의 책무로서 신에게 공물을 바치고 신은 보상으로서 은총을 내려준다고 믿는다. 한마디로 인간은 제물을 바쳐 신을 모시는 책임을 다

95. Ibid., 21.

함으로써 삶과 죽음을 통제한다는 기분을 만끽했고, 그렇게 하면 신이 이 세상에서 자신들을 보호하고 다음 세상에서도 잘 인도해주고 돌봐줄 것이라고 믿었다. 이것은 한마디로 '문화적 환상'으로서 그들의 고유한 자연관이자 우주관이다. 이러한 믿음은 지금도 세계 어디에서나 숱하게 행해지는 의례의 본질이기도 하다.

인간은 이러한 의례를 통하여 천상을 인간화하고, 대지를 영적으로 만들었고, 그리하여 하늘과 땅은 함께 불가분의 단일체 안으로 녹아들었다. 이러한 방식으로 자연을 조정함으로써, 인간은 자신에게 특별한 영적 숙명을 할당했고, 그의 동물적 조건을 초월하게 하였고, 자연 안에서 특별한 지위를 맡게 하였다. 더 이상 그는 죽거나 대지로부터 소멸하지 않게 되었다. 그는 우주적 갱생의 공동의례에 의하여 스스로에게 영원한 생명을 줄 수 있게 되었다. 이러한 원시시대부터의 공동의례를 통해 인류의 문화는 발달해 왔다. 신전을 지으면서 건축술이 발달해 왔고, 그리고 의례에 사용되는 음악, 춤, 노래, 의복 등의 여러 관련 문화도 발달해 왔다.

_ 불멸의 상징물들

인간의 유한성과 대비되는 불멸의 상징물들은 수없이 많다. 그중에서도 가시적으로 당대의 최고의 과학 지식과 기술로 건설된 기념물에 담긴 의미에 대해, 베커는 다음과 같이 언급한다. "불멸성은 더 이상 힘의 비가시적 세계에 머물지 않고, 가시적 세계 안에 머물고, 죽음은 시간을 부정하는 기념물들의 축적에 의하여 극복된다. 돌과 황금의 이러한 축적물들은 불멸의 영혼에 대한 탐구를 가능하게 만든다. 죽음은 삶의 진정한 실체가 이들 불멸의 완벽한 물건들 안으로 전해지는 상황 안에서 극복되어진다; 돈은 곧 사람이다; 토지나 기업의 불멸성은 오래 지속하는 완전한 물체 안에 머문다. 피라미드는 꿰뚫을 듯이 하늘을 향하여 불멸성의 희망을 곧추 세우지만, 그것은 인간 앞에서는 스스로를 드러내지만, 인간의 등에는 무거운 부담감을 지운다."[96] 불멸을 상징하는 기념물들은 세계 곳곳에 현저하게 많다. 오랜 역사를 통해 존속되어 온 이들 기념물은 인간 문명의 축적을 대변한다. 그러한 기념물을 보며 불멸을 꿈꾼 인간들은 수없이 왔다 갔어도, 그것들은 지금도 하늘을 향해 지상에 굳건히 서 있다.

그리고 또 다른 가시적인 불멸의 상징이 있는데, 그것은 돈이다. 그것은 모든 부와 권력을 가늠하는 세계 공통의 기준이다. 돈 많고 힘 있는 사람은 다른 사람들의 부러움을 사거나 돈을 매개로 영향력을 행사할 수 있다. 그러면서 명성을 얻거나 숭배를 받기도 한다. 에리히 프롬은『존재의 기술』에서, 마르크스의 돈의 속성에 관한 다음 글을 인용하고 있는데, 그것을 보면 마르크스는 누구보다도 돈의 위력에 대해 잘 간파하고 있었다고 보여진다.

> 돈이라는 수단은 나를 위해서 존재하는 것, 내가 지불할 수 있는 것, 그것이 바로 그 돈의 소유자인 나의 것이다. 나의 힘은 내가 가진 돈의 힘만큼 크다. 돈의 속성은 나 자신의 속성이며 능력이다. 그러므로 내가 누구인지 내가 무엇을 할 수 있는지는 전혀 내 개성에 의해서 결정되지는 않는다. 나는 못생긴 존재지만, 나는 가장 아름다운 여자를 사귈 수 있다. ...

96. Ibid., 74.

게다가 돈은 내가 부정직한 사람이 될 수 있는 곤란함을 면하게 해준다. 그러므로 나는 정직하다고 인정받는다. 내가 어리석어도 돈이 만물을 움직이는 진짜 머리이니 돈을 가진 사람이 어찌 어리석을 수 있겠는가? 더욱이 돈은 가진 사람은 자신을 위해서 재능 있는 사람들을 살 수도 있으니, 재능 있는 사람들보다 더 재능 있는 사람들을 지배하는 사람이 아니겠는가? 인간이 열망하는 모든 것을 돈의 힘으로 소유할 수 있으니, 나는 인간의 모든 능력을 소유하는 것이 아닌가? 그러므로 내 돈은 나의 모든 무능력을 능력으로 바꾸어주지 않는가? 나를 인간의 삶에, 그리고 사회를 내게 묶어주고, 나를 자연이나 인간과 이어주는 끈이 돈이라면, 모든 끈들 중에서 가장 강한 끈이 돈이 아닐까? 그러므로 돈은 또한 만유 분리의 동인이 아닌가? 돈은 분리와 결합의 현실적 도구이며 사회를 움직이는 전기적, 혹은 화학적 힘이다.(『경제와 철학 원고』에서)[97]

돈은 인간 물질문화의 총화이다. 돈만 있으면 자기의 부족한 면을 얼마든지 보충하고 상쇄시킬 수 있다고 믿는다. 심지어 죽음조차도 돈만 있으면 극복할 수 있다고 믿는다. 그러나 그러한 희망은 환상에 불과함을 일상에서 쉽게 보게 된다. 죽음은 남녀노소, 빈부의 차이가 없이 누구나 맞닥뜨리게 된다. 다만 순서상 앞서거니 뒤서거니 할뿐이다. 이렇게 돈의 허망함을 알면서도 인간은 서로 많은 돈을 벌려고 경쟁한다. 왜냐면 돈이 가지는 상징성과 권력을 누구도 쉽게 포기하지 못하기 때문이다. 이와 같이 돈에 집중하는 인간 심리의 이면에는 베커가 말하는 문화적 영웅체계가 작용하고 있다. 그것은 한마디로 영웅성에 대한 몸부림이며, 우주적 특별함에 대한 열망이다.

97. 에리히 프롬, 『존재의 기술』, 최승자 역 (서울: 까치, 2016), 207-208.

문화적 영웅체계가 솔직히 주술적 · 종교적 · 원시적인 것인지, 혹은 세속적 · 과학적 · 문명적인 것인지는 중요하지 않다. 그러나 사람들이 근본적 가치, 우주적 특별함, 창조에 대한 궁극적 유용성, 그리고 흔들리지 않는 의미의 느낌을 얻기 위해 신봉하고 있는 것 안에는 신화적인 영웅체계가 존재한다. 그들은 자연에 한 공간을 세움으로써, 인간의 가치를 반영하는 구조물을 지음으로써 이러한 느낌을 얻는다. 그 구조물이란 사원, 큰 교회당, 토템 기둥, 마천루 그리고 삼대에 걸친 가족 등이다.[98]

베커가 말하는 문화적 영웅체계는 신화적인 영웅이 만든 것으로 인간 사회를 이롭게 하는 모든 구조물이나 창조물 그리고 사회제도들을 일컫는다. 그것들은 인간이 추구하고 염원하는 영원히 지속될 가치와 의미를 담고 있는 인간들의 숱한 환상을 구체화한 것들이다. 그러면 인간이 만들어내는 환상의 기저에는 무엇이 있나? 그것은 억압이다. 프로이트가 말한 성적 쾌락의 억압보다는, 랑크와 브라운이 말한 죽음의 억압이다. 인간의 문명은 억압 위에 세워졌다. 그것은 동물적인 인간에 관한 것이고, 문화가 세워진 억압이며, 자의식적인 동물에 대한 억압이다. 이러한 죽음의 억압, 즉 죽음을 회피하고 부정하려는 욕구는 불멸의 문명을 구축해온 원동력이다. 그러나 인간은 오랜 세월을 거쳐 서로 힘을 합쳐 문명을 발전시켜왔지만, 여전히 사랑하는 가족, 친지, 친구들이 죽어가는 것을 보면서, 죽음 앞에 무력한 자신의 무력감을 절망하지 않을 수 없다. 그러면서 자기를 지켜주고 보호해줄 수 있는 강력한 지도자나 상징물을 따르고 섬기게 된다. 자기의 무능과 무력감을 보완해줄 권능을 필요로 한다. 그

98. 어네스트 베커, 앞의 책, 45-46.

것이 앞서 언급한 전이이다. 문제는 그러한 섬김이 너무나 과도해져 우상적 숭배로 전락하게 된다는 데 있다. 그것이 초래하게 될 절망을 베커는 다음과 같이 설명한다.

> 지도자 중 한 사람이 죽었을 때 온 국민이 엄청난 비탄을 표현하는 것을 보고 깜짝 놀란적이 있지 않은가? 억제되지 않은 감정의 토로 때때로 여러 날 광장에 떼지어 모여 멍하니 서 있는 대중들, 관이나 화장용 장작더미를 향해 나아가려는 몸부림 속에서 짓밟히고, 히스테리를 보이며 넘어지는 어른들, 그러한 대규모적인 신경증적 "절망의 보드빌"에서 어떤 의미를 발견할 수 있는가? 일방적으로 말해서 그것은 단지 인간이 죽음에 저항하는 방벽을 상실하는 데서 오는 근원적 충격 상태를 보여준다. 사람들은 무언적인 인성의 수준에서 그 점을 이해한다. "우리의 생명과 죽음을 조절하는 힘의 근원 그 자체가 죽을 수 있다. 따라서 우리 자신의 불멸은 불확실하다." 모든 눈물과 온갖 괴로움은 결국 자기 자신을 위한 것으로 위대한 영혼의 죽음을 위한 것이 아니라 자신의 절박한 죽음을 위한 것이다. 인간은 즉시 죽은 사람의 이름을 따서 도시의 거리, 광장, 비행장의 이름을 짓기 시작한다. 그것은 그의 육체적 죽음에도 불구하고 그가 사회에서 물리적으로 불멸하리라는 것을 선포하는 것과 같다.[99]

인간이 인간에 대한 숭배, 자기보다 위대하고 강하고 현명하다고 여겨지는 문화적 영웅에 대한 무조건적 숭배는 누군가의 강요에 의한 것이 아니라 자발적인 성격이 강하다. 왜냐하면 자기의 부족함을 채울 필요가 있기 때문이다. 자신의 필요에 의해 스스로 그를 흠모하고 추앙하여 자신의 자아의 대부분을 그의 인격으로 채우는 것이다. 그것이 맹목적인 우상숭배이다. 그러므로 그와 함께라면 두려워

---

99. 위의 책, 264-265.

할 게 없지만, 그가 부재할 경우 스스로 무엇을 해야 할지, 무엇을 할 수 있는지를 판단할 수가 없다. 한마디로 판단의 주체나 기준이 사라져버린 것이다. 그것을 조금이나마 줄이고자 사회 곳곳에 영웅의 이름을 딴 기념물을 짓지만, 그것은 한낱 환상에 불과할 뿐이지, 인간에게 직접 구원을 안겨주는 것은 아니다.

_ 초자연의 문화적 세계

인간이 환상 없이 살아가기에, 현실은 너무나 험난하고 각박하다. 그러기에 베커는 '문화적 영웅 환상'의 필요성에 대해 다음과 같이 말한다. "인간은 어느 정도의 환상에 의해 살아가는가? ... 참으로 문화적 자기원인 프로젝트 속에는 대단히 많은 거짓과 자기기만이 있지만 이러한 프로젝트는 필수적이다. 인간에게는 '제2의 세계', 인간적으로 창조된 의미의 세계, 자기 자신을 극화시키고, 성장시키고 살아가게 하는 새로운 실제가 필요하다. 환상은 가장 높은 수준의 창조적 놀이를 의미한다. 문화적 영웅 환상은 자기 정당화의 필수적인 이데올로기이며, 영웅적 차원은 상징적 동물에게서 삶 그 자체이다. 영웅적인 문화적 불멸 환상의 안전성을 잃는 것은 죽는 것이며, 그것은 원시인의 탈문화가 의미하고 보여주는 바이다. 그것은 그들을 죽이거나 혹은 그들을 상습적인 싸움과 간음의 동물적 수준으로 격하시킨다. 삶은 단지 계속적으로 술에 취한 듯한 혼미한 상태에서만 가능하게 된다."[100] 그러므로 인간의 삶은 기존의 문화적 환상 속

---

100. 위의 책, 328.

에서 자라고, 새로이 환상을 만들고, 그리고 새로운 환상에 다시 스스로를 맞춰나가는 연속적인 행위이다. 그러한 문화적 환상을 벗겨내는 것은 원시인의 삶으로 되돌아가는 것을 의미한다. 즉 공동체라는 문화가 상징하는 환상은 인간 간에 공동의 믿음으로 서로 지켜주고 보호해주는 방패 역할을 한다. 그것이 무너질 때는 다시 원시시대처럼 끔찍한 살육 경쟁 속으로 속수무책으로 내몰리는 것이다. 다시 말하면 이러한 '문화적 환상'은 인간이 사는 세계에 질서와 의미 그리고 영속성을 불어 넣는다. 일반적으로 이러한 문화적 세계관을 당연하게 여기지만 이는 사실 굉장히 무너지기 쉬우며 사람들이 엄청난 에너지를 들여야만 겨우 유지하고 발전시킬 수 있다.

인간은 무의식적으로 자신의 존재가 위태롭다는 사실을 안다. 그래서 자신의 인생을 아주 특별나고 중요하게 여기며, 자신을 보호해줄 정부, 교육, 종교기관, 의례에 맹목적으로 매달린다. 그러나 이러한 문화적 세계관은 예기찮게 급격히 무너질 수 있다. 그렇게 되면 구성원들은 더 이상 삶을 정상적으로 이어 갈 수가 없다. 그것을 잘 보여주는 사례가 있어 소개한다.

> 알래스카에 유럽인이 오기 전까지 유피크족은 오랜 관습, 전통, 영적 믿음을 따르는 문화에 익숙해 있었다. 부족과 개인의 행동은 그들이 유우야라크(Yuuyaraq, 인간이 되는 길)라고 부르는 관례에 따라 규정되며, 이는 부족의 일원이 어떤 상황에서 어떻게 행동해야 할지를 말해주었다. 유럽인이 총, 균, 쇠를 들고 나타나 유피크족을 학살하고 기독교 세계관을 강요했을 때, 원주민들은 정체성을 잃었다. 치료 주술사들은 병들어 죽었고 대대로 내려온 에스키모 정신과 유우야라크 관례도 그들과 함께 사라졌다. 유피크족이 믿어왔던 모든 것이 소멸했고 그들의 세계 전체

가 무너졌다.[101]

문화적 불멸의 상징들이 파괴되고 소멸되면, 그들이 믿어왔던 문화적 세계관은 더는 신뢰를 받을 수가 없다. 그러한 원인으로는 경제적 동요, 기술 · 과학 혁신, 환경 재해, 전쟁, 전염병, 다른 문화로부터의 침략 등이 있다. 그러한 것은 누구도 쉽게 예측 못 하는 변화들이다. 너무나 서서히 진행되기 때문에, 그것을 감지했을 때는 이미 변화의 한 가운데 있기에 되돌릴 수 없다. 그렇다면 그들이 믿던 문화적 세계관은 어떻게 만들어졌을까? 그것의 본질적 목적은 죽음의 공포를 막기 위함이었다.

> 생물학자 아지트 바르키(Ajit Varki)는 저항할 수 없는 죽음의 공포가 '생존과 번식 적합성에 필요한 활동 및 인지 기능을 방해하는 막다른 진화 장벽'이라고 주장한다. 자기가 죽을지도 모른다는 생각에 주눅이 든 사람은 대형 사냥감을 잡기 위해 열심을 내거나 짝짓기 경쟁에 뛰어들거나 자식을 먹이고자 사냥에서 위험을 무릅쓸 확률이 낮을 것이다. 그렇다면 그들은 어떻게 이 상황을 헤쳐나갔을까? 우리 조상들은 적응성, 독창성, 상상력을 발휘해서 죽음을 피할 수 있고 번복할 수 있는 초자연적 세계를 만드는 것으로 대처했다. 가장 흥미진진한 초자연적 이야기를 만들어 낸 집단이 죽음의 공포에 가장 잘 대처해나갔다. 그 결과 인간은 자기가 처한 환경에서 가장 효과적으로 활동할 수 있게 되었고, 자신의 유전자를 미래 세대에까지 남길 가능성도 높일 수 있었다.[102]

101. 섈던 솔로몬 외 2명, 앞의 책, 83.

102. 위의 책, 113–114.

여기에서 말하는 초자연적 이야기가 바로 신화이다. 모든 공동체는 그들만의 고유한 신화가 있다. 그것을 통해 자신들을 중심으로 주변 세계와의 의미 있는 연결을 맺게 된다. 그것은 그들의 자연관이자 우주관이다. 신화를 기반으로 의례가 행해지고, 예술로 승화되고, 인간 사회의 모든 행동 규범이 만들어진다. 그것들이 다듬어지고 체계적으로 발전한 것이 종교이다. 각 종교는 그들만이 믿고 있는 죽음관도 반영하고 있다. 종교를 통해 공동체 의식, 현실인식, 세계관을 공유한다. 이러한 종교가 없었다면 대규모 인간 집단이 형성될 수도 없었고, 조화롭게 협력하고 유지하는 것이 불가능했을 것이다. 결국 신화, 의례, 예술, 종교는 무한한 삶의 지속을 염원하는 인간의 환상에 의해 구체적으로 형상화된 죽음을 초월하는 문화적 환상들이다.

베커는 그의 책 『악으로부터의 도피』에서 밝히기를, "내가 『죽음의 부정』에서 주장하려 했던 것은, 근원적인 죽음의 공포를 달래기 위하여, 무한한 지속을 약속하는, 낡지도 부패하지도 않는 '문화적 상징'을 세우기 위함이었다고 말한다. 인간은 몸을 유지하기 위하여 계속 먹어야 하지만, 그보다 삶에 의미를 발견함으로써 죽음을 초월할 수 있다. 그것은 신의 목적을 수행하고, 그의 선조들이나 가족을 위한 의무를 다하고, 인류를 풍요롭게 하는 어떤 것을 성취하는 것이다."[103] 그것이 바로 인간이 만든 문화적 상징들이다. 인간은 자손을 통한 유전의 동물적 계승보다는 무언가 특별한 것을 남

103. Ernest Becker, Escape From Evil, 3.

기고 지속시키기를 희망한다. 그것은 자신의 삶을 영성화하여 삶과 죽음을 초월하는 불멸의 단계로 끌어 올리고자 한다. 그것이 모든 인간이 추구하는 죽음 초월의 문화적 불멸 환상이다. 베커는 그러한 환상에 대해 과거의 유산을 이용하고 남용하면서 새로운 전통을 만들어내는 이들 안에서 지속된다고 말한다. 그러한 불멸은 인류학과 종교를 통한 전통 안에서 쉽게 발견된다.

무한한 신의 은총이든 대자연의 섭리이든, 대부분 인간은 그 속에 자신을 맡김으로써 상징적 불멸을 획득하여 죽음을 초월하려는 무의식적 소망을 품는데 그것이 바로 '문화적 영웅 환상'이다. 이러한 자기 내면의 근원적 갈망을 자각하고 사는 사람은 현실과 상징 세계의 연결을 굳건히 맺고 하루하루를 의미롭고 충실하게 살아가지만, 그것을 망각한 채 단절된 삶을 살아가는 사람들은 공허감과 우울증, 그리고 신경증으로 힘들게 살아가게 된다.

4절. 베커가 지향하는 궁극적 환상

이제까지 살펴본 베커의 자아와 환상의 개념에서, 자아란 의식과 무의식 그리고 이드와 초자아를 조정하는 자아를 내면적 자아, 사회에서 타자를 대면하고 자신을 대변하는 모든 상징을 외면적 자아 그리고 실존적 차원에서 삶의 유한성으로서 죽음을 인식하고, 삶과 죽음을 초월한 무한성을 추구하는 자아를 영적인 우주적 자아라고 명명했다. 그리고 자아는 내면의 욕동이 현실과 괴리를 느끼거나 충돌할 때 혹은 죽음을 인식하면서 죽음에 대한 공포를 부정하고 회피하고자 제각각의 고안물을 만들어내는데, 그것들은 환상을 기초로 해서 만들어진다. 그러한 환상은 무의식에서 솟아오르기도 하고 혹은 의식적인 상상, 생각, 궁리를 통해 만들어지기도 한다.

베커적 관점에서 죽음 인식은 두 갈래의 환상을 만들어낸다. 하나는 죽음을 부정하기 위하여 불멸을 추구하는 세속적 영웅 환상이고, 다른 하나는 그러한 죽음을 궁극적으로 초월하는 방법으로서 영적인 불멸과 무한성과의 합일을 추구하는 우주적 영웅 환상이다. 이 모든 것이 각 문화권에서 통용되는 그들만의 '문화적 영웅 환상'이다

베커는 현대인이 잃어버린 종교적 감각을 현대인의 우울증과

신경증을 해결하는 궁극적인 해답으로 제시한다. 이처럼 종교적 경험의 상실에 따른 신경증을 우려하는 학자는 여럿 있는데, 그중에서도 베커가 특히 영향을 많이 받은 이는 오토 랑크이다.

프로이트가 인간의 합리적인 이성을 중시한 반면에, 오토 랑크는 인간의 비합리성의 가치의 중요성을 그의 책『심리학을 넘어서』에서 강조하고 있다. 그는 이 책에서 개인이나 집단적인 심리학을 넘어있는 인간 본성의 비합리적인 요소를 강조한다. 그는 모든 정신적 과정과 감정적 반응은 그 자체로 잘 알려지지 않거나 결정되지 않은 무의식에 의해 결정된다는 기계론적 이론을 설파하는 심리학으로는 실제 삶을 살아가는 인간의 내면의 고통을 제대로 설명하거나 치유하지 못하는 한계를 가지고 있다고 지적한다. 단지 합리주의에 의해 잃어버린 비합리성을 재발견하는 것에 그치는 것이 아니라, 합리성과 비합리성의 통합된 삶을 살아야 한다고 주장한다.

> 유일한 치유책은 일반적으로 인간 존재와 삶의 근본적인 비합리성을 수용하는 것이고, 그러한 수용은 단지 우리의 기본적인 '원시성'을 인식하고 인정하는 것이 아니라, 인간 행위 안의 그것의 역동적인 기능을 진정으로 허용하는 것이다. 합리적인 삶과 함께 비합리성의 건설적이고 역동적인 표현이 인정받지 못한다면, 개인적으로는 신경증으로서, 문화적으로는 혁명적인 운동의 다양한 형태로서 나타나는 격렬한 왜곡을 겪게 될 것이다. 그리하여 나는 모든 삶의 단계에서 작동하는 것으로, 상보적인 심리학을 위한 필요를 이해한다.[104]

104. Otto Rank, op. cit., 289.

여기에서 랑크가 말하는 비합리성은 종교와 관련 있다. 합리주의적 이성만으로는 인간의 원초적인 삶에서 형성된 무의식적 욕동이 작용하는 비합리성을 이해할 수 없고, 초월적인 무한성과의 우주적 연결에 대한 희구를 이해하고 반영할 수 없다. 이러한 랑크의 견해와 종교를 냉소적으로 바라보는 프로이트의 견해를 베커는 다음과 같이 비교하고 있다.

> 프로이트는 하늘에 있는 신에 대한 인간의 갈망은 인간 안에 있는 미성숙하고 이기적인 모든 것, 가능한 최대한 보호받고 만족하기 위한 인간의 무력감과 공포 그리고 탐욕을 표현한 것이라고 생각했다. 그러나 랑크는 냉소주의자들과 현실주의자들이 주장하는 것처럼, 신이라는 개념이 미신적이고 이기적인 공포의 단순한 반영이 결코 아니라는 것을 이해하고 있었다. 대신에 제임스가 말한 대로 그것은 진정한 삶에 대한 열망의 결과이며, 의미의 충만함을 향한 발돋움이다.[105]

무엇보다도 랑크는 종교적 감정을 회복해야만 진정한 삶을 영위하고, 의미의 충만함을 만끽할 수 있다고 보았다. 그는 무한성을 추구하는 인간의 심성을 도외시하는 심리학은 개인의 삶의 역사에 따른 불행을 개별적으로 이해하는 데 한계가 있으며, 공공의 구원 이데올로기의 상실이 더 큰 문제를 야기한다고 보았다. 그러면서 랑크는 이러한 문제를 내포하고 있는 프로이트의 정신분석학을 비판한다.

105. 어네스트 베커, 앞의 책, 270.

이것으로 인간의 전반적인 신 이데올로기의 붕괴가 신경증 환자에게서 심리적으로 무엇을 의미하는지 명백하게 된다. 이러한 유형을 키운 문화적 발전을 고려하지 않고, 자신의 개인적인 역사로부터 환자에게 일어난 파괴적인 과정만을 이해하는 프로이트의 정신분석학으로는 이것이 설명되지 않는다.[106]

랑크의 이런 견해에 덧붙여, 베커는 정신분석학은 환자의 정서적인 삶을 실제로는 우롱하는 것이라고 말한다. 인간은 절대적인 힘과 가치에 자신의 사랑을 집중하기를 원하는데, 분석가는 모든 것을 어린 시절의 조건으로 환원될 수 있으며 그 때문에 모든 것이 상대적이라고 말한다. 인간은 놀라운 것을 발견하고 경험하기를 원하는데, 분석가는 모든 것이 얼마나 사실 그대로인지, 우리의 심오한 존재론적인 동기와 죄의식이 어떻게 임상적으로 설명될 수 있는지를 말해주는 데 집중한다. 이처럼 정신분석학이나 심리학은 인간의 존재론적인 심원한 질문에 해답을 줄 수 없는 한계를 지니고 있기에, 무한성을 추구하는 인간 내면의 심층을 충족시킬 수 있는 종교적 경험이 심리학의 한계를 보완해줄 수 있다고 보고 있다.

지금까지 죽음을 부정하는 방편으로서 무한성과의 우주적 연결을 추구하는 종교적 경험의 궁극적 환상이 현대인의 보편적인 신경증을 회복시키는 유일한 해결책이라는 점을 살펴보았다. 그렇다면 무엇보다도 궁금한 것은 베커가 프로이트의 "종교는 문명의 환

106. 위의 책, 334.

상이다"[107]라는 주장에 동의하는 가의 여부이다. 그것은 프로이트의 종교관을 대변하는 말이다. 거친 자연 앞에 무력한 인간이 자신을 보호하기 위해 문명을 발전시켜왔는데, 그것은 원시의 토테미즘에서 공동체를 돌봐준다고 믿었던 토템인 동물신이 인격신으로 바뀌었을 뿐이라는 주장이다. 아마도 베커는 거기에 동의하지 않을 것이다. 앞서 살펴보았듯이 베커는 궁극적 실재와 무한성을 추구하는 인간의 본성을 이해했지만, 프로이트는 결코 신, 하느님, 무한성, 궁극적 실재 등과 같은 개념을 인정하는 말을 하지 않았다. 그보다는 계몽주의의 영향으로 인간의 이성과 도덕을 더 중요시하였다. 그것만이 인간의 온갖 문제와 불합리를 해결할 수 있다고 보았으며, 과학적 이성으로 고양된 인류를 꿈꾸었다. 하지만 베커는 인간의 본성 안에 죽음을 부정하고 불멸을 추구하는 나르시시즘 영웅성이 타자에 대한 악으로 표출되는 현상을 직시하고, 과학과 종교의 결합을 추구하였다. 무한성에 대한 추구가 세속적 영웅성의 다툼을 완화시킨다고 보았다. 또한 그는 융처럼 종교적 신비주의나 영지주의에 관심을 기울이기보다는, 인간의 몸이 갖는 유한성의 한계를 인식하는 바탕 위에서 무한성을 추구해야 한다는 랑크와 키에르케고어의 관점을 더 중시하였다. 그러나 달리 생각해보면 이성과 합리성을 중시하는 프로이트의 견해나 이성을 중시하면서도 비합리적인 인간의 영적인 무한성 추구를 인정하는 베커의 견해 모두 각기 다른 '문화적 환상'이라고 볼 수 있다.

107. 지그문트 프로이트, 『문명속의 불만』, 178.

결론적으로 베커가 주장하는 궁극적인 환상은 “인간의 영적인 우주적 자아의 죽음 인식에 기반하여, 자기 몸의 유한성을 자각하고 무한성을 추구하는 우주적 연결의 환상으로서, 고달픈 현실의 삶을 회피하지 않고 충실하게 살아가야 한다”는 것이다. 다음 장에서는 이러한 베커의 환상의 개념이 실제 삶의 역사에 어떻게 반영되고 있는지를 『난중일기』를 비롯한 여러 임진왜란 기록물을 중심으로 살펴보고자 한다.

3장

환상이 '자아내는' 삶의 고난 : 『난중일기』

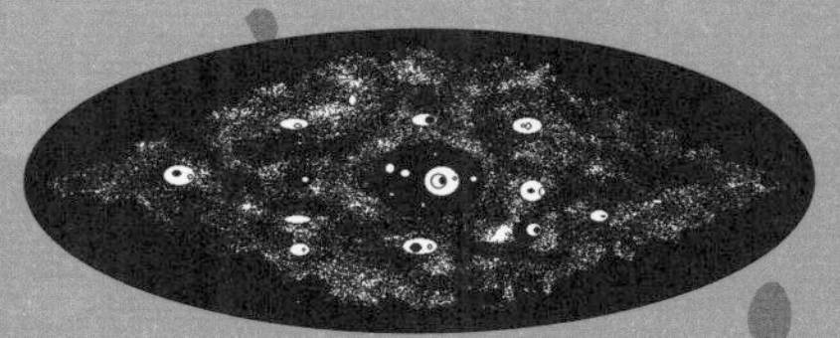

연못이 말라붙어 고기들이 진흙 위에 있게 되면 서로의 입김을 불어주고 거품으로 적셔준다. 그러나 이렇듯 서로 돕고 사는 것보다 넓은 강이나 호수를 헤엄쳐 다니며 서로를 잊는 게 훨씬 자유로운 것이다. 요를 칭찬하고 걸을 비난하는데, 즉 질서의 테두리 속에서 착한 것을 칭찬하고 악한 것을 비난하며 사는 것보다 선악을 초월하여 도를 따라 사는 편이 훨씬 자유롭다.

- 장자의 「대종사」 편

1절. 삶에 대한 문화적 환상으로서 유교

동아시아 문화권에서 유교의 영향력은 절대적이었다. 특히 한반도는 조선 5백 년을 통해 유교를 절대적으로 숭상했는데, 그것은 조선이 건국될 때 정치, 경제 및 사회제도를 유교 이념에 따라 건립했기 때문이다. 그러한 영향력은 아직도 현대 한국 사회의 이면에서 여전히 작용하고 있다. 한때 유교는 근대화와 현대화의 열풍에 고리타분한 관습으로 치부되어 배척받기도 했지만, 지금도 여전히 한국인의 정신과 정서의 밑바탕에서 지대한 영향력을 끼치고 있다. 그렇다면 이러한 유교의 정의는 무엇인가?

김승혜는 자신의 저서 『유교의 뿌리를 찾아서』에서 유교의 정의를 밝혔는데, 유교는 공자가 계승한 선왕들의 가르침 즉 문화적 교육을 통해 덕화를 실현하려는 도덕적 · 정치적 사상체계이다.[108] 이러한 유교는 공자, 맹자, 순자를 거쳐 2,500년을 이어져 왔다. 그중에서도 특히 남송시대에 주자에 의해 새로이 정립된 신유학인 성리학은 조선시대를 거쳐 현대에 이르기까지 한국인의 관습과 정신문화에

108. 김승혜, 『유교의 뿌리를 찾아서』 (서울: 지식의 풍경, 2002), 17.

직접적으로 지대한 영향을 끼쳐왔다. 더구나 유학의 기본 경전인 사서삼경이 조선시대 선비들의 필독서였으니, 정통적인 유학의 본류는 맥이 끊어지지 않고 이어져 왔다고 본다. 본 글에서는 공자 · 맹자가 주장한 유교의 보편적인 인본사상과 천명론을 다룰 때는 선진유교, 주자학의 독특한 관념적인 태극론, 의리론, 이기론 그리고 조선의 사단칠정론을 다룰 때는 '성리학(性理學)', 그리고 이것들을 전체적으로 아우를 때는 유교라고 칭하고자 한다.

유교는 한마디로 하늘의 선한 본성을 받아 태어난 인간으로서, 누구나 현재의 삶에서 인간답게 존중받으며 살 수 있는, 그러한 세상을 꿈꾸고 만들고자 한 삶의 가르침이다. 하지만 문제는 그러한 가르침이 인간의 본성을 무시한 것으로 여겨질 정도로 너무나 이상적으로 보인다는 점이다. 그러기에 본 글은 유교를 '인간다운 삶에 대한 환상'으로서 일종의 '문화적 환상'으로 규정하고자 한다. 왜냐하면 공맹을 잇는 여러 학자들의 사상은 자기성찰과 배움을 통해 '온전한 실재'를 통찰하고 그것을 후학들에게 일깨워 준 고귀한 진리 그 자체이지만, 몽매한 범인들에게는 평생을 배우고 수양해도 완전히 이루기 어려운 가르침이다. 그럼에도 불구하고 모든 인간이 내적으로 강렬히 이루기를 바라기 때문에 환상, 구체적으로 말하면 문화적인 '궁극적 환상'이라고 칭할 수 있다. 하지만 중국을 비롯한 동아시아 문화권에서 정신적 사고의 원천으로 작용해온 유교의 가르침을 환상으로 규정하는 것은 지나친 과언으로 치부될 수 있다. 그렇더라도 오랜 세월 불변의 진리처럼 존숭받아 온 유교적 가르침을 새로운 관점으로 해석해 볼 여지는 있다. 그것이 공자가 "옛것을 익히어 새로운 것을 알게 된다(溫故而知新)"(「위정」 11)고 말한 것의 진정한 의미일 것이다. 당대의 시대적 가치에 따라 새로이 해석하고 이해해온 전통은 유교 안에서도 수없이 이루어져 왔다. 공자의 가르침을 맹자가, 맹자의 가르침을 순자가, 그리고 남송시대 신유학을 개창한 주희 그리고 조선의 성리학자들이 그러하였다. 그렇다고 본 논문이 유교적 가르침을 획기적으로 재해석하겠다는 의미는 아니다. 단지 베커의 환상 논의로 유교를 새로이 바라볼 필요가 있다는 의미이다. 그런 관점으로 이제부터 왜 유교를 "인간다운 삶에 대한 문화적 환상"으로 보는지에 대한 근거를, 유교 사상의 대표자인 공자 · 맹자의 주요 사상을 중심으로 살펴보고자 한다.

공자와 맹자의 환상

공자는 주 문화의 핵심을 재해석하여 새로운 의미와 체계를 부여함으로써 유교를 최초로 정립하였다. 공자는 스스로 '술이부작(述而不作)'이라 칭하여 '성왕들의 옛 가르침을 믿고 좋아하여 그것들을 전할 뿐(「술이」 20)'이라고 하였다. 특히 공자는 『시경』, 『서경』을 많이 참고하였는데, 무엇보다도 공자가 『시경』을 귀중하게 본 가장 근본적 이유는 시가 '사무사(思無邪)(「위정」 2)' 곧 인간의 감정을 순수한 그대로 표현하여 그 안에 사악함이 끼어 있지 않다고 보았기 때문이다. 사실 공자는 인간의 자연스런 감정을 존중하는 태도를 지니고 있었고, 그것을 예에 따라 알맞게 표현하는 것을 배우는 것이 인간교육의 중요한 일면이라고 보았다. 이처럼 공자의 유교는 지금의 우리가 생각하는 것과 달리, 인간의 고유하면서도 자연스런 감정의 표출을 소중하게 여겼다. 논어를 읽어 보면 공자 자신도 제자인 안연의 죽음과 백우의 중병에 대해 얼마나 비탄하고 슬퍼하는지를 잘 엿볼 수 있다.

또한 공자는 또 다른 의미에서『서경』을 중요시하였는데, 그 이유는 다음의 글로서 잘 알 수 있다. 이것은『서경』을 해역한 이상진의 서문의 일부이다.

> 요순시대의 정치는 법을 시행하고 법을 잘 지킨 정치가 아니었다. 모든 것은 인간의 존엄과 윤리에 바탕을 둔 덕치(德治)를 기준으로 삼았다. 중국 역사에서는 이때를 모든 정치의 표본으로 삼고 있으며 민중이 가장 살기 좋은 이상향의 대상이며 태평한 정치의 기본으로 삼았다. 곧 요순시대는 민중이 살기 좋은 정치의 극치를 이룬 세계였다고 말하고 있다. 인(仁)과 덕(德)을 존중하던 공자는 덕의 다스림이 시행되던 요순시대를 가장 이상적인 정치가 행해지던 시대로 보고 그 후 우 · 탕 · 문무까지를 덕치의 끝으로 보았다. [109]

『서경』 속에는 인과 덕으로 백성을 다스려야 한다는 공자의 '인본주의' 사상의 표본들이 잘 담겨있다. 특히 「강고」에는 왕이 제후에게 덕으로 다스리라는 훈시가 실려 있다. "오호라, 봉이여. 은나라의 덕망 있는 사람의 말을 밝게 듣고 가서 은나라의 옛 어진 왕들의 가르침을 널리 구하여 그것으로 백성을 보전하고 다스려라"[110]면서, 어진 왕들을 본받아 덕으로 성심껏 다스려야만 백성들의 마음을 얻

---

109. 이상진 해역, 『서경』 (서울: 자유문고, 2004), 3.
110. 위의 책, 276-277.

을 수 있다고 강조한다. 또한 「다방(多方)」에서는 이러한 덕을 잃으면 천명(天命)을 잃게 된다고 말한다. "천이 하나라를 버린 것이 아니고, 천이 은나라를 버린 것이 아니다. 여러분의 임금이 신하들과 더불어 방자하게 행동함으로써 천의 명을 실천하는데 소홀히 하여 죄를 얻었기 때문이다."[111]즉 왕이 덕을 잃고 정치를 잘못하여 백성들의 원성을 얻게 되면, 천명을 거두어 간다는 논리이다.

공자가 계승한 선왕들의 가르침은 덕을 통해 백성들을 잘 다스리는 것이다. 그렇다면 덕이란 무엇인가? 공자는 효는 덕행의 근본이고, 교화가 이로 말미암아 생겨난다고 말하였다.[112] 요임금도 덕이 있는 자에게 왕위를 순양하려, 고심해서 여러 인물을 찾았는데, 순이 부모에 대하여 온화하고 공손하게 효도하며 진지하고 착실하여 형제간에 우애있게 지내는 덕이 있는 인물로 천거 받게 된다. 그러므로 효는 덕의 근본이다. 이러한 효의 첫째 요건은 공경함이다. 공자는 효에 대해 "공경함이 빠지면 개와 말을 기르는 것과 무엇이 다르겠는가?"(「위정」7) 라면서 경을 강조하였다. 이처럼 부모에 대한 자연스런 공경함이 이웃과 사회 그리고 임금과 천으로 확대되는 것이 공자가 지향하는 바이다. 공자의 가르침이 이정도라면 쉽게 이해가 되고 수긍이 갈 수도 있다. 문제는 '극기복례(克己復禮)', '수기안인(修己安人)', '천명(天命)', '충서(忠恕)', '군자(君子)' 등의 개념들이다. 이것들이 마치 불교인들이 추구하는 '해탈'의 개념에 버금갈 정도로 이상적이라는 것이다. 뒤의 다른 사상가들도 마찬가지지만, 공맹은

---

111. 김승혜, 앞의 책, 67.

112. 도민재 역, 『효경』 (서울: 지만지, 2008), 31.

앞장에서 논한 서구의 심리학적 관점과 유사하게 인간의 본성을 꿰뚫고 있었다고 보여진다. 그러기에 인간이 본성대로만 살아서는 안 된다고 가르친 것이다. 공자가 "본바탕이 문화를 이기면 야만(質勝文則野)"(「옹야」 16)이라고 한 말의 깊은 속내가 바로 그것이다. 인간의 이기적인 욕망을 극복하여, 다른 이들과 더불어 공경하며 살아야만 덕을 쌓고 천명대로 사는 것임을 강조한 것이다. 물론 앞에서 언급했듯이, 인간의 본바탕인 질(質)의 개념이 다듬어지지 않은 인간의 자연스런 순수한 내면의 속성으로서, 『시경』의 '사무사'를 뜻하는 것으로 해석할 수 있다. 하지만 본 글의 취지대로 어네스트 베커의 관점으로 본다면, 인간의 유기체적 몸의 속성인 동물적 욕망이 문화적으로 다듬어지지 않은 채 그대로 노출되는 것을 야만으로 보고 있다고 추정할 수 있다. 그러므로 이제부터 왜 공자의 주요 개념들이 너무나 이상적이어서 마치 '환상'처럼 보이는지에 대해 구체적으로 논해 보고자 한다.

먼저 '극기복례'에 대해 알아보자. 이것은 공자의 사상을 대변하는 중요한 글귀이다. 비록 제자인 증자가 "스승의 도는 충(忠)과 서(恕)일뿐이다"(「이인」 15)라고 하였고, 공자 스스로도 종신토록 행할만한 것은 "서(恕)일 것이다"(「위령공」 23)라고 하였지만, 그 의미는 '극기복례'와 같다고 보여진다. 자기 마음을 다하는 것이 충이요, 자기가 하고자 하지 않은 것을 남에게 베풀지 말라는 것이 서이다. 한마디로 '충서'는 진심으로 자기를 아끼듯이 다른 사람을 아끼고 공경한다는 뜻이다. 이것은 공자의 가르침 그 자체인 '인(仁)'의 의미와 같다. 공자도 안연이 '인'에 대해 묻자, "자기의 사욕을 이겨 예에 돌아감(克己復禮)이

인을 하는 것이니, 하루라도 사욕을 이겨 예에 돌아가면 천하가 인을 허여한다"(「안연」 1)라고 답하였다. 이처럼 충서, 인, 극기복례는 서로 일맥상통하는 말이라고 할 수 있다.

하지만 자기의 사욕을 극복하는 것이 말처럼 쉬운 것인가, 남을 나와 같이 아끼고 사랑할 수 있을까? 그러니 공자 자신도 "나는 인을 좋아하는 자와 불인(不仁)을 미워하는 자를 보지 못했다"(「이인」 6)라고 하지 않은가. 한마디로 공자는 인을 "사람을 사랑하는 것이다"(「안연」 22)라고 하였다. 하지만 사람들이 묵가가 주장하는 것처럼 천하 사람들을 구별없이 사랑하는 '겸애(兼愛)'를 할 수 있는가, 공맹이 주장하는 것처럼 제 가족만이라도 먼저 사랑하는 '별애(別愛)'조차도 하기 어려운 게 사실 아닌가, 그러니 부모에게 하는 효도조차 어려워 진정한 효자가 있으면 만인들로부터 칭송받는 게 아닌가? 그리고 『논어』에서 자공이 널리 은혜를 베풀어 사람들을 구제한다면 인하다고 할 만합니까? 묻자, 공자는 "어찌 인함에 그치겠는가, 반드시 성인일 것이다"(옹야 28)라고 하였다. 널리 사람을 아끼고 사랑하여 어려운 이들을 구제한다면, 성인의 반열에 오를 수 있다고 말한 것이다. 그만큼 인이 어려운 것이며, 그것을 온전히 실행한 사람은 아마 성인일 것이라고 말한 것이다. 그러므로 공자 자신도 "성과 인으로 말하면 내가 어찌 감히 자처하겠는가. 그러나 (인과 성의 도를) 행하기를 싫어하지 않으며 남을 가르치기를 게을리하지 않은 것은 그렇다고 말할 수 있을 뿐이다"(「술이」 33)라고 하였다. 스스로도 단지 그것을 실행하려고 애쓰고 노력할 뿐이라고 겸손하게 말한 것이다. 그만큼 인을 실천하고 '극기복례'한다는 것은 공자 자신도 어렵다고 자인한 것에 다름이 없다.

다음으로 공자가 강조한 '수기안인(修己安人)'에 대해 알아보자. 이것은 한마디로 군자가 학문을 배우고 실천하는 최고의 목적이다. 다음은『논어』에 실린 글이다.

> 자로가 군자에 대하여 물으니, 공자께서 "경으로써 몸을 닦는 것이다(修己以敬)"라고 하셨다. 자로가 "이와 같을 뿐입니까?" 하고 묻자, "몸을 닦아서 사람을 편안하게 하는 것이다(修己安人)"라고 하셨다. 다시 "이와 같을 뿐입니까?" 하고 묻자, 다음과 같이 말씀하셨다. "몸을 닦아서 백성을 편안하게 하는(修己安百姓) 것"이니, 몸을 닦아서 백성을 편안하게 함은 요순께서도 오히려 부족하게 여기셨다.(헌문 45)

이것은 경으로써 자기의 몸을 닦아, 주변의 사람을 편안케 하고, 나아가 온 나라의 백성을 편안하게 다스려야 진정한 군자라고 칭할 수 있다는 말이다. 하지만 공자도 '수기안백성'은 요순조차도 어려워했다고 말한다. 그것이 군자의 길이지만 결코 쉽지 않다고 본 것이다. 또한 공자께서는 "군자는 덕을 생각하고, 소인은 거처하는 곳의 편안함을 생각한다"(「이인」 11)라고 하셨다. 여기에서 덕이란 무엇인가? 그것에 대해『논어집주』에서 주자는 '도를 행하여 마음에 얻는 것'이라고 설명한다. 그렇다면 도를 충실히 행하여 덕을 쌓기만 하면 누구나 군자가 될 수 있다는 말씀이다. 하지만 그것이 그렇게 쉬운 것인가? 공자는 "아침에 도를 들으면 저녁에 죽어도 좋다"(「이인」 8), "나는 덕 좋아하기를 여색(女色)을 좋아하는 것처럼 하는 자를 보지 못하였다"(「자한」 17) 그리고 "성인을 내 만나볼 수 없으면 군자라도 만나보면 좋겠다"(「술이」 25)라고 하신 것처럼, 그것들이 얼마나 어려우면 그것을 이룬 군자를 한 번이라도 만나보면 소원이 없겠다고 하였겠는가? 그리고 공자는 스스로에 대해 "덕이 닦아지지 못함과 학문이 강습되지 못함과 의를 듣고 옮겨가지 못하며 불선(不善)을 고치지 못하는 것이 바로 나의 걱정거리이다"(「술이」 3)라고 걱정하였다. 모든 사람들이 인정하는 인류의 스승인 공자께서 이러할진대, 하물며 평범한 일반인들에게 그것이 얼마나 어려울 것인가? 그러므로 공자가 말한 군자는 유교적 인간의 이상적 모델이자, 인간이 지향해야 할 삶의 지표에 해당하는 것이다. 그러므로 본 글에서 그러한 공자가 설파하신 주요사상의 개념들은 스스로 깨우친 자에게는 실재에 대한 통찰로서 진리이지만, 범인들이 실천하고 이루기에는 너무나 요원하기에 환상이라고 감히 말하는 것이다. 그것을 이루고 성취한 자가 과연 있기는 하겠는가 하는 의문을 제기하는 바이다. 공자도 잘 알았겠지만, 인간의 유기체적 몸이 갖는 동물적 생존 욕구와 죽음공포는 끊임없이 남보다 많은 먹거리와 안전한 안식처를 확보하고자 하고, 프로이트가 주장하는 원초적 성적 욕망과 베커식의 영웅적 몸부림은 너무나 강한 인욕이다. 그러한 인간에게 인을 행하고 덕을 쌓아 '극기복례'하고 '수기안인'해야 한다는 공자의 가르침은 환상처럼 보일 수 있다.

지금까지 논한 공자의 '극기복례', '수기안인'은 베커의 관점으로 보면 인간 사회를 보다 살기 좋은 세상으로 만들어 영속시키기 위한 문화적 불멸환상에 해당된다. 즉 인과 덕으로 다스려지는 인본주의 세상은 모든 인간이 영원히 다다를 수 없는 이상향일 수 있다. 이제부터는 맹자의 사상을 같은 관점에서 논해 보고자 한다.

맹자의 사상은 '성선설(性善說)'로 널리 알려졌지만, 그것보다 더 중요한 것은 '인의(仁義)'를 통한 '왕도정치(王道政治)'이다. 주나라가 몰락하고 제후국들이 범람하던 춘추전국시대에 맹자도 공자처럼 여러 나라를 순행하며 자기의 이상적인 정치론을 펼쳤다. 당시 제후국들이 패권을 다투면서 민생이 도탄에 빠지는 것을 보고, 백성들이 진심으로 존경하고 다투어 모여들어 살고 싶은 나라는 덕으로 다스리는 '왕도정치'의 나라임을 주장한다. 그러나 그의 이상적인 정치론은 부국강병의 정치술을 원하던 제후들에게 현실성이 없는 이상론으로 비쳐 제대로 반영되지 못한다. 아무리 좋은 사상이라도 당장 당면한 문제를 해결하는 데 도움이 되지 못하면, 바로 적용하기 어렵다. 호시탐탐 이웃 나라에서 침략하려고 노리고 있는데, 한가하게 이상론을 펼치기에 위험부담이 너무 크다. 그러기에 근 20년간 여러 나라에 유세를 다녔지만, 그의 주장을 제대로 반영한 나라는 거의 없었다. 그러므로 맹자의 사상은 당시 침략과 약탈이 빈번한 약육강식의 무도한 세상에서 '인정(仁政)'을 펼쳐 도덕적 '왕도국가'로 만드는 것이었다. 그것이 당대뿐만 아니라 지금도 인간의 본성으로 실현하기 어려운 사상으로 보이기에, 본 글은 '환상'으로 규정하고자 한다.

어쩌면 『맹자집주』 서두의 양혜왕이 한 질문이, 맹자가 만난 모든 제후들의 공통된 관심사였을 것이다. "어른께서 천리를 멀다 여기지 않고 오셨으니, 장차 내 나라에 이로움이 있겠습니까?"「양혜왕상」[1] 이에 맹자는 '인의'가 있을 뿐이라고 답한다. 왕께서 이로움을 취하면 대부나 서민들도 앞다투어 이로움을 추구할 것이며, 그리하여 군신 간에 의리를 내팽개치고 반역을 통해 자기의 이익을 취하는 무도한 나라가 될 것이라고 경고한다. 반면에 '인의' 즉 "인은 사람의 편안한 집이요, 의는 사람의 바른길"(「이루상」 10)이기에, 그것을 통해 '인정'을 펼쳐 백성을 보호하면, 백성들이 자기 직분을 지켜 생업에 종사할 수 있다고 주장한다. 하지만 아무리 왕이 인의를 펼치더라도 신하들 중에는 자기의 탐욕을 채우기에 급급한 이들이 많을 것이다. 맹자가 보는 것처럼 인간은 그렇게 순진하지 않다.

그리고 왕 노릇을 잘하려면 어떻게 해야 하는지 진지하게 자문을 구하는 제선왕에게, 맹자는 백성들이 모두가 '일정한 생업(恒産)을 가질 수 있도록 정치를 하여야만 백성들이 딴마음을 품지 않고(恒心) 바르게 살 수 있다'(「양혜왕상」 7)고 말한다. 맹자의 '항산(恒産)'에 대한 설명은 다음과 같다.

> 50이랑의 집 주변에 뽕나무를 심게 한다면 50세가 된 자가 비단옷을 입을 수 있으며, 닭과 돼지와 개와 큰 돼지를 기름에 새끼 칠 때를 잃지 않게 한다면, 70세 된 자가 고기를 먹을 수 있으며, 100이랑의 토지에 농사철을 빼앗지 않는다면 여덟 식구의 집안이 굶주림이 없을 수 있으며, 상서(庠序)의 가르침을 삼가서 효제(孝悌)의 의리로써 거듭한다면 머리가 반백이 된자가 도로에서 짐을 지거나 이지 않을 것이니, 늙은 자가 비단옷을 입고 고기를 먹으며, 젊은이가 굶주리지 않고 춥지 않게 하고, 이렇게 하고서도 왕 노릇 하지 못하는 자는 있지 않습니다.(「양혜왕상」 7)

그러나 이러한 맹자의 가르침은 일견 그럴듯하게 보이지만 실제로 받아들여지지 못하는 이유가 있다. 맹자도 인간의 욕구를 잘 알고 있었듯이, 인간은 먹고 살길이 막막하면 무도해져 다른 이들의 재산을 탐하고 약탈하고자 하는 본성이 있다. 그것은 베커적 관점의 유기체적 생명체의 동물적 욕구이다. 먹지 않으면 살 수 없는 생명체로서 배고프면 체면이고 양심이고 내팽개치게 된다. 그러한 속성을 알았기에 맹자도 '항산'을 주장한 것이다. 문제는 인간은 거기에 만족하는 것이 아니라, 미래와 자기의 죽음을 예측할 수 있기에, 가뭄이 들어 흉년이 들거나 이웃 나라의 침략을 대비해 최대한 자신들의 재산과 식량을 비축하려 든다. 그러면 왕이나 귀족들은 세금으로 그것들을 반강제적으로 거둬갔을 것이다. 게다가 모든 백성에게 무상으로 땅을 배분해줄 그런 왕이나 귀족은 없었을 것이다. 그리고 원시시대부터 인간이 경험한 무의식적 약육강식의 공포가 쉼 없이 권력과 부를 추구하게 만든다. 그것이 베커의 세속적 영웅성의 개념이다. 죽임을 당하지 않으려면 힘을 키워야 된다는 것은 인간의 무의식적인 근원적 욕구이다. 맹자의 도덕성은 그것을 무마시키려는 무의식적 욕구로 '의'를 강조하여 인간에게 바른 삶의 길을 제시하고자 하였지만, 그것만으로는 인간의 죽음공포를 잠재울 수 없었다. 왜냐하면 춘추전국시대에 부실한 농기구로 농사를 지으며 하루하루를 힘겹게 살아가고, 하루가 멀다 하게 전쟁이 일어났던 당시에, 각 나라는 군대를 소집하고, 군수물자를 확보하느라 백성들의 재산을 몰수해 갔을 것이다. 그러한 시대적 상황에서 누가 농사철에 제대로 씨 뿌리고 수확하였겠는가. 그러므로 맹자의 사상은 환상적인 유토피아 세계를 말하고 있다. 마치 이웃에 위험한 나라가 없는, 하늘 아래 오직 한 나라만 있는, 전쟁의 위험이 아예 없는 이상적인 곳으로 설정하였음이 분명하다. 다음으로 맹자의 '성선설(性善說)'을 '우산(牛山)'의 비유와 함께 살펴보고자 한다.

맹자의 '인성론(人性論)'은 한마디로 '성선설'이다. 즉 인간은 누구나 천부적으로 선한 본성을 타고났다는 것이다. 그런 점에서 맹자는 "성인도 나와 동류자이다(聖人與我同類者)"(「고자상」 7)라고 말한다. 당대에 고자(告子)가 "사람의 본성에 선과 불선(不善)의 구분이 없음이 마치 물이 동 · 서에 분별이 없는 것과 같다"하자, 맹자는 "사람의 본성의 선함은 물이 아래로 내려가는 것과 같으니, 사람은 불선한 사람이 없으며 물은 아래로 내려가지 않는 것이 없다"(「고자상」 1)고 반박한다. 단지 불선은 손바닥으로 치면 물이 이마로 튀기는 것과 같이, 인간의 물욕이 작용하여 본성을 거스르기 때문이라고 한다. 그러면서 맹자는 '우산(牛山)'의 비유를 통해 인간의 본성의 선함이 어떻게 위배 되는지를 잘 보여 준다.

> 우산의 나무가 일찍이 아름다웠는데, 대국의 교외이기 때문에 도끼와 자귀가 매일 나무를 베니, 아름답게 될 수 있겠는가. 그 하룻밤에 자라나는 바와 비와 이슬이 적셔주는 바에 싹이 나오는 것이 없지 않건마는 소와 양이 또 따라서 방목된다. 이 때문에 저와 같이 민둥민둥하게 되었다. 사람들은 그 민둥한 것만을 보고는 일찍이 훌륭한 재목이 있지 않았다고 하니, 이것이 어찌 산의 본성이겠는가.(「고자상」 8)

그러므로 도끼로 찍어 자르지 않으면 아름다운 나무가 무성하게 자라는 것이 산의 본성인데, 인간의 물욕이 참지 못하고 자르고 꺾어버리니 제대로 자라지 못했다는 것이다. 그처럼 인간의 선한 본성도 탐욕과 이기심에 의해 무수히 꺾여버려 의로운 마음을 잃게 된다고 설명한다. 하지만 이러한 맹자의 '우산'을 다르게 해석해 볼 여지가 있다. 산에는 아름다운 나무만 자라는 게 아니라 이름 모를 잡목들과 따가운 가시나무도 자란다. 또한 예쁜 야생화와 화려한 독버섯도 자란다. 그러한 것들이 서로 어울려 조화를 이루며 자란다. 그것이 자연스런 산의 본성이다. 다만 인간이 자신들에게 아름답게 보이는 나무들만 가치 있게 볼뿐이다. 즉 인간의 마음에 선한 본성뿐만 아니라 나쁜 본성도 있을 수 있다.

_ 천명사상의 환상

맹자의 사상에서 반드시 짚고 넘어가야 하는 것이 바로 '천(天)'에 관한 것이다. 그것은 『맹자』의 마지막 편인 「진심상」 1에서 '진심(盡心)이 지성(知性) 및 지천(知天)과 직결된다'는 어구에서 잘 드러난다. 이처럼 맹자가 규정한 심(心) · 성(性) · 천(天)의 관계는 나중에 남송의 주자학에 지대한 영향을 끼치는 것으로서 유가의 형이상학적 체계를 대표한다.

> 자기의 마음을 다하면[盡心] 자기의 성을 알게 되고[知性], 자기의 성을 알게 되면 하늘을 알게 된다[知天]. 자기의 마음을 보존[存心]하고 자기의 성을 기르는[養性] 것이 하늘을 섬기는[事天] 것이다. 단명함이나 장수함에 연연하지 않고[不貳] 몸을 닦으며[修身] 기다림은 명을 세우는[立命] 것이다. (「진심상」 1)

이러한 맹자의 '천사상'은 공자 이전의 '천'의 개념과 분명 다른 것이다. 이에 대해 중국 철학자 모종삼은 "맹자는 천이 도덕적

이기 때문에 천으로부터 본성을 부여받은 모든 인간은 도덕적이라는 이론적 근거를 제시한다. 그런데 하늘의 성실성이 형이상학적으로 해석되면서 중국 고대의 천이 지닌 인격적 요소와 공자에게서 볼 수 있었던 것과 같은 관계적 성격을 맹자는 거의 제거해 버리는 결과를 가져왔다. 다시 말해 맹자는 천에 대한 직접적 종교적 감정을 약화시킨 반면에 인간과 인간의 역사에 대한 확고한 신뢰를 주었고 도덕적 세계관을 제공하였다. 한마디로 맹자는 천을 경외적 대상이라기보다 형이상학적 실체로 제시한 것이다"[113]라고 말한다. 천에 대한 맹자의 사상은 천을 형이상학적 개념인 보편적인 도덕원리의 근원으로 보는 것으로 분명 중국 유학사에서 획기적인 해석이었다. 지금까지 살펴본 맹자의 성선설과 '진심'은 베커의 우주적 자아환상에 해당된다. 모든 인간의 마음에 하늘로부터 품부받은 선한 본성이 있다는 것이다.

송인창은『천명과 유교적 인간학』에서 '천'에 대한 관념이 어떻게 변화해 왔는지를 소상히 밝히고 있다. 은대의 상제는 만물 및 인간세계의 지배자로서 공동체의 구심력이며, 은 왕조의 조상신이며, 인간이 그에게 절대복종하여야 하는 공포와 경외의 대상이었다.[114] 주왕조에서는 상제를 내재화함으로써, 천을 무조건적인 순응을 강요하는 지배원리로서가 아니라, 인간의 자유의지에 의해 내재화되는 정치와 도덕원리로 수용하였다. 따라서 은 대가 외재적이고 초월적이며 신비한 지고무상의 상제로 인하여 인간이 외면되고 인

113. 김승혜, 앞의 책, 225.
114. 송인창,『천명과 유교적 인간학』(서울: 심산, 2011), 28.

간의 자유의지가 박탈되었던 시대라면, 주대는 인간 일반에 대한 자각이 싹트기 시작하여, 인간의 자발성이나 내면성, 그리고 생활이 스스로의 요구에 의해 새롭게 문제되기 시작한 시대로 볼 수 있다. 이것은 다른 말로 하면 주대는 자연계와 인간계를 주재하였던 상제보다도 인간의 내면성과 자각 행위가 더 강조되고 중요시되었던 시대라고 요약할 수 있다.

은과 주나라의 천사상을 받아들인 공자는 비약적인 사상적 전환을 이루어낸다. 이에 대해 안병주는 "중국 고대민족의 전통적 천 신앙은 공자에서도 그대로 조술(祖述, 선인이 말한 바를 근본으로 하여 서술하고 밝힘)되기는 하였지만, 그 공통적 성격을 초월하여 집단적 의미에서 독립하여 천과 직접적으로 연결되는 개인주체의 윤리를 확립한 것은 확실히 사상의 비약적인 발전이 아닐 수 없으며, 분명 하나의 사상적 '전회(轉回)'이다"[115] 라고 주장한다. 이것은 공자의 천 사상의 변화가 갖는 의미를 잘 설명해준다. 다음의 글은 공자의 천 관념이 맹자의 천 사상에 영향을 끼치는 흐름을 자세히 보여준다.

> 공자의 관점은 제자인 자사에게 이어져 『중용』의 '하늘이 품부한 것을 성이라고 이른다[天命之謂性]'로 전개되었다. 이는 공자의 '하늘이 나에게 덕을 주셨다[天生德於予]'를 좀 더 구체화한 것으로서 천명이 곧 인성임을 단정적으로 규정한 것이다. 즉 인간 본성은 천명에 그 근거를 두고 있으며 일체의 사회윤리 도덕은 인성에서 유래한다는 것이다. 맹자 역시 이를 바탕으로 하여 자사의 천명사상을 보다 체계화하고 심화시켰다. 그에 의하면 자기의 마음을 다함으로써 자기의 본성을 깨닫는 것이며, 이는 동시에 천을 깨닫는 일이 된다. 이 경우 천은 자아의 내적 심화를 통해서

115. 위의 책, 62.

자각되는 보편적인 도덕원리로서 천과 인간이 내재적 연관성을 가지는 천이었다. 아울러 특기할 만한 사실은 그가 전통적 천관을 충실히 계승하면서도 천을 인간 주체에 내재하는 성선의 존재근거로, 그리고 그 천은 인간의 도덕적 자각을 통해서만이 발견되는 존재로 이해했다는 점이다.[116]

이러한 맹자의 형이상학적 개념의 천 사상은 남송시대의 주희에게 전해져 성리학의 태극론, 이기론, 심성론 형성에 커다란 영향을 끼치게 된다. 위에서 살펴본 것처럼, 은과 주 왕조로부터 공자, 맹자에 이르기까지 천의 관념이 외재적인 절대적 경외의 대상에서 내재적인 도덕적 원리로 변화되어 온 것을 알 수 있다. 이처럼 인류의 오랜 역사에서 각 시대의 사상가들이 주장한 진리는 끊임없이 변해왔다. 당대의 지도자나 사상가들이 확고한 믿음으로 설파한 진리는 당시 사람들에게는 불변의 진리로 받아들여졌겠지만, 세월이 흐른 다음 세대에는 또 다른 학설의 대두와 도전에 직면하여 수정이 불가피하였다. 아무리 공자 맹자의 가르침이 훌륭하다 하더라도 불변의 진리로 규정할 수 있는지 의문이 따른다. 지금 현대과학의 자연관과 우주관을 배우고 자란 현대인들이 유교의 천명관을 맹목적으로 수용하지는 않을 것이다. 각기 다른 문화권에서는 그들만의 고유한 세계관으로 살아왔다. 그러므로 그것들은 불변의 진리라기보다는 그 문화권의 모두가 절대적으로 믿었던 문화적 환상이라고 규정할 수 있다.

물론 공자와 맹자의 천명관은 인간의 선한 본성을 자각하고,

116. 위의 책, 63.

일상 속의 수행을 통해 자아를 초월하고 '천인합일'을 이루려는 인간 내면의 근원적 소망을 잘 반영하고 있다. 하지만 본 글이 주장하는 바는 공자로부터 정립되어 발전해온 유교사상은 그들이 태어날 때부터 물려받은 당대의 문화적 환경에서 세계와 우주를 인식하는 틀을 체계적으로 정교하게 다듬어 온 것일 뿐이다. 그리고 그들 나름대로 인간의 이기적인 욕망을 간파하고, 그것을 초월하여 인간답게 살 수 있는 길을 제시한 것이다. 그러나 문제는 그것들이 대부분 인간이 실천하기 어려운 이상적인 모범상을 제시했다는 점이다. 즉 너무 인간의 아름다운 모습만 보고, 그 외 생존을 위한 인간의 처절한 몸부림은 애써 외면한 측면이 강하다. 그것이 유교를 '인간다운 삶에 대한 환상'으로서 문화적 환상으로 규정하는 이유이다.

2절. 선진유교와 성리학으로 본 자아와 환상

유교에서 현대 심리학에서 말하는 철저한 개인으로서 '나', 가문과 가족과 동떨어진 고독한 한 인간으로서의 '나'는 존재하지 않은 것 같다. 그 이유를 유교의 자아 개념에 관한 인상적인 다음 두 편의 논문을 통해 살펴보고자 한다. 장윤수는 「유교의 국가윤리」에서 유교 국가론의 존재론적 구조를 이루고 있는 '공동체적 자아론'에 대해 설명하고 있다. "유가 철학의 입장에서 자아론을 해석할 때 가장 두드러지는 견해가 바로 '공동체적 자아론'이다. 유학자들은 인간의 존재론적 특성을 공동체적 자아에서 찾았고, 또한 그러한 인간이 마땅히 가져야 할 보편적 덕성으로서 인(仁)을 강조하였다. 그러므로 인은 공동체적 자아, 즉 국가의 본성이라고 할 수 있다."[117] 여기에서 장윤수는 공동체적 자아를 '대아(大我)'로 보고, 개별적 자아를 '소아(小我)'로 보고 있다. 한마디로 대아는 유교적 철학의 이상인 '천인합일(天人合一)'의 이상이 집약된 자아이다. 하늘이 품부해 준 천리인 성을 마음

117. 장윤수, 「유교의 국가윤리: '공동체적 자아론'과 '도덕적 공동체론'을 중심으로」, 『유교사상연구』 55 (2014): 5.

에 지니고 하늘과 땅 그리고 다른 이들과 소통하는 관계적 자아를 일컫는다. 이러한 대아는 본 글에서 주장하는 베커의 우주적 자아와 의미상 통한다. 자기를 초월하여 무한성을 품고 지향하는 우주적 자아가 바로 유교의 공동체적 자아로서 천지만물과 소통하는 대아이다. 하지만 이러한 유교적 공동체 자아는 고달픈 삶을 살아가는 개별적인 '소아'인 대부분의 일반 민중을 대변하지 못하고 소외시키는 이상론적 개념에 불과할 수 있다.

또 다른 논문은 이승연의 「'개個'와 '가家'」 이다. 이 논문은 '주자가례'를 중심으로 동아시아 세계에 있어 '개'와 '가'의 의미를 재조명하였는데, 왜냐하면 동아시아 사람들은 '가'를 자기 존재의 근원으로 삼았을 뿐 아니라, 사회의 기초로 보았기 때문이다. '가'는 그들이 중시했던 '개'와 '개'의 관계가 처음으로 이루어지는 장(場)인 동시에 '자기완성'을 위한 여정이 시작되는 최초의 장으로 여겼기 때문이다. 『가례』는 관혼상제를 중심으로 '가'에서 이루어지는 모든 행위 규범을 다루고 있기 때문에, '가' 내에서 '개'의 관계를 잘 보여준다.

이승연은 '자기완성'과 '관계성', 그것이 동아시아의 '개'와 '가'를 해명하는 열쇠라고 생각한다. 사람들은 '가'를 통해 관계성을 확보하는 동시에 그 관계성을 통해 자아완성을 도모했다고 본다.

> 『가례』의 가장 중요한 의의는 그것이 성인 즉 '자기완성'을 위한 통로였다는 점이다. 그리고 그 자기완성이 바로 '가'로부터 이루어진다는 평범하고 진솔한 교리가 그 속에 담겨있다. 이것이 『가례』로 하여금 동아시아를 지배하게 했던 것이다. 인간의 인격이 최고의 단계로까지 고양되면서 '개인'이 존재하지 않았던 이유 또한 자명하다. 개인은 존재할 필요가

없었던 것이다. 동아시아에는 개인이 아니라 '자각하는 주체'가 존재했으며 스스로를 자각적으로 '가'에 바침으로써, 또 자각적으로 재편된 '가'를 통해 최고의 인격에 도달하고자 하였다. 그리고 그 '가'는 '향鄕'으로, 또 '국國'으로 이어졌던 것이다.[118]

여기에서 '자각하는 주체'란 하늘과 땅 그리고 가족과 공동체에 속한 자기의 위치를 자각하고 하늘이 부여한 자기의 소명을 깨닫는 것을 의미한다. 그러한 관계성 속에서 인간은 참다운 인간으로 거듭나길 소망한다. 자기의 언행이 가족과 이웃에 그릇되지 않게 하는 예가 중요하며, 그러한 예가 인격을 형성하는데 절대적인 도움이 되는 것으로 받아들여졌다. 그러므로 개별적인 '소아'는 별 의미가 없었다. 공동체 안에서 인정받고 존중받는 것이 무엇보다 중요하였다. 이처럼 이승연의 논문도 '개'보다 '가'가 중요한, '가' 속에서의 관계성 안에서 인격적으로 완성되는 것을 더 중요시하였다. 가족과 동떨어진 고독한 개별적인 '나'는 존재의 의미가 없었고, 단적으로 존재하지도 않았다. 유교 안에서 고단한 삶을 살아가는 개별적 주체로서의 자아는 여전히 무시되고 있다.

— '극기', '인의', '예'

이제부터 공맹을 중심으로 선진유교에서의 자아와 환상에 대해 논해 보고자 한다. 공자는 나이 50에 천명을 알았다고 했으니[知天命], 하늘이 부여해준 자기의 소명을 잘 알고 있었다. 송나라에서

---

118. 이승연, 「'개個'와 '가家':『주자가례』의 출현을 중심으로」, 『동양 사회사상』 3(2000): 196–197.

환퇴가 공자를 죽이려고 하자, 공자는 "하늘이 나에게 덕을 주셨으니, 환퇴가 나를 어찌하겠는가?"(「술이」22) 말하였다. 또한 공자는 "문왕(文王)이 이미 별세하셨으니, 문(文)이 이 몸에 있지 않겠는가. 하늘이 장차 이 문(文)을 없애려 하셨다면 뒤에 죽는 사람(공자 자신)이 이 문(文)에 참여하지 못하였을 것이나, 하늘이 이 문(文)을 없애려 하지 않으셨으니, 광(匡)땅 사람들이 나를 어찌하겠는가?"(「자한」5)라고 하였다. 공자는 주의 문왕이 어진 정치로 덕을 베풀어 백성을 교화하고 주나라의 기틀을 다진 은덕을 칭송하면서, 주나라의 융숭했던 예의 문화가 자기에게 전해졌으므로, 하늘이 자기에게 맡긴 소명[天命]을 거두지 않는 한 감히 누가 자기를 해칠 수 있겠느냐고 말한 것이다. 하늘이 부여해준 덕으로 지상의 모든 인간들이 충서로서 서로 존중하고 아껴주는 참다운 인간의 삶의 길을 제시하고 지향했다는 점에서, 공자는 베커가 말한 우주적 자아의 소유자로 불릴 수 있다. 자기의 이기적인 욕심을 극복하고 예로 돌아가고자 한 '극기복례'의 삶이 바로 그것을 대변한다.

그렇다면 공자가 극기(克己)하고자 한 이기적인 자아인 기(己)는 무엇인가? 주자는 그것을 '몸이 갖는 사사로운 욕망[身之私欲]'이라고 해석했다. 그것은 자연스런 생리적 욕구이라기 보다는 남보다 많이 가지려 하고, 남보다 위에 서려 하고, 남보다 편해지려 하고, 그리고 남보다 더 좋을 것을 먹거나 입고 싶은 욕망이다. 이러한 욕망은 다른 사람과 대면하면서 서로 비교하고 우위에 서려는 것으로, 베커의 외면적 자아가 가지는 심리이다. 베커는 그것을 '세속적 영웅성(earthly heroism)'이라고 칭하는데, 인간의 근원적 죽음공포를 회피하기 위해 현실에서 성공하고 명예와 부 그리고 권력을 차지하여 불멸을 획득하고자 하는 영웅심리이다. 죽음을 초월할 수 있는 영원성을 확보하는 것이 몸을 가진 유기체의 근원적 소망이다. 그것은 세상으로부터 끊임없이 인정받아야만 확신이 드는 나르시시즘인 성격을 지닌다.

공자는 주 문왕으로부터 받은 문(文)을 단절되지 않게 물려줄 소명을 받았다고 여겼기에, 그것을 물려주리라 여겼던 수제자 안회(顔回)가 죽자, "아! 하늘이 나를 망하게 하였구나. 하늘이 나를 망하게 하였구나."(「선진」 8)라고 애통해한 것이다. 제자의 죽음 그 자체도 슬프지만, 제자를 통해 자기가 전하려던 주의 문(文)이 단절되어 자기의 소명도 이루지 못하고, 또한 자기의 문화적 불멸성도 획득하지 못하리라는 심중의 한탄이 저절로 터져 나온 것이다. 이것으로 공자가 자신에 대해 '문화적 영웅 환상'을 은연히 지니고 있었음을 유추해 볼 수 있다.

그리고 공자는 삶과 죽음에 대한 인간들의 양가적 심정을 잘 간파하고 있었지만, 그것은 하늘이 정해주는바 인간이 너무 그것에 연연해 하는 것은 미혹이라고 말한다. "사랑할 때에는 살기를 바라고, 미워할 때에는 죽기를 바라나니, 이미 살기를 바라고 또 죽기를 바라는 것이 이것이 미혹이다"(「안연」 10)라고 규정한다. 삶이 즐겁고 만족스러울 때는 마냥 살고 싶고, 조금만 힘들고 괴로우면 빨리 죽어버리고 싶다고 푸념하는 인간의 간사한 마음을 공자도 잘 알고 있었다. 그렇지만 공자는 인간이 삶과 죽음을 고민하기보다는 자기를 닦고 자기가 행할 바를 묵묵히 실천해야 함을 강조한다.

자공이 말하였다. "어찌하여 선생님을 알아주는 이가 없는 것입니까?" 하자, 공자께서 말씀하셨다. "나는 하늘을 원망하지 않으며 사람을 탓하지 않고, 아래로 인간의 일을 배우면서[下學], 위로 천리(天理)를 통달하나니[上達], 나를 알아주는 것은 하늘이실 것이다."(「헌문」 37)

이처럼 공자는 세상의 이치와 인간의 도리를 배우고 행하면서 천리를 깨달아 나가는 자신을 하늘은 알아주시리라 믿었다. 그것이 바로 천지자연과 교감하고 인간들과 조화롭게 살아가는 참다운 인간의 유교적 삶이자, 베커가 지향한 우주적 자아로서의 삶이다.

공자의 천명으로서의 삶의 자세는 유교의 종지(宗旨)를 이어받은 맹자에게서도 엿볼 수 있다. 앞에서 인용한 맹자의 「진심상」 1편에 그러한 사상이 잘 담겨있다. 즉 맹자는 자기의 마음 다하여 성을 알고 하늘을 섬기며, 삶과 죽음에 개의치 않고, 자기의 몸을 닦고 도를 행하며 살다 죽는 것을 정명(正命)으로 보았다. 그것은 모든 인간이 바라는 현실에서의 부귀와 명예를 향한 끝없는 욕망 추구의 삶이 아니라, 자기 수양과 성찰을 통해 사단의 선한 마음을 깨닫고 의로움을 추구하는 삶을 일컫는다. 맹자는 그러한 삶이 결코 어렵지 않다고 말한다. "만물이 모두 나에게 갖추어져 있으니, 몸에 돌이켜보아 성실하면 즐거움이 이보다 더 클 수 없고, 서(恕)를 힘써서 행하면 인(仁)을 구함이 이보다 쉬울 수 없다."(「진심」 4) 왜냐하면 맹자는 양지(良知)와 양능(良能)으로 스스로 알고 행할 수 있다고 한다. "사람들이 배우지 않고도 능한 것은 양능이요, 생각지 않고도 아는 것은 양지이다."(「진심」 15) 물론 이러한 삶이 말처럼 쉬운 게 아니다. 고달픈 현실을 살아야

하는 인간의 고충을 고려하면 그것은 한낱 이상적인 인간의 삶에 대한 환상이라고 치부할 수 있다. 하지만 맹자는 하늘의 천리를 품부받은 인간이라면 모름지기 이렇게 살아야 한다고 강조한 것이다. 이러한 맹자의 바른 인간의 삶인 '정명'은 베커의 우주적 자아 환상에 해당된다고 볼 수 있다.

맹자도 인간의 삶과 죽음에 대한 보편적 인식을 간파하고 있었다. 그렇지만 삶보다 더 중요하고 죽음조차 막지 못하는 그 무엇이 있다고 주장한다. 다음은 「고자」 편에 실린 글이다.

> 가령 사람들이 원하는 바가 삶보다 심한 것이 없다면 모든 삶을 얻을 수 있는 방법을 어찌 쓰지 않으며, 가령 사람들이 싫어하는 바가 죽음보다 심한 것이 없다면 모든 환난을 피할 수 있는 방법을 어찌하지 않겠는가. 이 때문에 살 수 있는 데도 그 방법을 쓰지 않음이 있으며, 이 때문에 화(禍)를 피할 수 있는데도 하지 않음이 있는 것이다.(「고자」 10)

이처럼 맹자는 '원하는 바가 삶보다 심한 것이 있으며, 싫어하는 바가 죽음보다 심한 것이 있다'라고 보았는데, 그것은 의로움을 행하는 것이다. 그러면서 그는 이러한 마음이 현자(賢者)만이 갖고 있는 게 아니라, 사람마다 다 가지고 있건마는 현자만이 그것을 잃지 않고 행한다고 말했다.

위의 인용 글에서 비록 맹자가 무심코 말했지만 중요한 게 있다. 인간은 '삶을 얻을 수 있다면, 죽음이나 환난을 피할 수만 있다면' 자기가 할 수 있는 모든 방법을 간구한다는 것이다. 그것이 베커가 말하는 '죽음을 회피하고 영속하려는' 인간의 깊은 본능으로서의 영웅성이다. 인간은 신체적 불멸을 꾀할 수 없다면, 문화적 불멸을 추구한다. 어쩌면 의로움을 추구하는 깊은 속내도 '문화적 불멸추구'일 수 있다. 공자가 안회의 죽음을 한탄했던 것도 바로 이러한 심리일 수 있다. 하지만 대부분의 인간들은 그러한 영웅성에 실패하고, 그들이 할 수 있는 한에서 삶을 추구하고 죽음을 회피하는 모든 전략을 구사한다. 그것이 바로 환상 만들기이다. 누구나 자기합리화로 자신에게 유리하게 상황을 해석하고, 현실을 왜곡한다. 세상의 모든 부와 권력을 맹목적으로 추구함으로써 생사를 초월할 수 있다는 환상을 키운다. 그러나 결국 그러한 전략은 실패로 끝나고, 후회만 가득한 채 덧없는 생을 마감하게 된다. 그러한 인간의 본성과 삶을 꿰뚫고 있었기에 공자와 맹자가 그토록 인의(仁義)의 삶을 주장했는지 모른다.

공자를 추종한 같은 유가이면서도 순자는 맹자와 달리 현실적 감각을 중시하였다. 그는 특히 예(禮)를 존중하고, 인간의 성품에 대해 성악설을 주창하였다. 그것은 현실을 살아가는 인간의 욕구는 쉽게 억압되고 조절될 수 있는 것이 아님을 잘 알고 있었음에 틀림없다. 그것은 성인이나 범인이나 똑같이 인간의 나약한 본성을 타고났다는 것이다.

> 무릇 사람이란 공통된 점이 있다. 배가 고프면 먹고 싶고, 추우면 따뜻하게 입고 싶고, 고단하면 쉬고 싶고, 이익을 좋아하고 손해를 싫어하는 감정 등은 사람이 타고난 것으로 후천적으로 습득한 것이 아니다. 이것은 성왕으로 이름 높은 우임금[夏禹]이나, 폭군으로 악명 높은 걸왕[夏桀]이나 다 마찬가지이다. (「영욕」 8)

순자는 베커의 관점과 유사하게 유기체적 몸이 갖는 생리적 욕구에 기반한 인간의 다양한 감정들을 보편적 인간의 본성으로 인정하였다. 다만 교육을 통해 성인도 될 수 있고, 걸인도 될 수 있다고 보았다. 즉 사람의 타고난 본성은 소인(小人) 그대로이나, 단지 스승의 가르침이나 법의 힘에 의해 그러한 욕구를 조절하며 살려고 애쓸 뿐이라고 말한다. 한마디로 사람들의 입과 배가 무슨 수로 예의를 알고, 사양할 줄 알며, 염치를 알 수 있겠느냐고 말한다. 하지만 순자의 독특한 점은 학문을 통해 누구든지 군자가 되고 성인(聖人)이 될 수 있다고 본다.

> 학문이란 참으로 위대한 것이다. 보통 사람이 이 학문을 닦아 나가면 선비[士]가 되고, 여기서 더욱 열심히 노력하면 군자가 되고, 그러다가 이것을 더욱 통달하면 성인이 된다. 위로는 성인이 될 수 있고, 아래로는 사군자(士君子)가 되는 것을 뉘라서 막을 쏜가? 어제까지는 아무것도 모르던 사람이 학문의 힘으로 말미암아 어느새 예 성왕이신 요(堯), 우(禹)와 같이 되면, 이것이 천한 신분으로 귀한 신분이 된 것이 아닌가? 예전에는 문밖과 문안의 일도 분별 못 하리 만큼 천박하였던 것이, 이제 학문의 힘으로 말미암아 어느새 인의(仁義)를 근본으로 하여 사리의 옳고 그름을 분별하고, 천하의 정치를 손바닥 위에 놓고 마치 흑백을 가리듯이 분명히 다스릴 수 있으니, 이것이 어리석다가 슬기롭게 된 것이 아닌가. (「유효」 5)

그렇다면 순자가 추구하는 성인이란 어떠한 이를 일컫는가? 순자는 세상의 모든 도가 성인을 통해 흘러나온다고 보았다. "성인이란 도의 핵심이다. 세상의 모든 도가 여기에 있고, 역대 제왕의 도가 여기에 귀일(歸一)하는 것이다. 그러므로 『시경』은 성인의 뜻이요, 『서경』은 성인의 사업이요, 『예경』은 성인의 행동이요, 『악경』은 성인의 조화요, 『춘추』는 성인의 은밀한 뜻이다."(「유효」6) 순자는 비록 맹자처럼 인간이 선한 본성을 천부적으로 지니고 태어났다고 보지는 않았지만, 마음을 통해 외부의 리(理)인 도(道)를 인지하고 받아들일 수 있다고 보았다. 그러므로 순자의 심은 리를 보고 인지하는 인지심일 뿐이지 리를 갖추고 있는 도덕심은 아니다.[119] 그래서 순자는 "리로써 심을 인도한다"(「해폐」2)고 하였다. 이때의 리는 대리(大理)로서 도를 의미한다. 순자에 의하면 반드시 도로써 심을 인도해야만 선을 이룰 수 있다.[120] 순자는 이 모든 것이 학문을 통해 가능하다고 보았다. 이것은 자기 마음으로 리를 깨닫고, 공부를 통해 터득하면 도를 획득하여 성인이 된다는 논리이다. 그렇다면 맹자가 "자기 마음을 다하면 성을 알고 하늘을 알게 된다"라는 말과 결과론적으로 별 차이가 없다. 리가 자기의 마음 안에 있든 밖에 있든, 그것을 자각하고 인지하고, 갈고 닦아야만 터득하고 체화할 수 있다는 점에서 비슷한 것이다. 단지 리를 인식하고, 깨치는 방법상의 차이만 있을 뿐이다.

순자의 중심사상은 예(禮)이다. 예란 인도의 극치이며 다스림의 비롯됨이다. 심은 무엇을 인지할 수 있단 말인가? 바로 예의의 도리다. 예를 인지하는 심이 바로 인지심으로서, 순자의 심의 작용은 예를 행위의 기준으로 삼는다. 순자는 예를 인지하는 것을 도를 알고

---

119. 유희성, 「순자의 인식론」, 『동양철학연구』 58(2009): 16. 참조.
120. 김정희, 「순자철학에서 심과 성 및 예의의 관계」, 『동서철학연구』 75(2015): 56.

도를 따르는 선결 조건이라고 본다.[121] 순자는 이러한 예가 생긴 이유를 다음과 같이 밝힌다.

> 사람에게는 태어나면서부터 욕망이 있다. 욕망이 있는데 손에 넣어지지 않으면 어떻게 하든 손에 넣으려고 추구한다. 추구하여 거기에 일정한 한계가 없으면 다투지 않고는 견뎌내지 못한다. 다투면 사회는 혼란하고, 혼란하면 드디어 사회는 막힌다. 선왕(先王)은 그 혼란을 싫어했던 것이다. 그래서 예의를 제정하여 사람들의 욕망에 일정한 한계를 지어, 그로 하여금 사람들의 욕망을 양육하고, 사람들의 욕구를 충족시키며, 욕망이 물질로 인하여 결코 파탄이 오지 않도록 욕망과 물질이 서로 균형을 유지하면서 증가해 가도록 하였다. 이것이 예를 낳게 한 이유이다. (「예론」 1)

순자의 예는 단지 인간관계에서 도덕적 예의를 논하는데 그치는 것이 아니다. 그것은 천지자연의 순행과 사회 안정의 근간으로 확대된다. 그것은 순자가 생각하는 유교적 이상세계를 떠받치는 토대이자 근본이다. 그것이 무너지면 무도하고 광기와 폭정이 난무하는 문란한 세상이 된다.

> 예에는 세 가지 근본이 있다. 첫째로 천지는 생명의 근본이다. 둘째로 선조(先祖)는 종족의 근본이다. 셋째로 스승인 군주는 사회 안정의 근본이다. 천지가 없다면 결코 인간이 생겨나지 않는다. 선조가 없다면 결코 자손이 출현하지 않는다. 스승인 군주가 없다면 결코 사회가 안정될 수 없다. 따라서 셋 중의 하나라도 빠진다면 사람은 누구라도 안태(安泰)할 수가 없다. 그래서 예에서는 위로 하늘을 모시고, 아래로 땅을 모시고, 선조를 존경하고, 그리고 스승인 군주를 존경하고 있는 것이다. 이것이 예

121. 위의 글, 60.

의 세 가지 근본이다. (「예론」 3)

이러한 순자의 사상은 유기체로서 인간의 몸과 무한성을 추구하는 정신 모두를 중시하는 베커의 이중성 개념과 상통한다. 인간의 삶을 떠받치는 토대로써 천지의 자연과 자신의 생명을 낳고 길러준 조상들, 그리고 성스러운 군주가 다스리는 안정된 인간 사회 그 모든 것은 예에 의해서 가능하다. 이것은 공맹의 유교가 이상적이고 관념적으로 치우치는 것을 보완해주는 유학의 새로운 갈래이다. 순자가 추구한 진정한 이상세계는 예에 의해 유지되는 다음과 같은 세상이다.

천지가 화합하고 일월이 밝으며, 사계(四季)가 순환하고, 성신(星辰)이 움직이며, 강하(江河)가 유통하고 만물이 융창하며, 호오(好惡)가 절조가 있고 희노(喜怒)가 정당하며, 아랫사람은 승순(承順)하고 윗사람은 총명하며 만물이 변해도 문란하지 아니하고, 여기에서 어긋나면 모든 것이 패망하는 것이니, 예가 어찌 최고의 것이 아니랴. (「예론」 4)

끊임없이 흐르는 자연의 순환과 인간의 감정과 사회의 안정이 순리대로 돌아가는 윤활유는 예이다. 그것은 자연법칙이자, 인륜의 법도로서 작용한다. 이처럼 순자의 예는 현실을 발판으로 조화로운 이상사회를 지향한다. 비록 인간의 본성을 욕망이 들끓는 악으로 보았지만, 반대로 누구든지 미약하고 하찮은 존재로 태어나지만, 배우고 익히면 고통스럽고 불합리한 세상을 바꿀 수 있다는 긍정과 가능성을 품고 있다. 이러한 순자의 사상을 베커적 관점으로 본다면, 나약한 인간의 본성을 인정하고, 배움과 예로서 인간 세상을 보다 조화롭고 안정된 사회로 만드는 이상을 품고, 누구든 학문을 통해 성인이 될 수 있다는 것으로 우주적 자아를 품고 있다고 볼 수 있다. 지금까지 살펴본 순자의 '성악설', '학문', '예'는 인간이 사는 세상을 안정되고 살기 좋은 사회로 만들고 유지하기 위한 베커의 문화적 불멸환상, 우주적 자아의 환상 모두에 해당된다고 볼 수 있다.

— '태극론', '이기론', '사단칠정론'

주자는 선진유교의 맥을 이어받고, 다양한 북송의 도학을 집대성하여 중국 철학사상의 큰 흐름을 형성하여 송대 이후 동아시아 전체에 엄청난 파장을 일으켰다. 특히 그는 이정의 학설을 기본으로 주돈이의 태극론, 장재의 기학, 소옹의 상수역학을 융합하여 성리학을 집대성하였다. 그의 학문 세계는 사서 연구뿐만 아니라, 제자백가 · 불교 · 노장 사상 그리고 천문 · 지리 · 율력 · 병기에 이르기까지 두루 섭렵하지 않은 분야가 없었다. 아마도 중국 역사상 그 어떤 철학자도 주자의 학문연구와 폭넓은 저술 활동에 필적할 수 없을 것이다.[122] 이러한 그의 성리학은 고려말에 유입되어, 조선 건국의 사상적 기초로 작용하여 조선의 제도, 관습, 문화의 형성에 지대한 영향을 끼쳤다. 본 글은 이러한 주자의 방대한 사상체계마저도 인간이 축적해온 문화적 환상에 불과할 수 있다고 주장한다. 이제부터 이것에 대해 논의를 전개해 보겠다.

---

122. 진래, 『주희의 철학』, 이종란 역 (서울: 예문서원, 2008), 16.

먼저 지적하고 싶은 것은, 주희의 '태극론'이나 '이기론'의 정교한 설명이 마치 "원자의 구성을 전자현미경으로 자세히 관찰하며 설명하는 것처럼 확신에 찬 상태로 논의되고 있다는 점"이다. 정말 주희가 설명한 태극론이나 이기설이 시대를 불문하고 통용될 수 있는 진리인가? 물론 당시의 학자들 사이에는 불변의 진리로 받아들였을 것이다. 하지만 현재는 주희의 태극론이나 이기설은 일부 학자들의 사상적 논의 속에서만 의미를 지니고 있다.

주희가 본 천지와 세상 만물의 구성원리는 태극론과 이기론에 잘 담겨있다. 태극은 우주의 보편법칙이자 만물의 구성원리로서 리이다. 리는 사물이 생기기 이전에도 있었고, 생긴 후에도 존재한다. 만물은 이러한 리를 품수받아 성(性)을 이루고 체(體)를 이룬다. 한마디로 만물은 모두 태극인 리를 지니고, 인의예지의 성을 지니게 된다. 그리고 형체를 이룰 때는 기를 얻어 혼백과 오장, 백해(百骸; 온몸의 뼈)를 갖춘 몸을 지니게 된다. 한마디로 이것은 송대의 최고 학자인 주희가 자기가 살던 시대의 지식을 총 집대성한 것으로, 세계와 우주만물의 구성을 이해하는 추상적인 관념체계이다.

> 주희는 『주자어류』에서 "태극은 단지 천지만물의 리이다. 천지로 말하면 천지 가운데 태극이 있고, 만물로 말하면 만물 가운데 각기 태극이 있다. 따라서 천지가 생기기 이전에 반드시 먼저 이 리가 있는 것이다."라고 답하였다.[123]

주희는 『대학혹문』에서 다음과 같이 밝힌다.

---

123. 위의 책, 49.

"천도가 유행하여 만물을 발육시키니, 그 조화를 이루는 것은 음양오행일 뿐이다. 이른바 음양이라는 것은 반드시 그 리가 있은 후에야 기가 있는 것이다. 그것이 만물을 낳음에 이르면 또한 반드시 그 기가 모인 후에야 형체가 있는 것이다. 그러므로 사람과 사물이 생길 때 반드시 이 리를 얻은 후에 건순한 인의예지의 성이 있게 되는 것이며, 반드시 그 기를 얻은 후에 혼백 오장 백해를 갖춘 몸이 되는 것이다."[124]

이러한 주희의 태극론과 이기론은 우주 만물의 생성과 구성원리를 설명하려는 이론이다. 인간은 그들이 사는 당대의 과학적인 지식과 사실적 경험을 통해서 합리적인 의식으로 추론하고, 그래도 이해되지 않으면 신화적 상상력으로라도 논리적으로 설명하려고 애쓴다. 그러한 관점으로 본다면, 주자의 성리학은 인간이 정신과 물질, 보이지 않는 원리와 보이는 형상들, 그리고 비물질의 세계와 물질의 세계가 서로 단절되지 않고 서로 어떻게 연관되어 있는지를 태극론과 이기론으로 나름대로 설득력있게 설명하고 있다. 비록 당대의 불교와 도교의 영향을 받아 유교적 세계관을 정립하려는 시도의 일환으로 행해졌지만, 더 근본적인 것은 그들이 보는 문화적 환경 내에서의 우주론과 본체론(本體論, 현상의 존재근거)의 반영으로 그들만의 세계관을 완성 시킨, 일종의 문화적 환상이라고 볼 수 있다.

지금까지 살펴보았듯이, 같은 유교이면서 공자, 맹자, 순자, 주자의 사상은 각기 다른 것을 주장하고 있다. 그래서 본 글은 그들 모두는 자신들이 살았던 당대의 실제 경험과 지적인 사고체계를 통해

---

124. 위의 책, 48.

숙고와 상상의 나래를 펼쳐, 그들 나름대로 세계와 인간관계가 생성되고 작동되는 원리와 법칙을 제시했다고 본다. 그러므로 그러한 학설은 그들이 살던 당대의 문화적 환상이 가미되어 통용되던 진리로 볼 수 있다. 물론 그들이 찾은 인생의 도덕적 · 윤리적 법칙은 현대인에게도 여전히 설득력과 공감을 자아내고, 삶의 지침으로 활용되고 있다. 한마디로 그들 모두는 유교적 가르침을 공부하고 그에 따라 생활하고자 하는 모든 이들에게 유교문화의 모범인 '문화적 영웅 환상'의 대상으로 숭배받을 수 있었다. 그리고 그러한 유교 문화의 영웅들이 조선에도 여러 세기를 거쳐 많이 배출되었다.

이제부터는 주자의 성리학의 영향을 받은 조선 전기의 퇴계와 기대승이 무려 8년 동안(1559~1566) 펼쳤던 사단칠정 논쟁을 통해 베커의 자아와 환상의 관점을 살펴보고자 한다.

앞서 살펴본 주희의 태극론과 이기론보다도 조선 성리학에서 철학적 논쟁을 거쳐 더욱 꽃피운 것은 주희의 심성론이다. 그것은 성리학에 있어서 심(心) · 성(性) · 정(情)을 중심으로 인간 존재의 양상을 다룬 이론이다. 주희는 성정의 미발이발 및 심과의 관계에서 성(性)은 아직 발하지 않은 것으로서 정(情)의 고요한 상태이고, 정(情)은 이미 발한 것으로서 작용이 있어서 움직이는 상태이며, 심(心)은 이러한 움직임과 고요함 사이에서 끊임이 없이 미발이발(未發已發)을 관통한다고 여겼다. 또한 주희는 "인의예지는 성이다. 측은 · 수오 · 사양 · 시비는 정이다. 인으로써 사랑하고, 의로써 미워하고, 예로써 사양하고, 지로써 아는 것은 심이다. 성이란 심의 이치이고, 정이란 심의 작용이며, 심이란 성정의 주인이다"[125]라고 하였다. 이러한 주희의 심성론은 사단칠정론에서 이와 기가 발하고 작용하는 논쟁의 단초를 제공한다. 주희는 『주자어류』에서 "사단은 리가 발한 것이요, 칠정은 기가 발한 것이다"라고 적었는데, 퇴계와 고봉이 이를 주로 해석하는 주리론(主理論)과 기를 주로 다루는 주기론(主氣論)의 관점으로 논쟁을 한다. 또한 이의 작용으로 보느냐, 기의 작용으로 보느냐에 따라 이가 발동한다는 이발설(理發說)과 기가 발동한다는 기발설(氣發說)로 나뉜다. 한마디로 주희의 심성론은 조선 성리학의 우뚝한 봉우리인 퇴계 이황에 의해 만개하게 되는데, 젊은 유학자 고봉 기대승의 예리한 비판의식이 큰 기여를 한다. 그들의 사단칠정 논쟁을 간단히 요약하면 다음과 같다.

퇴계 이황은 정지운의 「천명도」에 실린 "사단은 리에서 발하고(四端發於理), 칠정은 기에서 발한다(七情發於氣)"라는 문장을, 자신의 「천명신도」에서 "사단은 리의 발(四端理之發), 칠정은 기의 발(七情氣之發)이라"라고 수정한다. 이것에 고봉이 이의를 제기하자, 고봉에게 "사단으로 드러난 것은 순수한 이이기 때문에 선하지 않음이 없고, 칠정으로 드러난 것은 기를 겸했기 때문에 선악이 있다."(퇴계여고봉서)[126]라고 답한다. 이에 대해 고봉은 그렇게 되면 "이와 기가 갈라져서 두 가지 물건이 되는 것이고, 칠정은 성에서 나오지 않고, 사단은 기를 타지 않는 것이 된다"(고봉1서)

이렇게 퇴계와 고봉은 왕복 편지를 통한 오랜 논쟁을 거쳐 다

125. 위의 책, 193.

126. 윤사순, 『한국의 유학사상』(서울: 두양사, 2016), 139–140.

음과 같은 결론에 이른다. "천하에 기 없는 이가 없으니 이만 있는 것이 아닙니다. 그런데도 오로지 이만을 가리켜 말할 수 있다면, 기질의 성이 비록 이 · 기가 섞여 있지만 어찌 기만을 가리켜 말할 수 없겠습니까. 하나는 이가 주(主)가 되기 때문에 이를 가지고 말하였고, 하나는 기가 주(主)가 되기 때문에 기를 가지고 말한 것뿐입니다."(퇴계2서 4-1) 최종적으로 퇴계는 "사단은 리가 발하는데 기는 따르고 있으며(四斷則理發而氣隨之), 칠정은 기가 발하는데 이는 타고 있다(七情則氣發而理乘之)"(퇴계2서 4-5)라고 결론 내린다.[127]

이처럼 퇴계는 도덕적으로 선한 본성인 리와 칠정의 기를 분리시키되 서로 동떨어진 것이 아니라고 말한다. 그러면서도 도덕적 원리의 순수한 절대성은 칠정에 의해 침해받지 않음을 고수한다. 그렇다면 이 사단은 베커의 자아 개념 어디에 해당될까? 그것은 인간 내면의 가장 깊은 심층인 무의식을 넘어 우주만물과 교감이 가능한 영적인 우주적 자아에 해당될 것이다. 자기를 초월하여 무한성의 궁극적 실재와의 합일을 지향한다는 점에서 일맥상통한다.

칠정에 대해서 퇴계는 "칠정은 외물이 사람의 형기에 접촉하여 마음이 움직여 환경에 따라 나온 것이다."(퇴계1서 6) 즉 칠정은 바깥의 외물에 큰 영향을 받아 격하게 일어나는 감정의 다양한 표현이라고 보고 있다. 그러므로 퇴계는 칠정에는 선 · 악이 있다고 본 것이다. 현대 심리학에서 다루는 인간의 욕망은 칠정인 희(喜) · 노(怒) · 애(哀) · 구(懼) · 애(愛) · 오(惡) · 욕(欲) 중에서 한 부분을 일컫는 것이다.

---

127. 기대승 · 이황, 『퇴계와 고봉, 편지를 쓰다』, 김영두 역 (서울: 소나무, 2003), 351–486 참조.

하지만 칠정이 모두 나쁜 것은 아니다. 공자는『시경』에서 보이는 인간의 때 묻지 않은 순수한 감정을 '사무사(思無邪)'라하여 귀하게 여기지 않았던가. 주희도 사람의 심 안에서 지각 활동이나 사유 활동이 도덕 원칙에 부합하느냐에 따라 선한 의식과 선하지 않은 의식이 있다고 하였다.

> 이 심의 신령함에 있어서 그 지각이 리에 있는 것은 도심이요, 그 지각이 욕에 있는 것은 인심이다.[128]

그러므로 마음이 리에 부합하는 것은 도심이고 천리이며, 오감의 지각에 따르는 것은 인심이며, 식색의 욕망에 이끌려 도리를 망각하면 인욕이 되는 것임을 알 수 있다. 더 나아가 주희는『중용장구』에서 "사람은 형기를 가지고 있지 않음이 없으므로 비록 상지(上智)라도 인심이 없지 못하고, 또한 이 성을 가지고 있지 않음이 없으므로 비록 하우(下愚)라도 도심이 없지 않다"[129]라고 하였다. 즉 아무리 지혜롭고 인격이 고매해도 인간의 몸을 지닌 이상 인심을 가지고 있고, 아무리 어리석은 사람일지라도, 하늘의 선한 본성을 품부받은 인간인 이상 도심을 지니고 있다는 말이다. 다음은 정소이의 논문에서 주희의 인심 · 도심에 대한 적절한 설명이 있어 소개한다.

> 주희에 따르면 성인에게도 역시 가치 중립적인 생래적 욕구, 즉 기한통양(飢寒痛痒; 배고프고, 춥고, 아프고, 가려움)과 같은 욕구와 여러 가

128. 진래, 앞의 책, 261.
129. 정소이, 「다산 정약용의 인심 · 도심론 」, 『다산학』 18(2011): 275.

지 외부의 자극에 따라 생기는 반사적인 기호[嗜欲]가 있지만, 그것은 늘 순선한 도심의 주재 아래 놓여 그 합당한 위치를 벗어나지 않고 일신을 위태롭게 하는 이기적인 생각[私念]이나 사사로운 욕망[慾望]과 같은 것으로 발전하지 않는다. 따라서 성인의 인심, 아니 보통 사람의 인심이라도 그 방향만 정해주면 얼마든지 도심과 합해지고, 또 도심을 완성 시켜주는 역할을 할 수 있다. 즉 주희에게 있어 인심은 반드시 부정적으로 볼 필요가 없으며, 성인의 인심은 도심과 늘 합해진 상태라고 할 수 있다.[130]

그러므로 성인이나 범인이나 몸이라는 형기를 지니고 태어나기에 기본적으로 지니게 된 욕구가 있는데, 그것을 도심의 주재 아래 잘 조절하면 인심이 별문제가 없지만, 그것에 얽매여 이기적으로 탐욕에 빠지면 인욕(人欲)이라고 한다. 이것 때문에 퇴계가 칠정으로 드러난 것에는 선악이 있다고 말한 것이다. 다음은 이러한 칠정 중의 하나인 욕망을 베커의 관점과 연관지어 살펴보고자 한다.

물론 유교적 입장에서 본다면 욕망은 칠정의 하나이며, 이러한 칠정의 감정은 사람의 도리인 예(禮)가 기준이 되어 판별된다. 예에 맞으면 기뻐하고 즐거워하고, 예에 어긋나면 노여워하고, 예에 따라 슬퍼하고, 예에 어긋날까 두려워하고, 예로서 사랑하고, 예를 보이지 않으면 미워하고, 예를 넘어 욕심을 내는 것을 나무랐다. 이렇게 본다면 욕망은 칠정의 하나일 수 있다. 이러한 유교의 칠정은 이상적인 도덕적 관념으로만 인간의 감정을 해석한 것이다. 반면에 베커의 관점으로 본다면 실제의 인간은 자기방어 기제의 세속적 영웅성으로 자기의 번성과 이익에 이로우면 기뻐하고, 그렇지 않으면 화를

---

130. 위의 글, 277-278.

내고, 슬퍼하고, 두려워하고, 미워한다. 왜냐하면 예나 지금이나 인간은 생존을 보장받기 위해, 치열하게 경쟁하여 자기의 이익을 우선적으로 생각한다. 즉 집안에 돈이 많고, 지위가 높아지면 으스대고, 농사철에 자기 논에 물이 철철 들어오면 기뻐하고, 누가 그 물을 막아서 빼돌리면 노여워하고 미워한다. 자기를 칭송하면 즐거워하고, 아무리 좋은 말일지라도 질책을 하면 화를 내고 싫어한다. 그것이 민초들의 삶이다. 선비들이야 유교 경전을 읽으며 자기의 선한 본성을 닦고 수양하며 칠정을 조율하며 근엄하게 살 수도 있었겠지만, 세속에서 생존을 위해 악전고투하며 칠정을 쏟아내며 사는 민초들은 수양이 덜된 탁한 기질의 사람들이라고 멸시를 받았다. 하지만 애석하게도 현대를 살아가는 대부분 인간의 삶은 선비들의 삶이 아니라, 생존을 위해 고투하는 저잣거리 민초들의 삶에 더 가깝다. 그러므로 사단보다도 칠정의 감정에 휘둘리며 사는 민초들의 삶이야말로 베커의 자아 개념에서 외면적 자아에 해당되는 삶이라고 단정지을 수 있다.

베커의 관점으로 본다면, 세상을 살아가는 대부분의 사람들은 모두 죽음을 부정하고 회피하기 위해 매일 같이 악전고투하지만 불행하게도 모두 실패한 채 생을 마감하게 된다. 비록 베커가 그러한 세속적 욕망을 초월하여 보다 고귀한 궁극적 실재를 향해 나아가는 우주적 자아의 삶을 제시하지만, 어쩌면 그것은 요원한 이상에 불과할 수 있다.

그렇다면 퇴계의 '사단칠정론'에서 그 해결책을 찾을 수는 없는 것인가? 사단은 하늘로부터 받은 선한 본성의 자각이다. 그것은 베커의 인간관에서 우주적 자아의 각성으로서, 맹자가 말한 선한 본성의 '도심'(道心)이다. 그것은 성인이나 범인이나 모두 품부받은 인간의 자연스런 선한 감정이다. 누구나 자신 안의 도심을 자각하고 함양하고, 나아가 다른 사람을 편안하게 하는 것이 유교의 이상적인 삶이다. 즉 인심에 지배받기보다는 도심에 따르는 삶을 중히 여겨야 함을 일컫는다.

결론적으로 베커의 관점과 비교해본다면, 사단을 지향하는 유교적 삶은 우주적 자아의 삶이고, 칠정에 얽매여 이기적으로 사는 것은 세속적인 외면적 자아를 중시하는 삶일 것이다. 그러나 진정한 인간의 삶은 이 둘이 서로 보완되고 조절되는 삶일 것이다. 사단과 칠정이 조화를 이루는 중절된 삶이 바로 베커의 유한성을 지닌 채 무한성을 추구하는 진정한 우주적 자아로서 '문화적 영웅'의 삶이다. 다음 절에서는 본 글의 주 텍스트인 『난중일기』를 중심으로, 이러한 유교적 이상을 추구하는 인간적 삶의 문화적 환상이 무지막지한 외적의 침입에 의해 얼마나 쉽게 무참히 짓밟힐 수 있는지를 보여주고자 한다.

3절. 임진왜란 영웅들의 환상과 민중의 삶

1. 선조와 사림이 꿈꾼 도학적 이상세계

유교의 도통을 이어받은 성리학적 세계관으로 건립된 조선왕조가 근 200년을 지날 무렵, 조선의 건국에 공헌한 훈구파의 득세에 밀려 초야에서 학문연구와 후진 양성에 몰두했던 사림들이 조광조를 필두로 중앙정계에 진출하게 된다. 신진 사대부들인 사림파는 기득권 세력인 훈구파와 치열한 암투 속에서 무수한 사화를 겪게 되고, 그러면서 서서히 중앙의 집권세력으로 자리 잡게 된다. 그러는 와중에 명종을 이어 선조(1567~1608)가 조선의 14대 임금으로 등극하게 된다. 인종과 명종 때의 문정왕후와 윤임과 윤원형 같은 척신들의 지긋지긋한 공포정치가 종지부를 찍고, 유교적인 인과 덕으로 다스려지는 '내성외왕'의 출현을 꿈꿀 수 있는 시대가 도래하였다. 그러나 아무도 예상치 못한 '임진왜란(壬辰倭亂)'이라는 거대한 역사의 소용돌이 속에서, 왕은 도성을 버리고 개성, 평양, 의주로 파천을 해야했으며, 전 국토는 일본군에 유린당하고, 백성들은 셀 수 없을 정도로 죽어갔고, 그 속에서 살아남은 자들은 삶의 터전을 잃고 온 산하를 헤매어야만 했다.

재임 중에 임진왜란이라는 최대의 환란을 맞게 된 조선의 14대 왕 선조는 역사상 가장 비운의 왕으로 보인다. 하지만 후궁의 손자로서, 아무리 명종의 뒤를 이을 직계 손이 없었다 해도, 친형인 하원군, 하릉군 두 형을 제치고 왕에 오른 것은 천운이라 할 수 있다. 그러나 재임 기간 중 7년 동안 임란과 정유재란으로 전 국토가 파괴되는 전장을 이끈 막중한 책임을 져야 했던 것으로 보면 비운의 왕이라 할 수 있다. 그가 왕에 등극한 이유는 품행이 바르고 영민했던 어린 하성군 이연(李昖, 선조)을 기특하게 본 명종이 자신이 마음껏 펼치지 못한 선정을 하성군이라면 해낼 수 있으리라는 은밀하게 품었던 환상 때문이었을 수 있다. 여러 이유 여하를 막론하고 그는 조선왕조에서 가장 극적인 운명을 부여받았음이 틀림없다. 그는 미리 세자로 책봉 받지 못하였기에, 왕이 되기 위한 교육을 받지도 않은 상태에서, 갑작스런 명종의 붕어(崩御)에 의해 얼떨결에 궁궐에 불려가 16세의 어린 나이에 왕위에 오르게 된다.

흔히 선조를 사림의 당파싸움에 놀아나고, 임란이 발발하자 재빨리 도성을 버리고 피난을 갔으며, 끝내 충신 이순신을 파직시켜 칠천량 해전의 대패를 가져온 비겁하고 무능한 왕으로 보지만, 이제는 새롭게 평가할 필요가 있다. 비록 그는 비겁하고 어리석은 모습을 보였을지라도 결과적으로 왜적으로부터 나라를 지키고 보존한 임금이다. 여기에서 논하고자 하는 것은 국란의 중심에서 난세를 이끈 선조를 베커의 환상 관점에서 살펴보는 것이다. 먼저 선조에게 제왕 교육을 시키고, 정사를 펼치는데 지근에서 보필하며, 정책 결정에 지대한 영향을 끼쳤던 사림들의 도학적 이상세계인 당대의 문화적 환상에 대해 살펴보고자 한다.

사림은 선조 대에 본격적으로 중앙정계의 요직을 차지하면서 선조를 보필하게 된다. 이러한 사림의 중앙정계로의 출현은 험준한 과정을 거친 후에 이루어진다. 그 이전 사림은 중종 때 조광조의 중앙정계로의 진출로 성공적으로 안착하는 듯하다가 과격한 개혁정치로 훈구파의 격렬한 반대와 음모에 부딪히고, 훈구와 사림의 상호견제와 균형을 통해 왕권을 강화하려 했던 중종의 눈 밖에 나면서 조광조 일파가 유배를 가고 죽임을 당하는 기묘사화에 의해 실패로 끝난다. 그러던 사림이 선조 때에 이르러 명종 때의 외척들이 모두 제거되면서 대거 중앙정계의 요직을 차지하면서 사림의 세상이 활짝 열렸지만, 동시에 선조 대는 사림이 동인과 서인으로 나뉘며 붕당 정치가 시작되는 시점이기도 하다.

— '도학'의 정의와 이상세계

먼저 '도학(道學)'이란 무엇인가? 그것의 유래를 금장태는 다음과 같이 설명한다. "송나라 때에 오면 유교 지식인들이 불교와 도교의 형이상학적 이론에 자극을 받으면서 유교 이념에 대한 근본적 재인식을 통해 유교 이념을 정통으로 확인하였다. 이에 따라 송대 유학자들은 유교의 정통론에 따라 도교와 불교를 비판하면서 공자–맹자의 도통을 송대의 주렴계와 정명도 · 정이천이 계승한다는 도통론(道統論)을 정립하였으며, 이러한 '도통' 의식을 기초한 경학(經學) 체계와 그 철학적 기초로서 성리학을 확립하였으며, 그 집대성을 하였던 인물이 주자요, 이들의 학풍을 '도학'이라 일컫게 된다."[131] 이처럼 '도학'은 인간의 성품을 이치로 파악하는 '성즉리설(性卽理說)'이며, 이와 대비되는 '심학'은 마음을 이치로 파악하는 '심즉리설(心卽理說)'이다. 이러한 도학은 고려 말에 주자의 학풍이 수입된 이후로 조선왕조의 통치이념으로 확립되어 조선시대 전반을 주도하게 된다. 주의해야만 할 것은 '도학이 곧 성리학'이 아니라는 것이다. 성리학은 도학의 범위 안에서 철학적 관심으로 정리되고 체계화된 학문영역일 뿐이며, 도학 속에는 철학적인 문제만이 아니라 정치적, 의례적, 경전 해석의 문제 등 다양한 문제들에 대한 관심이 있다.[132] 그렇기에 도학을 숭상하는 조선 시대에 당파를 나뉘어 여러 정치 현안에 대해 서로 다투는 붕당 정치가 생성된 것도 이해가 간다. 그러나 단순히 심학과 구분시킨다고 도학의 사상적 특징이 분명하게 다가오지 않는다. 도학이 얼마나 다양한 측면에서 탐구되고 있는지를 알아야만, 그것이 조선의 사상과 정치 풍토에 어떻게 지대한 영향력을 발휘했는지를 이해할 수 있다.

도학의 구성체계를 금장태는 다음과 같이 간략히 설명한다.

> 도학은 그 안에 다양한 영역들을 담고 하나의 체계를 이루고 있다. 첫째, 도학에서는 그 사상적 원천으로서 경전을 해석하는 독자적 체계를 제시하고 있으며, 이러한 경학(經學)은 바로 도학의 존립 기반이 된다. 둘째, 도학이 갖고 있는 신념체계로서 '정통론(正統論)'이 있고, 그 가치관의 신념으로서 '절의론(節義論)'이 도학을 지키는 관문이요 얼굴의 역할

131. 금장태, 『한국 유학의 탐구』, 43–44.

132. 위의 책, 46.

을 한다. 셋째, 도학이 갖고 있는 이론적 내지 철학적인 근거로서의 '성리학(性理學)'과 그 학문 방법의 기본원리로서 '지행론(知行論)'이 도학체계를 받치고 있는 기둥의 역할을 한다. 바로 여기서 '성리학'이 도학의 한 부분인 것을 확인할 수 있다. 넷째, 도학의 실천 영역으로서 안으로 마음을 다스리는 '수양론(修養論)'과 안에서 닦은 마음을 밖으로 표출하는 절차와 양식으로서 '예학(禮學)'이 있다. 그리고 다섯째, 도학에서 안과 밖으로 쌓은 모든 축적을 정치 · 사회 영역에서 실현하는 '경세론(經世論)'이 있다. 이러한 이들 여덟 영역들은 한 몸에서 뻗어 나온 손과 발처럼 서로 유기적으로 연결되어 상호작용하고 있는 것이며, 결코 분리되거나 단절될 수 있는 것이 아니다.[133]

도학은 흔히 '유교의 도통을 잇는 학문'이라고 단순히 치부할 수 없을 정도로 다양한 사상과 방법론을 함축하고 있다. 그리고 이러한 도학의 사상적 기반을 제공하는 '경학'의 경전으로 소학과 사서(논어, 맹자, 대학, 중용) · 오경(시경, 서경, 역경, 예기, 춘추)이 읽혔다. 그중에서도 조선의 사림들은 조광조의 스승 김굉필을 필두로 『소학』 읽기를 중시하였다. 선조는 스승 복이 많아서 조선 최고의 학자들인 이황, 이이, 기대승 등으로부터 『소학』, 『논어』, 『맹자』, 『예기』, 『대학』, 『근사록』, 『주역』 등을 아침, 저녁으로 행해진 경연을 통해 배울 수 있었다. 그렇다면 선조에게 큰 영향을 끼친 '사림(士林)'이란 구체적으로 어떠한 배경을 가졌고 어떠한 이상을 품은 이들인지, 그들이 꿈꾼 도학적 이상세계란 무엇인지, 그리고 본 글에서 왜 그러한 이상을 한낱 환상이라고 치부하려 하는지, 지금부터 그러한 모든 의문에 대해 하나씩

133. 위의 책, 48.

논해 보고자 한다.

먼저 사림파의 형성 배경을 살펴보면 다음과 같다. 조선 초기의 도학자들 사이에는 두 가지 흐름이 있었다. 하나는 조선왕조 건국에 적극적으로 참여하여 도학 이념을 통치원리로 정립하는데 기여한 정도전, 권근 같은 '훈공파'가 있었다. 다른 하나는 고려 왕조에 절의를 지킨 정몽주, 길재의 이른바 '절의파'를 이어 의리의 정당성을 중시하고 도학 이념의 일상적 실천을 중시하는 이색, 김숙자, 김종직, 김굉필, 정여창 같은 '사림파'가 있었다. 그리고 훈공파를 이어간 사람들은 정치 권력에 깊이 관여하면서 세속화되어 도학 이념을 거의 상실하고 권력에 집착하는 '훈구파'를 이루게 된다. 반면에 사림파는 초야에서 학문적 연마와 실천에 힘쓰면서 의리와 신념을 엄격하게 내세워 도학의 정통성을 확보하려는 이상을 품고 있었다.

사림이 꿈꾼 도학적 이상세계는 조광조의 의리 정신과 개혁의식에 기반을 두는데, 한마디로 도학적 이념에 기초한 요순의 이상 정치를 자신들의 시대에 오롯이 구현하는 것이었다. 그것의 실천 방향은 율곡이 말한 조광조의 업적에서 잘 요약되고 있다. 첫째, 임금의 마음을 바로잡는 것(格君心) 둘째, 왕도정치를 세상에 펴는 것(陳王政) 셋째, 의로움이 실현되는 길을 여는 것(闢義路) 넷째, 이로움과 욕망이 분출하는 근원을 막는 것(塞利源)이다. 즉 사림은 임금이 잘못된 결정을 하지 않도록 늘 간언하는 선비의 역할을 자임했으며, 패도에 반대되는 왕도는 덕과 인에 의한 통치로서 덕치와 인정(仁政)을 베풀어야 함을 강조했다. 그리고 사림은 의로움이 실현되기 위해서는 바른 언론이 나올 수 있는 길을 넓혀야 하며, 이익을 추구하는 욕망은 의로움이 막혔을 때 분출하므로 불의를 철저히 막아야 한다고 주장했다.[134] 하지만 이러한 도학이 완벽하게 실현되는 이상세계는 요원한 것이다. 그것을 주도적으로 실천하는 주체인 임금과 사림의 신하들 스스로가 완벽한 인간이 아니기 때문이었다. 비록 주자학을 공부했지만 그들도 여느 사람들과 같이 나약하고 소심하고 시기하고 질투하고 편견을 가졌고, 타자를 배척하는 전형적인 인간의 심성인 칠정, 칠정 중에서도 욕망에 휘둘렸기 때문이다. 그것에 대한 자세한 설명은 앞으로 선조와 조정의 사림들이 임진왜란의 전후에 보이는 그들의 정책 논의 과정에서의 다양한 행태를 통해 전개해 보고자 한다. 그리하여 선조와 사림이 꿈꾼 도학적 이상세계는 한낱 환상에 불과하고, 그러한 환상 때문에 임진왜란에 대한 대비를 제대로 하지 못했고, 따라서 그들의 통치하에 있던 민초들은 부지불식간에 당한 혹독한 고통을 감내해야만 했다는 것을 주장해 보고자 한다.

선조의 '내성외왕' 교육

선조는 스승의 복을 많이 타고났다고 볼 수 있을 정도로, 조선 최고의 학자들로부터 강의를 들었다. 그는 이준경, 이황, 기대승, 이이로부터 '내성외왕(內聖外王; 안으로 성인의 덕을 쌓고 밖으로 왕의 도리를 행함)'이 되기 위한 교육을 받았다. 그렇지만 타고난 성품과 자질이 따라주지 않으면 아무리 훌륭한 스승으로부터 배워도 왕도를 펼치기에는 역부족임을 보여준다. 선조를 모신 신하들은 이구동성으로 선조가 영민

134. 금장태, 『한국 유학의 탐구』, 81–82.

하고 품행이 바르지만, 그를 가르친 스승들은 뭔가 미덥지 않은 부분이 있어 따끔한 충고와 지적을 하곤 했다. 예를 들면 다음과 같다.

먼저 선조를 왕위에 등극시킨 1등 공신인 영의정 이준경의 따끔한 충고이다. 그것의 발단은 어린 선조가 선정과 성군에 대한 신하들의 갈망에 부담을 느껴서 그런지 종종 자기 나름의 방식으로 반발하기 시작한 것이다. 조금이라도 허점이 보이는 신하들은 즉석에서 면박을 주고 귀에 거슬리는 직언을 할 때는 화를 내기도 하였다. 이럴 때 이준경은 다음과 같이 따끔하게 야단쳤다.

> 바른말은 나라의 원기(元氣)로서 하루도 없어서는 안 되는 것입니다. 도의에 맞는 말인데 그것이 마음에 거슬린다고 하여 그 사람에게 화를 내신다면 거기에서 치(治)와 난(亂)이 나뉘는 것입니다. 또 유신(儒臣)들을 가까이하시고 성심으로 학문을 닦아 우선 본원(本源)을 올바르게 다져놓아야만 일을 조치하고 나를 다스리는 밑바탕이 될 것입니다.[135]

이에 대해 선조는 '태도를 바꾸고 들었다'고 한다. 이처럼 어린 선조가 짜증을 내고 화를 낼 때도 그를 든든하게 받쳐주고 조언을 해주는 이준경에게 만큼은 선조도 함부로 하지 못했다. 다음은 이이의 충고인데, 『대학』을 염두에 두고서 국왕이 좋은 정치를 하려는 뜻이 있다면 올바른 공부법에 바탕을 둔 학문 연마를 게을리해서는 안 된다고 강조한다. 그러면서 보다 직설적으로 다음과 같을 충고를 하였다.

---

135. 『선조수정실록』 권1, 즉위년 10월 5일 병술.

현재 민생은 곤핍하고 풍속은 박악(薄惡)하며 기강은 무너지고 사습(士習)은 바르지 못한데 전하께서 즉위하신 지 몇 해가 되는데도 그 다스림의 효과가 나타나지 않는 것은 아마도 전하의 격물 · 치지 · 성의 · 정심하는 공부가 지극하지 못한 점이 있기 때문일 것입니다. 원컨대 전하께서는 크게 성취시키겠다는 뜻을 분발하시어 도학(道學)에 마음을 두시고 선정(善政)을 강구하시어 성주(聖主)가 장차 삼대(三代)의 도를 흥기시키려고 한다는 것을 신민들이 환히 알게 하소서. ... 전하께서 진실로 다스리는 데에 뜻을 두신다면 평상인의 말도 성덕에 보탬이 될 수 있겠지만 만약 전하께서 유유 범범하게 세월만 보내면서 형식만을 일삼는다면 비록 공자와 맹자가 좌우에 있으면서 날마다 도리를 논한다 하더라도 또한 무슨 유익함이 되겠습니까.[136]

이이가 보기에 선조가 격물치지하고 성의 정심하는 노력이 보이지 않고 무덤덤하게 세월만 보내는 안이함으로 일관하는 것이 우려스러워서 작심하고 따끔한 충고를 한 듯하다. 그리고 선조 1년 기대승이 보기에 선조가 이황으로부터 강의를 들어도 공손하게 예의를 갖추지만 데면데면하게 대하고 성심을 다해 받아들이지 않은 듯하여 다음과 같이 간청한다.

신이 삼가 판부사 이황을 보건대, 이와 같은 사람은 지금 시대에 드물 것입니다. 상께서도 그러한 내용을 아시고 매우 융숭한 대우를 하시자 대소 신료들이 상께서 현자를 높이는 의사가 있음을 알게 되어 기뻐하지 않는 이가 없습니다. 대체로 그는 나이가 많은 데다 병이 깊어 출사하지 못하여 전에 오랫동안 외지에 있었고 이제 잠깐 출사하고 있으나 몸에 또 병을 지녔습니다. 상께서 그에 대한 대우가 이미 극진하셨더라도 예모(禮

---

136. 『선조실록』 권3, 2년 8월 16일 정사.

貌)로만 대할 것이 아니고 성상의 마음에 항상 현자라 생각하고 정성을 다하셔야 합니다. 현자는 자신을 높여주는 것으로써 자신의 마음에 편하게 여기지 않고 임금이 허심탄회하게 자신의 말을 받아들여야만 그의 마음을 다하는 것입니다.[137]

당시 이황이 선조에게 강의를 하여도, 그는 이황이 얼마나 위대한 학자인지 제대로 가늠하지 못했던 것 같다. 그러니 선조는 기대승에게 "그는 어떠한 사람이며 옛사람의 누구에게 비교할만한가? 이런 말로 묻는 것이 미안하지만 평소에 궁금하였기 때문에 말하는 것이다"[138]라고 하면서 오히려 되묻는다. 아마도 자기의 나이든 신하로서 학식이 풍부한 선비 정도로만 여긴 것 같다. 이듬해 이황은 선조가 '내성외왕'이 되시길 바라는 마음으로 『성학십도(聖學十圖)』를 지어 바친다. 1569년 3월에 이황은 오랜 사직 요청 끝에 허락을 받고 떠나는 자리에서, 선조로부터 마지막으로 해주실 말이 없는지 물었을 때, 작심한 듯 '군왕의 길'에 대한 자신의 견해를 밝힌다.

성상의 자질이 고명하시어 여러 신하들의 재주와 지혜가 성상의 뜻에 만족스럽지 못하기 때문에, 일을 논의하고 처리하는 과정에서 독단의 슬기로 세상을 이끌어가려는 조짐이 없지 않으므로, 식자들은 그 점에 대해 미리 염려하고 있습니다. 신이 전일에 《주역》의 건괘(乾卦)에 '날으는 용이 하늘에 있다[飛龍在天]'는 것과, 또 '높이 오른 용이 후회가 있다[亢龍有悔]'는 말에 대해 아뢰었습니다. 이것은 바로 임금이 지나치게 스스로 뛰어난 체하여 신하들과 마음을 같이하고 덕을 함께 하지 않으면, 어

137. 『선조실록』 권2, 1년 12월 6일 경진.
138. 『선조실록』 권2, 1년 12월 6일 경진.

진 이들이 아래에 있게 되어 도우지 못하게 되는 것이니, 이른바 높이 오른 용이 후회가 있다는 것입니다. 신이 전일 올렸던 《성학십도(聖學十圖)》는 그것이 신의 사견(私見)이 아니라 모두가 선현(先賢)들이 했던 것인데, 그에 대한 공부는 신이 올린 차자(箚子)에서 사(思)자와 학(學)자가 가장 중요합니다. ... 지금 신정(新政)의 초기라서 모든 간쟁(諫諍)에 대해 뜻을 굽혀 따르고 있으므로 대과(大過)가 없습니다. 그러나 오랜 세월이 흘러 성상의 마음이 혹시라도 달라진다면 꼭 오늘 같으리라고 어떻게 보장할 수 있겠습니까? 만약 그리된다면 그때는 간인들이 필시 승세를 타게 되어 처음과는 크게 상반될 것입니다. ... 바라건대 상께서는 이 점을 큰 경계로 삼아 선한 이를 보호하여 소인배들로 하여금 모함을 못하도록 하소서. 이것이 바로 종묘사직과 백성의 복이며 신이 계고(戒告)하고 싶은 것이 이보다 더 큰 것이 없습니다.[139]

마치 선조의 미래를 미리 꿰뚫어 본 것처럼, 이황은 영민하면서도 의심이 많고 심약하면서도 독선적인 경향의 선조가 나중에 소인들의 감언이설에 충신을 배척할 수 있음을 간파한 것이다. 임진왜란 전의 선조는 마치 덕스러운 임금처럼 가난하고 어려운 백성들을 살뜰히 잘 챙기고, 인사에서도 청렴하고 능력있는 신하들을 잘 기용하여 칭송을 받았다. 하지만 난이 발생하고서 일본군들이 파죽지세로 한양을 향해 돌진해오자, 마치 딴사람이 된 듯이 종묘사직과 백성들을 내팽개치고 도망가기 급급해, 백성들에게 분노와 배신감과 허탈감을 안겨주게 된다. 그리고 뒤에 자세히 언급하겠지만, 소인들의 모함과 자신의 의심으로 충신 이순신을 삼도수군통제사로부터 파직시키고 잡아 올려서 죽이고자 하게 된다. 이 모든 선조의 돌변적인

---

139. 『선조수정실록』 권3, 2년 3월 1일 을사.

행태를 이황은 진작에 예측하고 우려했었으니, 얼마나 대단한 통찰력을 가졌는지 알 수 있다.

그러나 분명히 짚고 넘어가야 할 사항이 있는데, 선조의 성향이 전적으로 사림의 성리학적 관점에 일치하지 않았을 수 있다는 거다. 최고의 스승인 이황이나 이이의 가르침을 전폭적으로 수용하기보다는 무덤덤하게 받아들였다는 것이다. 오히려 그는 사적으로 성리학의 형이상학적이고 철학적인 질문보다는 현상을 관찰하는 형이하학적 질문에 더 관심이 있었다. 예를 들면 선조는 유희춘으로부터 『대학혹문』의 「격물치지」 장에 대해 강의를 듣는 자리에서 다음과 같은 예리한 질문을 한다. "얼음이 차가워지면 증기가 생기는 까닭은 무엇인가?", "두 개의 얼음이 서로 합쳐지는 것은 어째서인가?", "천지는 이미 형체가 있는 물체이니 땅은 의당 끝나는 곳이 있겠지만 하늘 밖에도 어떤 물체가 있을 것 같은데 어떤가?", "땅 밑에 물이 있는가?"[140] 이처럼 웬만한 현대인들도 갖기 어려운 자연과학적 질문들을 쏟아냈던 것으로 보아서 성리학자들의 추상적인 논의에 별로 흥미가 동하지 않았을 수 있었겠다고 추측해 볼 수 있다.

지금까지 살펴본 선조의 등위 배경과 사림 학자들이 주도한 제왕교육과 선조의 개인적인 기질과 호기심에 대해 알아보았다. 선조의 개인적인 성향이 어떠하든 상관없이 그를 가르치고 보필하고 조언하고 토론하는 자들이 모두 도학적 이상을 품은 사림이었다. 그런 도학적 이상세계는 이황의 『성학십도』(1568)와 이이의 『성학집요』(1575)

140. 『선조실록』 권4, 3년 7월 21일 정해.

에 잘 집약되어 선조에게 바쳐졌다. 모두 선조가 '내성외왕'의 제왕이 되시길 축원하는 마음에 지어 올린 것이다. 그것의 내용을 간단히 살펴보면 사림의 도학적 이상을 조금이나마 엿볼 수 있다.

성학(聖學)에는 두 가지 의미가 있다. 하나는 성인(聖人)이 되기 위한 학문이요 다른 하나는 성왕(聖王)을 지향하는 제왕의 학문이다. 이 두 책은 모두 당시의 선조에게 올려졌다는 점에서 일차적으로 '제왕의 학문'을 의미하는 것이지만, 양쪽의 경우 모두 근본에서는 유교적 학문의 이상을 체계화시켜 제시하고 있다는 점에서 '성인이 되기 위한 학문'이라는 점이다. 따라서 유교적 이상인 '안으로 성인의 덕을 쌓고 밖으로 제왕의 사업을 이룬다'는 '내성외왕'의 학문이라는 점에서 일치한다.

먼저 『성학십도』는 『중용』의 체계, 곧 천도(天道)의 근원적인 세계와 인도(人道)의 현실적 세계를 대조시켜 설명하고 있다. 즉 초월적으로 천도를 근본으로 하고 내면적으로 심성을 근원으로 삼는 중층구조를 보여준다. 한마디로 베커의 관점으로 영적인 우주적 자아를 실천하는 것이다. 내용을 살펴보면, 1-5도는 천도를 체득하고 발휘하는 문제를 다루고, 6-10도는 인격의 도덕성을 높이고 현실적 실천의 문제를 다룬다.

1도는 태극도설(太極圖說; 무극과 태극, 태극이 동하면 양, 정하면 음), 2도는 서명(西銘; 건은 부, 곤은 모, 나는 그 가운데 위치, 천지를 이끄는 원리는 성), 3도는 소학(小學; 교육에 들어가고, 윤리를 밝히며, 몸을 경하게 함), 4도는 대학(대학; 명덕을 밝히고, 백성을 새롭게 하며, 선한 경지에 머뭄), 5도 백록동규(白鹿洞規; 부자유친, 군신유의, 부부유별, 장유유

서, 붕우유신), 6도 심통성정(心統性情; 마음이 성과 정을 통섭함, 사단칠정), 7도 인설(仁說; 인이란 만물은 낳는 천지의 마음, 미발이발), 8도 심학(心學; 어린아이 마음, 대인의 마음, 본심, 양심, 도심, 인심), 9도 경재잠(敬齋箴; 입을 다물고 잡념을 막고 성실하고 진실하게 경을 유지), 10도 숙흥야매잠(夙興夜寐箴; 아침에 잠이 깨어 밤에 잠들 때까지 마음을 반성하고 생각하고 조리를 세우고 이해하고, 마음을 고요히 하고 정신을 모으고 관함)[141]

이처럼 『성학십도』는 이황의 학문을 총 집대성한 글이다. 하늘의 무극, 태극부터 명명덕, 사단칠정, 미발이발, 심통성정 그리고 매일매일의 행동지침으로서 경을 유지하는 마음가짐에 이르기까지 천도와 인도의 모든 것을 일목요연하게 정리하였다. 한마디로 이황은 '성학'이 경(敬)으로 관통하고 있는 것으로 보고 경을 유지한 상태로 모든 생각과 언행을 관하고 마음가짐을 단정하게 유지해야 함을 강조하고 있다. 그리고 이황은 서두에 『성학십도』를 바치는 이유를 적고 있다. "임금님의 한마음은 온갖 정무가 나오는 자리이며 온갖 책임이 모이는 곳이며 뭇 욕심이 번갈아 침공하고, 뭇 간사함이 번갈아 침해하는 곳입니다. 그 마음이 만일 조금이라도 태만하고 소홀해지고 방종해지면, 마치 산이 무너지고 바다가 들끓는 것과 같아서, 그 누구도 이것을 막아낼 수 없습니다. 옛날의 성스럽고 현명한 황제나 군왕은 이러한 점을 걱정하여 항상 조심하고 두려워하는 태도로 하루하루를 삼가며 오히려 미흡하다고 여겼습니다."[142] 그러므로 임금은 안으

141. 이황, 『퇴계전집』, 윤사순 역 (서울: 현암사, 1993), 310-363. 참조.
142. 위의 책, 300.

로 성스러운 덕을 쌓고 경을 유지하여 잡된 욕심이나 간사함이 끼어 들지 못하도록 심신을 경건히 유지하고, 자신을 경계하며, 자신을 되돌아보고 살피는 일을 더욱 정밀하게 해야 함을 강조한다.

다음으로 『성학집요』는 이이의 '성학'을 집대성한 것으로서 '제왕의 도'를 강조한다. 즉 임금의 마음씀이 정대한지, 사심이 있는지에 따라 정치가 잘되고 못 되는 것이 결정되는 것임을 밝힌다. 그것의 기본 구조는 첫머리에 총론으로서 1. 통설(統說)을 붙이고, 마무리로 5. 성현도통(聖賢道統)을 붙이고 있다. 그 중심 부분은 2. 수기(修己), 3. 정가(正家), 4. 위정(爲政) 의 3편으로 구성되어 있다. 그것은 『대학』의 체계에서 보면 수신과 제가 · 치국 · 평천하에 해당하는 것으로 수기 · 치인의 본말 구조로 이루어진 것이다.

이 책에서 이이는 제왕이 학문을 할 때 근본이 되는 것과 말단이 되는 것, 정치를 할 때 먼저 해야 할 것과 나중에 해야 할 것에 관한 것으로서, 덕을 밝힘으로써 얻는 실제 효과와 백성을 새롭게 하는 실제 자취의 얼개를 모두 대충이나마 드러냈다고 자부한다. 작은 일을 유추하여 큰일을 파악하고 자기를 근거로 삼아 대상을 밝힌다면 온 세상의 도가 실로 여기서 벗어나지 않는다고 말한다. 이이는 『성학집요』를 올리면서 다음과 같은 조언을 하여 선조의 작은 병폐를 고쳐 큰 도량을 가질 것을 요청한다.

> 전하께서 평소 부인과 내관을 엄격하게 대하여 사랑에 이끌리고 얽매이는 생각은 없지만, 한쪽을 두둔한다고 지적하는 사람이 있으면 번번이 언성을 높여 도리어 한쪽을 두둔하는 뜻을 보이십니다. 나랏일이 날로 퇴폐해지는 것을 보고 바로 잡아 개혁하려는 뜻이 없지는 않지만, 관행을

그대로 굳게 지킨다고 비판하는 사람이 있으면 번번이 완강하게 거부하고 도리어 굳게 지키려는 뜻을 보이십니다. 대체로 이런 식으로 말씀하고 일 처리를 함은 비록 여러 신하가 임금의 마음을 알지 못하는 탓도 있지만 또한 전하께서 도량이 아직 넓지 못하고 사사로운 마음을 아직 극복하지 못하셨기 때문입니다.[143]

어린 선조는 너무 영민하고 똑똑해서 그런지 신하들의 입바른 소리를 들으면 오히려 역정을 내고 반대로 하는 심보를 가진 것 같다. 그러니 번번이 그를 가르친 스승들이 한마디씩 안타까운 마음에 조언을 아끼지 않은 것이다. 특히 『성학집요』의 내용이 자기의 마음을 닦고 집안을 잘 다스리고 나아가 세상을 다스린다는 성인의 나아갈 순서를 분명히 하고 있다는 점에서 임금의 마음 씀씀이가 얼마나 중요한지 알 수 있다.

지금까지 살펴본 바에 의하면 『성학십도』는 '성학'의 근본으로서 학문과 수양의 문제에 집중하고 있다면, 『성학집요』는 '성학'의 체계를 수양론에 기초하면서 제가와 치국으로 나가는 경세론의 구체적 과제를 제시하고 있는 점에서 한층 더 정치적 실무에 적극적 관심을 보여주고 있다. 하지만 이러한 정교한 철학적 사유가 집대성된 '성학'은 당대의 학문을 집대성한 문화적 환상에 불과할 수 있다. 한 나라의 통치에는 이것 못지않게 중요한 게 있다. 그것은 국력을 키워 무도한 외적으로부터 나라와 백성을 지켜내는 것이다. 이제부터 임진왜란 발발 시점을 기준으로 선조와 사림의 도학적 이상의 한계

143. 이이, 『성학집요』, 김태완 역 (서울: 청어람미디어, 2014), 13.

를 논해 본다.

— 도학적 이상세계의 허상

이황과 이이 그리고 조식과 관련된 문파들을 중심으로 선조대에 활동한 사림들의 도학적 이상세계에 대한 비전대로라면, '내성외왕'이 출현하여 중국의 요순시대에 버금가는 덕치와 인치가 이루어지는 태평성대가 구가 되어야만 하는 것이 당연하다. 하지만 결과적으로 누구도 상상하지 못하던 왜적의 침입으로 전 국토가 유린당하고, 무수한 백성들이 죽어 나가고, 왕이 백성을 속이고 도성을 버린 채 몽진을 거듭해야 하는 국난을 당한 것을 어떻게 설명해야 하는가? 급기야 임금은 신하를 믿지 못하고, 신하들은 서로 책임을 전가하고, 백성들은 자기들을 버린 임금과 관리들을 원망하고 증오하여 궁궐을 불태우는 지경에 이르게 된다.

류성룡은 임진왜란이 종식된 후에 『징비록(懲毖錄)』을 지어, 지난 일을 경계하여 앞으로 후환이 생기지 않도록 대비하고자 한다고 집필 동기를 밝히고 있다. 그러면서 서문에 다음과 같이 임란을 이겨내고 살아남은 이유를 밝히고 있다.

> 이러한 일을 겪고도 지금 우리가 살아 있는 것은 하늘이 도와주신 것이다. 또한 선대 임금의 어질고 후덕한 은택이 백성의 마음에 굳게 맺혀 있어 백성들이 나라를 사모하는 마음이 그치지 않고, 성상께서 명나라를 섬기는 정성이 황제를 감동시켜, 천자국이 제후국을 돕기 위해 여러 차례 군대를 보내주었기 때문이다. 만약 이러한 일들이 없었다면 우리나라

는 위태로웠을 것이다.[144]

이러한 류성룡의 견해는 이황의 제자인 영남 사림의 견해이며, 혹독한 임란의 경험 이후에도 처절한 자기반성보다는 기존의 사림 견해를 그대로 유지하고 있는 듯이 보인다. 하늘이 덕을 베푸시고 선대 왕들의 은택이 백성들의 마음에 담겨있고 임금이 명나라에 사대를 잘해서 천자의 은덕으로 군대를 몇 번씩이나 보내주어 조선을 구했다는 것이다. 이러한 사림의 도학적 견해는 모호해서 문제의 해결책이 될 수 없다. 비록 류성룡이 선조 곁에서 임란을 극복하는데 지대한 공을 세운 것과 전란을 대비하기 위해 미리 이순신을 전라좌수사로 임명(1591.2.13.)하도록 천거한 공이 있지만, 선조는 임란을 대비하지 못한 과실을 류성룡에게 전가하고 있다. 『선조실록』(1593.3.16.)에 도체찰사 류성룡에게 지시한 다음의 내용이 있다.

> 나는 평소 경에게 큰 기대를 걸었었다. 일찍이 왜놈의 염려스러운 낌새와 대비할 계책에 관하여 여러 차례 경에게 지시를 내렸는데도 경은 걱정하지 않고 도리어 세상 물정에 어두운 지시라고 하다가 결국 나랏일이 이 지경이 되었으니, 이 또한 하늘의 운수 때문이리라. 경은 이제 전국을 방어해야 할 무거운 임무를 맡은 만큼 적을 토벌하여 원수를 갚는 일은 경의 책임이자 내가 밤낮으로 이를 가는 일이다.[145]

선조가 이렇게 말한 이유가 있는데, 그것은 일찍이 선조 16년

---

144. 류성룡, 『징비록』, 오세진 외 2명 역 (서울: 홍익출판사, 2015), 17.

145. 『선조실록』 권36, 26년 3월 16일 신미.

(1583년) 1월에 이이를 병조판서로 임명하면서, "지금 조선의 병력이 전조(前朝)에 못 미치고 있는데 오랫동안 태평을 누린 나머지 병정 또한 해이 된지 오래이다. 나는 가끔 그것을 생각하고 남몰래 걱정하였으며, 실로 적당한 인재를 얻지 못한 것을 한탄하였다. 경은 경장(更張)과 개기(改紀)를 부단히 주장해 왔었으니 이것은 바로 경의 평소의 생각인 것이다. 지금 경이 참으로 기발한 계책을 세워 전래의 폐습을 모조리 혁파하고 이어 양병의 계획을 세운다면 국가에 있어서 다행일 것이다."[146] 이에 이이는 '10만 양병설'을 지어 올렸는데, 이것을 적극적으로 반대한 이가 류성룡이라는 것이다. 류성룡은 "아무 일도 없이 평화로운 때에 군사를 양성하는 것은 화란(禍亂; 재앙과 난리)의 단서를 만드는 것"[147]이라는 논리로 반박하여 무산시켰다. 이것을 근거로 평양에 피난 가 있을 때 파천의 책임을 지고 영의정 이산해가 파직당했을 때, 선조는 좌의정 류성룡도 책임이 있다고 같이 파직시키게 된다. 이러한 일련의 과정을 보면 선조는 익히 알려진 것처럼 무능하고 사림의 도학적 이상주의 매몰된 마냥 유약하고 세상 물정 모르는 군주는 아니었다. 다만 그를 보필하고 가르친 스승들과 신하들이 성리학적 세계관을 강조하고 주입시켰을 뿐이다. 선조는 임란 와중에 이것에 대해 자기 비판적으로 사림의 이상주의에 대한 힐난을 표출한다.

> 우리나라에서는 허튼 글(虛文)과 쓸데없는 예절만 숭상하고 군사지략에는 관심을 돌리지 않음으로써 오늘의 화단(禍端; 화를 일으킬 실마리)

146. 『선조실록』 권17, 16년 1월 22일 병자.
147. 『선조수정실록』 권16, 15년 9월 1일 병진.

이 생기게 되었다. 요즈음 올라온 글들에서는 여러 가지 폐단을 죽 들고 있었으나 이에 대하여 말한 사람은 단 한 명도 없었다. 만약 이 버릇을 그대로 둔다면 오늘은 비록 나라를 회복하더라도 뒷날에 반드시 지켜내리라고 장담할 수 없다. 왜적의 장기란 화포뿐이다. 우리 군사가 왜적을 만나기만 하면 놀라서 흩어지는 것은 단지 이것 때문이다. 이제 도사 장삼외(張三畏)나 이제독(李如松)에게 사람을 보내어 염초를 구워내는 법과 총을 쏘는 방법을 꼭 배워 와야 할 것이다.[148]

마침내 선조는 성리학만으로 종묘사직을 지키고 백성들을 평안하게 다스릴 수 없음을 처절히 깨달았다. 원래 선조는 임진왜란 발발 이전만 하더라도 모두가 바라는 '내성외왕'의 자질을 충분히 가지고 있었다. 그가 얼마나 백성을 아끼고 그들의 고통을 함께 느끼고 위무해줄 수 있는 덕스러운 군주였는지 다음의 사례를 보면 알 수 있다. 정해년(1587년) 2월에 왜적의 배들이 남해로 쳐들어와 조선 수군에 큰 피해를 주고 정탐해간 적이 있었다. 그 사건에 대한 전사자 대책과 산자에 대한 위무책을 지시하고 있다.

전라도에서 싸우다가 죽은 사람들에게 제사를 지내주는 것이 좋겠다. 싸움에서 패한 뒤에 사람들이 통분하고 있으니, 시종관을 보내어 죽은 사람들을 조문하고, 산 사람을 위로하며, 싸우다가 죽은 사람의 집에 대하여 각종 부역을 면제해주고, 고을 수령들에게 다시 강조하여 특별히 보살펴주도록 하라. 그리고 싸움에서 패한 원인과 살해되고 약탈당한 인원수, 적의 군사 형편과 장수와 군사들이 용감하고 비겁한 정도에 대하여 자세히 알아가지고 낱낱이 보고하도록 하라. 이 문제에 대하여 비변사에서 의

148. 『선조실록』 권34, 26년 1월 28일 계미.

논하여 보고하도록 하라.[149]

이 당시 선조는 누구나 공감하고 감복할만한 지시를 내렸는데, 가히 성군이라 칭송을 들을 만하였다. 그랬던 선조가 임진년 1592년 4월 13일 일본군 수만 명이 부산포에 상륙하여 밀양, 대구, 상주, 충주를 거쳐 파죽지세로 한성으로 밀려 올라온다는 전갈을 받고, 혼비백산하여 신하들의 반대를 무릅쓰고 선조 스스로 파천을 결정하고, 개성을 향하여 피난 길에 오르게 된다. 종묘사직과 도성 안의 백성들을 내팽개치고 야반도주하듯이 달아났다. 당시나 지금이나 도성을 쉽게 버리는 비겁한 왕으로 오명을 남길 수 있다는 것을 알면서도, 파천을 쉬이 결정하고 결행한 이유는 조선 최고의 무용을 자랑하는 장수들인 이일과 신립 장군이 상주와 충주에서 제대로 싸워보지도 못하고 대패하여 전몰되었으니, 더 이상 도성을 믿고 맡길만한 장수나 군대가 없었기 때문이다. 영민한 선조는 이미 불가함을 깨닫고 서쪽으로 파천을 결정하였다. 이러지도 저러지도 못해 몰살당하는 것보다는, 비록 지금 비참하게 도망치더라도 후일을 기약하여 도성을 다시 되찾는 것이 낫다는 결심을 한 것이다. 당시 이미 성안의 백성들은 뿔뿔이 다 달아나서 도성을 굳게 지키고 싶어도 그럴 형편이 못되었다고 한다. 그 와중에도 사림의 신하들은 "종묘와 왕릉이 모두 이곳에 있는데, 이곳을 버리고 장차 어디로 가시려는 겁니까?"(김귀영 중추부 영사), "전하께서 끝내 파천하신다면, 신은 종묘의 대문 밖

149. 『선조실록』 권21, 20년 3월 7일 병신.

에서 스스로 자결할지언정 감히 전하의 뒤를 따르지 못하겠습니다."(신잡 우승지)[150] 절의를 따지며 목숨을 바쳐 도성을 수호해야 한다고 주장했다. 하지만 선조는 일본의 주력이 한양으로 자기를 향해 질풍처럼 돌진해오고 있음을 알고 '죽음의 공포'를 느꼈을 게 분명하다. 선조도 임금 이전에 한 인간이다. 비록 원치 않게 만백성들의 어버이인 임금의 자리에 올라 종묘사직과 백성들의 안위를 책임지는 자리에 올랐지만, 그도 왕비와 후궁들의 지아비이고 어린 왕자와 공주들의 아버지였다. 그러니 선조는 항상 피난길에 오르기 전 왕비와 왕자들의 피난길 방향과 호위할 관리, 그리고 식사량까지 일일이 챙겼다. 임금이 몽진 길에 오르자 호위하는 군사와 하급관리와 종들도 뿔뿔이 달아나고, 단지 몇몇만이 조정 대신들과 함께 따를 뿐이었다. 더구나 큰비까지 내려 더욱 비참하고 초라했다. 『선조수정실록』에는 선조의 피난 초행길에 있었던 다음과 같은 기막힌 상황도 실려 있다.

> 밤이 깊어서 동파 역참에서 묵으니 파주 목사와 장단 부사가 미리 수라를 준비하여 놓았다. 수라상을 막 올리려고 할 때 호위하는 하인들이 마구 달려들어 빼앗아 먹었으므로 임금에게 수라를 올리지 못하게 되자 장단 부사는 겁이 나서 도망쳤다.[151]

도대체 나름대로 성학을 익히고 선정을 베풀어 '내성외왕'을 꿈꾸었던 선조는, 왜 하루아침에 안락한 궁궐을 떠나 한 끼 밥마저 밑에 하인들에게 강탈당하는 수모를 겪는 피난길에 올라야만 했던가.

---

150. 『선조실록』 권26, 25년 4월 28일 정사.
151. 『선조수정실록』 권26, 25년 4월 14일 계묘.

선조는 자신의 한탄처럼 무엇을 잘못했기에 이러한 수모와 모진 고초를 겪어야만 했는지 알 수 없었다.

그것은 사림들이 꿈꾼 도학적 이상정치에 대한 환상이 원인이라고 감히 말하고 싶다. 그들은 성군이 덕치와 인정을 베풀면 태평성대가 오고, 웬만하면 세금과 부역을 줄여 백성들의 고충을 줄여주면 백성들이 심복하고 임금의 은혜에 감복할 것이라고 믿었고, 천자의 나라인 명나라를 잘 섬기고 절의를 지키면 하늘의 은총을 받을 것이라고 굳게 믿고, 오로지 선조가 성스러운 덕을 쌓아 경(敬)으로써 정무를 보면 만사가 무탈하리라고 확신했다. 하지만 그러한 사림들의 '도학적 이상의 환상'은 무자비한 왜적의 총칼 아래 속절없이 무참히 짓밟혀 산산조각 나버렸다. 그러한 환상을 지니고 있었기에 일본의 실상을 제대로 보지 못하고, 마냥 무도한 나라로 취급하여 상대조차 하지 않으려 하였다. 일본의 오랜 간절한 요청 끝에, 1590년 3월에 정사 황윤길, 부사 김성일, 서장관 허성을 주축으로 통신사를 보냈지만, 영남사림의 이황 문파인 김성일은 사신을 대하는 절차와 예절, 관백에게 절하는 위치와 방식 등에 대해 사사건건 예법과 절개와 의리만 따질 뿐 일본을 무시하기만 하고, 일본의 실상을 제대로 파악하지 않는 큰 실책을 저지른다. 황윤길이 반드시 전란이 터질 것이라고 보고하자, 김성일은 "신은 전란이 터질 어떤 기미도 보지 못했습니다"라며 반대 보고를 하였다. 류성룡이 "그러다 만일 전란이 터지면 어떻게 할 셈인가?"라고 묻자, "저도 왜놈들이 반드시 쳐들어오지 않으리라고 어떻게 장담할 수 있겠습니까마는, 단지 온 나라가 놀라고 의혹을 가질 것 같기에 그것을 풀어주려고 할 따름입니다."[152] 라고 답하였다.

이 얼마나 어처구니없는 말인가? 자기의 좁은 식견으로 국가 중대사에 대한 무책임한 주장을 함으로써, 조선은 전쟁 대비의 실기를 놓쳤고, 일본의 신무기와 군사력에 대한 철저한 조사가 없었기에, 고작 전란을 대비한다는 것이 기껏 백성들을 동원하여 성을 보수하고 화살을 만들고 무기와 병사들 숫자 파악하는 게 전부였다. 그러니 조선은 일본군이 부산포에 상륙하여 북진할 때 제대로 저항도 해보지 못하고 20여 일 만에 한성을 점령당하는 수모를 겪어야만 했다.

그리고 성리학의 우월감으로 일본을 미개한 민족으로 폄하하고, 그들의 실상을 제대로 보지 않으려 한점, 어쩌면 그것도 일종의 환상으로서 근거 없는 집단적 우월감이었다. 오히려 조선에 비해 당시 일본은 1550년대부터 포르투갈 선교사들과 무역선으로부터 조총이나 화약, 중국의 견직물을 받아들이고 은으로 지불하는 무역활동을 통해 상업활동이 활발하게 이루어지고 있었다. 그리고 도요토미 히데요시는 1590년에 일본의 전국시대를 마감시키고 통일하기까지, 수많은 전투에서 조총의 위력을 실감하고, 적극적으로 활용하여 막강한 군사력을 확보하였다. 그러한 자신감을 바탕으로 조선과 명나라를 정벌하려는 야욕을 품게 되었다. 그러나 조선은 긴박한 전란의 위험을 눈치채지 못한 채, 도의와 의리를 따지며 자기만족에 취해 있었다. 그러므로 사림의 도학적 이상을 환상이라고 치부하는 것이 마

152. 『선조수정실록』 권25, 24년 3월 1일 정유.

냥 지나친 과언은 아닐 것이다.

물론 선조는 조선의 군사력이 너무나 형편없이 저하된 것을 걱정하여, 병조판서로 임명된 이이에게 개혁안을 만들라고 지시하여, '시무 6조'와 '10만 양병설'을 보고 받기도 하였다. 하지만 성군의 덕으로 다스리면 모든 게 해결된다는 막연한 사림의 도학적 환상에 의해 이러한 개혁안은 무참히 좌절되었다. 그리고 선조도 성리학 교육을 주자학자인 사림들로부터 받았기에 조선을 명나라의 속국으로 인정하고, 천자를 공손하게 섬기고 명나라에 사대를 충실히 하였다. 그러면서 조선이라는 국가의 안위가 절대로 위협받지 않으리라는 확고한 믿음으로 명나라에 대한 막연한 '전이'의 환상을 품었다. 하지만 다음 절에서 집중적으로 논의하겠지만, 조선의 선조와 사림이 꿈꾼 환상은 히데요시 권력욕의 절정인 중원의 황제가 되겠다는, 그의 불멸의 영웅적 환상에 의해 철저히 유린당하고 파괴당하게 된다.

지금까지 선조와 사림의 도학적 이상정치의 문화적 환상에 대해 살펴보았다. 결론적으로 선조는 사림의 영향을 받아, 내면의 의식을 성찰하고 반성하여 덕을 쌓고, 인정을 베풂으로써 세상을 평안케 다스리기를 희망하였다. 물론 왜적이 자신을 표적으로 삼아 무섭게 돌진해올 때 급히 피난을 가면서 엄청난 죽음공포를 경험했을 것이다. 그런 그가 굳게 믿은 환상은 천자의 나라인 명나라의 원조와 구원밖에 없었다. 그러니 신하들의 강경한 반대에도 불구하고 "나는 죽더라도 천자의 나라에 가서 죽겠다. 왜적의 손에 죽을 수는 없다. …

왜적의 손에 죽는 것보다는 중국에 가서 죽는 것이 낫다"[153]라고 계속 우긴 것이다. 그리고 명나라 사신한테는 "예로부터 울타리 노릇을 하는 나라가 신하된 지조를 지키다가 이런 화를 당한 일이 있었습니까?"[154]라고 비참하게 묻곤 하였다. 이러한 철저한 사대주의 탓에 천자의 나라이자 부모의 나라만 잘 섬기면, 국가의 안위는 걱정이 없을 거라는 안이한 환상을 무의식적으로 품었을 것이다. 그것은 당대의 사림들이 공통으로 가진 도학적 이상의 문화적 환상이었다. 그러나 결과적으로 천자의 나라인 명나라는 평양성을 탈환한 것 외는 변변한 승리를 이루지 못하였고, 호언장담하고 왔던 숱한 명나라 장수들은 별 전공도 세우지 못하고 되돌아가곤 하였다. 그들도 일본의 군사력을 얕보기만 하고, 천자의 나라 군대가 미개한 오랑캐의 나라에 질리 없다는 안이한 환상을 품고서 지피지기를 제대로 하지 않았다. 그러므로 냉정하게 현실을 직시하지 않은 근거 없는 희망과 믿음은 모두 산산이 부서지는 한낱 헛된 환상에 불과하였다.

2. 도요토미 히데요시의 불멸의 영웅 환상

프로이트의 에로스적 파괴본능의 화신이랄까, 베커의 세속적 영웅성의 전형이라고 할까? 도요토미 히데요시는 하늘이 내린 영웅이라기보다는, 스스로 신이 되고자 한 욕망의 화신이라 할 수 있다. 왜냐하면 하늘이 내린 영웅이라면 '천명'에 따라 덕을 행하여 왕으로

153. 『선조실록』 권27, 25년 6월 13일 신축.

154. 『선조실록』 권28, 25년 7월 2일 기미.

추대되고, 그리고 백성을 덕으로 다스리는 왕도정치를 폈을 것이다. 하지만 히데요시는 암투와 모략, 기발한 작전을 펼쳐 상대를 제압하며 권력을 쟁취하고, 일본 전국을 통일시켰다. 최고 지위에 올라서도 덕으로 통치하는 것이 아니라, 무력으로 탄압하고 무자비한 폭정으로 백성들의 원성을 많이 들었다. 그렇지만 그는 비록 16세기 후반 중국 대륙을 정복하려는 야망을 품고 조선을 침략했던 철천지 원흉이지만, 현재 일본인들은 그들 문화권에서 가장 좋아하고 사랑하는 '문화적 영웅'으로 추앙되고 있다.

성장배경과 세속적 영웅성

먼저 히데요시의 출생에 대해 알아보자. 그의 출생에 대한 기록을 살펴보면, 1625년에 편찬된 『타이코키(太閤記)』에 다음과 같은 글이 실려 있다.

> 여기 고요제이 천황시대에 태정대신 도요토미 히데요시 공이라는 사람이 있었다. 미천한 데서 일어나 고금에 빼어난, 참으로 이륜절류(離倫絕類; 윤리를 도외시하고 일반인과 특별히 다른)의 큰 그릇이다. 그 시원을 살펴보니, 아버지는 오와리 고을 나카무라 사람으로 치쿠아미라고 했다. 언젠가 어머니가 품 안으로 태양이 들어오는 꿈을 꾸고 나서 임신하여 태어났기 때문에 아명을 히요시(日吉)라고 했다.[155]

히데요시의 출생지인 오와리 마을은 오다 노부나가 가계의 영지로서, 그의 생부는 그 성의 하급 무사였다고 한다. 그리고 태양이

155. 박창기, 『토요토미 히데요시』(서울: 신아사, 2016), 23.

어머니의 품속으로 들어오는 태몽은 1590년 조선통신사가 귀국할 때 가져온 히데요시 명의의 회답국서에 처음 등장한다. 그것으로 보아서 역사 연구가인 키타지마는 히데요시의 대륙 정복 야욕을 위해 고잔의 승려들이 해외 선전용으로 만들어 낸 것으로 주장하기도 한다.

> 가만히 내 일을 생각해보니, 미천한 하급 무사였습니다. 하지만 내가 탯줄에 의탁했을 때, 모친은 태양이 품 안으로 들어오는 꿈을 꾸었습니다. 점술사가 말하기를 "햇빛이 비추지 않는 곳이 없기 때문에, 성장하면 틀림없이 세상에 인풍을 일으키고, 사해에 두려운 이름을 떨칠 것은 의심할 수 없습니다"하고 말했습니다.[156]

이러한 기록들을 유추해 보면 히데요시의 출생에 관한 태몽이 많이 회자된 것으로 보이며, 만일 그 태몽이 사실일 것으로 가정한다면, 그것은 그의 성격 형성에 지대한 영향을 끼쳤을 것으로 여겨진다. 생부가 일찍 죽고 가난하여 8살에 절에 보내졌으나, 머리가 비상하여 온갖 말썽을 부리기를 멈추지 않았고, 결국 절에서 쫓겨나 남의 집을 전전하며 노비 생활을 해야 했다. 그러므로 그는 어린 나이에도 살아남기 위해 온갖 수모와 멸시에도 참아내는 법을 터득할 수밖에 없었다. 16살에는 아버지가 남긴 몇 푼의 돈을 받아 바늘과 짚신 장사를 시작하였다. 그러다 그는 20살에 토오토미의 마쓰시타의 밑에서 일을 한 후 고향에 돌아와, 오와리의 오다 노부다가 밑으로 들어갔다. 그곳에서 가장 미천한 말 먹이 꾼으로 일을 시작하여, 무

---

156. 『선조수정실록』 권25, 24년 3월 1일 정유.

슨 일이든 충직하게 해내면서 노부다가의 신임을 얻게 되고, 그 후부터 계속 승승장구하게 된다. 비록 그의 외모가 왜소하고 볼품없어 원숭이라고 놀림을 당하기도 했지만, 전혀 개의치 않고 자기의 맡은 일을 언제나 충실하게 해냈다.

> 토키치로(히데요시는)는 말먹이 꾼이 되어, 밤낮없이 말꼴과 사료를 챙기는데 방심하지 않고, 시간이 나면 오로지 말의 온몸을 쓰다듬어주니까, 얼마 지나지 않아 그 털 색깔이 아름답게 빛났다. 노부나가 경의 눈에 들어서 신발 들고 따라다니는 일을 시켰는데, 추운 계절에는 신발을 자기 품에 넣어서 따뜻하게 하는 등, 주군의 모든 분부에 응했다. 노부나가 경이 아직 장년이었고, 특별히 강한 기운의 대장이어서, 엄동이나 한더위도 가리지 않고 매일 새벽 말을 타고 나가셨는데, 어느 날 아침 눈이 몹시 내려 쌓여서, 한기가 아주 심했을 때, 보통 때보다도 일찍 일어나셨다. 현관에 사람 모습이 보이지 않자, 누가 있느냐 하고 부르자, "토키치로 여기 있습니다" 하고 대답하였다.(『회본 타이코키』)[157]

이러한 히데요시의 충직함은 달리 보면 그의 에로스적 욕망의 발산이라고 볼 수 있다. 누구도 그러한 비천한 일을 그처럼 즐겁게 헌신적으로 할 수는 없었을 것이다. 그에게는 자기 출생의 태몽에 대한 확고한 믿음이 있었다. 그것은 그의 일생을 품는 환상으로 작용하여, 기필코 자신의 이름을 사해에 펼치겠다는 야망을 형성하였기에 자신의 성공을 위한 작은 발판으로 여기고 어떠한 일도 충실히 해내어 한 단계 한 단계 올라갔다. 큰 야망을 위해 작은 일신의 괴로움, 게으름, 편안함에 대한 욕구를 억압하고 자기 스스로 다그쳐 갔을 것이다. 왜

157. 박창기, 위의 책, 42.

냐하면 당시 오다 노부나가는 무용이 대단한 떠오르는 젊은 장군으로서 천하 사람들로부터 신망을 얻고 있었다. 그러한 노부나가에게 충성함으로써 절대적 신임을 얻는다면 출세 가도를 달리는 것은 당연지사였다. 이것이 도요토미 히데요시의 성장배경이다. 이제부터 히데요시가 받은 교육은 어떠한 것이었으며, 그의 카리스마적 성격은 어떻게 형성되었는지, 그리고 일본 전국을 통일한 이후 온 나라가 일사불란하게 자신의 명령과 지시에 따르도록 통치할 수 있는 그의 능력은 도대체 어디에서 연유되었는지 알아보자.

그는 어린 시절 고묘지(光明寺)라는 절에서 기거할 때 학식이 높은 스님한테 글도 배우고 글씨도 배웠는데, 글씨를 쓸 때마다 "명필이다, 명필이다"라는 칭찬을 들을 정도였다. 그러나 부처 앞에서 경문을 외우는 것보다는 마을에 내려가 말썽을 부리는 것을 좋아했다.

> "중이 동네를 자주 가면 버린다!" 하는 스님들의 경계를 자주 들었지만 어떻게든 틈만 있으면 동네로 뛰어나가 아이들을 떼거리로 모아서 장난쳤으며, 개를 타고 말놀이를 하다가 개 허리를 분지르기도 하고, 과실나무에 돌팔매질을 치다가 남의 집 울안의 세간을 깨뜨리기도 하였다. 이러한 일쯤은 예사로 알았고, 아이들을 편 갈라 싸움을 시키는 때면 논밭의 곡식은 짓밟혀 없어지는 날이었다. "고묘지 상좌중놈 때문에 몇 동네가 망한다"는 청원이 일어났고, 밭 주인들이 고묘지의 기둥뿌리를 뽑겠다고 들고 일어나는 통에 원숭이는 절에서 쫓겨났다.[158]

비록 히데요시는 미천한 출신이었지만 운이 좋게도 절에서 글

158. 현병주, 『수길일대와 임진록』 (서울: 바오, 2016), 27.

을 배웠다. 그리고 천성적으로 어릴 때부터 안하무인의 기질이 강해 웬만해서는 꺾이지 않았다. 그리고 히데요시는 18살 무렵 병법 전문가인 마쓰시타 가헤에의 밑에 들어가 온갖 허드렛일을 도우면서 주인이 가르치는 병법을 배우게 된다. 삼 년 동안 배우면서 제자들 중에서 병법이 가장 뛰어나 더 배울 게 없을 무렵, 고향으로 돌아와 오다 노부나가 밑에 들어간다. 그는 오다 노부나가 밑에서 앞서 배운 병법으로 숱한 전쟁에서 허를 찌르는 전술로 승리를 하여 성공 가도를 달릴 수 있었다.

어찌 보면 히데요시는 천운을 타고났다고 할 수 있다. 하급 무사 집안 출신이지만 운좋게도 글을 배웠고, 남들은 배우기 어려운 병법도 우연히 배웠으니, 무사로 출세할 수 있는 기틀이 저절로 마련된 것이다. 그리고 타고난 민첩성으로 무슨 일이든 깔끔하고 완벽하게 처리했으니 어떤 주인이 마다하겠는가. 당연히 신임을 얻어 거듭하여 큰일을 맡게 되었다. 그러나 그의 전술은 예측 불가하면서도 무자비할 정도로 냉혹하였다. 마치 사냥감의 목덜미를 문 사냥개처럼, 한번 물면 끝장을 보고 말았다.

특히 그의 잔인성이 두드러진 작전은 '돗토리성 아사 작전'이다. 그것은 효고현 북쪽 동해안에 인접한 성인데, 1581년 6월 2만의 대군을 끌고 가서 봉쇄시켜 그해 10월 25일에 3명의 장수를 할복시키고 함락시켰는데, 다음은 『오다 노부나가 전기』에 실린 그때의 참상에 대한 기록이다.

이번에 이나바 돗토리 고을의 남녀 모두 성안으로 도망가서 농성했

> 다. 하층 농민들마저 성으로 들어갔지만, 장기전의 대비가 없었기에 즉시에 아사 위기를 맞았다. 처음에는 5일에 한 번, 3일에 한 번, 종을 쳤는데, 종소리를 따라 잡병이 모두 방책까지 나와서 초목의 잎을 따는데, 그중에서 벼 그루터기를 좋은 먹거리라고 하다가, 나중에는 이것도 없어서 소와 말을 먹고, 이슬과 서리에 쓰러지고, 약한 자는 굶어 죽는 자가 끝이 없었다. 굶어 죽은 귀신같이 여위어진 남녀, 방책에 붙어서 흔들거리며 나가게 도와주세요 하고 소리치는 아비규환의 슬픈 모습에 눈을 뜰 수 없었다. 총으로 쏘자, 아직 숨이 붙어 있는 자를 사람들이 달려들어 칼을 가지고 관절을 끊고 먹을 것을 찾았는데, 몸 안에서도 특히 머리 부분이 맛이 있다고 보고는, 머리를 서로 빼앗아 도망쳤다. 어쨌든 목숨만큼 강한 것은 없었다.[159]

잔인한 히데요시는 성안의 백성들이 거의 아사되어 죽거나 서로 잡아먹을 때까지도 봉쇄를 풀지 않았다. 그의 이러한 냉혹성에 사람들은 치를 떨고 두려움을 느꼈다. 그리고 히데요시의 또 다른 유명한 작전은 '타카마쓰성 물공격'으로, 돗토리성을 함락하고 서쪽으로 진격하여 빗츄의 타카마쓰성을 공략한 것이다. 1582년 4월 중순부터, 군사 5만여 명을 대동하여 성 주변에 높이 7미터 제방을 3킬로 정도 쌓아, 장마 기간의 물을 가두어 성안을 침수시켜 공략했는데, 나중에 집들이 배처럼 떠올랐고, 수많은 뱀, 쥐 족제비들이 물에 떠다니며 사람을 공격했다고 한다. 이 작전을 수행하는 도중에 오다 노부나가가 피살되었다는 소식을 듣고도 작전을 멈추지 않고 끝내 성공시켰다. 이처럼 히데요시는 다른 사람들은 상상도 하지 못할 과감한 작전을 빈틈없이 밀어붙이어 승리를 쟁취하였다. 그 당시 일본 전

159. 박창기, 앞의 책, 70.

국시대의 전쟁은 상대편의 성을 공략하면 그 성의 영주와 몇몇 장군들은 할복을 시키고, 나머지 성안의 부하나 백성들은 새로운 영주를 섬기는 것으로 끝났다. 할복 당한 장군들은 자신들의 죽음이 나머지 부하들의 목숨을 살리는 것으로 여겨 기꺼이 죽음을 맞이하였다. 그것이 무사의 도라고 영예스럽게 받아들였다. 이러한 그들의 전쟁관이 조선의 침략에서는 전혀 다른 양상으로 전개되어, 히데요시의 '정명가도(征明假道)' 작전에 치명적인 실패를 안겨준다.

지금까지 살펴본 바에 의하면 일본 전국시대의 무사들은 자신이 죽지 않으려면 무조건 싸워서 이겨야만 하고, 적의 장수가 다시 반격하지 않게 무조건 참수시키거나, 할복을 시켜야만 했다. 그렇지 않으면 자기가 죽기 때문이다. 그중에서 특히 히데요시는 더욱 냉혹하였다. 프로이트의 에로스적 확산과 공격본능이 그대로 적용되는 것이 전국시대 일본의 전쟁이었다. 죽지 않기 위해선 죽여야만 했고, 어설픈 자비는 스스로를 죽음으로 몰아넣는 것이었다. 강자만이 살아남는 약육강식의 세계 그 자체였다. 그것이 히데요시가 살았던 당대의 사회적 배경이었다. 그 속에서 살아난 히데요시에게 죽임은 자연스러운 행위였고, 살아남기 위한 방편이었다.

히데요시는 주군인 오다 노부나가가 그의 장남과 함께 아케치 미쓰히데에게 죽자, 가장 먼저 전속력으로 돌아와 반란군을 단숨에 진압하고, 노부나가의 손자 산뽀이를 후계자로 밀어붙였다. 그리고 그는 치밀한 계산으로 자기의 위상을 부각시키기 위한 작전을 수행했는데, 먼저 자신이 돌봐준다는 명목하에서 산뽀이를 안고, 노부나가의 가족들이나 상위의 중신들로부터 하례를 받는 의미심장한 장면을 연출했다. 또한 노부나가의 장례식을 상상 이상으로 성대하게 주관하여 전 일본 열도의 이목을 끌고 칭송을 들었다.

> 히데요시가 주재하면서 전력을 기울여서 거행한 노부나가의 장례식은, 곧 전 일본의 이목을 집중시켜, 그야말로 노부나가의 위업을 이을 사람으로 보인다는 인상을 주었을 뿐 아니라, 나아가 중앙정부도 히데요시가 없어서는 이루어지지 않을 것 같은 느낌을 민심 안에 깊이 심었다. 이것은 그의 최대 정적인 시바타 카쓰이에가 자신의 권익 확대를 위해 같은 무장들 혹은 오다 가문과 혼인으로 긴밀히 연계하려던 것과는 하늘과 땅 차이였다. 즉 히데요시가 대상으로 삼은 사람들은 그의 정적들이 아니라 실로 민중이었다.[160]

사사로운 이해에 이끌리는 시바타 카쓰이에와는 달리, 히데요시는 오로지 민중을 위한 일에 힘쓰는 성군의 이미지를 부각시켰다. 이러한 여러 과정을 거쳐 히데요시는 정적들을 제거하는데, 1583년 4월 카쓰이에의 죽음을 절정으로 실질적인 노부나가의 후계자가 된다. 일본 사무라이 문화의 비극적인 상징인 할복은 카쓰이에의 죽음 장면에서 볼 수 있는데, 그것이 얼마나 비정한지를 엿볼 수 있다.

> 오다니 부인의 덧없는 맹서로 "남편 손에 죽는 것이 가슴 아프고 한스럽구나. 이것은 전생의 업이 아니겠는가. 싸우다 죽고 자결하는 것은 무사의 일상이다. 생자필멸 회자정리 누가 이것을 면하겠는가." 오다니 부인을 비롯해 열 두명의 첩과 30여 명의 여관들 지금 최후를 기약하고 염불 소리에 눈물이 난간을 적신다. ... 카쓰이에가 과감하게 잡아끌어서 한 명 한명 죽이고 나서, "카쓰이에 배 가르는 것을 보아라!"하고 왼쪽 겨드

---

160. 위의 책, 115–16.

랑이에 찌르고, 오른쪽 등뼈까지 끌어서, 되돌아서 심장 아래 빼꼽 아래까지 휘젓고는, 나카무라 분카를 불러서 목을 치라고 청했다. 분카가 돌아보고는 주군의 목을 탁하고 떨어뜨렸다. 그 칼로 자신의 배도 가르고 죽었다. 그 밖의 80여 명도 서로 찔러죽거나, 자해했으니 1583년 4월 24일 오후 4시경이다.[161]

이러한 죽음 문화에서 패배한다는 것이 무엇을 의미하는지를 모두 다 잘 알기에 죽기 살기로 싸우는 것이다. 죽지 않기 위해 죽여야만 하는 사무라이 문화에서 에로스적 확산이 정당화된다. 탁월한 지도자를 중심으로 강력한 집단을 형성하면 할수록 전쟁에서 승리하고, 죽지 않을 가능성이 커진다. 그럼으로써 우월집단에 대한 욕구가 강해지고, 강력한 카리스마의 지도자에게 절대적 충성을 바침으로써 생존을 보장받으려는 심리가 자연스럽게 형성된다. 불멸의 영웅과 함께라면 늘 승리하고 불멸을 쟁취할 수 있으리라는 환상이 팽배하게 된다. 히데요시는 그러한 인간의 심리를 간파하고, 자신의 명령을 어기면 누구든지 전 재산을 몰수하고, 죽이고, 방출시킴으로써 자신의 카리스마를 구축했다.

도요토미 히데요시는 이렇게 형성한 강력한 군사력을 바탕으로 온갖 음모와 술책을 동원하여 난공불락의 적들을 하나하나 굴복시킴으로써, 마침내 1590년에 일본 전국을 통일시킨다. 무려 100여 년간을 끌어오던 일본의 전국시대는 그렇게 마감되고, 그는 천황을 이어 제2인 자의 권력인 '관백'의 자리에 오르게 된다. 히데요시는 관

161. 위의 책, 130.

백의 직위에 오를 때 천황으로부터 후지와라라는 고대 귀족들이 사용하던 성도 받았다. 이 직위에 오를 수 있는 것은 후지와라 성씨를 가진 최고의 귀족이어야만 했기 때문이다. 하지만 히데요시는 이에 만족하지 않았는데, 왜냐하면 그는 "천하를 소유하고 미래에까지 이름을 남기려면, 오로지 새로운 다른 성(姓)을 세워서 시초가 되어야겠다"(『天正記』)라고 다짐했기 때문이다. 결국 히데요시는 후지와라 성을 버리고 '도요토미(豊臣)'라는 성을 받게 된다. 이처럼 히데요시는 베커의 관점과 유사하게, 자신의 이름을 불멸로 남기는 것에 강하게 집착하였다. 한마디로 불멸의 업적을 남겨 영원히 명성을 얻기 바랬다. 이러한 히데요시가 자기 이름에 얼마나 집착했는지를 보여주는 일화가 있다. 히데요시가 노부나가의 밑에 있을 때 허락도 없이 자신의 깃발을 사용한 것이다.

> 노부나가가 미노 고을로 출진할 때, 본적도 없는 깃발을 꽂은 자가 있었다. 누군가하고 물어보니, 이것이 히데요시 깃발이라고 하자, 누가 허락해서 그렇게 했느냐고 몹시 화를 내면서, 깃대를 꺾어버리셨다. 그렇지만 히데요시는 원망하는 기색도 없이, 앞으로 달리고 뒤로 밀고 나갔다.(『太閤記』)[162]

오다 노부나가와 같은 명문가 자제들은 그들이 속한 가문의 명성에 의해 쉽게 이름을 떨칠수 있지만, 히데요시처럼 미천한 출신들은 자기의 이름을 남기기 위해 평생을 고군분투해야 한다. 하물며

---

162. 위의 책, 44.

스스로 '태양의 아들'이라고 믿는 히데요시의 야망은 스스로 일구어야만 가능하지, 누가 대신 실현시켜 주는 것이 아니었다. 이러한 억눌린 욕망을 품고 있던 히데요시는 관백의 지위에 오르자마자 곧바로 무소불위의 권력을 휘두르기 시작했다. 그에 따라 많은 일본인들이 원한을 품게 된다.

당시 일본에 선교사로 와있던 포르투갈 신부 루이스 프로이스는 실제로 히데요시를 몇 번 알현하였는데, 히데요시가 처음에 선교사들에게 관대하였다가 나중에는 탄압하고 추방령을 내리는 것을 보고 실망해서, 그의 잔인한 폭정을 자신의 저작인 『일본사』에 자세히 기록하고 있다. 다음은 오사카성과 그 주변 신시가지를 조성하는 과정을 지켜본 것이다.

> 그는 상대를 극도로 두렵게 만들었고, 사람들은 말 그대로 신하로서 따르고는 있으나, 그것은 단지 폭력과 탄압에 의한 것이었다. 그는 자신에게 복종하는 일본의 군후들을 그 출신지와 영지로부터 강제로 이동시켜 자신이 욕심나는 영국(領國)은 빼앗아 버렸다. 그 외에도 제후가 소유한 영지를 그들의 뜻과는 상관없이 서로 교환하게끔 하였다. 그는 모든 권세가들로 하여금 오사카에 장대한 궁전과 훌륭한 저택을 축조하게끔 하여, 그들이 막대한 노고와 비용을 들여 완성하면 그것을 신참자들에게 건네주도록 명하고, 그것을 지은 사람에 대해서는 또 다른 궁전과 저택을 축조하게끔 하는가 하면, 확실한 인질로서 그들의 처자를 자신 곁에 붙들어 두고서 오사카 성내에서 같이 살게 하였다. ... 그리고 관백 본인에게 직접들은 바에 의하면, 오사카성 주변의 해자를 공사하는데 6만 명이 5개월 동안 계속 작업하였는데, 그들은 구멍을 파는 인부나 석공만이 아니

라 일본의 군후와 귀족들도 같이 작업하였다는 것이다.[163]

무지막지한 히데요시의 말 한마디에 전 열도가 일사불란하게 움직였다. 더욱이 히데요시는 제후들을 더욱 두렵게 만들어 보다 신속히 일하게끔, 그들이 맡은 공사에 관심을 집중시키도록 하였다. 즉 그들에게 부여된 몫을 완수하지 못하는 자가 있으면 곧바로 추방하였고, 봉록과 영지를 몰수하였다. 그것은 무사로서 참수되어 죽는 것만 못한 치욕이었다. 그것은 베커의 사회적 상징인 '외면적 자아'가 죽는 것이기도 했다. 즉 한 지역의 영주로서 하인들을 거느리며 모든 권력과 부와 명예를 누렸는데, 그것들을 한순간에 모두 빼앗기고 짚신 몇 켤레만 들고 쫓겨나는 것은 사회적으로 생매장을 당하는 것이었다. 그러므로 인간은 자기의 자유를 조금 잃을지언정, 자기의 사회적인 지위나 명예를 포기할 수는 없다. 그리고 자기의 권한을 확대하거나 영속적으로 누릴 수 있다면 더 큰 집단 안으로 기꺼이 들어간다. 그러므로 각 지역의 영주들은 자신들의 사회적인 외면적 자아를 유지하기 위해서라도 기꺼이 관백의 명령에 따를 수밖에 없었다.

히데요시는 자기의 위대한 이름을 후세에 남기는 것 이외에는 그 무엇도 바라지 않았기 때문에, 자신의 권력을 상징하는 기념비적인 건축물을 많이 건립하였다. 첫째, 천황이 있는 궁궐에서 조금 떨어진 곳에 자신을 위하여 오사카의 궁전과는 비교가 안 될 정도로 훌륭한 궁전들과 성곽을 짓도록 하였다. 두 번째는 천황을 위해 새

163. 루이스 프로이스, 『임진왜란과 도요토미 히데요시』, 40–41.

로이 호화로운 궁전들을 건축하였다. 세 번째는 교토 근처에 나라의 것과는 별도로 대불상을 건립하도록 하였다. 그가 불심이 있어서 그런 것이 아니라 단지 자신의 이름을 높이고 널리 알리기 위해서였다.

— 명예욕과 대륙침략 야욕

히데요시의 불멸의 명예욕이 절정으로 치달은 것이 바로 '대륙 정복'에 대한 야망이다. 그의 이름을 사해에 알리기 위해, 조선을 거쳐 대륙의 중원을 차지하는 야심이다. 한마디로 일본 전국을 정복한 이후 그의 자신감은 하늘 아래 최고라는 오만함으로 극에 달하였다. 그가 이러한 야망을 공식적으로 드러낸 네 번의 기록이 있다.

첫 번째는 1586년 5월 일본 예수회 부관구장 일행을 오사카성에 영접한 히데요시는 이들을 극진히 환영하는 가운데 대륙침략 의도를 밝혔다.

> 선교사 여러분들이 한 가지 일에 전념하고 있듯이, 나도 이미 최고의 지위에 이르렀고, 일본 전국을 복속했기에, 더이상 영지나 금은을 획득하고 싶은 것은 없고, 그밖에 어떤 것도 갖고 싶지 않다. 단지 나의 명성과 권세를 사후에 전하고 싶을 뿐이다. 일본 국내를 무사 안온하게 통치하고, 그것이 실현되면 일본은 동생에게 넘겨주고, 내 자신은 힘을 다해 조선과 중국을 정복하는데 종사하고 싶다. 그래서 그 준비로 대군이 바다를 건너는 데 필요한 2천 척의 선박을 건조하기 위해 지금 목재를 벌채하도록 했다. 또 나는 선교사에게 충분히 장비를 갖춘 두 척의 대형 선박을 알선해주기 바라는 외에는 원조를 구할 생각이 없다. 그리고 그 '나우' 배를 무상으로 받을 생각은 없다. 뱃값은 말할 것도 없고, 그 배에 필요한 것들

은 일체 대가를 지불할 것이다. (『일본사』)[164]

이것으로 히데요시가 이듬해 1587년 큐슈 복속과 4년 뒤의 관동 복속을 하기 전에, 이미 대륙침략을 위해 배를 건조하는 등 구체적인 실행을 하고 있었음을 알 수 있다.

두 번째는 1587년 큐슈지방 출전 중에도 1년 전과 같은 내용을 밝히고 있다. 큐슈 남쪽의 쿠마모토의 야스시로에서 선교사들과 부하들에게 대륙침략 구상을 밝히고 있다.

> 그는 일본 전국을 평정하여 질서를 세우고 나서, 대량의 선박을 건조시켜서 20만 내지 30만 명의 군사를 이끌고 중국으로 건너가, 그 나라를 정복할 생각인데, 포르투갈인들은 이것을 즐거워하는지 어떤지 하고 물었다. 그리고 이 물음에 대한 포르투갈인들의 대답을 듣자, 관백은 더이상 없을 만큼 아주 기뻐하는 모습을 보였다. 주위에 있던 제후나 중신들은 관백의 의향을 조금이라도 어기지 말아야지 하고 부단히 신경을 쓰고 있고, 이러한 그의 제안은 절대적인 찬사로 받아들여져서 환성과 갈채를 받았다.[165]

당시 막 큐슈를 복속하여 승리에 도취해 있던 분위기에서 히데요시가 대륙을 침략하겠다고 하자, 부하들이 함성을 지르고 환호했던 분위기를 고스란히 보여주고 있다.

세 번째는 1590년 관동의 호조 우지나오를 복속시킴으로써 명실상부 일본 전국을 통일시키게 되면서, 히데요시는 오만과 끝없는

164. 박창기, 앞의 책, 183.
165. 위의 책, 184.

과신으로 흡사 악마 하나가 출현한 것과 같았다. 그는 몸소 군대를 이끌고 중국으로 건너갈 것을 엄숙히 선언했다.

> 지금 나는 일본 전국의 유일한 군주이며 중국을 정복하는 일 이외에는 내가 할 만한 일이 남아 있지 않다. 설령 이 일을 진행하다가 내가 세상을 마치는 것이 분명하다고 해도 나는 이러한 계획을 단념하지는 않을 것이다. 왜냐하면 나는 일본 역사상 유일하게 인간으로서 도달한 일이 없는 영예와 명성을 후세에 남길 것을 바라고 있기 때문이다. 이제 중국을 다 정복하지 못하고서 도중에 쓰러지는 한이 있더라도 나의 이름은 영원히 남을 것이며, 불멸의 영예로써 영원히 기념될 것이다.[166]

이 자리에서 그는 자기에게 죽음이 닥치더라도 결코 대륙침략을 포기하지 않겠다고 공표한다. 어쩌면 그는 침략 전쟁의 승패와 상관없이, 침략했다는 그 자체만으로도 역사에 불후의 영웅으로 남을 것임을 예상하고 있었다.

네 번째는 히데요시가 애지중지하던 아들 쓰루마쓰가 3살 때인 1591년 8월에 죽자, 다시 대륙침략 계획을 다짐한다. 그가 노년의 나이에 겨우 자식을 얻어 즐거워하다가, 이를 잃고 슬픔에 빠진 와중에 다시 한번 중대한 결심을 한다.

> 50여 세에 처음으로 얻어서 총애하는 것이 대단하셨다. 이것이 꿈인지 생시인지 쓰러져서 슬퍼하신다. 어찌할 방도가 없어서 키요미즈 절에 참배하면 혹시라도 슬픔을 잊을 수 있을까 하고 이곳에 3일간 머무셨지만, 자식 생각하는 마음의 어둠은 걷히지 않고 소매엔 눈물의 강을 막을

166. 루이스 프로이스, 앞의 책, 57.

길이 없었다. 그러던 중 딱 생각이 떠올라 측근들을 불러서 말했다. "이렇게 엎드려 잠기고 있으면 슬픔이 그칠 새도 없고, 몸도 약해질 것이다. 일본은 이렇게 손바닥 안에 들어왔다. 히데쓰구에게 천하를 넘겨주고, 대명나라에 들어가 왕이 되어야겠다. 지난해 조선에 사자를 보냈을 때, 대명에 들어갈테니까 조선이 선봉을 맡아 달라고 전했는데 아직도 답장이 없다. 그렇다면 조선에 들어가 조선이 나의 명에 따르지 않으면 쳐부수고, 그리고 대명에 들어가겠다."[167]

분명한건 히데요시는 조선 침략 이전 6년 전부터, 대륙침략을 선교사들과 부하들에게 공언하며, 대외적으로 침략의 시기를 조율하면서, 전쟁 준비를 진행하고 있었다. 배를 건조하는 한편 조선에 사신을 보내고, 통신사를 불러 '정명가도'를 주장하였다. 그러한 야망은 프로이트의 에로스적 확산의 욕망일 수 있고, 랑크와 베커식의 죽음 공포를 억압하고 그것을 대체하는 불멸의 영웅성에 대한 갈구일 수 있다. 아무리 그러하더라도 그러한 야망은 몽상이라 할 정도로 무모하고 터무니없고, 동아시아 세계 전체에 엄청난 혼란을 초래하고, 너무나 많은 사람들의 희생을 요구하는 결정이었다.

그러나 눈여겨보아야만 하는 것은 히데요시의 안중에는 조선은 없었다. 조선쯤이야 명나라를 치러 가는데, 단지 거쳐 가는 길목에 불과한 것이었다. 길을 내주지 않으면 단번에 쓸어버리면 된다고 생각한듯하다. 누구 하나 감히 조선은 그렇게 만만하게 봐서는 안 되는 문명국으로서 삼국시대부터 일본에 한학, 불교, 종이, 먹, 건축술을 전파해준 고마운 나라라고 말하는 이가 없었다. 오히려 일본의 큐

167. 박창기, 앞의 책, 191.

슈나 관동처럼 대군을 끌고 가서 도성을 함락시키면 쉽게 굴복할 것이라고 여긴 듯하다. 게다가 더욱 황당한 것은 하야시 라잔이 쓴 『도요토미 히데요시보』에는 이런 대목이 실려 있다. "히데요시가 말하기를 예부터 중화는 우리나라를 여러 번 침략했으나, 우리나라가 외국을 정벌한 것은 진구코고가 서쪽 삼한(고구려 · 백제 · 신라)을 정벌한 이래 천 년 동안 없었다"[168] 그러니 히데요시 자신이 다시 조선을 치겠다는 말이다. 이러한 일본인들의 믿음의 근거는 일본의 역사서인 『일본서기』 안의 다음 대목에 있다. "보물이 있는 그 나라를 신라국이라 한다. 만약 나를 잘 제사 지내준다면 칼에 피를 묻히지 않아도 그 나라가 스스로 복종할 것이라는, 신탁에 따라 진구코고가 바다를 건너자 고구려 · 백제 · 신라가 모두 항복했다"[169]라고 적혀있다. 이러한 신화적 믿음이 조선쯤이야 언제든 정복할 수 있는 나라라는 막연한 환상을 일본인들의 집단 무의식에 심어준 것 같다. 그러니 틈만 나면 이 땅을 침범하려고 호시탐탐 노리고 있다.

이러한 일본의 침략 의도를 정확히 간파한 이는 조선에 거의 없었다. 일본은 1587년 9월에 사절단을 조선에 보내 통신사를 요청한 것은, 사실 조선의 복속을 요청한 것이었다. 그런데 선조는 속사정도 모른 채, 1590년 1월 통신사를 지명하면서 "일본은 사실 우리의 이웃 나라인데 새로운 임금이 들어서자 우리나라와 새로 좋은 관계를 맺으려고 한다. 그러니 두 나라 사이에 교제하거나 일을 처리하고 접대하는 문제들은 중대한 것이다. 선위사는 꼭 재주와 지략이

168. 김시덕, 『그들이 본 임진왜란』 (서울: 학고재, 2016), 17.
169. 위의 책, 22-23.

있고 임기응변에 강할 뿐만 아니라 성격 또한 너그럽고 도량이 큰 사람이라야만 능히 먼 나라 사람들의 환심을 살 수 있을 것이다"[170]라고 지시한다. 그리고 임란 중 평양에 피난을 가 있으면서, "내가 나라를 잃게 된 것은 다른 죄가 있기 때문이 아니라, 단지 큰 나라를 깍듯이 섬기느라 미친 왜적들에게 불만을 산 때문이다"(1592.5.3)[171]라고 한탄했다. 이처럼 조선으로선 어떻게 왜구의 섬나라가 어버이 같은 천자가 계신 명나라를 침략하려 하는지 도저히 이해가 안 되었기에, 자의적으로 판단할 수밖에 없었다.

__ 불세출의 영웅성에 대한 집착

기어코 1592년 4월 13일 코니시 유카나가가 이끄는 제1군 18,700명이 부산포에 상륙하여, 다음날 부산포를 함락하는 것으로 7년 전쟁의 서막이 오른다. 그날의 싸움이 얼마나 격렬하고 비참했는지, 그 전투에 참가했던 어느 일본 무사의 기록인 『요시노 일기』에 잘 실려 있다.

> 14일 아침 묘시에 배를 대고 즉시 성을 공격했다. 성안에서는 미리 화살 쏘는 방책을 만들어 놓고 비 오듯 쏘아댔지만, 우리 편은 그것에 꿈쩍도 않고, 총을 있는 대로 쏘아댔다. 4시간 정도는 온 세상이 캄캄했다. 천지가 떠나갈 듯이 쏘아대자, 방책도 무기도 무너지고, 머리를 내미는 적이 없다. 높이가 세 길이나 되는 돌담을 앞다투어 들어가 함성을 지르니, 적은 어느새 숨어서, 집 사이나 마루 밑으로 숨고, 숨을 곳이 없는 자들은

170. 『선조실록』 권24, 23년 1월 17일 경신.

171. 『선조실록』 권26, 25년 5월 3일 임술.

동쪽 문에 늘어서서는 모두 손을 합장하고 무릎을 꿇었다. 들어보지 못한 조선말, '마노오 마노오' 하는데 살려달라는 듯이 들린다. 그것을 우리 편은 듣지도 않고, 자르고 찌르고 밟아 죽였다. 이것은 군신(軍神)에게 올리는 피의 제사라고 여기고, 여자나 남자나 고양이나 개나 모두 자르니, 자른 머리가 3만여 개나 되어 보인다. 아침 묘시에 공격해서 사시와 오시에 함락했다.(『吉野日記』)[172]

왜적은 부산포, 동래성을 무참히 함락시키고, 별다른 저항 없이 상주와 충주에서 조선의 명장으로 선조가 신임하던, 이일과 신립의 수많은 군사들을 조총의 화력으로 거침없이 몰살시킨 후, 단 20여 일 만에 수도 한성을 점령한다. 보통 일본에서 큰 성 하나를 함락시키는 데 수개월이 걸리는데, 그렇게 빨리 조선의 수도를 탈환하니 히데요시의 기쁨이 이루 말할 수 없었다.

루이스 프로이스의 『일본사』에는 태합이 된 히데요시가 관백에 오른 조카 히데쓰구에게 보낸 승리의 흥분이 고스란히 담긴 다음의 편지 내용이 실려 있다.

조선의 서울이(음력으로) 이달 22일에 점령되었다. 이 때문에 나는 조선으로 건너가는 일을 더욱 서두르고 있다. 나는 이번에야말로 틀림없이 전 중국을 남김없이 복종시킬 생각이다. 따라서 너는 중국의 관백으로서 그 땅으로 건너가거라. ... 세계를 나누어 가진 세 나라, 곧 일본 · 중국 · 인도 가운데에서 나에게 거스를 자는 아무도 없다고 하지만, 어쨌든 명예와 명성을 존중하는 까닭에 병사들이 매우 화려하게 꾸미고 올 필요가 있다. ... 일본의 고요제 천황을 중국의 수도인 북경으로 옮길 것이니, 그

172. 박창기, 앞의 책, 205.

> 것이 실현되기를 바라는 까닭에 필요한 준비를 해 주었으면 좋겠다. 천황이 중국으로 출발하는 것은 내년이 아니면 그 다음 해가 될 것이다. ... 일본의 천황 자리에는 황태자나 하치조궁을 임명하게 될 것이다. 조선의 국왕 자리에는 기후의 재상을 앉히게 될 것이다.[173]

히데요시는 이처럼 모든 게 다 계획이 되어있었다. 하지만 히데요시의 이러한 기고만장한 계획도 평양성 탈환을 정점으로 모든 게 일그러진다. 먼저 왜적이 얼마나 조선을 우습게 보았으면, 히데요시가 조선의 국왕 자리에 누구를 앉힐 것인지 정해 놓은 상태인데, 고니시 유키나가는 감언이설로 이덕형에게 화의를 요청하고 있다. "일본은 귀국에 대하여 털끝만한 원한도 없고 다만 중국으로 쳐들어가려고 할 뿐입니다. ... 대저 임금의 몸은 만세의 근본을 일으키는 것이다. 바라노니 계책을 훌륭히 하여 화친을 하는 것이 어떠한가? 귀국의 화친을 요구하려면 왕족 및 권세를 잡고 있는 무리를 볼모로 삼아 일본에 보내야 한다. 그렇게 하면 용가(龍駕, 임금의 수레)를 보호하여 서울의 도성으로 돌아올 수 있을 것이고, 그렇지 않으면 용가가 평안도에 머물러야 될 것이다."[174] 이처럼 능구렁이 같은 고니시 유키나가도 나중에 명나라 유격인 심유경한테 호되게 당하고 만다.

히데요시의 '정명가도'에 예상치 못한 두 가지 난관이 발생했으니, 첫째는 거센 의병들의 봉기이다. 일본 국내의 전쟁에서는 그 지방의 영주만 굴복시키면 그 부하나 민간들은 새로운 영주에게 복종

---

173. 루이스 프로이스, 앞의 책, 220-226. 참조.

174. 『선조실록』 권28, 25년 7월 1일 무오.

하였는데, 조선의 각 지방에서는 의병들이 일본의 침략에 대항하여 목숨을 걸고 들불처럼 일어났다. 일본에서 수송선으로 보낸 군량미와 보급품은 조선의 내륙으로 수송되는데, 각지에서 의병들이 매복 습격하여 일본 군사들을 죽이고 약탈해 갔다. 그러므로 평양성과 함경도까지 진출한 왜적들은 제대로 군량미를 보급받지 못해 굶주려야 했고, 지원병이 제대로 도착하지 못했기에, 더 이상의 진격은 엄두도 못 내게 되었다. 두 번째는 해상에서 조선 수군의 반격이다. 이순신이 이끈 수군은 해전에서 싸우는 족족 승리를 하면서, 일본의 보급선이 서해를 거쳐 한강이나 평양까지 도달하려는 모든 계획을 수포로 만들었다. 히데요시는 이 두 가지 난제를 끝내 풀지 못해 중원을 정복하려는 계획을 보류하고, 일단 남해안으로 모든 병력을 후퇴시키고 장기전에 돌입하게 된다. 그러면서 조선에 출병한 장군들과 병사들은 전쟁의 피로가 누적되고 고향의 가족 품으로 돌아가고 싶은 마음만 팽배해져 명나라와 강화를 적극적으로 추진하게 된다.

명나라의 유격 심유경이 고니시 유키나가와 협상을 추진하는데, 그가 얼마나 능수능란하게 상대를 농락하며 설득하는지 놀라울 정도다. 그러나 자신의 요망한 세 치 혀 때문에 끝내 처형되는 인물이다. 그가 처음 고니시 유키나가로부터 중국군이 그렇게 강하면서 왜 일본과 화평을 원하는지 질문을 받자, 다음과 같이 답한다. 명나라에 전적으로 의존하던 조선으로서는 상상도 하지 못할 수치와 분노를 일으킬 답변이다.

만약 중국군이 일본군을 조선에서 몰아내기 위해 전력을 쏟는다면 쉽게 그렇게 할 수 있다. 그러나 그 때문에 다른 불리한 점들이 있으므로 그만두었던 것이다. 만약 지금 일본군과 강화하게 되면 모든 불리한 점도 없어지게 될 것이다. 조선 땅을 일본인이 차지하든 본래대로 현지의 조선인이 차지하든 건에 그것은 우리 중국인에게는 똑같은 일이다. ... 중국인은 조선인에 대해서 매우 안 좋은 감정을 가지고 있어서 오래전부터 이들을 조선에서 몰아내고 싶다고 생각하였다. 그래서 이번 전쟁을 좋은 기회로 여겨 조선 왕을 사로잡아 수천의 감시병을 부쳐서 어느 성에 잡아두고 있다. 만약에 노 관백이 좋아할 것 같으면, 조선 왕을 일본으로 보내어 노 관백의 뜻대로 처분하여도 좋을 것이다.[175]

심유경은 이러한 막말을 서슴지 않고 협상을 강하게 추진했지만, 히데요시와 명나라의 황제가 갖고 있던 서로 간의 입장 차이가 너무 커 협상은 결렬되어 정유재란이 발생하게 된다. 한마디로 각자가 갖고 있던 문화적 우월감의 차이라고 여겨진다. 황제의 입장에서는 '일본이 중국에 조공을 바치고 싶은데 허락하지 않아서 난을 일으켰으며, 조공무역을 허락하고 히데요시를 일본 국왕으로 책봉해주면 감사히 여기고 물러갈 것'이라고 여겼다. 하지만 중원을 점령하여 일본의 문화를 대륙 전체에 퍼뜨리겠다는 야심을 품었던, 히데요시가 제시한 일곱 가지 협상 조건은 "① 중국 황제의 공주를 일본의 황후로 보낼 것, ② 일본과 명나라의 통상(通商)의 회복, ③ 일본과 명나라 대신 간에 영원토록 친선 관계 맺을 것, ④ 조선의 네 도를 일본에 할양할 것, ⑤ 조선의 왕자와 대신을 인질로 보낼 것, ⑥ 조선의 두 왕자의 방환, ⑦ 조선의 대신은 대대로 일본을 배반하지 않겠다고 맹세

175. 루이스 프로이스, 앞의 책, 266–267.

할 것"[176]이다. 이러한 확연한 입장의 차이는 중간의 협상자인 심유경과 고니시 유키나가로서는 도저히 극복하기 어려운 문제였다. 그래서 그 둘은 둘만의 밀약으로 농간을 부리다가 심유경은 명나라로 송환되어 처형을 받았고, 곧이어 정유재란이 발발하게 된다.

결국 명나라와 일본의 강화협상 결렬은 명나라 황제와 히데요시 사이의 서로 상이한 '우월집단 환상'의 격돌로 치부될 수 있다. 황제 입장에서는 '중원 황제의 명령이면 모든 속국의 임금은 복종해야 한다.' 그렇지 않으면 강력한 군대를 보내 응징할 것이다. 하지만 황제가 보낸 명나라 구원병은 일본군과 싸워서 제대로 승리한 적이 없다. 숫자로 밀어붙이지만, 조총과 큰 칼을 앞세운 일본 병사들의 격렬한 전투력은 난공불락처럼 막강하였다. 이여송이 승리한 평양성 전투도, 전투에 승리한 고니시 유키나가 군사들이 식량과 지원군의 역부족으로 밤에 몰래 성을 빠져나갔기 때문에 가까스로 이룬 것이다.

그리고 히데요시의 환상은 '하늘의 천자인 일본의 천황도 내 명령을 따르는데, 중원의 황제 정도야 얼마든지 쫓아낼 수 있다'고 본 것이다. 하지만 아무리 일본의 군사력이 막강하더라도, 그들이 하찮게 여긴 조선마저도 완벽히 정복하지 못했으며, 그렇다고 일본 국내의 모든 인원과 물자를 전쟁 비용에 충당할 수도 없는 현실적 한계가 있었기에 더 이상의 대륙침략은 불가능하다는 것을 알게 된다. 하지만 히데요시 입장에서는 최소한 한강 이남의 네 개의 도만이라도 탈취해야만 자신의 명예를 유지할 수 있었다. 그렇게만 된다면 조

176. 위의 책, 303.

선에 진출한 장수와 병사들을 그대로 주둔시키고, 그들의 일본 영지는 자신의 가신들에 할애해서 자신의 위신을 챙길 수 있다고 여겼다. 하지만 하늘의 운이 다했는지, 1598년 8월 갑자기 병을 얻어 쇠약해지며, 조선에서 모든 군사를 철병시키라는 유언을 남기고 마지막 숨을 거두게 된다.

베커의 관점으로 본다면 히데요시는 완전히 세속적 영웅성의 전형이라고 볼 수 있다. 한마디로 종교적이며 영적인 우주적 자아가 닫힌 인물이었다. 프로이트식의 초자아조차도 열리지 않은 인물이었다고 볼 수 있다. 종교적인 신앙심에는 무관심하였지만, 자기의 절대적 권위에 맞먹는 자는 예민하게 과감히 쳐냈다. 당시 오사카의 정토진종의 최고 지도자 겐뇨도 사이카로 추방시키고, 자기의 다도 스승인 센노리큐도 할복시키고, 오다노부 나가의 아들인 강력한 무장 오다 노부카츠는 하인 하나만 달랑 딸려 추방시켜 버렸다. 카톨릭에는 처음에 호의를 보이다가, 예고 하나 없이 1587년 6월에 추방령을 내린다. "일본은 신들의 나라이므로 크리스챤 나라에서 온 악마의 가르침을 설파하기 위해 선교사들이 건너온 것은 심히 사악한 일이다." 한마디로 그의 행위는 유교적인 덕이나 인을 베푸는 정치와 무관했고, 부처의 자비를 베푸는 불교적 심성도 아니었고, 가톨릭의 하느님에 대해서도 무관심했고, 오로지 자신의 권력을 확대하고 유지하는 데만 몰두하였다.

또한 히데요시는 사회적 상징인 외면적 자아에만 치중한 인물이었는데, 모든 행사를 보는 이로 하여금 입이 쩍 벌려질 정도로 화려하게 치장하여 거행했다. 그리고 황금으로 다실을 꾸며 자신의 부를 과시하였으며, 궁궐이나 성곽 그리고 도시를 건설하는데 모든 인력과 물자를 동원시켰다. 사람들이 우러러볼 업적을 쌓기 위해 대륙을 침략하여 중원의 황제가 되고 싶어 했다. 그가 대륙을 침략하기 전 선포한 다음의 출사표는, 부하들에게 자신의 환상을 심어주고 그 환상에 동참할 것을 명한 것이다.

> 나는 일본 왕국, 곧 천하의 군주로 충만한 기쁨과 즐거움 · 재보 · 번영에 둘러싸여 있음에도 불구하고 스스로 그것들을 포기하고 세계에서 유례가 없는 명예롭고 경탄할 만한 계획을 나의 힘으로 성취하고자 한다. 모두는 이 계획과 도항에 나를 좇고, 만일 목숨을 바치게 되더라도 그것은 나와 함께 영원히 기념되고 찬미될 것이기 때문에 그러한 고생을 달게 받아들여야만 할 것이다. 너희는 그 숭고한 용기로 세상이 가장 갈망하고 있는 한 사업을 수행하는 것이며, 생명을 유지하고서 일이 순조롭게 진척되면 새로운 정복으로 획득될 제국 · 봉록 · 영지를 하사받아 너희는 많은 즐거움과 기쁨 속에서 여생을 보낼 수 있을 것이다.[177]

이러한 그의 야심은 불멸의 영웅적 환상으로서, 그것에 동참하는 누구든지 영원히 자신과 함께 영웅으로 찬미되어 불멸을 획득할 것임을 선언한 것이다. 하지만 그도 역시 필멸의 인간이었다. 인간으로서 품었던 불멸의 영웅적 환상은 죽음에 이르러 또 다른 환상으로 변형되었는데, 그것은 신이 되고자 한 것이다. "히데요시는 자신의 이름이 후대에 길이 전해지기를 희망하면서, 마치 신처럼 받들어 모셔지기를 원해 일본 전통에서 관습적으로 해왔던 것처럼, 자신

---

177. 위의 책, 176-177.

의 유해를 화장하지 말고, 공들여 준비한 관 속에 시신을 넣고 그것을 오사카 성안의 유원지에 안치하라고 명령하였다. 이리하여 히데요시는 죽어서 신의 반열에 올려져서 새로운 하치만(전쟁의 신)으로 일컬어지기를 희망했다."[178] 그렇게 도요토미 히데요시는 자신의 태몽인 '태양의 아들'이라는 환상을 품고, 에로스의 확산인 파괴적 충동으로 이 세상의 중심으로 들어가 왕이 되고자 하였다. 그리고 죽음에 이르러선 '전쟁의 신' 하치만이 되겠다는 또 다른 환상을 품고 생을 마감하였다. 돌이켜보면 히데요시가 품은 불멸의 '문화적 영웅 환상'은 실현되었다고 볼 수도 있다. 현재 그는 일본에서 가장 위대한 지도자로 존숭되고 있기 때문이다.

도쿠토미 소호(德富蘇峰)는 『세계의 인간』(1899)에서 이러한 히데요시의 인기 비결 네 가지를 다음과 같이 밝힌다. 첫째, 히데요시는 평민적이다. 문벌이나 위계나 이력에 구애되지 않았다. 둘째, 히데요시는 국민적이다. 일본 전국을 통일하여 일본이라는 국민정신을 드러냈다. 셋째, 히데요시는 세계적이다. 일본 역사에서 적극적으로 해외 정벌에 나선 자는 신공황후(진구코고)와 히데요시뿐이다. 넷째, 히데요시는 온정이 많고 관대하며 문학과 미술, 공예 등 여러 면에서 영향을 끼쳤다는 것이다. 하지만 아무리 그가 일본에서 사랑받는 영웅일지라도, 그는 한국에선 천인공노할 인물에 불과할 뿐이다.

178. 위의 책, 343.

3. 이순신이 지향한 천명의 인간상

이순신은 한국인이 가장 흠모하는 위인의 표상이다. 심지어 그에게 패한 적국인 일본에서도 그를 고결한 인품과 탁월한 전략을 구사하는 위대한 장군으로 존경하고 있다. 임진왜란 관련 일본 문헌을 연구한 김시덕에 의하면, 이순신이 일본에 알려지게 된 배경은 류성룡의 『징비록』이 1695년 일본에서 간행된 이후이다. 그것을 계기로 『징비록』은 전근대의 동아시아에서 가장 널리 읽힌 조선의 책이 되었다. 일본에서 1705년 『징비록』의 내용을 그대로 수용하여 만든 『조선태평기』, 『조선군기대전』이 연이어 출간되며, 그 책들의 영향으로 이순신의 인품, 충절, 그리고 수군을 운용하는 비범한 전략 등이 알려지며, 위대한 영웅으로 존경받게 되었다고 밝히고 있다.

_ 가계와 성장배경

불의에 굴하지 않는 이순신의 강직한 성품의 연원을 그의 조상들의 이력에서 살펴볼 수 있다. 왜냐하면, 유교 사회에서 한 집안의 혈통과 가풍이 그 사람의 성격 형성에 지대한 영향을 끼친다고 보기 때문이다. 그것은 앞서 베커가 논의했듯이 성격의 형성은 한 사람이 세상 속에서 자기를 안전하게 위치시키는 과정인 인간화와 사회화의 결정이라는 말과 일맥상통한다.

이순신의 선대는 고려 말기에 중랑장을 지낸 이돈수를 중시조로 하여 대대로 무장을 배출한 무반 가문이었다. 그러다가 7대 이변과 이순신의 증조인 9대 이거가 문과로 급제했다. 이렇듯 이순신 가계는 무반의 기질과 문반의 기질을 가지고 있었다. 조상들의 성품을 살펴보면, 이변은 "성품이 엄하고 곧아서 윗사람의 뜻에 구차하게 같이하지 아니하였다", 이거는 "사헌부 장령으로 있을 때에 '호랑이 장령'이라는 별명을 얻었는데, 왜냐하면 언제 어느 곳에서도 불의와 부정과는 절대로 타협하지 않는 강직하고 성실한 성격의 소유자로서 모든 비행을 조사하여 잘못을 추궁하는 것이 너무나 엄정했기 때문이었다"[179]고 한다. 그리고 조부 이백록은 기묘사화에 연계되어 과거응시에 제한을 받아, 평시서라는 작은 직책에 봉사하며 울분을 삭여야 했고, 부친 이정은 평생 벼슬을 하지 않았다고 한다. 이처럼 이순신의 곧고 바르고 강직한 성품은 그의 조상 대대로 내려온 집안 내력의 영향을 많이 받았다고 볼 수 있다. 다음으로는 이순신의 탄생과 성장 배경 그리고 교육받은 것에 대해 살펴보자.

이순신은 명종이 즉위하던 1545년 3월에 태어났는데, 그 해는 을사사화가 일어나 사림이 크게 화를 입은 해라고 한다. 당시 한성의 건천동에서 부친 이정의 네 아들 중 셋째로 태어났다. 부친은 네 아들을 삼황오제의 이름을 따서 희신, 요신, 순신, 우신이라고 이름을 지었다고 한다. 이와 달리 『이충무공 행록』에는 이름과 관련하여 또 다른 이야기가 기록되어 있다.

> 점을 치는 사람이 말하기를, "나이 오십이 되면 북방에서 대장이 될 것이다"라고 하였다. 처음에 공이 태어날 때 모친의 꿈에 할아버지 참판공(이백록)께서 나타나셔서 말씀하시기를, "이 아이는 반드시 귀하게 될 터

179. 이민웅, 『이순신 평전』 (서울: 책문, 2017), 21.

이니 이름을 순신(舜臣)이라 하라"고 하였으므로, 모친이 아버지 덕연군(이정)에게 그 꿈 이야기를 하여 마침내 그대로 이름을 지었다.[180]

그 점쟁이가 예언한 것처럼 이순신은 북쪽 오랑캐뿐만 아니라 남쪽의 왜적을 막을 수 있는 장군이 될 기운을 타고났다고 볼 수 있다. 그리고 순신의 이름이 효행으로 이름난 순임금에서 따왔기에 어머니에 대한 효심이 그렇게 지극했던 것인지 모르겠다.

이순신의 어린 시절도 히데요시 유년기처럼 악동 기질이 다분히 있었다. 익히 알려진 것처럼 동네 아이들과 진을 치고 전쟁놀이를 하다가 지나가는 이가 방해가 될시, 혹여 어른일지라도 장난감 활로 눈을 겨냥하여 두려워 피하게 만들곤 했다. 그보다 더 악동 짓도 서슴지 않고 했는데 다음과 같은 일화가 있다.

어린 순신이 여름에 참외밭을 지나가다가 참외가 먹고 싶어서 참외를 요구했는데 거절당하고 말았다. 이에 화가 난 그가 돌아오는 길에 집에 가서 말을 타고 와서는 그 참외밭을 엉망으로 만들었다. 그러자 밭 주인이 그다음부터는 어린 순신이 지나가기만 해도 스스로 참외를 제공하였다.(『충무록』 / 『선조충무공행장』 ; 해군사관학교박물관 소장)[181]

이순신도 어릴 때는 어른들도 함부로 다룰 수 없는 안하무인의 악동 기질이 있었다. 하지만 그런 악동 짓은 한때의 치기로 끝냈을 것이다. 어쨌든 그렇게 강한 기질이 있었기에 무수한 전쟁터에서

180.『이충무공전서』, 권9, 이분 찬, 「행록」.
181. 이민웅, 앞의 책, 35.

사나운 적들의 숱한 공격에도 굴하지 않고, 끝내 승리할 수 있었다고 보여진다.

이순신의 공부는 20세까지 형들을 따라 문과 공부를 했기에, 사서삼경은 물론이고 문신들이 보는 대부분의 서책을 섭렵했다. 그리고 무과를 준비하면서 무신들이 반드시 숙지해야 할 이론서인 '무경칠서(武經七書)' 등 무예와 전사, 전법서 들을 두루 섭렵했다. 그의 학식이 얼마나 풍부했는지를 가늠할 수 있는 과거 시험장에서의 일화가 있다.

> 공은 무경 강독 시험에서 만점을 받았는데, 황석공에 관한 시험에서 시험관이 묻기를 "장량이 적송자를 따라가서 놀았다고 했으니, 장량은 정말로 죽지 않았을까?" 하자, 공이 대답하기를 "사람은 일단 태어나면 반드시 죽게 마련이며, 통감강목(通鑑綱目)에도 임자(壬子) 6년에 유후 장량이 죽었다고 쓰여 있습니다. 그러니 신선을 따라가 죽지 않았을 리가 어디 있겠습니까. 그것은 다만 가탁(假託; 거짓으로 꾸며낸 말)하여 한 말일 따름입니다."라고 대답하였다. 그러자 시험관들이 서로 돌아보며 그의 특출함을 찬탄하면서, "이것이 어찌 일개 무인으로서 알 수 있는 것이겠는가"라고 하였다.[182]

여기서 주목하고 싶은 것은, 본 글의 주제이자 베커의 핵심 논의인 인간의 자의식적인 '죽음 인식'에 대한 이순신의 분명한 답을 엿볼 수 있다는 점이다. 비록 그는 필멸의 인간임을 자각하더라도, 히데요시처럼 엄청난 권력을 향유하여 역사에 불멸의 이름을 남기기를 열망하지는 않았다. 오히려 이순신은 더러운 오명을 남기기를 두려

182. 『이충무공전서』, 권9. 이분 찬, 「행록」.

위하여, 불의와 싸우고 충절의 고결한 이름을 남기려고 애썼다. 그리고 신선과 같은 신비주의에 현혹되지 않고, 냉철하게 현실을 인식하는 깨어있는 지성을 소유했음을 엿볼 수 있다.

이렇게 무과에 급제한 후 이순신은 북방과 남쪽 해안가를 오르내리며 여러 보직을 거치게 되는데, 그의 강직하고 곧은 성품 때문에 상관들의 부당한 처사와 부딪치며 힘겨운 관직 생활을 이어가게 된다. 그러던 중 그의 나이 43세(1587) 때에 1차로 백의종군하게 되는 사건을 겪게 된다. 그해 그는 두만강 하구에 있던 녹둔도의 둔전을 관리하던 책임자로 있으면서, 수비 병력이 적어 직속 상관인 이일에게 군사를 증원시켜 달라고 요청했으나 묵살 당하고 만다. 결국 우려했던 대로 여진족들이 대거 침범하자, 그는 이운룡과 같이 추격하여 적의 장수들을 쓰러뜨리고 조선 백성 60여 명을 구해 왔다. 하지만 이일은 자기 책임을 모면하기 위하여 이순신을 잡아 가두고 심문하려 하였다. 다음은 그때의 일화로서 이순신의 삶의 자세를 엿볼 수 있는 대목이다.

> 공이 병사의 관아로 들어가려고 할 때 병사의 군관인 선거이가 본래 공과 친하게 지내던 사이여서 공의 손을 잡고 눈물을 흘리며, "술을 마시고 들어가는 게 좋겠소"라고 말하니, 공이 정색하고 말했다. "죽고 사는 것은 천명(天命)인데, 술은 마셔서 무엇 하겠소"라고 하였다. 선거이가 다시, "그럼 술을 마시지 않더라도 물이라도 마시고 들어가시오"라고 했으나, 공은 "목도 마르지 않은데 물은 무엇하러 마시겠소"하고 그대로 들어갔다.[183]

---

183. 위의 책, 「행록」.

결과적으로 이일도 이순신의 결백함과 당당함에 어찌하지 못하고 가두어 두기만 했다. 이 사건이 조정에 보고되자, 선조는 이 전투가 단순한 패전이 아니므로, 이순신으로 하여금 '백의종군(白衣從軍)' 하여 다시 공을 세우도록 명령했다. 이민웅은 『이순신 평전』에서 '백의종군'은 원래의 계급이 삭직 또는 강등되어 일개 병졸로 근무하는 것이 아니라고 주장한다. 원래의 직책만 정지될 뿐, 신분은 그대로 유지한 채 대장을 보좌할 수 있고, 전투에서 공을 세워 자신의 잘못을 만회하면 얼마든지 다시 복직될 수 있다는 것이다. 결국 그해 겨울 이순신은 또 다른 공로로 다시 특사를 입게 된다. 이처럼 이순신의 삶의 자세는 한마디로 '천명을 따르는 것'으로, 자기가 결백하기만 하다면 세상에 두려울 게 없다는 소신이다. 달리 말하면 잘못한 게 없는데, 왜 두려워해야 하는지 모르겠다는 것이다. 만약 자기가 죄가 있다면 하늘이 징벌을 내릴 것이고, 그것은 피할 수 없다는 것이다. 이순신처럼 죽음 앞에서 당당할 수 있다는 것은 자기의 양심에 한점 거리낌이 없다는 것을 의미한다.

그 후 여러 관직을 거쳐 이순신은 류성룡의 추천으로 1591년 2월에 전라좌수사로 임명되어 부임한다. 임진왜란 발발 1년 전이었다. 이 당시 이순신의 한 친구는 다음과 같은 꿈을 꾸게 된다.

> 꿈에 큰 나무를 보았는데, 그 높이는 하늘을 찌를 듯하고 가지는 양편으로 가득 퍼져 있었다. 그 위에 올라가 몸을 가지에 기대고 있는 자들이 몇천만 명인지 모를 정도였다. 그런데 그 나무가 뿌리째 뽑혀 쓰러지려고 하자 한 사람이 몸으로 그것을 떠받들고 있었다. 자세히 보니 그가 바

로 공이었다고 한다.[184]

이러한 꿈은 장차 이순신이 위태로운 나라의 운명을 떠받치는 역할을 하리라는 것을 예언하고 있다. 당시 조선에 살았던 백성들의 집단 무의식이 한 친구의 꿈으로 발현된 것이다. 이것은 마치 융이 1차 세계대전 발발 이전에 전 유럽이 홍수에 잠기는 꿈을 꾼 것과 유사하다.

모든 문제에는 해결의 실마리가 숨겨져 있는 데, 임진왜란의 경우에 이순신이 그 역할을 부여받은 것이다. 어찌 보면 그것도 천명이라 할 수 있다. 이순신은 부임하자마자 왜적이 침입할 것을 대비하여, 만반의 준비를 하기 시작했다. 성과 해자를 보수하고, 병력을 충원하고, 판옥선과 거북선을 수리 건조하고, 봉수대를 보수하고, 활과 화살 그리고 총통류의 상태를 점검하고 시험하여 자기 예하의 '5관 5포'(5개 지방관과 5개 군진) 중 어느 한 곳이라도 부실하면 엄히 다스렸다. 그가 어떤 마음가짐으로 이들 일에 임했는지를 엿볼 수 있는 기록이 있다.

> 방답의 병선 군관과 색리들이 병선을 수리하지 않았기에 곤장을 쳤다. 우후(이몽구), 가수(假守; 임시관리)가 제대로 단속하지 않아 이 지경에 이른 것이니 해괴하기 짝이 없다. 자기 한 몸 살찌울 일만 하고 이와 같이 돌보지 않으니 앞일도 알만하다. 성 밑에 사는 토병 박몽세는 석수로서 선생원의 쇄석을 뜨는 곳에 갔다가 이웃집 개에게까지 피해를 끼쳤으므

184. 위의 책, 「행록」.

로, 곤장 여든 대를 쳤다.[185]

이순신은 바로 밑의 직속 부하라도 자기 책임을 방기하고 게으름을 피우는 것을 용납하지 않았다. 그리고 공무를 보면서 민간에 폐를 끼치는 것은 절대로 용서하지 않았다. 관리와 군사는 백성의 안위와 재산을 보호하고 지켜주는 것이지, 그 임무를 기만하고 백성 위에 군림하고 재산을 약탈하는 것은 도저히 용서할 수 없었다.

임진년 4월 12일 이순신은 배를 타고 거북선의 지자포, 현자포를 쏘며 훈련을 하고 있었다. 바로 다음 날 13일 고니시 유키나가가 이끄는 일본군 18,000여 명이 수백 척의 배를 몰고 부산포로 건너오고 있었다. 그날 부산포가 함락되면서 임진왜란의 서막이 올랐다. 이순신은 4월 15일에서야 경상우수사 원균과 경상좌수사 박홍으로부터 "왜적 삼백오십여 척이 이미 부산포 건너편에 도착했다"라는 공문을 받게 된다. 이 이후 경상좌도와 우도의 수군은 지레 겁을 먹고 싸움 한번 제대로 해보지 않고 배들을 침몰시킨 채 도망친다. 이순신은 부하 장수들과 오랜 숙의를 거쳐 전라좌도의 관할지를 벗어나 경상도 방면으로 출정하게 된다.

이순신의 수군은 1592년 5월 4일의 1차 출정으로 옥포, 합포, 적진포 해전에서 적선 40여 척을 침몰시키고 조선에 첫 승전을 올려 패색이 짙던 온 나라에 승리의 기운을 복돋우게 된다. 그 후 다시 군선을 정비하고 식량을 보충하여 5월 29일 2차 출정을 하여 사천, 당

185. 『난중일기』, 임진년 1월 16일.

포, 당항포, 율포 해전을 치르고 70여 척을 침몰시켜, 해전에서 무조건 이긴다는 자신감을 갖게 된다. 그 후 7월 8일의 3차 출정에서 그 유명한 학익진으로 한산 대첩을 이루고, 안골포 해전에서 승리하여 적선 80여 척을 침몰시키고 남해의 제해권을 장악하게 된다. 그로부터 약 50일 후에는 일본군의 근거지인 부산포를 공격하여 적선 100여 척을 분멸시키는 큰 전과를 시킨다. 이후 일본군은 조선 수군과의 해전을 금하고 부산과 쓰시마 섬을 잇는 병참선만 유지하게 된다. 이 모든 해전은 임진왜란이 발발한 당해 임진년에 치른 것이다.

그 후 해전은 소강상태로 1593년~1595년 사이에 조선에는 육지와 해상을 막론하고 온 나라에서 기아와 전염병으로 수많은 사람이 죽어 나가는 참상을 겪게 된다. 그로 인해 전투 경험이 있던 병사의 80%를 잃게 된다. 그 후 이순신은 정유년(1597) 2월 왜적의 간계와 선조의 자의적 판단으로 인해 파직당하고, 서울로 압송되었다가 정탁을 비롯한 여러 중신의 상소로 겨우 풀려나 백의종군하게 된다. 그해 7월 원균이 칠천량 해전에서 대패를 당해 전 수군이 침몰당하고, 9월에 이순신은 칠천량 해전 때 탈출한 전선과 전라도에서 수습한 배를 합하여 총 13척의 전선으로, 명량해전에서 적 함대 133척을 맞아 대승을 이루고 조선 수군을 극적으로 회생시킨다. 무술년(1598) 11월 이순신은 일본으로 철수하는 적을 노량에서 무찌르다 유탄을 맞고 전사하게 된다. 이상이 이순신이 임진왜란과 정유재란 기간의 주요 활동이다.

우주적 자아의 인간적 고뇌

이제부터는 본 글의 핵심 논의로 들어가서 『난중일기』를 새롭게 분석해보고자 한다. 앞서 밝혔듯이 본 글에서 주목하여 다루고자 하는 것은, 베커의 자아와 환상의 관점으로서 『난중일기』에서 보이는 이순신의 자아 특성과 그가 품은 환상 그리고 주변의 상황과 사람들과의 예기치 않은 관계에서 생겨나는 갈등이다. 그것을 통해 그의 심란한 내면의 번민, 한탄, 울분을 살펴보면서, 그의 인간적 고뇌와 죽음 인식 그리고 우주적 자아로서의 삶의 태도를 해석해 보고자 한다.

이순신에게 공식적인 울분과 노여움의 대상은 전쟁을 일으킨 히데요시와 그의 명령을 좇아 쳐들어온 눈앞의 일본군들이지만, 개인적인 고뇌와 번민을 자아내는 대상은 지척에 있던 원균이었다. 그만큼 이순신은 원균과의 갈등으로 숱한 미움과 분노 그리고 울분을 토로해야만 했다. 물론 근무지 가까이에 와 계시던 연로하신 어머니의 건강과 몸이 아픈 아들 면에 대한 근심이 늘 끊이지 않았지만, 원균과의 갈등은 심각한 정신적 고통을 안겨주었다. 그렇다면 왜 그렇게 둘은 앙숙이 되어야 했는지 의문이 들지 않을 수 없다. 흔히 알고 있듯이 바른 성품과 인격을 소유한 이순신이 그토록 한 인간을 미워하고 비웃고 경멸할 수 있는지 의아하게 여길 정도로, 『난중일기』에는 원균을 감정적으로 싫어하는 문구가 숱하게 보인다. 이 둘의 갈등 원인에 대한 여러 논의는 임란 중의 조정에서도 심각한 문제로 인식하여 7차례나 논의된 기록이 있고, 최근까지도 몇몇 연구가 있었지만, 자료가 한정되어 명쾌하게 밝혀지지는 않는다. 무엇보다도 이순신과 원균이 그것을 직접 언급하거나 글로 적어두지 않았기 때문에 누구도 쉽게 단정하기는 어렵다.

이 둘의 갈등이 시작되는 발단은 『징비록』에 다음과 같이 상세히 적혀있다.

> 처음에 왜군이 상륙했을 때 원균은 왜군의 규모가 큰 것을 보고는 감히 출병하지 못하고 함선 100여 척과 화포 등 무기들을 바다에 가라앉혔다. 원균은 다만 수하의 비장인 이영남, 이운용 등만 데리고 배 네 척을 타고 달아나 곤양 바다 어귀에 도착하여 육지에 내려 왜군을 피하려고 하였다. 이에 수군 1만여 명이 모두 달아났다. ... 원균은 이영남을 보내 원병을 요청하였다. 이순신은 서로 담당한 지역이 따로 있는데, 조정의 명이 아니고서 어찌 마음대로 담당 지역을 넘을 수 있겠냐며 거절하였다. 원균은 다시 이영남을 보내 구원병을 요청하였다. 그렇게 대여섯 차례를 계속 왕래하였다. 이순신에게 갔던 이영남이 돌아올 때마다 원균은 뱃머리에 앉아 그 모습을 보고 통곡하였다고 한다.[186]

류성룡은 원균이 왜적이 출몰하자 지레 겁을 먹고, 싸움 한번 제대로 해보지 않고 자기 휘하의 배를 수장시켜 놓고는 오히려 이순신에게 도와주지 않는다고 원통하게 여긴다고 보고 있다. 하지만 이순신의 『임진장초(壬辰狀草)』를 보면 원균이 적선을 상대로 최선을 다해 방어하려고 노력하고 있었다는 것을 알 수 있다. 임진년 4월 29일 원균은 전라좌수영에 다음과 같은 구원요청을 하고 있다.

> 적선 500여 척이 부산 · 김해 · 양산 · 명지도 등 여러 곳에 배를 되어

186. 류성룡, 앞의 책, 143.

진을 치고 제 마음대로 육지로 쓸어 올라가 연해안 각 고을과 포구의 우리 병영과 수영이 거의 다 함락되어 봉화불이 멀리 끊어진 것이 지극히 통분합니다. 그래서 본도의 수군을 뽑아 출동시켜 적선 십여 척을 쫓아가 깨뜨리고 불살라 버렸으나 나날이 적병은 늘어 그 형세가 더욱 성해져서 적은 많고 우리는 적기 때문에 대적할 수 없어 본영도 또한 함락되었으니 이제는 두 도가 합세하여 적선을 공격하면 육지에 올라간 왜적들이 혹시 뒤를 돌아다보는 근심에 끌리게 될 것이니 귀도 전선을 남김없이 거느리고 당포 앞 바다로 달려옴이 좋겠습니다.[187]

이렇게 경상우수사 원균은 적선 10척을 분멸시키며, 나름대로 본영을 방어하기 위해 최선을 다했으나 중과부적으로 본영이 함락되었다는 소식을 알려온다. 이와 유사한 기록으로 의병장 조경남은 자신의 『난중잡록(亂中雜錄)』에 "지금 경상우수사가 왜적을 많이 잡아 승세를 크게 떨치고 있으니 각기 마음을 놓고 생업에 전념하여 서로 경동하지 말고 농사일에나 힘쓰라"고 하였다. 하지만 대부분 문헌에는 경상우도의 무기력하고 절망스런 상태가 여실하게 기록되어 전해진다. 『난중일기』에는 "남해현령(기효근), 미조항첨사(김승룡), 상주포 · 곡포 · 평산포 만호 등이 왜적의 소식을 한 번 듣고는 벌써 달아났고, 군기 등의 물자가 모두 흩어져 남은 것이 없다."[188] 또한 『선조실록』에는 초유사 김성일이 조정에 보고한 내용이 실려 있다.

우도에 침범한 왜적의 한 패는 김해 · 창원 · 우병영(右兵營) · 칠원(漆原) 등지를 약탈하여 소굴로 삼고, 또 한패는 연해(沿海)의 여러 섬에 출몰하니 여러 진보(鎭堡)의 모든 장수들은 왜적을 바라만 보고 겁을 먹어

187. 『이충무공전서』, 권2. 장계1, 「부원경상도장2」.

188. 『난중일기』, 임진년 5월 2일.

앞다투어 도망하여 육지로 나왔으므로 바다의 군영이 일체 텅 비어 버렸습니다. 우수영(右水營)은 수사(水使)와 우후(虞候)가 스스로 군영을 불태우고서 우후는 간 곳을 알 수 없고, 수사는 배 한 척을 타고서 현재 사천(泗川) 해포(海浦)에 우거하고 있는데 격군(格軍) 수십 명 이외에는 군졸은 한 명도 없습니다. 신이 보건대, 고성(固城)이 비록 함락되었지만 왜적이 이미 돌아갔고 군량도 있으니, 만약 수사가 성에 들어가 웅거하여 지킨다면 무너져 흩어진 인민들이 반드시 안집(安集)할 것이기에 두 차례나 수사에게 통문을 보냈더니 수사가 지난 19일 성으로 들어가 지킬 계획으로 고성현 지경에 배를 대자 전날의 왜적 1백여 명이 배반한 백성들을 거느리고 재차 와서 성을 점거하였으므로 결국 들어가지 못하였습니다. 그러나 지금 들으니 수사가 선전관 원전이 전한 명에 의하여 전라도수사와 재차 약속하여 근간에 적선을 쳐부수려 한다고 합니다.[189]

논자가 보기에 이런 모든 기록은 경상우수영이 처한 여러 단면을 보여주는 것으로 완전히 왜곡되었다고 보여지지 않는다. 왜냐하면 원균은 임란 3개월 전에 우수사로 부임하였기에 경상우수영의 모든 조직을 완전히 장악하여 통솔하지 못했을 것이고, 부산과 김해에 가까운 병영에 왜적 배들이 수십, 수백 척이 동시에 출몰하니 각 포구의 병사와 격군들은 혼비백산하여 달아났을 것이다. 비록 처음에는 병사들을 독려하여 혼신의 힘을 다해 적선 10척을 분멸시켰지만(공식적으로 임금에게 보고되지 않아 진의가 불분명), 계속 불어나는 적의 규모에 감당하지 못하고, 원균도 속수무책으로 단지 배 몇 척만 가지고 물러날 수밖에 없었을 것이다. 각 병영의 병사와 격군들이 뿔뿔이 달아났기에 부득이 배와 군량미, 무기들을 적에게 넘겨주지 않기 위해 불태웠을 수 있다. 그리고 원

189. 『선조실록』 권27, 25년 6월 28일 병진

균은 북방에서 육군으로 큰 공을 세운 장군이었지만, 해상의 전투 경험이 없었기에 자기 능력을 제대로 발휘하지 못했을 수 있다. 그와 달리 이순신은 임란 발발 14개월 전에 전라좌수영에 부임하여 전쟁 대비를 위해 병력 충원, 전선 건조와 거북선 창제, 총통류 등 무기체계의 준비, 그리고 좌수영 예하 5관 5포 모두를 동원해서 1년 이상 철저히 준비하여 자신의 지휘 통솔하에 지휘체계를 갖추었다. 그렇다면 임란 초에는 협동 관계였는데, 왜 이순신과 원균은 어느 순간부터 심각한 갈등 관계로 치닫게 되었는지 의아하다. 이러한 둘 사이의 대립 관계를 연구한 김태형은 다음 두 가지 이유를 댄다.[190]

첫째, 전공보고 과정의 갈등이다. 이순신과 원균의 뿌리 깊은 반목은 임진왜란 최초의 승전인 옥포해전 후 약속을 어기고 이순신이 몰래 단독으로 장계를 올린 일, 더구나 원균은 병력도 거의 없고, 공도 없다는 내용의 장계 때문에 시작되었다. 이것에 대해 『선조수정실록』에는 다음과 같은 기록이 있다.

> 처음에 원균이 이순신에게 구원병을 청하여 적을 물리치고 연명(聯名)으로 장계를 올리려 하였다. 이에 순신이 말하기를 '천천히 합시다.' 하고는 밤에 스스로 연유를 갖춰 장계를 올리면서 원균이 군사를 잃어 의지할 데가 없었던 것과 적을 공격함에 있어 공로가 없다는 상황을 모두 진술하였으므로, 원균이 듣고 대단히 유감스럽게 여겼다. 이로부터 각각 장계를 올려 공을 아뢰었는데 두 사람의 틈이 생긴 것이 이때부터 시작되었다.[191]

---

190. 김태형, 「이순신과 원균에 관한 포폄(褒貶)시비 일고(一考)」, 『한국인물사 연구』 22(2014): 232-236. 참조.

191. 『선조수정실록』 권26, 25년 6월 1일 기축

이 장계로 인해 논공행상에서 밀린 원균은 더욱 노여움을 품게 되었다. 이순신은 정2품 정헌대부에 봉해지고, 원균은 종2품 가선대부에 봉해졌기 때문이다. 또한 이순신 휘하 부하들은 전공에 합당한 포상을 받았지만, 원균의 부하들은 공이 있어도 포상받지 못했다고 앙심을 품게 된다.

둘째, 수군의 지휘권 문제이다. 계사년(1593년) 8월 이순신은 삼도수군통제사로 임명된다. "이순신을 삼도수군통제사에 겸임시키고 본직은 그대로 두었다. 조정의 의논에서 삼도수사가 서로 통섭할 수 없다고 하여 특별히 통제사를 두어 주관케 하였다. 원균은 선배로서 그의 밑에 있게 됨을 부끄럽게 여겨 틈이 벌어지기 시작했다."[192] 원균은 자기가 나이는 5살 많고, 무과급제도 9년 먼저 합격하여 북방에서 상급자로서 나탕개의 난과 시전부락 전투로 공을 세워서 나이나 경력 면에서 이순신을 훨씬 능가한다고 자부했는데, 이순신의 지휘 아래에 들어가게 되니 자존심이 상해서 더욱 노기를 부리게 되었을 것이다. 김태형은 이에 대해, "전투에 관한 한 누구보다 자신감과 용맹함이 넘쳤던 원균은 자신보다 후배인 이순신은 연전연승하는 반면에, 자신은 전투다운 전투 한번 못해보고 자신의 병사들을 대부분 잃은 데 대한 열패감에다, 이순신의 지휘 아래 전투에 참여할 수밖에 없는 상황 속에서 이순신이 전 수군의 최고 지휘관이 되자, 도저히 그것을 받아들이기 어려웠던 측면이 있었을 것으로 보인다"[193]고 추정한다.

---

192. 『선조수정실록』 권27, 26년 8월 1일 임오.

193. 김태형, 앞의 글, 236.

이러한 이순신과 원균의 갈등은 둘 사이에 팽팽한 긴장 관계를 형성하다가 종국에는 이순신이 통제사에서 파직되고, 원균이 그 자리를 차지하는 데 이르게 된다. 이 둘의 갈등이 한마디로 정의되기 어렵지만, 베커의 영웅적 환상의 관점으로 해석해 볼 여지가 있다. 각기 다른 성장배경과 신념이나 가치관의 차이, 즉 서로가 바라보는 개인적 환상의 차이라고 볼 수 있다. 이순신은 조상 대대로 불의와 타협하지 않은 반골의 기질이 있고, 맡은 바 책임을 다하는데 성심성의껏 하였으며, 항상 철두철미하게 만반의 준비를 하여 전투에 임했고, 작전을 계획할 때에는 지휘고하를 막론하고 현장의 목소리를 담아 현실성 있게 작전을 펼쳤다. 그리고 부하들과 늘 함께하며 마음으로 다독거렸다. 그러나 약속기한을 넘길 때는 고을 현감이라도 잡아다 곤장을 때릴 정도로 엄하였다. 하지만 원균은 아버지 원준량이 전라수사, 경상병사를 역임한 공신 가문의 장남으로서 당대 최고의 장군인 신립과 무과 동기로서 자부심이 대단했다. 그는 용맹이 출중한 장수였는데, 그의 나탕개 소탕전의 활약에 대해 조인득은 "소신이 일찍이 종성에서 그를 보니, 비록 만군이 앞에 있다 하더라도 횡돌(橫突, 측면에서 돌격함)하려는 의지가 있었고, 행군도 매우 박실(朴實)하였습니다"[194] 라고 밝힌다. 이원익은 원균이 싸움에서는 용맹하나 평소에는 거칠어 군사를 잘 못 다룬다고 평한다. "원균에게는 군사를 미리 주어서는 안 되고, 전투에 임해서 군사를 주어 돌격전을 하게 해야 합니다. 평상시에는 군사를 거느리게 하면 반드시 원망하고 배반하는 자들이

194. 『선조실록』 권81, 29년 10월 21일 갑신.

많을 것입니다."[195] 한마디로 부하들을 잘 못 다루어 그들이 한마음으로 따르지 않을 수 있다고 보았다.

이순신은 매사에 성심성의껏 임하였고, 허언하고 망말하고 그릇된 행위를 하는 것을 "가소(可笑)롭다", "통탄(痛惋)스럽다", "통분(痛憤)하다"는 말로 자기 심정을 드러내었다. 그것은 원균뿐만 아니라 자기의 부하일지라도 그릇된 행위를 하면 옳지 않게 보았다. 그런데 특히 원균이 술에 취해 망말을 하고 추태를 보이는 경우가 많았고, 항상 불만과 노기를 띠고 자신을 바라보았기에 더욱 원균과 거리가 멀어졌다. 더구나 원균의 부하이면서도 우수영에 벌이는 원균의 비리에 대해 이순신에게 와서 말하는 이들이 많았기에, 더욱 원균을 불신하게 된다.

> 선전관에게서 피난 간 임금님의 사정과 명나라 군사들의 소행을 들으니, 참으로 통탄스럽다. 나는 우수사(이억기)의 배에 옮겨 타고 선전관과 대화하며 술을 여러 잔 마셨는데, 영남우수사 원균이 와서 술주정이 심하기가 차마 말할 수 없으니 배 안의 모든 장병들이 놀라고 분개하지 않은 이가 없었다. 그의 거짓된 짓을 차마 말로 할 수 없다.[196]

이순신은 부하들에게 적의 수급을 자르기보다 적의 배를 침몰시켜 전쟁에서 승리하는 것이 장수의 본분임을 강조하였다. 그러한 이순신의 눈에 원균과 부하들의 행태가 제대로 곱게 보였을 리 없다. 다음은 『난중일기』에 기록된 이순신의 원균에 대한 비난과 불만

195. 『선조실록』 권81, 29년 10월 21일 갑신.
196. 『난중일기』, 계사년 5월 14일.

의 글들을 살펴본 것이다.

> 경상수사의 군관과 가덕 첨사의 사후선 두 척이 섬 사이를 들락날락하는데, 그 하는 꼴이 황당하므로 묶어서 영남수사에게 보냈더니 수사(원균)가 크게 화를 냈다. 그의 본뜻은 군관을 보내어 어부가 건진 사람의 머리들을 찾아내는 데 있었기 때문이다.(93.2.28)

> 원 수사의 하는 말은 극히 흉측하고 거짓되었다. 무어라 형언할 수 없음이 이와 같으니, 함께 하는 일에 후환이 없을 수 있겠는가.(93.7.21)

이순신은 원균의 부하들이 전공을 올리는 데 혈안이 된 행동을 서슴지 않게 하는 것이, 그의 상관인 원균의 묵인하에 이루어진 것을 판단하였다. 올곧은 성격의 이순신이 보기에, 얼마나 한심해 보였겠는가? 이것에 대해 원균의 공과를 재평가하기 위한 연구를 한 김인호는 경상도 수군 입장에서 말하기를 "당시 원균 수하의 수군이 미약한 것도 사실이고 주로 전투 현장에 가서 배를 불태우거나 직접 해안가에서 적의 목을 베어 오는 일을 담당한 것도 사실이었다. 그런데 이런 일은 원균의 경상도 수군이 할 수 있는 최선의 임무였다"[197]고 평한다. 예를 들면 이순신이 보고한 「당포파왜병장」에 "... 원균은 패군한 후 군사가 없는 장수로서 지휘할 아무것도 없기 때문에 접전하는 곳마다 화살이나 탄환에 맞은 왜인들을 찾아내어 머리 베는 것을 맡아 했습니다. ... 그날 아침 9시쯤 적선을 불사를 때 경상좌수사 원균과 남해현령 기효근 등이 뒤좇아 와서 물에

---

197. 김인호, 『원균평전 – 타는 바다』 (평택: 평택문화원, 2014), 105.

빠져 죽은 왜적들을 두루 찾아 건져 내어 머리 베인 것이 50여 개나 되었습니다. ,..."[198]라는 기록이 있는 것으로 보아, 이순신도 원균의 처지를 인정한 것으로 보인다.

이순신은 원균의 모함이라고 추정할 수밖에 없는, 다음과 같은 황당한 경우를 당하여 분하고 원통함에 치를 떠는 경우가 빈번했다.

> 김양간이 서울에서 영의정의 편지와 심충겸의 편지를 갖고 왔는데, 분개하는 뜻이 많이 담겨있었다. 원수사의 일은 매우 해괴하다. 내가 머뭇거리며 앞으로 나아가지 않는다고 했다니, 이는 천년을 두고 한탄할 일이다.(94.8.30)

> 김희번이 서울에서 내려와서 영의정의 편지와 조보 및 원흉의 답서를 가져와 바치니, 지극히 흉악하고 거짓되어 입으로는 말할 수 없었다. 기망하는 말들은 무엇으로도 형상하기 어려우니 천지 사이에는 이 원흉처럼 흉패하고 망령된 이가 없을 것이다.(95.11.1)

원균이 조정에 이순신이 싸울 생각을 안하고 피하기만 한다고 비방하는 공문을 보내고, 조정의 윤두수, 윤근수, 김응함에게 이순신을 모함하는 편지와 뇌물을 보냈는지, 그들은 적극적으로 원균을 두둔하고 이순신을 비방하여 선조가 이순신을 불신하게 만든다. 그런 편지들이 류성룡을 통해 이순신에게 다시 전달된 것이다. 얼마나 이순신이 분노했으면 '천년을 두고 한탄할 일' 혹은 '천지 사이에

198. 『이충무공전서』, 권2. 장계1, 「당포파왜병장」.

이 원흉처럼 망령된 이가 없다'고 했겠는가. 이와 같이 이순신과 원균 사이의 갈등은 회복이 불가능할 정도로 파국을 향해 치닫게 된다. 다음은 이순신의 인생에서 가장 치욕스럽고 힘든 시련이었던 삼도수군통제사에서 파직당하고 서울로 압송된 배경에 대해서 자세히 살펴보고자 한다.

여러 중신들의 모함 속에서 선조의 마음에 이순신에 대한 불신이 싹트고 있었다. "이순신은 처음에는 힘껏 싸웠으나 그 뒤에는 작은 적일지라도 잡는데 성실하지 않았고, 또 군사를 일으켜 적을 토벌하는 일이 없으므로 내가 늘 의심하였다. 동궁(東宮)이 남으로 내려갔을 때에 여러 번 사람을 보내어 불러도 오지 않았다."[199]라고 말하였다. 하지만 실상은 다르다. 명과 일본은 화의 기간 중에 공식적인 전쟁을 금하고 있었다. 그리고 1593년부터 혹독한 기아와 전염병으로 온 나라의 백성들이 죽어 나가고 심지어 서로 잡아먹기도 하는 말로 형언할 수 없는 상황이 전개되고 있었다. 그것은 이순신의 수군에서도 예외가 없었다. 열에 일곱이 죽어 나갔다고 한다. 살아 있는 병사들도 며칠씩 굶고 있었는데, 전투를 시킨다는 게 가능했을 리 없다. 그리고 왜적들은 남쪽 해안가에 요새를 구축하고 요지부동으로 처박혀 있어, 조선의 수군이 아무리 다가가 싸움을 걸어도 꿈쩍도 안 하는데, 어떻게 전투를 한다는 것인가. 이러한 사정도 모른 채 조정에서는 이순신이 이제 편안히 자기 안위만 챙기고 있다고 의심하게 된다. 그 당시 원균은 경상우수사에서 1594년 12월 충청 병사로 옮겼다

---

199. 『선조실록』 권76, 29년 6월 26일 임술.

가, 다시 얼마 후 전라도 병마절도사로 부임하였다. 그 기간 중에 원균은 다음의 서한을 임금에게 올린다.

> 우리나라의 위무(威武)는 오로지 수군에 달려 있습니다. 신의 어리석은 생각에는 수백 명의 수군으로 영등포 앞으로 나가 몰래 가덕도 뒤에 주둔하면서 경선을 가려 뽑아 삼삼오오 짝을 지어 절영도 밖에서 무위를 떨치고, 1백여 명이나 2백 명씩 대해에서 위세를 떨치면, 청정은 평소 수전이 불리한 것에 겁을 먹고 있었으니, 군사를 거두어 돌아갈 것이라 생각됩니다. 원하건대 조정에서 수군으로써 바다 밖에서 맞아 공격해 적으로 하여금 상륙하지 못하게 한다면 반드시 걱정이 없게 될 것입니다.[200]

이러한 원균의 서한은 비변사의 명령에 따르지 않은 이순신을 모함하는 것으로 볼 수 있다. 당시 조정의 중신들과 선조는 이순신에 대한 불신으로 가득 차 그를 교체해야 한다는 결론을 내리게 된다. 그것에는 원균의 모함 이전에, 선조가 이순신에 대해 극도의 불만을 야기한 몇 가지 이유가 있었다. 다음은 이순신과 원균의 갈등에 대한 여러 조정 회의 중 일부이다.

> – 윤두수: 원균은 신의 친척인데, 신은 오랫동안 그를 만나보지 못했습니다. 대체로 이순신이 후배이면서 벼슬은 원균의 윗자리에 있기 때문에 그렇게 발끈발끈 성을 내는 것입니다. 아마도 조정에서 참작하여 알아서 처리해주는 것이 좋을 것입니다.
> – 선조: 내가 이전에 들으니, 애당초 군사를 요청한 것은 사실 원균이 한 일인데, 조정에서는 원균이 이순신만 못하다고 하였기 때문에, 그 때문에 원균이 이렇게 화를 내게 된 것이라고 하였다. 또 듣자니,

200. 『선조실록』 권84, 30년 1월 22일 계축

원균은 적을 사로잡을 때에 선봉이었다고 한다.

– 류성룡: 원균은 단지 가선대부인데 이순신은 정헌대부가 되었으니, 원균이 성을 내는 것은 바로 이 때문입니다.

– 선조: 내가 듣자니, 군사를 요청하여 바다에서 싸울 때 원균에게 공이 많고, 이순신은 따라간 것이라 하며, 또 듣자니, 이순신이 왜적을 많이 잡은 것은 원균보다 나으나, 공을 이룬 것은 실로 원균에게서 비롯하였다 한다.[201]

이러한 비방과 모함으로 인해 임금 선조에게는 전투 중 물에 빠진 적의 시체나 끌어올려 목을 베어 전공을 세웠던 원균이 가장 앞장서서 싸운 영웅이 되어있었다. 반면에 전체 전투를 조율하며 작전을 지시하고 장수들을 독려하여 적의 함대를 궤멸시킨 이순신은 원균 뒤를 졸졸 따르며 전공을 가로챈 비겁한 장군이 되어 버렸다. 거짓이 진실을 가려 버린 것이다. 이것은 의심 많은 선조가 적의 목을 자른 숫자로 전공을 평가하고, 적의 배를 침몰시킨 숫자의 보고는 믿지 못하겠다고 누누이 강조했기 때문일 수 있다.

이순신의 파직과 '백의종군'

그런 와중에 이순신을 파직시키는 결정적인 요인이 작동하는데, 그것은 일본 고니시 유키나가의 부하인 요시라의 반간계에 선조 이하 조정의 중신들이 모두 속아 넘어간 것이다. 한마디로 요시라가 심어준 거짓 환상에 전 조정이 놀아난 것으로, 거대한 망상인 집단적 환상에 빠져 마치 이순신 때문에 전쟁을 끝낼 수 있는 결정

201. 『선조실록』 권82, 29년 11월 7일 기해.

적 기회를 놓쳐 전쟁에 패하게 되었다는 논리로, 선조는 명령을 따르지 않은 이순신에게 분노하게 된다. 그것의 내막을 간단히 정리하면 다음과 같다.

1597년 1월 11일 요시라는 경상우병사 김응서를 만나, 고니시 유키나가는 조선과 명나라에 대하여 화의를 성사시키려고 노력하는데, 그와 앙숙인 호전적인 가토 기요마사는 화의를 반대하므로 그를 제거할 수 있는 절호의 기회가 있다는 것이다. 그가 일본에서 돌아오는 길목에 조선 수군을 매복시켜 불시에 치면 그를 죽일 수 있다는 계책이었다.[202] 이에 김응서는 도원수 권율에 보고하고, 그것은 급히 조정에 보고된다. 이에 선조와 대신들은 깊이 검토도 하지 않은 채 권율에게 지시를 내린다. 한산도에 주둔해 있는 이순신을 출동시키라는 것이다. 이러한 명령을 받은 이순신은 가토 기요마사가 이미 부산에 도착해 있을 것으로 판단하고, 적의 반간계라고 의심하고 수군을 출동시키지 않았다. 이순신의 예측대로 가토 기요마사는 이미 1월 13일에 부산에 도착해 있었다.[203] 오히려 기요마사가 조선의 수군이 부산 앞바다로 출동하면 유키나가와 함께 치려고 기다리고 있었을 것으로 추정된다. 이처럼 음흉한 적의 반간계에 속아 조선의 막강한 수군이 전멸할 가능성이 농후했었는데도, 오히려 선조는 중신들과 함께 이구동성으로 자신의 명령을 따르지 않는 이순신을 혹독하게 비난한다.

---

202. 『선조실록』 권84, 30년 1월 19일 경술

203. 『선조수정실록』 권31, 30년 1월 23일 갑인

– 선조: 왜적의 우두머리(고니시 유키나가)가 손바닥을 펼쳐 보이듯 가르쳐 주었는데도 우리나라에서 해내지 못했으니, 우리나라는 참으로 천하에 용렬한 나라이다. ... 한산도의 장수(이순신)는 편안히 누워서 어떻게 해야 할 줄을 몰랐었다.
– 윤두수: 이순신은 왜적을 두려워하는 것이 아니라 사실은 싸우러 나가기를 싫어하는 것입니다. 임진년에 정운이 죽은 것도 절영도를 거쳐 배를 몰고 오다가 적의 화포에 맞아 죽었습니다.
– 이산해: 이순신은 정운과 원균이 없기 때문에 이렇게 머뭇거리는 것입니다.
– 김응남: 이순신이 싸우러 나가지 않으려 하자 정운이 목을 베려고 하였더니, 이순신은 무서워서 어쩔 수 없이 억지로 나가 싸웠습니다.
– 선조: (한탄하다가 한참 만에 한숨을 쉬면서) 우리나라는 다 되었다. 아, 이제 어떻게 하겠는가.[204]

이것이 바로 집단적 망상이 아니겠는가. 일본 입장에서 보면, 이미 부산에 들어와 있는 가토 기요마사를 치지 않았다고 이순신을 비난하는 조정 그리고 만약 그렇게 기요마사를 죽였으면 조선이 승기를 잡아 전쟁에서 이기고, 일본은 겁을 먹고 철수해 갔을 거라고 믿는 어리석은 조선의 조정이 얼마나 한심해 보였겠는가. 이처럼 이중간첩의 거짓 정보를 철석같이 믿고, 마치 그것이 곧 실현될 것처럼 집단적으로 흥분하여 냉정하게 이성적 판단을 하지 못하는 것을 집단적 망상이라 한다. 그런데 어떻게 이럴 수가 있었을까. 그들은 당대의 훌륭한 선비이자 학자요 엘리트 관료들인데, 그렇게 쉽게 적의 농간에 놀아날 수 있단 말인가. 어떻게 평소에는 그

204. 『선조실록』 권84, 30년 1월 23일 갑인.

토록 유능한 인물들이 국가적 환난을 당해서는 거짓 소문과 죽음공포가 만들어 내는 숱한 환상에 이성을 잃고 광분하는가. 이처럼 누군가가 만든 거짓 환상에 수많은 사람이 맹목적으로 믿고 불나방처럼 몰려들면 그것은 걷잡을 수 없는 집단적 망상이 되어 폭풍처럼 수많은 진실을 휩쓸어버릴 수 있다. 이것과 더불어 '부산 일본 진영 방화사건'을 빌미로 선조는 이순신을 파직시키려는 결심을 기어코 굳히게 된다.

– 윤두수: 이번 문제에 대하여 온 나라 사람들은 모두 분개하고 있습니다. 행장(고니시 유키나가)이 다 알려주었는데도 해내지 못하였으니, 중요한 고비에 장수를 바꾸는 것은 어려운 문제지만, 이순신을 교체시켜야 할 것 같습니다.
– 선조: 나는 아직 이순신이 어떤 사람인지 잘 모른다. 사람이 지혜가 적은 듯하다. 임진년 이후로 한 번도 큰 공을 세운 것이 없고, 이번 일로 말하더라도 하늘이 내려준 기회를 이용하지 않았다. 법을 어긴 사람을 어떻게 번번이 용서할 수 있겠는가? 오히려 원균으로 대신하게 하는 것이 좋겠다. 중국 관리들도 이 제독 이하 조정을 속이지 않는 사람이 없는데 우리나라 사람들 중에 이런 것을 본받는 자가 많다. 적의 병영에 불을 지른 문제만 해도 김란서와 안위가(이름을 헷갈림) 비밀리에 약속하고 한 일이라는데, 이순신은 마치 자기가 계책을 세워서 한 듯이 보고하였으므로 나는 대단히 언짢게 생각한다. 이런 사람은 설사 가등청정(가토 기요마사)의 목을 베어 온다고 하더라도 용서할 수 없다.

.....

– 선조: 그는 글을 잘 하는가?
– 류성룡: 그렇습니다. 남에게 굽히지 않는 성품이므로 취할 점이 많습니다. 임진년에 차령을 지나는 길에 이순신은 정헌대부로 되고 원

균은 가선대부로 되었다는 말을 듣고, 신은 너무 지나치게 높은 벼슬로 표창했다고 생각했습니다. 무장(武將)은 지기(志氣)가 교만해지면 쓸 수가 없게 됩니다.

– 선조: 순신은 전혀 용서해줄 수 없고, 무장으로서 조정을 업신여기는 버릇에 대해서는 죄를 다스리지 않을 수 없다.[205]

세상인심은 야속하고, 사람 마음은 천길 물속보다 헤아리기 어렵다. 이순신이 충심으로 모시고 따르던 선조와 류성룡은 다른 생각을 품고 있었다. 선조가 "나는 이순신이 어떤 사람인지 잘 모른다"고 했지만, 이순신은 도성을 떠나 피난 길에 오른 임금을 생각하며, "한 모퉁이의 외로운 신하가 북쪽을 바라보며 길이 애통해하니, 간담이 찢어지는 듯합니다"[206]라고 한탄한 충직스런 신하였다. 또한 꿈에서 마저도 나라와 임금을 걱정하는 신하였다. "새벽꿈에 큰 대궐에 이르렀는데, 그 모습이 서울과 같고 기이한 일이 많았다. 영상(류성룡)이 와서 인사를 하기에 나도 답례를 하였다. 임금님의 파천하신 일을 이야기하다가 눈물을 뿌리며 탄식하는데, 적의 형세는 이미 종식되었다고 말했다."[207] 그리고 자기의 큰 공로도 오히려 부끄럽게 여기며, "사직의 위엄과 영험에 힘입어 겨우 조그만 공로를 세웠는데, 임금의 총애와 영광이 뛰어넘어서 분에 넘쳤다. 몸이 장수의 자리에 있으면서 공로는 티끌만큼도 보탬이 되지 못했으며, 입으로는 교서

205. 『선조실록』 권84, 30년 1월 27일 무오.

206. 『난중일기』, 임진년 8월 28일. 다음 편지 초고.

207. 『난중일기』, 계사년 8월 1일.

를 외고 있으나, 얼굴에는 군사들에 대한 부끄러움이 있을 뿐이다"[208] 라고 자책한 겸손한 인간이다. 그리고 문무를 겸비한 지장 이순신을 어떻게 선조는 "그는 글을 잘하는가?"라는 질문을 한단 말인가. 그가 올린 공문이나 장계 그리고 승전보고서를 다 읽고도 그런 말을 하는지 알 수 없다.

그리고 류성룡도 이순신에 대한 약간의 오해와 의심이 생긴 것 같다. 주변의 다른 중신들이 하도 모함을 많이 하니 자연스럽게 그렇게 된 것 같다. 이러한 논의 끝에 결국 이순신은 삼도수군통제사에서 파직당하고, 서울로 포박당해 압송된다.(97.2.26) 이 당시 선조의 비망록에 밝혀진 이순신의 죄는 다음 4가지이다. ①부산 왜영 방화사건을 잘못 보고하여 조정을 속이고 임금을 기만한 죄, ②요시라의 정보에 따라 가토 기요마사를 해상에서 치지 않은 죄, ③원균의 장성한 아들을 어린아이로 잘못 보고하여 무함한 죄, ④출전 명령을 무시하고 따르지 않은 죄 등이다.[209] 그 후 이순신은 모진 고문을 당한 끝에, 정탁의 간절한 상소문 덕에 겨우 목숨을 건지고 '백의종군'하게 된다(97.4.1).

『난중일기』에도 잘 드러나 있듯이, 이순신의 삶에 있어서 원균과의 악연이 가장 극렬한 고통과 번뇌와 악감정을 불러일으키는 요인이었다. 나라의 국방을 책임지는 장수로서 왜적과 대치하고 싸우는 것은 자명한 일이다. 하지만 같은 동료로서 사사건건 부딪치고 자기를 비방하는 원균은 너무나 상대하기 어렵고 불편한 존재였다. 어

208. 『난중일기』, 을미년 5월 29일.
209. 김경록, 「임진전쟁과 통제사 원균에 대한 재평가」, 『온지논총』 52(2017): 85.

쩌면 이 둘의 관계는 베커식으로 보면 두 영웅성의 대결 혹은 심층의 영적인 우주적 자아와 사회적인 체면을 중시하는 외면적 자아와의 대립으로 볼 수 있다.

원균은 흔히들 말하는 용장(勇將)으로서 어떠한 전투에서도 용감하게 돌격하여 적을 무찌르는 장수로서 북방 오랑캐들을 물리치는 데 전과를 많이 올린 장수라고 한다. 성질이 포악하고 탐욕스럽고 거칠어서 그렇지 싸움에서 물러서지 않는 장수였다. 선조와 조정의 대신들은 원균의 그러한 점은 모두 인정한다. 하지만 평상시에 부하들을 무시하고 괴팍하게 다루고 술주정도 많이 하고 음탕한 짓도 많이 하여 부하들로부터 인정받지 못하였다. 그러한 인간일수록 권력을 탐하고 체면을 중시하고 남에게 지기 싫어하여, 전공을 세우기 위해 물불 안 가리는 전형적인 세속적 인물이다. 한마디로 사회적으로 외면을 중시하는 자아로서 자기 이익, 개인적 전과, 포상과 승진이 주요 관심사이다.

반면에 이순신은 전형적인 지장(智將)으로서 매사에 신중하여 지피지기 백전불퇴(知彼知己百戰不殆)의 정신으로 철저히 적을 연구하고 전략을 수립하고 만반의 준비를 한 후, 싸움에 나가 무조건 이기는 장수이다. 그러니 임진왜란 기간에 그가 수군을 이끌고 나간 전투에서 승리하지 않은 적이 없다. 그러니 명나라 장수들도 그를 칭송하지 않은 이가 없었다. 물론 풍전등화 같은 나라를 구하기 위해 병사와 격군을 징발할 때 단호하게 조치한 점이 많다. 예를 들면 이순신은 자기 휘하에서 도망치는 병사나 격군이 있으면 잡아서 바로 일벌백계로 처형하곤 했다. 모두들 수군으로 들어오면 살아서 집에 못 돌아간다고 생각하고, 기회만 되면 도망치고, 양식을 훔쳐 달아나곤 했다. 그만큼 모두 다 살기 어렵고 가족이 걱정되어 각자도생으로 서로 제 살길만 찾을 때, 이순신은 대의를 위해 단호하게 대처하였다. 나라가 없다면 모두 죽은 목숨이라고 생각한 것이다. 그리고 아전과 색리 같은 하급 관리들이 민중들로부터 금품을 취하고 부정한 짓을 하는 자들도 단호히 처형하였다. 아무리 잘 따르는 부하 장수들도 기한을 어기면 곤장을 치곤 했다. 한마디로 바르고 올곧은 성격으로 조금도 흐트러진 것을 용납하지 않았다. 그러면서도 항상 부하 장수들과 같이 밥을 먹고 활을 쏘고 전략을 논의하고 술을 마시면서 허물없이 지냈다. 부하들이 세운 전공은 빠짐없이 기록하여 보고하여 포상을 받게 하였고, 아무리 낮은 지위의 하인이나 격군, 사노들도 항상 이름을 부르고 인간적으로 대했으며, 전투에서 부상을 당하고 사망하면 이름을 적어 보고하였다. 그러면서도 자기가 누명을 쓰고 화를 입으면 자기의 부덕과 죄를 탓하고, 하늘이 정해준 운명으로 받아들이고 자기의 양심에 부끄럽지 않게 살려고 노력한 전형적인 우주적 자아의 인물이다. 한마디로 그의 자아는 하늘, 나라, 임금, 백성, 가족, 부하들의 안위와 생사를 모두 챙기고 염려하는 연민으로 가득차 있었다. 개인적인 명예와 체면은 별로 중요시하지 않았다.

그렇다면 이순신이 품은 환상은 무엇일까? 당대 지식인으로 천명을 받들고, 사림의 성리학적 가르침을 받아, 대의를 숭상하고 절의를 지키며 임금에게 충하고 부모에게 지극한 효를 실천하며 자기가 맡은 소임에 충실한 삶을 살아야 한다는 믿음이었을 것이다. 그러나 현실은 어떠했던가. 전란이 닥쳐 노심초사 나라를 걱정하고, 고달픈 피란 생활을 하고 있는 임금 걱정에 통한의 눈물을 흘리고, 이 나라를 짓밟고 파괴하고 있는 왜적을 물리치기 위해 어려운 환경에서도 병력을 끌어모으고, 군량미를 확보하고 무기를 만들고, 전선을 건조하며 만반의 대비를 하고 있는, 그러한 이순신을 불신하고 파직하고 죽이려 한 선조가 아니던가. 자기 전공을 세우기에 급급하고 안하무인으로 다른 사람을 무시하고, 조정의 대신들에게 잘 보이기 위해 뇌물을 연이어 올려보낸 원균이 임금의 신임을 받고 삼도수군통제사에 임명되지 않았는가. 부하들도 틈만 나면 책임을 방기하고, 하급 군사들과 격군 사노들은 틈만 나면 도망치고 식량을 훔치고 술을 훔치지 않는가. 이처럼 모두가 이순신이 생각하는 삶과 다른 방향으로 살고 있었다. 아무리 모범을 보여도 돌아서면 그만이었다. 그러니 비록 여러 원인이 있지만, 이순신이 힘들게 증강시킨 180여 척의 막강한 조선의 수군은 단 몇 개월 만에 칠천량 해전에서 대패하고 완전히 침몰하게 된다. 그러므로 이순신이 품은 고매한 인간의 삶은 한낱 환상에 불과하였다고 해도 과언이 아니다.

마지막으로 베커의 영웅성의 관점으로 보면, 이순신은 나르시시즘적인 세속적 영웅성이 아니라 자기성찰의 우주적 영웅성을 지녔다. 자기만이 모든 문제와 난관을 해결할 수 있는 역량을 지녔다고 과신한 것이 아니라, 오히려 그러한 영웅을 흠모하고 바라고 있었다. "(1595.7.1) 나라의 정세를 생각하니, 위태롭기가 아침이슬과 같다. 안으로는 정책을 결정할 동량(棟樑, 기둥과 들보) 같은 인재가 없고, 밖으로는 나라를 바로잡을 주춧돌 같은 인물이 없으니, 종묘사직이 마침내 어떻게 될 것인지 알지 못하겠다"[210]라고 이순신은 적고 있다. 후대에서야 이순신이 고대하던 영웅이 이순신 바로 그 자신이었음을 모두 인정하지만, 이순신 본인은 그렇게 생각지 않았던 한없이 겸손한 인간이었다. 더 나아가 그렇게 억울하게 파직당하고, 고문을 당하고, 다시 '백의종군'을 나서면서도 나라와 임금에 대한 원망은 없었다. 모든 것을 천명에 맡기고 그것이 하늘의 뜻이면 받아들일 수밖에 없다고 여겼다. 그러니 나라가 적의 재침으로 또 다시 위기에 처함에 한 치의 망설임 없이 삼도수군통제사직을 다시 받고, 단 13척으로 133척의 적을 맞아 죽음을 불사하고 싸울 수 있었던 것이다. 그러한 그의 애국충정을 엿볼 수 있는 그의 글이 있어 소개한다. 다음은 이순신이 『송사(宋史)』에 대한 감상글을 읽고 자기 마음과 같아서인지 옮겨 적은 글이다.

> 신하가 임금을 섬김에는 죽음만이 있을 뿐이오, 다른 길은 없다(人臣事君, 有死無貳). 이러한 때를 당하여 종사의 위태함은 마치 머리털 하나에 천균(千鈞, 삼만 근)을 매단 것과 같아서, 한창 신하가 몸을 던져 나라의 은혜를 갚을 때에 떠난다는 말은 진실로 마음에 싹트게 해서는 안 될 것이거늘, 하물며 이를 입 밖에 낼 수 있겠는가. ... 말한 것을 따라 주지 않을 지라도 죽음으로써 그것을 이어 가야 할 것이다. 이 역시 그렇게 되지 않는다면, 우선 그들의 계책을 따르고 자신이 그사이에 간여하여 이를 위해 일을 낱낱이 꾸며 맞추어 가서 죽음 속에서 살길을 구한다면, 만에 하나라도 혹 나라를 건질 수 있는 이치가 있을 것이다.[211]

---

210. 『난중일기』, 을미년 7월 1일.

211. 『난중일기』, 정유년 10월 8일. 뒤편에 실린 「독송사」/ 노승석의 최근 연구에 의하면, 이 글은 『이충무공전서』, 권1, 잡저, 「독송사」에 실린 글로서, 이순신이 직접 적은 글이 아니라, 구준의 〈세사정강(世史正綱)〉 25권, 〈송세사(宋世史)〉 원문을 옮겨 적은 글이다.

이러한 글로 유추해 보면, 이순신도 마음속으로 신하는 모름지기 임금이 받아 줄 때까지 충언하여야 하며, 알아줄 때까지 마음을 변치 않고 기다려야 하며, 부득이하게 목숨을 바쳐서라도 나라의 은혜를 갚아야 한다고 결의한 것 같다. 마치 순임금이 무지막지한 자기 아버지에게 지극한 효를 다한 것처럼, 이순신의 충심은 그렇게 한결같았다. 그러니 노량해전에서 그렇게 담담하게 의연하게 그리고 장렬히 죽어 갔던 것이다.

그리고 이순신과 원균이 마음으로 화해하는 장면이 있다. 이순신이 백의종군으로 합천에 머물 때, 원균이 칠천량 해전으로 전사하기 일주일 전쯤, 이순신이 이상한 꿈을 꾼다.

> (1597.7.7) 오늘은 칠석이다. 슬프고 그리운 마음이 어찌 그치랴. 꿈에 원공과 함께 모였는데 나는 원 공의 윗자리에 앉아 음식상을 내올 때 원균이 즐거운 기색을 보이는 것 같았다. 그 징조를 잘 모르겠다.[212]

마침내 둘은 꿈속에서 화해한다. 이 한 장면이 그동안 둘 사이가 얼마나 불편한 관계였는지를 추정케 한다. 이순신이 마음속으로 용서를 해준 건지, 아니면 원균이 이순신을 대신해서 삼도수군통제사 자리에 앉아, 선조와 도원수 권율로부터 부산 방면으로 나아가 전투를 하라는 계속된 압박을 받으면서, 비로소 이순신의 입장과 고충을 이해하고 용서를 빈 것인지 알 수 없다. 임진왜란의 한 가운데서 끈질긴 악연으로 서로 얽혀 있던 두 사람은 그렇게 꿈속에서나마

---

212. 『난중일기』, 정유년 7월 7일.

조금이라도 화해하고 죽음을 맞이하였다. 서로의 내면 의식에서 서로를 받아들였으니 무의식의 발현인 꿈속에서 편안한 관계로 나타났으리라.

물론 이순신도 완벽한 인간은 아니었다. 남의 허물에 한탄하고, 스스로 밝힐 수 없는 몇 가지 실수를 저지르기도 했다. 그것이 선조로부터 불신을 받는 원인이 되기도 했다. 그래도 그는 늘 자기의 삶을 성찰하고 하늘에 부끄럽지 않게, 양심껏 살고자 하였다. 즉 그는 인의예지로서 어질고, 의롭게, 겸손하게, 지혜롭게 살려고 항상 스스로 경계하고 성찰했으며, 그리고 자연스러운 희로애락의 감정을 공유하고 공감함으로써 항상 가족, 친척, 부하, 그리고 민초들과 함께 즐기고 함께 슬퍼하였다. 물론 그러면서도 인간의 이기적인 욕망에 실망하고, 상처받고 한탄하기도 하였다. 그리고 자기의 이해를 벗어난 엄청난 고난과 고통이 닥쳤을 땐 사람을 원망하기보다는 하늘에 자기의 죄를 실토하고, 하늘의 인자하지 못함을 원망하며, 왜 빨리 죽여주지 않느냐고 호소했다. 분노와 원한으로써 누군가에게 복수하기보다는, 하늘에 왜 어서 자기를 데려가지 않느냐고 호소한다. 이처럼 이순신은 자기의 극한 슬픔을 하늘이 정해준 운명인 천명으로 여기고 받아들였다. 그러므로 이순신은 칠정을 기피하고 억압하는 것이 아니라 공자의 '사무사(思無邪)'로서 인간의 순수한 감정을 자연스럽게 토로하였다. 한마디로 사단과 칠정이 조화를 이룬 삶을 살았다고 볼 수 있다. 이러한 이순신의 언행과 삶의 여러 면면을 통해, 그는 대아 혹은 군자라는 유교의 '문화적 영웅 환상' 또는 베커 관점으로 유한성을 자각하고 무한성을 지향한 우주적 자아 환상을 지녔다고 단언할 수 있다.

4. 위정자의 환상 놀음에 쫓기는 민중의 애환

한 나라의 백성을 일컫는 말로서 '민중(民衆)'은 '국가나 사회를 구성하는 일반 국민. 피지배 계급으로서의 일반 대중', 그리고 '민초(民草)'는 '백성을 질긴 생명력을 가진 잡초에 비유하여 이르는 말'로 표현된다. 그들은 조선 사회에서 임금과 양반 계급의 지배를 받으며, 모진 생명력으로 숱한 역사적 고비를 넘기며 삶을 이어온 이들이다. 또한 그들은 한반도에 살아가는 수많은 사람에게 고귀한 생명의 불꽃을 넘겨준 조상들이기도 하다.

지금부터 다루고자 하는 내용은 임진왜란을 전 · 후로 민초들이 겪었던 수난들이다. 통치자들이 꿈꾸었던 환상들과 그것들의 충돌에 의하여, 얼마나 많은 민중들이 예기치 않은 환난을 겪고 목숨을 잃고 가족들과 생이별을 하고 삶의 터전을 잃고 부초처럼 떠돌아야만 했는가에 관한 것이다.

_ 이상적 왕도정치의 허상

조선시대 성리학자들이 꿈꾼 이상적인 유교적 왕도정치의 허구를 깰 필요가 있다. 왜냐하면 성리학자들인 선비는 '도학적 대명 의리론자'들로서, 그들은 명나라에 대한 사대주의로서 천자의 나라를 모방하고 섬기는 것에만 몰두하였지, 민중의 삶을 살피고 그들의 궁핍한 생활을 개선하는 데 적극적 관심을 기울이지 않았다. 그들 대부분은 국토의 전답을 대부분 소유하고 수많은 노비들을 거느리며 풍족한 생활을 영위하면서, 말로는 청빈을 찬양하며 당리당략에만 몰두하였고, 그러면서 임금에게 '내성외왕'을 훈계하며 자신들은 자기들의 지지기반을 공고히 하기 위한 암투로 허송세월 보냈기 때문이다. 백성들이 궁핍한 것을 임금의 부덕으로 몰아가면서 온갖 상소로 임금을 꾸짖으며 정작 자신들은 아무런 책임을 지지 않았다. 어떤 누구도 부국강병을 주장하며 강력하게 정책을 만들고 추진하지 않았다. 그것의 예로서 계승범은『우리가 아는 선비는 없다』에서 송나라 신종 때의 '왕안석의 신법'에 대한 16세기 사림들의 평가를 든다.[213] 왕안석은 '신법(新法)'을 통해 국가의 재정과 행정 그리고 사회 전반에 걸쳐 개혁을 추진한 인물이다. 그런데 사림들은 왕안석을 군주로 하여금 간쟁(諫諍)이나 천재지변에 주의를 기울이지 않도록 잘못 인도하였을 뿐 아니라, 나라의 정치를 왕도와는 거리가 먼 군사와 상공업 쪽으로 몰고 갔다는 이유로 전형적인 간신·소인배로 낙인찍었다. 흔히 실용주의와 개혁적인 성향을 지닌 것으로 알려진 이이조차도『동호문답(東湖問答)』의 '논군도(論君道)'에서 다음과 같이 말하고 있다.

> 송나라 때 신종은 잘 다스려 보려는 뜻을 크게 분발해 삼대의 정치를 회복하려 했으나, 왕안석에게 마음이 기울어져 그의 말이라면 다 듣고 그의 꾀라면 모두 써서, 재물과 이익을 인의로 여기고 법률을 시서(詩書)로 알았다. 그래서 여러 소인배가 뜻을 얻어 날뛰고 어진 이들은 자취를 감추어 백성에게 해독이 미치고 전쟁이 일어나게 되었으니, 이것은 혼미한

213. 계승범,『우리가 아는 선비는 없다』(고양: 위즈덤하우스, 2012), 125–130.

군주가 간사한 무리들을 외곬으로 신임한 경우이다.[214]

조선의 사림들은 공맹의 군자와 의리론에 치우쳐, 이익을 추구하여 나라를 부강하게 하고 백성들이 부유해지도록 이익을 추구하는 것을 소인배로 간주하고, 오로지 인과 덕으로 왕도를 베풀면 백성들이 감화되어 착하고 성실하게 열심히 일하고, 풍족한 생활을 할 수 있다는 이상적인 사상을 견지하고 있었다. 그러는 와중에 백성들은 온갖 세금과 부역에 치이고 아전과 탐관오리들의 탐욕에 들볶이며 힘들게 하루하루를 살아가고 있었다. 조선 민초들의 삶이 얼마나 힘겨우면 차라리 왜적 밑에 사는 것이 더 살만하고 좋다고 할 정도였다. 다음은 1587년 손죽도 사건으로 왜에 끌려갔다가 도망쳐온 김개동의 말로서, 『선조실록』에 실려있는 내용이다.

사화동이라는 사람이 있었는데, 우리나라 진도 사람이었습니다. 예전에 사로잡혀가서 왜놈들에게 충성을 다하고 있었는데, 그가 개동에게 말하기를 "여기는 풍속과 인심이 아주 좋아서 살만한 곳이다. 너는 무서워할 것 없다. 조선에서는 부역이 아주 고통스러운 데다 큰 전복과 작은 전복을 끝없이 거두어 가기 때문에 감당해낼 수가 없었다. 그래서 여기에 그냥 머물러 살고 있다. 작년 초에 마도의 가리포를 침범하자고 하다가 바람이 고르지 못해서 손죽도에 정박하였는데, 이것은 내가 길잡이를 한 것이다"라고 하였습니다. 그 섬 이름은 오도였으며, 잡혀간 우리나라 사람들이 많았고 배가 5백 척이나 있었습니다.[215]

---

214. 이이, 『율곡선생전서』 15, 「동호문답」.

215. 『선조실록』 권22, 21년 11월 17일 병인.

이처럼 임진왜란 이전에도 조선의 민중들은 힘겹게 살아가고 있었다. 얼마나 힘들었으면 원수같이 미워하는 왜적 밑에 사는 것이 오히려 더 마음이 편하다고 했겠는가. 이뿐만 아니라 당시 조선의 사회상을 여실하게 보여주는 '생원 양천회의 상소문'을 보면 그 정도가 얼마나 심각했는지 가늠해 볼 수 있다.

우리나라는 땅이 메마르고 백성들은 가난한데 부역이 많고 무겁습니다. 농사는 해마다 풍년이 든 때가 없어서 백성들은 한 해 양식을 가지고 있는 사람이 드뭅니다. 평소에 무사한 때에도 백성들은 한 해 내내 힘들게 농사를 지어야 아침에 밥을 먹고 저녁에 죽으로 입에 풀칠이나 하며 세상을 살아가는 형편입니다. 그런데 근년 이래로는 하늘의 재변이 겹치어 큰물과 가뭄에 의한 피해가 계속되는 데다가 밖으로는 변경에서의 말썽이 계속 일어나고 안으로는 토목공사가 번잡하게 벌어지고 있습니다. 그 통에 굶주린 백성들은 분주하게 뛰어다니다가 넘어지고 엎어지며 떠돌아다니는 사람이 거의 태반이나 됩니다.

신이 집에 있을 때 보니 시골 백성들은 가을 추수할 때에 벌써 살아갈 밑천이 떨어지는데, 관청 조세와 개인적으로 진 빚 때문에 위아래서 독촉을 받고 있으므로 한탄과 원망을 하늘에 호소하면서 빌어먹기 위해 떠돌아다니고 있습니다. 이러다가는 의지할 곳 없이 버림받은 백성들이 앞으로 모두 죽음의 구렁텅이에 빠지고 말 것입니다.[216]

216. 『선조실록』 권23, 22년 10월 28일 임인.

이때는 임진왜란이 일어나기도 전이었다. 중앙의 위정자들이 공리공론(空理空論)에 빠져 당리당략으로 서로 싸우고 있을 때, 백성들은 자연재해와 조세와 부역에 시달려 정처없이 빌어먹기 위해 떠돌고 있었다. 조선의 성리학자들이 신봉한 주희가 『대학장구』에서 강조한 수신 · 제가 · 치국 · 평천하가 왜 조선에서 행해지고 있지 않은가. 올곧은 선비들인 사림들이 중앙정계에 진출하여 '왕도정치'에 힘썼는데, 백성들은 여전히 이렇게 힘들게 살아가고 있었다. 이것이 바로 위정자들의 환상놀음이라고 할 수 있다. 계승범은 이에 대해 "조선 사회에서 이른바 선비로 알려진 사람들 가운데 수신과 제가를 충분히 성취한 후에 과거를 치르고 관직에 나아가 치국에 임한 사람이 누가 있을까? 굳이 찾자면 찾을 수도 있겠지만, 우선 그 숫자가 극히 미미할 것임은 분명하다. 또한 수신과 제가를 충실히 이룩한 후에 관직에 나아간 사람이라고 해서 그가 치국에도 탁월한 능력을 보인다는 증거는 어디에도 없다. 오히려 동서고금의 역사는 반증 사례들만 무수히 보여준다."[217] 한마디로 성리학적 도학정치는 임금을 충의로써 섬기고, 명나라에 사대하는 데는 철저했지만, 그들에게 백성은 단지 통치의 대상으로서 추상적 개념에 불과하였던 것 같다. 그러므로 '민심이 천심'이라는 민본주의 관점은 제대로 실행되지 않았으며, 백성들은 스스로를 지키기 위해 하루하루를 악전고투해야만 했다.

217. 계승범, 앞의 책, 94.

임란과 민중의 분노

조선이 이러한 상태에 있을 때, 일본에서 도요토미 히데요시는 대륙정복의 야욕을 구체화하고 있었다. 다음은『선조실록』에 실려 있는 글로서, 명나라 사람 허의후가 일본에 머물면서 보고들은 내용을 보고한 것으로, 조만간 일본이 명나라를 침략할 것이라는 내용이다.

> 관백은 지난 때에 중국 사람으로서 일찍부터 왜인들을 안내하여 강서와 절강을 침범하던 왕오봉의 무리를 불러다 물으니, 대답하기를, "우리들은 이전에 3백 명으로 남경지방에서부터 약탈하면서 횡행하여 복건까지 내려가 1년을 지내다가 아무 손실도 없이 고스란히 돌아왔다. 명나라에서는 일본을 범처럼 무서워하므로 명나라를 쳐 없애기는 손바닥 뒤집듯 할 수 있을 것이다"라고 하였다. 관백이 말하기를 "나의 지혜로 나의 군사를 출동시킨다면 마치 큰물이 모래를 허물고, 날카로운 칼이 대쪽을 쪼개는 것 같을 것이니 무슨 성인들 함락시키지 못하겠으며 어느 나라인들 멸망시키지 못하겠는가, 나는 중국의 황제가 될 것이다. 다만 명나라 수군이 빈틈이 없어서 중국 땅을 한 발자국도 밟을 수 없을까 염려된다. ... 11월에 문서를 여러 나라에 두루 보내기를, 내년 봄에 조선에 건너가서 일본 백성을 모두 그 땅으로 옮겨 농사짓게 함으로써 명나라로 쳐들어갈 터전을 마련하려고 한다고 하였다.[218]

일찍이 히데요시는 대륙침략에 대한 야욕을 갖고 있었지만, 이처럼 명나라를 침범했던 왜적들한테서 구체적인 정보를 얻으면서, 해낼 수 있으리라는 자신감을 확고히 다지게 된다. 그러면서 마

218.『선조수정실록』권25, 24년 5월 1일 을축.

치 중국의 황제가 다된 듯한 환상을 키우게 된다. 그리고 명나라의 속국인 조선쯤이야 지나가는 길에 그저 항복만 받고, 일본 백성들을 옮겨가 대륙침략의 발판으로서 단순히 군량미 조달지로 삼고자 하였다.

이처럼 히데요시의 개인적인 정복욕이 키운 거대한 환상은 일본의 모든 영주들을 강제적으로 동참시켜, 함선을 만들고 병력을 차출하고, 군량미와 물품을 제공하게 하였다. 그리하여 1592년 4월 13일에 드디어 조선의 부산포를 공격하면서 임진왜란이 시작된다. 이런 것을 보면 조선이 아무리 국방을 튼튼히 해도 임진왜란을 애초에 막을 수는 없었을 것이다. 당시의 경제 규모와 군사력은 너무나 격차가 커서, 일본을 제대로 방어하는 것은 사실 거의 불가능했을 것으로 추정된다. "『선조수정실록』(1601년 8월)에 따르면, 조선왕조 초기의 1년분 세수는 쌀 40여만 섬, 그중에서 국방예산으로 지출되는 쌀이 4만여 섬이었다. 그 후에는 생산력이 떨어져 1년에 20여만 섬으로 감소하였다고 한다. 당시 일본의 장수가 받는 연봉이 수만 섬이고, 한 성주의 세미가 50만 섬에서 100만 섬 정도였다"[219]고 한다, 즉 조선의 전체 수입이 일본의 한 성주의 세수보다 작았다는 것이다. 가히 상상하기도 싫은 격차이다. 그런데 조선은 대마도에서 수시로 무역을 통해 쌀을 얻어가려고 간청해온 것을 일본 전체의 경제력으로 간주하였다. 그러한 오판을 통해 일본을 미개하고 예의도 모르는 야만국으로 무시하기만 했다. 그러므로 일본이 '정명가

---

219. 『선조수정실록』 권35, 34년 8월 1일 병인.

도'를 외치며 침략해 온다고 하여도, 기껏 남해안에 왜구들이 대규모로 침략해와서 해적질하는 정도로 예상했을 것이다. 그러니 부산 앞바다에 수백 척의 배들이 새까맣게 몰려왔을 때, 그리고 단 20일 만에 한성을 점령했을 때, 조선 전 국토의 모든 백성들이 얼마나 혼비백산하여 놀랐겠는가. 그러니 적의 내달리는 기세가 마치 무인지경에 든 것 같다고 하였다.

충주에서 믿었던 신립이 이끄는 부대 8,000여 명이 몰살당했다는 보고가 조정에 도착하자 선조는 바로 파천을 결정하고 궁을 떠난다.(4.30) 백성들은 자기들을 버리고 떠나는 선조와 조정에 배신감과 분노로 궁궐을 불태우고 창고를 약탈한다.

> 행차가 떠나갈 무렵 도성 안에는 대궐 창고에 먼저 들어가서 앞다투어 보물을 낚아채 가는 간사한 백성들이 있었고, 행차가 떠나가자 난민들이 크게 일어나 장예원과 형조를 먼저 불살라버렸는데, 두 관청은 관청 노비와 개인 노비문서가 있는 곳이었기 때문이다. 그리고는 대궐과 창고를 마구 약탈한 다음 불을 질러 자취를 없애버렸다. 경복궁, 창덕궁, 창경궁 세 대궐이 일거에 잿더미로 변해버렸는데, 창경궁은 바로 순회 세자빈의 관이 있던 곳이었다. 역대의 귀중한 물건들과 문무루와 홍문관에 보관되어 있던 서적들, 춘추관에 있던 각 왕대의 실록, 다른 서고에 보관된 이전 왕조의 역사 초고, 승정원일기 등이 남김없이 타버렸으며, 안팎 창고와 각 관청에 보관된 것들도 모조리 도적맞았다.[220]

한양 도성의 모든 궁궐과 보물과 귀중한 서적들은 왜적에 의해 불탄 것들이 아니라 분노한 민중들에 의해 불태워졌다. 백성들을

---

220. 『선조수정실록』 권26, 25년 4월 14일 계묘.

내팽개치고 자기들만 살기 위해 야반도주한 왕과 지배층은 더이상 필요가 없었다. 자신들을 억압하기만 하고, 돌보지 않는 왕조에 대한 분노는 비겁한 권력의 상징물들을 남김없이 불태워 버렸다. 한마디로 왕과 조정의 신하들과 관리들 그리고 힘없는 민중들은 모두 제 한 목숨 지키기 위해 뿔뿔이 흩어져 각자도생해야만 했다. 사림이 주장하던 왕도정치는 무자비한 왜적들의 총부리과 칼날이 도착하기도 전에 먼저 산산이 부서졌다. 그러니 선조와 사림이 꿈꾼 도학적 이상정치의 꿈은 한낱 환상에 불과한 것이었다.

왜적들이 한양의 도성에 들어왔을 때, 성문은 열려있고 지키는 사람이 없었다. 적들도 미심쩍어 수십 명을 들여보내 곳곳을 수색해보아도 아무도 없다는 것을 확인하고서야 입성했다고 한다. 할 수 없이 왜인들이 방문(榜文)을 내걸어 불러 모으자 점차 되돌아와서 저잣거리가 다시 차게 되었다. 그 속에서 동족을 고자질해서 자기 잇속을 챙기는 이들이 생겨났다고 한다.

> 적이 성문을 지키고 있으면서 적의 증명서를 가진 모든 사람들은 단속하지 않았기 때문에 우리 백성들도 모두 적의 증명서를 받았으며, 흉측한 무뢰배들 가운데는 적에게 붙어서 길잡이를 하면서 나쁜 짓을 하는 자들도 매우 많았다. 왜인들은 단속을 엄하게 하고 고자질하는 길을 열어 놓았는데, 간악한 백성들이 이것을 이용하여 상을 타기도 하였기 때문에, 고자질을 당한 수많은 사람이 이유도 없이 붙잡혀 가서 불태워져 죽었으므로 동쪽 성문 밖에는 해골들이 산더미처럼 쌓였다.[221]

221. 『선조수정실록』 권26, 25년 5월 1일 경신.

이것은 베커가 말한 죽음의 공포에 굴복하여, 자기 한목숨만 챙기면 된다는 이기적인 욕망이 타자를 서슴없이 죽이는 현상이다. 비단 이것은 조선의 민족성이 그런 것이 아니라, 모든 인간의 속성이다. 당당하게 죽음을 대면하는 이가 있는 반면에, 수단과 방법을 가리지 않고 죽음을 회피하고자 하는 비굴한 이가 있는 것이다. 한마디로 인간의 도덕성인 사단을 지키는 자와 극단적인 공포에 질려 칠정에 굴복한 이들이 있게 마련이다.

_ 민중의 참혹한 수난

계사년(1593) 말부터 병신년(1596) 사이에 조선은 혹독한 기아와 전염병에 전 국토에서 민간인이나 병사들 그리고 심지어 왜적들조차도 수많은 사람이 죽어 나갔다. 특히 1593년 하반기부터 극심해진 기아와 전염병으로 전력의 1/3이나 손실을 입게 되었다. 근무환경이 열악한 상태에서 장기간의 긴장과 굶주림에 시달리던 수군에서 전염병으로 병사하는 인원은 전사자의 몇 배나 되었다. 고을의 수졸이 흩어지고 도망간 자들이 10중 8 · 9명에 이르며, 당번 차례에 나오는 자가 10중 1 · 2명에 불과할 정도였다. 다음은 『난중일기』에 실린 갑오년 정월의 참혹한 상황을 기록한 글이다.

> (1.19.) 소비포 권관(이영남)에게서 영남의 여러 배의 사부(射夫)와 격군이 거의 다 굶어 죽어간다는 말을 들었다. 참혹하여 차마 들을 수가 없었다.
>
> (1.20) 맑으나 바람이 세게 불어 춥기가 살을 에듯 하였다. 각 배에서 옷을 갖춰 입지 못한 사람들이 거북이처럼 웅크리고 추위에 떠는 소리는

차마 듣지를 못하겠다. ... 병들어 죽은 사람들을 거두어 장사 지내려고 임무를 맡을 사람으로 녹도 만호(송여종)를 정하여 보냈다.

(1.21) 저녁에 녹도 만호가 와서 보고하는데, "병들어 죽은 이백열네 명의 시체를 거두어 묻었다"고 한다.[222]

수많은 군사들이 추위와 기아에 죽어 나간다는 말을 차마 듣지 못하겠다고 한탄하던 이순신은 부족한 군량미를 확보하기 위하여 백방으로 노력하여도 별 뾰족한 방법이 없자, 다음과 같이 임금에게 올릴 장계 초고를 적고 있다.

– 하나. 영남의 좌우 연해에 큰 적들이 가득하여 저돌적으로 이는 환난이 아침저녁 사이에 달려 있습니다. 군사를 일으킨 지 삼 년 만에 공사 간의 재물이 탕진되고 전염병 또한 극성하여 사람이 거의 다 죽어가는 것이 육지나 바다가 똑같이 돼 버렸습니다. ... (바다와 육지의 여러 장수들이 모두) 호남의 한 도에 의지하였으나 호남이 혼란스럽기가 병화(兵火)를 겪은 곳보다 더욱 심하니, 앞으로 군량과 군사를 의지할 곳이 전혀 없게 되었습니다.

– 하나, 영남 우도의 적세는 전처럼 별다른 흔적이 없었습니다. 다만 다시 그 형세를 살펴보면 굶주린 기색이 많아 그 뜻은 필시 가을 곡식을 수확할 때에 있을 것인데, 우리나라의 방비는 너무 소홀하여 도무지 방어하여 지키는 형세가 없습니다. 왜놈이 두려워하는 바는 수군이지만 수군으로서 싸움에 나서는 자가 하나도 없습니다. 또 동류들을 모아 옮겨 다니며 구걸하는 무리들은 궁핍한 상황에 놓여 군사들도 양식을 보지 못하고 질병이 또 성하여 사망하는 일이 줄을 이으니, 누차 이러한 내용을 갖추어 원수(권율)와 관찰사에게 공문을 보냈으나 조금도 답변이 없었습니다. 임금에게 급히 고할 것도 한두 차례가 아니었으나 또한 시행하라는

---

222. 『난중일기』, 갑오년 1월 19~21일.

명령도 없었으니 백방으로 생각해보아도 방어하여 지킬 일이 전혀 없습니다. ... 수군은 사소한 군량일지라도 연해의 고을에 저장해 두고 있거늘, 관찰사와 원수가 군관을 보내어 곳간째 털어 실어 갔습니다.[223]

통제사 이순신은 중앙 조정의 도움 없이 수군의 병사와 군량미를 스스로 확보해야 했고, 도움을 받기는커녕 오히려 뺏기고 있었다. 근근이 군량미를 마련하여 인근 연안의 창고에 저장해 두면 육군이 와서 창고째 털어갔다. 이순신은 이러한 열악한 환경에서 고군분투하고 있었다. 백성들은 수군에 나서게 되면 집에 돌아오기 어렵다는 생각에 모두 자기 차례가 되면 집을 비우고 도망을 갔고, 일가와 이웃에서 대신 징발하여 충당하려 해도 여의치 않은 형편이었다.

얼마나 굶주림이 심각하면 전국적으로 사람이 사람을 잡아먹는다는 소문이 횡행하였다. 『난중일기』에서 이순신도 이것에 대해 언급한다. "... 백성들이 굶주려서 서로 잡아먹는 참담한 상황에 앞으로 어떻게 살 것인지 ..."[224] 이 소문에 대한 자세한 소식이 『선조실록』에 실려 있다.

– 최홍원: 굶주린 백성들이 요즘 더 많이 죽고 있습니다. 살은 다 베어 먹고 백골만 남은 것이 성 밖에 쌓였는데 그 높이가 성의 높이와 같습니다.
류성룡: 죽은 사람의 고기만 먹는 것이 아니라 살아 있는 사람도 서로 잡아먹고 있는데도, 도적을 잡는 군사들은 전혀 이를 금지하지 못합니다.

223. 『난중일기』, 갑오년 11월 28일. 다음에 적힌 장계 초고.
224. 『난중일기』, 갑오년 2월 9일.

이덕형: 아버지와 아들, 형제간에도 서로 잡아먹는데, 양주 백성들은 떼를 지어 도적이 되어 사람을 잡아먹습니다. 그러니 반드시 조치를 취하여 살 수 있는 길을 열어놓은 다음에야 서로 죽이지 않게 될 것입니다. 그렇지 않으면 금지하기 어렵습니다.[225]

사헌부에서 건의하였다.

지금 전쟁 끝에 겨우 살아남은 백성들이 살길이 이미 끊겨 거의 죽어가고 있습니다. 왕궁 아래에도 굶어 죽은 시체가 즐비하고 심지어 모자가 서로 잡아먹고 부부가 서로 잡아먹는 일까지 있으니 옛부터 재앙이 있어왔지만 지금보다 더 극에 달한 때는 없었습니다. 생각이 여기에 미치니 참혹한 슬픔을 견딜 수가 없습니다.[226]

인간이 인간을 잡아먹는 이런 끔찍한 실상은 앞서 히데요시의 '돗토리성 아사작전'에서 보았던 것으로, 일본은 그렇다 하더라도 우리의 선조들마저 이런 끔찍한 행위로 목숨을 이어왔다는 사실에 뭐라 할 말이 없다. 차라리 처절한 생존을 비유적으로 말한 것이었으면 좋았겠지만, 그 치열한 전란의 한 가운데서 없는 말을 지어내 헛소문을 퍼뜨렸을 리 없다. 평상시에 선하게만 살던 백성들이 전란 중에 살길이 막막하니 떼를 지어 살인, 약탈, 도적질을 하였다. 다음은 전라도 지방에 창궐한 도적들에 대한 전라감사 이정암의 보고이다.

도내에 도적이 일어나 간혹 수백 명씩 작당하고 있습니다. 그 중에

225. 『선조실록』 권49, 27년 3월 20일 무술.

226. 『선조실록』 권50, 27년 4월 6일 갑인.

> 도 나주 · 남평 · 남원 · 광주 · 임실 · 전주 · 김제 · 부안 · 고부 · 태인 · 흥덕 · 정읍 · 고산 · 여산 · 금산 등의 지역이 더욱 심하여 대낮에도 사람을 협박하여 약탈하면서 조금도 두려워하거나 꺼리는 일이 없습니다. 따라서 추격하여 붙잡혀 갇힌 자가 옥에 가득 찼고 형장을 받아 죽는 자가 뒤를 잇고 있는데도 도둑은 계속 일어나고 있습니다. 삼가 생각하건대, 이 도둑들은 전쟁이 일어난 3년 동안에 번거롭고 무거운 부역으로 가업이 판탕되어 부모와 처자를 보존해 갈 방도가 없자 그만 양심을 상실하여 도적으로 변한 것에 불과합니다. 그들에게 힘든 부역을 늦춰주고 개과천선할 길을 열어준다면 한순간에 사나운 백성을 순진한 백성으로 돌아갈 수가 있을 것입니다.[227]

이것을 보건대 어진 백성이나 도적은 한가지로 살아갈 길이 막히면 어쩔 수 없이 돌변할 수 있다는 말이다. 삼강오륜도 먹을 게 있어야 가능하다는 말이 있다. 하물며 거지처럼 떠도는 민초들은 조상을 섬기는 것도 감지덕지다. 이순신이 갑오년에 조카 뇌에게서, "아산의 산소에서 설날 제사를 지낼 때 패를 지어 모여든 무리들이 무려 이백여 명이나 산을 둘러싸고 음식을 구걸하므로 제사를 뒤로 물렸다"[228] 는 편지를 받기도 하였다.

만약 전투로 언제 죽을지 모르고, 영영 가족과 생이별하게 되었다면 과연 나라가 무슨 의미가 있을지, 자기 가족이 거지가 되어 어디에 가서 죽었는지, 살았는지 모를 때 과연 마냥 나라에 충성만 하고 있을지 의문이 든다. 아무리 존경하고 따르고 싶은 명장인 이순신 장군 휘하라고 하여도 군사들이나 격군 노비들이 끊임없이

227. 『선조실록』 권51, 27년 5월 15일 임진.

228. 『난중일기』, 갑오년 1월 14일.

도망가고 잡혀 와서 처형당하는 것이 일상이었다. "(1594.2.1) 이경복, 노윤발, 윤백년 등이 도망가는 군사를 싣고 육지로 들어가는 배 여덟 척을 붙잡아 왔다.", "(2.2) 도망가는 군사를 실어 내던 사람들의 죄를 처벌했다.", "(8.26) 흥양 포작 막동이란 자가 장흥의 군사 서른 명을 몰래 배에 싣고 도망간 죄로 처형하여 효수했다."[229] 이러한 사례가 부지기수이다.

군법상 이렇게 도망치는 군사들을 처형하여 일벌백계로 삼아야 하지만, 인간적인 측면에서 가족이 보고 싶어, 전쟁 중에 죽는 것이 두려워 도망치는 군사들의 심정이 이해가 간다. 죽으면 가족들과 영영 이별인데, 서로 아무 소식도 모른 채 죽는다는 것이 억울하고 두려울 수 있다. 이순신도 전투 중에 보이는 다양한 인간 군상들의 모습에 대해 적고 있다.

> 지난해 늦가을부터 지금까지 여러 장수들이 명령을 내리는 데 마음을 다했는지의 여부를 기회와 사정에 따라 자세히 살펴보면, 혹은 먼저 진격을 외쳐 서로 다투어 돌진하여 싸우는 때가 되면, 사랑하는 처자를 돌아보고 살기를 탐하여 중도에서 빠지는 자가 있었고, 혹은 공로와 이익을 탐하여 승패를 헤아리지 않고 돌진하다가 적의 손에 걸려들어 마침 나라를 욕되게 하고 몸을 죽게 하는 재앙을 만든 자가 있었다.[230]

이글에서 알 수 있듯이, 이순신은 공명심으로 돌진하다 허무하게 죽으면 전력의 손실로 다음 전쟁을 치를 수 없다는 것, 그리고

229. 『난중일기』, 갑오년 8월 26일.

230. 『난중일기』, 계사년 9월 15일. 이후 글 초고.

비겁하게 물러서는 것은 장수의 책임을 방기한 것으로 보고 있다. 임전무퇴의 정신으로 싸우되, 신중하게 싸워야지 무모한 죽음은 헛된 죽음이라고 비판하고 있다. 전란 시 여러 장수들 중에는 일본까지 끌려가서도 의연하게 조선 장수의 기개를 보여준 이가 있었다. 정유재란 때 전라도 영광의 선비인 강항의 온 가족이 배를 타고 이순신의 수군이 있는 쪽으로 피난을 가다가 일본 수군에 납포 되었다. 그때 가족들을 잃고 일본에 끌려가 보고 들은 내용을 기록에 남겨 전해준 책이 『간양록(看羊錄)』(1597~1600) 이다. 그 책에는 이순신의 휘하에 있던 이엽 장군에 관한 이야기가 실려있다. 이순신은 정유년(1597)에 칠천량 해전에 살아 돌아온 사노 세남에게서 수군 패전의 소식을 듣고, "(7.16) 선장 이엽이 왜적에게 붙잡혔다니 더욱 통분하다"[231]라고 『난중일기』에 적고 있다.

> 우후 이엽이 청정(가토 기요마사)에게 붙들려 왔는데, 청정은 그를 적괴에게 보냈습니다. 적괴는 그를 자주 불러 세워 놓고선 "자네 수염 좋네 그려!" 하며 수염을 쓰다듬기도 하고 툭툭 두들기면서 어르기도 하였습니다. 더러는 제풀에 껑충껑충 뛰면서 "요놈! 요놈!" 하고 얼러대거나 뽐내기도 하였습니다. 그를 데려다가 큰 집에다 재우면서 으리으리한 비단옷을 입혀 달래기도 하였습니다. 엽은 '내가 그런 으리으리한 것에 속을 줄 알고 ...' 하는 생각에 딴전을 피웠습니다. 그리고 네댓 달을 묵고 있다가 왜 말에 익숙한 몇 사람과 결탁하여 도망을 쳤다. ... 왜적들이 산길로 물길로 내리쫓는 통에 엽은 비후의 어느 갯가에 이르게 되었습니다. 쫓는 놈들이 발치까지 오자, 엽은 "자, 막다른 골목이다. 어떻게 할까?" 하다가 칼을 빼들어 자기 가슴을 찔렀습니다. 시퍼런 칼끝이 등 뒤로 솟구쳐 한

231. 『난중일기』, 정유년 7월 16일.

많은 엽의 최후를 조상하고 말았던 것입니다. 죽어도 잡히지 않겠다는 그의 정신은 선혈에 젖은 그의 몸을 또다시 물속으로 뛰어들게 하였습니다. 배 안에 있던 무리들은 혹은 찌르고 혹은 사로잡혔습니다. 그리고 시체와 생포된 모두를 수레에 채워 찢어 죽이는 처참한 형벌에 처하고 말았습니다. ... 신이 왜나라 수도에 와서 엽의 이야기를 비로소 듣게 되었는데, 두고두고 엽의 일은 잊을 수가 없습니다.[232]

이처럼 간사한 왜적에게 굽히지 않고 의연하게 죽어간 조선의 장수가 어디 이엽뿐 이었겠는가? 다만 그 본보기로 소개할 뿐이다. 그리고 강항도 일본에 잡혀가면서 자식과 조카들을 바다에 잃는데, 너무나 애처러운 사연이어서 여기에 소개한다. 강항의 가족과 친척들이 배를 타고 갈 때, 왜선이 온다는 말에 도망치려고 모두 물에 뛰어들었는데, 왜적의 갈고리에 잡혀 올려졌다. 하지만 조그만 애들은 그만 물속에 빠져 죽는다.

어린놈 용이와 첩의 딸 애생의 죽음은 너무도 애달프다. 모래사장에 밀려 물결 따라 까막까막하다가 그대로 바다 깊숙이 떠내려가 버리고 말았다. "엄마야! 엄마야!" 하고 부르던 소리가 아직도 귓결에 암암하다. 그 소리마저 시들해졌을 때 산 아비가 살았다 할 수 있겠는가! 내 나이 서른에 만덕으로 얻은 용이다. 이 애를 뱄을 때다. 어린 용이 물속에서 떠오르는 그런 꿈을 꾸었다. 그래서 이름을 용이라 지었더니 "엄마야! 엄마야!"를 부르며 물속에 빠져 죽을 줄을 누가 알았으랴. 인생 만사가 모두 다 미리 작정되지 않음이 없건만, 우리가 그를 모르고 지날 뿐이 아닌가 한다. ..... 무안현 어느 구비에 닿으니 낙머리라 이르는 데였다. 왜선 수천 척이 온 바다에 그득하고 희고 붉은 깃발이 햇빛을 받아 으리으리하였다. 사내

232. 강항, 『간양록』, 이을호 역 (파주: 서해문집, 2015), 67-68.

며 계집이며 이놈 저놈이 서로 뒤섞여 질펀히 쌓인 시체가 산을 이루고, 하늘도 울부짖고 바다도 흐느끼는 성싶었다. 살아 있지만 산 것 같지 않고, 죽으려 해도 무슨 죄인가 싶었다. 나같이 못난이가 천하에 없으련만 이런 정경에 살아 무엇하랴 싶었다. ..... 가련이는 둘째 형의 아들이다. 올해 여덟 살이다. 얼마나 목이 말랐는지 갯물을 들이켰는데, 그 길로 병을 얻어 토하고 설사하고 야단법석이었다. 그런데 이놈들 봐라! 앓는 놈을 안아다가 물속에다 내던졌다. "아버지! 엄마! 아버지! 아버지!" 부르다 부르다 겨워 그 소리마저 물속으로 사라졌다. 아비가 소용 있나, 어미가 소용 있나, 네 죽음을 멍하니 보고만 있는 아비가 아니냐, 어미가 아니냐![233]

이렇게 창졸간에 자식을 잃은 부모의 심정이 어떠할까 가히 상상하기도 어렵다. 뒤에 살펴보겠지만, 이순신이 아들 면을 왜적의 칼날에 잃었다는 소식을 받고 애절하게 통곡했을 때도 그러하였다. 이렇게 자식을 잃고 통곡하는 또 다른 민초의 기록이 있다. 경남 함양의 선비 정경운은 대북의 영수 정인홍의 제자로서, 함양에서 의병을 일으켜, 초제사 김성일 휘하에서 군량 보급과 군기 조달에 주력하기도 했다. 그의 임진왜란 당시의 세세한 기록인 『고대일록(孤臺日錄)』(1592~1609)에 백운산에 피난 갔다가 큰딸을 잃고 통곡하는 장면이 있다.

조카가 산에서 큰딸 정아의 시신을 찾았다. 목이 반 넘게 잘려서 돌 사이에 엎어져 있었다. 차고 있던 장도칼과 손 놓인 것이 모두 살아 있을 때와 같이 완연했다. 슬프다, 내 딸이 여기서 이렇게 죽다니. 왜적이 쳐들어온다는 말을 처음 듣고서, 차고 있던 장도칼을 풀어주며 "만약 불행이 닥

233. 위의 책, 191-196.

치더라도 너는 왜적을 따르지 마라"했다. 이때부터 큰딸은 머리를 한 번도 빗지 않고 낯도 씻지 않았다. 또 어미에게 "이제 왜적이 침입했으니 제가 목숨 부지하기가 어렵게 됐습니다" 하며 매양 사람이 지켜야 할 도리를 이야기했다. 그러더니 갑자기 흉적을 만나서도 겁 없이 우뚝 서서 적노를 꾸짖으며 삶을 버리고 정절을 온전히 지켰다. 곧구나, 딸아! 이름을 부끄럽게 하지 않았구나. 아, 네가 삶을 버리고 의를 취했으니 훌륭하도다. ... 뒷날 저승에서 다시 만나면 내가 참으로 부끄러워 무슨 낯으로 너를 위로할까? 너의 뛰어난 정절은 내가 마땅히 그 뜻을 서술해 전하리라.[234]

이들 이름없는 민초들의 숱한 안타까운 죽음은 이루 다 말할 수 없다. 자기 한 몸을 더러운 왜적으로부터 보호하기 위해 이렇게 스스로 목숨을 잃은 고결한 딸을 안고 오열하는 장면이 눈에 선하다. 나중에 '저승에서 다시 만나리라'는 이 바람이 그나마 위안이 된다. 물론 저승이 있을지, 영혼이 있을지, 영혼끼리 다시 만날 수 있을지, 누구도 장담할 순 없지만, 대부분 인간은 그렇게 믿고 싶어 한다. 그것이 죽음에 대한 환상일지라도, 그런 믿음과 바람이 있기에 그 통절한 고통을 조금이나마 견뎌낼 수 있었을 것이다.

이렇게 민초들은 임진왜란 전에는 사림들의 왕도적 이상정치의 환상에서 소외된 채 온갖 조세와 부역에 시달리며 궁핍하게 살았으며, 그리고 일본의 관백 도요토미 히데요시의 대륙 정복의 영웅적 환상이 불러일으킨 전란 중에는, 차라리 죽는 게 나아 보일 정도로 너무나 끔찍한 고통을 겪어야만 했다. 일본 승려 케이넨이 군의관으로 정유재란에 조선 땅에 건너와 본 참상을 기록한 『조선 일일기』에

---

234. 정경운, 『고대일록』, 문인채 · 문희구 역 (파주: 서해문집, 2016), 314.

는 다음과 같은 참혹한 장면이 기록되어 있다.

> "(1597.8.8.) 조선 아이들은 잡아 묶고, 그 부모는 쳐 죽여 갈라놓으니, 다시는 볼 수 없게 된다. 남은 부모 자식의 공포와 탄식은 마치 지옥의 귀신이 공격해 오는 때와 같이 공포와 서러움 속에서 몸을 떨고 있다.","(11.19) 일본에서 온갖 상인들이 왔는데, 그중에 사람을 사고파는 자도 있어서 본진의 뒤에 따라 다니며 남녀노소할 것 없이 사서 줄로 묶어서 앞으로 몰고 가는데, 잘 걸어가지 못하면 뒤에서 지팡이로 몰아붙여 두들겨 패는 모습은 지옥의 아방이라는 사자가 죄인을 잡아 들이는 것도 이와 같을 것이다. ... 다루는 정도가 너무 지나쳐 불쌍해서 볼 수 없을 정도이다."[235]

이처럼 삶의 터전을 잃고, 가족과 생이별을 하고, 굶주림과 전염병으로 죽어 나간 이가 전국적으로 얼마나 많았는지 셀 수가 없을 지경이었다. 그러나 이들 이름 없는 민초들의 고통보다 더 큰 고통과 나락을 겪은 이가 바로 인간 이순신이다. 그는 전쟁 중 대부분을 가족과 떨어져 한산도에 기거하면서 왜적과 싸우기 위해 밤낮 가리지 않고, 전선을 구축하고, 전력을 보충하고, 군량미를 마련하기 위해 노심초사하였다. 그리고 상시 순시선을 경계시켜 남해안의 적의 배가 전라도와 서해로 진입하지 못하게 방어선을 구축하고 있었다. 그런 그에게 선조와 조정의 간신들은 임금의 명을 거역하고 태만하게 허송세월 보낸 죄, 부산 일본 진영 방화사건에 대한 거짓 전공보고를 올린 죄를 누명 씌어 파직시켜, 한양으로 압송시켰다. 그리고 모진

235. 케이넨, 『임진왜란 종군기』, 신용태 역 (서울: 경서원, 1997), 62-123.

고문 후 정탁의 간절한 상소문을 계기로 목숨만 살려 백의종군을 명하고 출옥시킨다. (1597.4.1.)

정유년 사월 이순신은 백의종군을 명받아 내려오던 중에, 새벽꿈이 매우 심란하여 잠을 깬다.(4.11), "마음이 몹시 언짢아서 취한 듯 미친 듯 마음을 가눌 수 없으니, 이것이 무슨 징조인가. 병드신 어머니를 생각하니, 나도 모르게 눈물이 흐른다." 그는 이 꿈을 꾼 이틀 후에 어머니의 부고를 듣게 된다.

> (4.13) 얼마 후 종 순화가 배에서 와서 어머니의 부고를 전했다. 달려나가 가슴을 치고 뛰며 슬퍼하니 하늘의 해조차 캄캄해 보였다. 바로 해암으로 달려가니 배는 벌써 와 있었다. 길에서 바라보며 가슴이 찢어지는 슬픔을 이루 다 적을 수가 없다.
>
> ....
>
> (4.16) 궂은비가 왔다. 배를 끌어 중방포 앞으로 옮겨대고, 영구를 상여에 올려 싣고 집으로 돌아왔다. 마을을 바라보니 찢어지는 아픔을 어찌 말로 다 할 수 있으랴. 집에 도착하여 빈소를 차렸다. 비가 크게 쏟아졌다. 나는 기력이 다 빠진 데다가 남쪽으로 갈 일이 또한 급박하니, 부르짖으며 울었다. 다만 어서 죽기를 기다릴 뿐이다.
>
> ....
>
> (4.19) 일찍 나와서 길을 떠나며 어머니 영전에 하직을 고하고 울부짖으며 곡하였다. 어찌하랴. 어찌하랴. 천지 사이에 어찌 나와 같은 사정이 있겠는가. 어서 죽는 것만 같지 못하구나. 조카 뇌의 집에 이르러 조상의 사당 앞에서 하직을 아뢰었다.[236]

이순신은 백의종군 중이라 어머니의 장례도 다 못 마치고 길

236. 『난중일기』, 정유년 4월 11~19일.

을 떠나게 되는데, 얼마나 처절하면 "어서 죽기를 기다릴 뿐이다!", "천지 사이에 어찌 나와 같은 사정이 있겠는가!"라고 외친다. 어머니가 아들 걱정에 얼마나 노심초사하며 걱정하다 돌아가셨을까를 생각하며, 이순신은 피눈물을 흘렸을 것이지만, 선조임금에 대한 원망은 절대로 내비치지 않았다. 충효에 대한 마음은 한결같았고, 오로지 모든 것을 자기의 죄 때문이라고 여기며 비통함을 가누지 못했다.

> (5.5) 오늘은 단오절인데 천리 되는 천애의 땅에 멀리 와서 종군하여 어머니 장례도 못 모시고 곡하고 우는 것도 마음대로 못 하니, 무슨 죄로 이런 앙갚음을 받는 것인가. 나와 같은 사정은 고금에도 같은 것이 없을 터이니, 가슴이 찢어지는 듯 아프다. 다만 때를 못 만난 것이 한탄스러울 뿐이다.[237]

이러한 통절한 아픔을 겪고도 이순신은 원균의 칠천량 패전(7.16) 이후, 삼도통제사로 재임용되는 명(8.3)을 받아들인다. 그 후 단 13척으로 적의 배 133척을 맞아 31척을 침몰시키며 명량해전을 승리(9.16)로 이끈다. 그다음 달일 10월 14일에 꿈을 꾸는데, "내가 말을 타고 언덕 위에 가다가 발을 헛디뎌 냇물 가운데로 떨어지긴 했으나 거꾸러지지는 않았는데, 막내아들 면이 끌어안은 형상이 보이는 듯하다가 깨었다. 이것은 무슨 징조인지 모르겠다"라고 일기에 적고 있다. 그날 오후 아산 집에서 온 편지를 받는데, 겉면에 '통곡(慟哭)' 두

237. 『난중일기』, 정유년 5월 5일.

글자가 씌어 있어서 면이 전사했음을 알고 간담이 떨어져 목놓아 통곡하게 된다.

> 하늘이 어찌 이다지도 인자하지 못하신고, 간담이 타고 찢어지는 듯하다. 내가 죽고, 네가 사는 것이 이치에 마땅하거늘, 네가 죽고 내가 살았으니, 이런 어긋난 이치가 어디 있겠는가. 천지가 캄캄하고 해조차도 빛이 변했구나. 슬프다, 내 아들아! 나를 버리고 어디로 갔느냐. 영특한 기질이 남달라서 하늘이 이 세상에 머물러 두지 않는 것이냐. 내가 지은 죄 때문에 화가 네 몸에 미친 것이냐. 이제 내가 세상에 살아있은들 누구에게 의지할 것인가. 너를 따라 죽어 지하에서 함께 지내고 함께 울고 싶건만, 네 형, 네 누이, 네 어미가 의지할 곳이 없어 아직은 참고 연명한다마는 내 마음은 죽고 형상만 남은 채 부르짖어 통곡할 따름이다. 하룻밤 지내기가 한 해를 지내는 것 같구나.[238]

자식을 앞세운 세상의 모든 부모 심정이 다 이러할 것이다. '차라리 내가 죽었더라면! 살아도 산 것이 아닌! 형상만 살아갈 뿐!'이라고 자책한다. 이러한 통절한 아픔을 겪으면서도 이순신은 조선 수군을 다시 재건한다. 그리고 다음 해 11월 노량해전(98.11.19)을 승리로 이끈 후 유탄을 맞아 장렬한 죽음을 맞는다. 조선의 성웅은 그렇게 애달픈 생을 마감한다. 한 시대를 풍미한 영웅이나 이름 없는 민초들이나 삶이 고달프고 힘든 것은 마찬가지이다. 나라의 명운이 위태롭던 전란을 종식 시키는데 절대적 기여를 한 영웅이지만, 한 인간으로서 겪어야만 했던 숱한 개인적 고난은 감히 누가 가늠할 수 있겠는가.

---

238. 『난중일기』, 정유년 10월 14일.

비록 삼도수군통제사에 오른 장군이지만, 국난을 당하여 가족과 생이별하고, 모함과 음해로 숱한 고초를 당하며 목숨의 위협까지 받았던 이순신도 여느 민초들의 운명과 똑같았다. 그가 평생을 바쳐 쌓아 올린 사회적 상징으로서의 문화적 갑옷도 임금의 명 한마디에 순식간에 벗겨지는 허무한 것이었다. 백의종군의 '백의'가 그것을 잘 상징한다. 즉 사회적 모든 지위와 명예가 벗겨진 채 한낱 민초로 돌아간 것이다. 그러나 이순신은 그러한 불명예를 안고서도 충심으로 다시 종군함으로써, 그 이후 명량해전과 노량해전을 통해 불멸의 명성을 후세에 남겼다. 그러므로 그는 현재 한국인이 가장 흠모하는 진정한 구국의 영웅으로서, 최고의 '문화적 영웅 환상'의 모범이 되고 있다.

4절. 『난중일기』에 나타난 환상과 고단한 삶의 여정

지금까지 유교와 성리학이 품었던 삶에 대한 문화적 환상을 비판적으로 바라보았고, 그리고 그러한 환상이 어떻게 삶의 고난들에 지대한 영향을 끼치는지를 선조, 도요토미 히데요시, 이순신을 중심으로 살펴보았다. 마지막으로 그것들 때문에 힘없고 이름 없는 민초들의 삶이 얼마나 처절히 파괴되고 고통스러워지는지도 살펴보았다. 이제는『난중일기』에서 미처 언급하지 못한 내용들을 중심으로 인간의 고단한 삶의 여정에 대해서 보다 거시적인 관점으로 살펴보고자 한다.

비록 이순신이 직접 기록한 일기이지만,『난중일기』에는 수많은 사람들이 등장하고 사라진다. 한마디로 이순신을 중심으로 수많은 사람들이 오고 간다. 그는 매일 매일 만난 사람, 행한 일, 그리고 일어난 사건을 사실 그대로 기록했다. 난중일기는 크게 세 시기로 구분되며, 시기별로 같이 활동한 사람들이 조금씩 다르다.

첫째, 임란 초기의 전라좌수사로서 여수 본영에서 자주 만났고 임진년에 세 차례의 출정을 같이했던 인물들, 둘째 삼도수군통제사로서 한산도에서 같이 근무했던 인물들, 셋째 백의종군 후 명량해전과 노량해전을 같이 치른 장수들이다.

먼저 이순신이 1591년 2월에 전라좌수사로 임명되어 가서 만난 전라좌수영의 5관 5포의 장수들은, 그 시점에 이순신을 중심으로 서로 만나게 된다. 순천부사 권준, 보성군수 김득광, 낙안군수 신호, 광양현감 어영담, 흥양현감 배흥립, 방답첨사 이순신(李純信), 사도첨사 김완, 녹도만호 정운, 발포만호 황정록, 여도권관 김인영 등이다. 그중에서도 이순신이 가장 믿고 의지하던 용장 녹도만호 정운은 1592년 9월 부산포 해전에서 가장 선두에서 돌진하다가 적의 대철환에 머리를 맞고 즉사한다. 한마디로 이순신은 임진왜란 초기에 가장 용감한 부하 장수를 잃은 것이다. 그리고 광양현감 어영담은 경상도와 전라도 수군에 오랫동안 근무하면서 남해의 물길을 제일 잘 알았던 장수이다. 그는 이순신과 함께 작전계획을 수립하고, 함대의 지휘관으로서 많은 공을 세웠지만, 너무나 아쉽게도 1594년 전염병에 걸려 일찍 사망한다. 낙안군수 신호는 1597년 남원성 전투에서 전사했고, 사도첨사 김완은 칠천량 해전에서 분투하다가 포로로 잡혀 일본으로 갔다가 1598년 극적으로 탈출한다. 흥양현감 배흥립은 이순신 곁에서 오랫동안 같이 했으며 노량해전에서도 전공을 세우고 1600년 경상우도 수군절도사, 이듬해 전라좌도 수군절도사가 되었다. 순천부사 권준은 1599년 경기도 병사, 1601년 충청도 병사가 된다. 동명이인 방답첨사 이순신은 노량해전 당시 경상우수사, 1601년 황해도

병사 등으로 근무하게 된다.[239]

둘째, 삼도수군통제사로 한산도에 머물 때는 기존의 전라좌도 장수들과 충청수사 정걸, 전라우수사 이억기, 경상우수사 원균, 남해현령 기효근, 소비포권관 이영남 등을 주로 접하며 같이 진중 생활을 함께한다. 그런 와중에 여러 장수들이 암행어사의 비리 적발로 파직되거나, 병으로 귀향하는 이, 그리고 새로이 임명되어 오는 이들도 있었지만, 그들이 주로 이순신의 한산도 병영 시절을 함께 한 이들이다. 물론 원균은 사이가 안 좋아 나중에 충청도 병마절도사로 옮겨가고, 대신 배설이 경상우수사로 부임해 온다.

셋째, 백의종군 후 명량해전과 노량해전을 같이한 장수들은 전라우수사 김억추, 거제현령 안위, 미조항첨사 김응함, 녹도만호 송여종, 평산포대장 정응두, 강진현감 이극신, 그리고 명나라 도독 진린 장군 등이 주로 함께했다. 전쟁이 끝난 후 그들은 모두 다른 임지로 옮겨갔거나 전투에서 전사하였다. 비록 역사적인 한순간에 같은 현장에서 함께 했지만, 그 후 각기 다른 자신들의 인생행로를 따라갔다. 그러므로 고달픈 삶의 여정에서 모두 영원히 함께 갈 수는 없다. 지나고 나서야 빛나는 삶의 한순간들을 함께 했다는 것을 비로소 알게 된다.

다음으로 언급하고 싶은 것은 이순신의 소통의 리더십이다. 그의 탁월한 소통 능력 때문에 많은 다양한 사람들과 교류할 수 있었다. 그의 소탈하고 꾸밈없고 격의 없는 성격 탓에 누구나 찾아와서 만

---

239. 제장명, 『이순신 파워인맥 33』 (서울: 행복한미래, 2012), 244-247. 참조.

나 이야기를 나누고, 식사를 함께 하며, 세상 돌아가는 소식을 듣고, 멀리 있는 지인들의 안부를 듣곤 했다. 그리고 조정에서 파견한 감사관, 선전관들을 통해서는 임금의 명령과 지시를 받았고, 따로 인편으로 오고가는 편지를 통해 조정의 중신들과 안부를 주고받았다. 그리하여 이순신은 남해의 바다 한가운데서도 전국에서 벌어지는 온갖 전황과 소식을 소문으로 알 수 있었다. 그러나 그러한 소문은 현실의 실상을 그대로 전달하는 데 한계가 있었다. 예를 들면 『난중일기』에 계사년(1593) 6월에 "(6.29) 진양이 함락되어 황명보, 최경회, 서례원, 김천일, 이종인, 김준민이 전사했다고 한다."[240] 그러나 이 간결한 소식으로는 그날 전투의 끔찍한 참상이 제대로 전달되지 못한다. 실제로 『선조실록』에 기록된 진주성 함락의 보고서에는 그날의 참상을 여실히 보여주고 있다. "성안의 남녀들이 물결처럼 강으로 밀려가 빠져 죽으니 시체가 강을 메우고 떠내려갔다. 죽은 사람이 약 6~7만 명이나 되며 죽음에서 벗어난 장사는 두세 명뿐이었다. 적들이 성을 허물고 집들을 불태웠으므로 온 성이 폐허로 되고 말았다. 포위당한 9일 동안에 밤낮으로 크고 작은 싸움을 1백여 차례나 하면서 적들도 상당히 죽었지만 군사의 수가 비교조차 되지 않는 데다가 밖으로부터 응원군도 오지 않았기 때문에 장수들은 힘이 다 빠져 죽었다. 왜적이 조선에 쳐들어온 이후로 참혹한 패배와 의로운 항거치고 진주성에서와 같은 것은 없었다."[241] 적의 총병력 10만 명이 성을 9일 동안 에워싸고 공격하니 성안의 군사와 의병 그리고 백성들이 거의 몰살을 당

240. 『난중일기』, 계사년 6월 29일.

241. 『선조수정실록』 권27, 26년 6월 1일 갑신.

하였다. 이러한 내막은 제대로 전달되지 못하고, 소문은 진주성이 함락되어 성안의 사람들이 다 죽었다고만 전하였다.

그리고 숱한 환상에 의해 소문이 얼마나 황당하게 변질되어 전파되는지, 그리하여 무엇이 진실인지 분간할 수 없을 정도로 되어 버리는 사례가 있다. 그것은 진주성 함락 이후 주변에 퍼진 소문으로, "(7.8) 적이 광양을 친다고 하여 광양사람들이 이미 관청과 창고를 불질렀다", "(7.9) 실은 왜적들이 아니고 영남의 피란민들이 왜군 차림을 가장하고 광양으로 마구 들어가서 여염집을 분탕질하였다", "(7.11) 광양사람들이 왜군의 옷으로 갈아입고 저희들끼리 서로 장난친 것이다", "광양의 적에 관한 일은 모두 진주와 그 고을 사람들이 그런 흉계를 짜낸 것이다. 고을의 창고 안에는 아무것도 없고 마을은 텅 비어 종일 돌아다녀도 한 사람도 없으니, 순천이 가장 심하고 낙안이 그다음이다"[242] 이처럼 소문들이 퍼져 나가며 덧붙여지고 변질되 면서 무엇이 진짜인지 알 수가 없게 된다. 최종적으로 남는 사실은, 누가 어떤 이유로 했건 창고가 텅 비었다는 사실이다. 이러한 환상의 기저에는 죽음의 공포가 만연되어 있으며, 그것이 소문을 부풀리고 변질시키고 확산시킨 근본 원인이다.

이렇게 세상에 헛소문이 난무하니 이순신은 항상 소문을 액면 그대로 믿지 않고 신중하게 지켜보며 다양한 정보를 수집하여 판단하려고 애썼다. 그러니 선조와 조정에서 지시를 내린, 가토 기요마사를 치기 위해 부산으로 출동하라는 명령을 쉽게 따르지 못했다. 선동과

242. 『난중일기』, 계사년 7월 8~11일.

조작질로 사람들을 농락하고 그것에 부화뇌동하는 것은 과거나 지금이나 사람 사는 세상에 흔한 것이다. 한마디로 그러한 헛소문은 거짓된 집단적 환상을 양산하여 음흉한 자들의 선동에 놀아나게 만든다. 그렇게 되지 않으려면 이순신처럼 항상 주도면밀하면서도 신중하게 이성적으로 판단해야 한다.

인간의 삶에서 정신뿐만 아니라 물질도 필수적이다. 이순신도 수군을 유지하기 위해 군량미를 마련하기 위해 늘 고심을 했다. 둔전을 설치하여 농작물을 경작하여 보충했고, 계원유사를 뽑아 식량을 조달하려 했고, 군관들을 각 고을에 보내 군량미를 독촉했으며, 겨울에 청어를 잡아 말려 군량미로 바꾸기도 하였다. 『난중일기』에서 이순신은 신분 지위 고하를 막론하고 들어오고 나가는 모든 사람의 이름을 적고 있는데, 심지어 집안에서 부리는 종이나 하녀들 이름까지 일일이 기록하고 있다. 그뿐만 아니라 물건들 이름과 수량까지 적어두었다. 전복, 콩, 사슴, 유자, 미역, 보리, 무씨, 띠풀, 대구, 청어, 목화, 생마 등 진중에 들어오고 나간 수량을 일일이 기록해두고 있다. 이순신의 자아에서는 사람만큼이나 그러한 물건들도 소중하게 인식되었기 때문이다, 이순신은 추상적인 관념에만 매몰되지 않았고, 사람이 살아가는데 필요한 모든 생필품이나 군수 물품을 소중히 여기고 비축하려고 애썼다. 베커처럼 이순신도 인간의 정신뿐만 아니라 물질로서의 몸도 소중히 여겼다. 인간 세상을 구성하는 관료체계나 제도 그리고 법률도 중요시하였지만, 인간 생활에 필수적인 물질도 소중히 여겼다. 항상 누군가 음식을 가져와 함께 먹어도 누가 가져왔는지를 적어두어 고마움을 표현했다. 이처럼 사람이 한 생을 살아가는 여정에 물질의 도움은 절대적으로 필수이다. 그러므로 지도자는 백성들의 살림살이를 지켜주고, 그들이 안심하고 생업에 종사할 수 있도록 해야만 한다. 그렇지 않으면 백성들은 집과 고향을 떠나 거지처럼 유랑길에 오르게 된다.

사람이 살아가는데 부모와 자식 간의 관계만큼 중요한 게 없다. 그런 의미에서 유교적 가르침이 의의가 있다. 유교에서는 효가 모든 덕행의 근본이라고 보았고, 그래서 순임금이 행한 효와 덕치를 강조한다. 이순신도 어머니에 대한 효심이 지극하여 매일같이 어머니의 안부를 물었고, 파직 후 백의종군을 나설 때 어머니의 부음을 듣고 피눈물을 흘리며 통곡한다. 그리고 아내의 천식과 자주 아픈 면의 건강을 늘 걱정한다. 『난중일기』에는 아이들을 떠나보내는 부모의 심정이 잘 담긴 글이 있다.

> (1596.8.4) 맑았으나 동풍이 세게 불었다. 아들 회, 면, 조카 완 등과 함께 아내의 생일에 헌수잔을 올릴 일로 떠나갔다. 정선도 나가고 정사립은 휴가를 얻어서 갔다. 늦게 수루에 앉아서 아이들을 보내는 것을 바라보느라 몸 상하는 줄도 몰랐다. 늦게 대청으로 나가 활 몇 순을 쏘다가 몸이 몹시 불편하여 활 쏘는 것을 멈추고 안으로 들어오니, 몸은 언 거북이처럼 움츠러들기에 바로 옷을 두껍게 입고 땀을 냈다. 저물녘 경상수사(권준)가 와서 문병하고 갔다. 밤의 통증이 낮보다 배로 심하여 신음하며 밤을 보냈다.[243]

이러한 이순신의 마음도 자식을 걱정하는 모든 부모의 마음

243. 『난중일기』, 병신년 8월 4일.

과 같다. 그리고 자식들의 교육에도 온갖 정성을 기울였다. 즉 자식들이 무과를 잘 치르도록, 활을 쏘고 말 달리는 것을 연습시키고, 그 결과를 기록하고 있다.

히데요시도 조선에서 간 통신사들 앞에서 애지중지하던 아들 쓰루마쓰를 안고 거닐곤 했는데, 그런 아들이 죽자 얼마나 애통해하였던가. 마치 이순신이 아들 면이 왜적의 칼에 죽자 애절하게 통곡하던 것과 같은 마음이었을 것이다. 선조도 임금이지만 가족이 걱정되는 것은 매한가지였다. 정유재란 때 왜적들이 다시 북상해오자, 선조는 왕비와 후궁, 왕자 공주들을 먼저 피난시키고자 한다. 그 이유는 "내가 평일에 보살피던 백성이라도 일이 위급해지면 소란이 없을 것이라고 단정할 수 없는데, 하물며 다수가 달자(㺚子, 몽골 오랑캐)인 중국 군사이겠는가. 그들은 견양(犬羊)과 같은데 난병(亂兵)이 안 된다고 어떻게 보장하겠는가"[244]하는 것이다. 왜적이 쳐들어오기 전에 먼저 백성들과 명나라 병사들이 난동을 부려 궁궐로 쳐들어올까 봐 걱정하였다. 이에 신하들은 왕비가 피난 가면 백성들의 마음을 크게 흔들어 놓아, 스스로 멸망을 재촉할 수 있다면서 반대한다. 이에 선조는 너희는 가족을 피난시키면서 왜 자신만은 못하게 막느냐며 신하들을 질책한다.

듣자니 조정관리의 가족들이 많이 피난 갔다고 한다. 왕비에 대해서는 억지로 머물러 있게 해달라고 건의하기까지 하였는데, 이 무슨 심보인가. 그것이 충성스러운 짓인가, 아닌가. 그 까닭을 알고 싶다. ... 바른말

244. 『선조실록』 권91, 30년 8월 5일 계해.

하는 관리들은 어째서 임금에 대해서는 바른말을 하면서 신하들에 대해서는 바른말을 못 하는가. 옛사람이 말하기를 '임금의 잘못에 대해서는 논하기 쉬우나 조정관리들의 잘못에 대해서는 논하기 어렵다'고 하였는데, 믿을 만한 말이다.[245]

이와 같이 한 나라의 임금도 자신의 가족을 염려하는 것은 인지상정이다. 그리고 사사건건 왕의 결정에 바른말로 꾸짖는 신하들을 보면 왕 노릇도 쉽지가 않다. 심지어 명나라 황제로부터, 다음과 같은 질책을 받은 선조의 심정이 어떠하였을지 가히 짐작이 간다.

... 들으니, 너희 군신들이 천자의 군사를 소원하게 보고 조금도 생각하는 정의가 없고, 도성 버리기를 헌신짝처럼 여겨 전혀 고려하는 기색이 없으며, 식량이 떨어져도 도와주지 않고, 기계를 감추어 두고 내놓지 않으며, 백성이 흩어져도 수합하지 않고, 신하가 도망해도 처벌하지 않는다고 하니, 짐은 구원병을 보내는 것을 어렵게 여기지 않고, 만 리 먼 길을 달려가 도와주는데 너희들은 사직을 지키는 의리에 소홀해서 한 가지 계책도 세우지 않았으며, 이미 명령할 능력이 없으면서 또한 명령을 받지도 않았다. 우리 경리가 그곳에 있으니 나랏일에 대해 그의 명을 받았어야 했는데, 한 번도 신민에게 경계해 나의 교훈을 받들게 하였다는 말을 듣지 못하였다.[246]

이것을 이유로 선조는 '양위선언'을 한다. 임금 자리를 세자 광해군에게 맡기고 자기는 물러나겠다는 것이다. 선조는 임진왜란이 진행되는 동안 무려 아홉 차례나 양위파동을 일으켰다. 한편으로

---

245. 『선조실록』 권91, 30년 8월 8일 병인.
246. 『선조실록』 권93, 30년 10월 24일 신사.

는 광해군과 그를 따르는 신료들의 의중을 떠보려는 것이며, 또 한편으로는 땅에 떨어진 자신의 위신을 어떻게라도 만회하고 신하들의 충성 맹세를 강제적으로라도 끌어내 보려는 의중이었을 것이다. 선조가 이렇게 양위파동을 일으킨 것은 어찌 보면 자신의 책무가 너무 버거워 끝내 벗어나고 싶다는 절실한 심사를 표출한 것일 수 있다.

사람이 살아간다는 것은 누구에게나 공통적으로 힘들다. 선조도 그랬고, 도요토미 히데요시도 마찬가지였다. 전국의 영주들이 호시탐탐 권력의 일인자가 되기 위해 목숨을 노리니, 항상 경계하고 감시해야 했다. 특히 자기의 주군 오다 노부나가가 부하 아케치 미쓰히데의 반역으로 죽임을 당한 걸 목격한 히데요시는 더욱 불안했을 것이다. 마지막 죽는 순간까지 자기의 모든 업적이 지워질까 두려워, 당시 가장 막강한 실세인 도쿠가와 이에야스의 2살 된 손녀와 6살 난 아들 히데요리를 결혼시켰다. 하지만 히데요시 사후 1600년 세키가하라 대전투를 기점으로 도쿠가와 이에야스는 히데요시 추종세력을 멸절시켜 버린다.

앞에서 본 것처럼 이순신도 얼마나 힘들었든가, 바르게 정도를 걸으며 살고자 하였으나 세상은 그렇지 않았다. 물론 대의를 위하고 서로를 존중하고 예를 숭상하는 이가 있는 반면에, 대부분은 돌아서면 제 욕심만 챙기기에 급급했고, 시기하고 모함하는 자가 많았다. 하물며 힘없는 민초들은 바람부는 데로 떠돌며 온갖 고초를 당해야만 했는데, 특히 세금과 부역을 징수하는 아전과 색리들의 등쌀에 더 힘들었다. 그리고 이제까지 논의한 것처럼 지도자들의 그릇된 환상이 불러일으키는 예측 불가한 세상의 이변 속에서 언제 어떻게 될지 앞일을 모르는 것이 더 힘들고 고통스러웠다. 인간이 살아간다는 것은 자기 혼자만 양심껏 정도를 걸으며 산다고 모든 문제가 해결되고, 만사가 순조롭게 이루어지는 게 아니다. 그것을 알기에 이순신도 휘영청 달 밝은 밤이면 홀로 숱한 밤을 불면으로 뒤척였다.

> (1593.5.13) 이날 저녁 달빛은 배에 가득차고 홀로 앉아 이리저리 뒤척이니, 온갖 근심이 가슴에 치밀었다. 자려 해도 잠을 이루지 못하고 닭이 울고서야 선잠이 들었다.[247]
>
> (1595.10.20) 이날 밤바람은 몹시도 싸늘하고 차가운 달빛은 대낮 같아 잠을 이루지 못하고 밤새도록 뒤척거렸는데 온갖 근심이 가슴에 치밀었다.[248]
>
> (1596.2.15) 이날 밤 달빛은 대낮과 같고 물빛은 비단결 같아서 자려 해도 잠을 이루지 못했다. 아랫사람들은 밤새도록 술에 취하며 노래했다.[249]

밝은 달빛에 취해 잠을 못 이룬다는 것은 번민하는 인간의 전형이다. 이 우주 안에 홀로 고독한 밤을 보낸다는 것은 영적인 우주적 자아가 깨어나 자기를 둘러싼 모든 것들에 곰곰이 생각한다는 의미이다. 깊고 깊은 내면적 자아에 있는 의식과 무의식, 자기의 외면을 구성하는 사회적 관계로서의 자아, 그리고 죽음 인식을 통한 자기의 죽음과 그 너머에 대해 의식하는 우주적 자아가 서로 어우러져 만들어내는 온갖 상념들에 의해 잠을 못 이루게 되는 것이다.

지금까지 살펴본 것처럼 그렇게 힘들고 고달픈 삶을, 인간은

---

247. 『난중일기』, 계사년 5월 13일.
248. 『난중일기』, 을미년 10월 20일.
249. 『난중일기』, 병신년 2월 15일.

태어나는 순간부터 가족과 이웃과 자기가 속한 공동체와 더불어 운명처럼 살아간다. 서로 함께 즐기다가, 어느 순간에는 서로 시기하고 원망하고 분노를 느끼다가도, 또다시 화해하고 어우러져 살아간다. 그러다 어느 순간 하나둘 자기가 이루었거나, 소유한 것들을 내려놓으면서 삶의 뒤안길로 사라져 간다. 그것이 사람들의 고단한 삶의 여정이다. 인간은 살아 있는 동안에 얼마나 무수히 환상을 만들어 내고, 그러한 환상에 놀아나고, 결국 그것들에 의해 곤란을 겪고, 죽음보다 더한 고통을 감수해야 하는지를, 지금까지 언급한 내용 들로 충분히 알 수 있었다. 그러나 그러한 삶의 여정의 끝은 언제나 죽음이다. 이순신이 어머니의 장례도 마치지 못하고 백의종군으로 길을 떠나야 했을 때 절규하며 "다만 어서 죽기를 기다릴 뿐이다", 유배지로 떠나와서 어머니를 생각하며 눈물로 지새며, "하늘은 어찌 아득하기만 하고 내 사정을 살펴 주지 못하는가. 왜 어서 죽지 않는 것인가"라고 절규한다. 이처럼 삶의 고난이 너무나 심하여 감당할 수 없으면 인간은 오히려 죽음을 바라게 되는 것이 솔직한 심정이다.

다음 장에서는 이순신이 그렇게 바라던 죽음의 세계로 들어가 본다. 본 장에서 유교를 인간다운 '삶에 대한 환상'으로 규정했다면, 다음 장에서는 불교를 진정한 '죽음에 대한 환상'으로 규정하고, 왜 그렇게 보는지 그 이유를 밝혀 볼 것이다.

4장

환상이 '풀어지는' 죽음의 고통 : 『티벳 사자의 서』

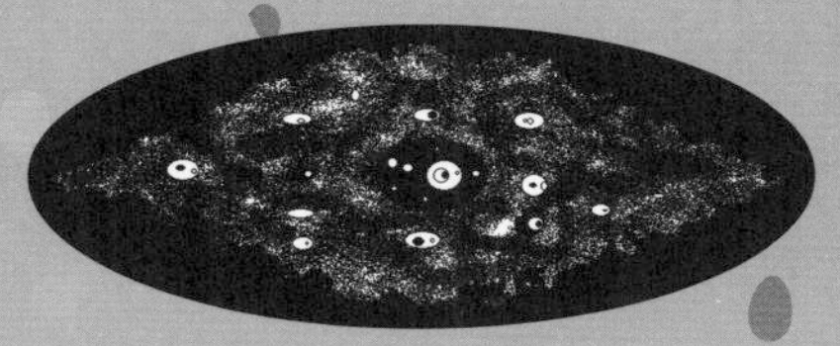

내가 한정된 목숨을 지닌 인간이라는 사실을 너무도 철저히 망각했기 때문에, 나는 나 자신의 진정한 우주적 본성에 무한히 접근할 수 있었다.

관문과 중심근원은 전혀 꿈 같지 않고 '완전한 실제 ultra-real'였으며, 환상과는 전혀 거리가 멀었다.

… 고차원 세계로의 나아감은 점진적인 경향을 띠며 자신이 가지고 있는 집착이 무엇이든 그것을 놓아 버려야만 더 높고 더 깊은 차원의 세계로나아갈 수 있다.

- 이븐 알렉산더 〈나는 천국을 보았다〉

1절. 죽음에 대한 문화적 환상으로서 불교

삶의 여정이 아무리 힘들어도, 죽음의 여정은 더 고통스럽고 무서울 수 있다. 그래서 붓다는 생노병사가 되풀이되는 윤회의 사슬을 벗어나야만, 인간이 근원적인 고통에서 벗어날 수 있다고 설파하였다. 인간은 살면서 탐진치라는 어리석은 집착에서 벗어나지 못해 평생을 고통 속에서 보내지만, 또한 죽음의 여정인 바르도에서도 여전히 삶에 대한 집착을 끊지 못해 무수한 고통을 겪게 된다.

본 장의 제목인 환상이 '풀어지는'의 의미는, "인간이 살면서 만들었던 수많은 환상과 그에 따른 행위의 업이 인간 마음의 가장 깊은 심층인 알라야식에 저장되었다가, 죽음 이후 바르도를 헤맬 때 환영으로 되살아나 다시 대면하게 된다"는 의미이다. 그러나 이러한 전생의 업은 바르도에서 환영으로 현현한다고 해서 해결되는 것은 아니다. 업은 윤회를 생성하는 원인이 되고, 다음 생에서 반드시 그 과보를 받게 된다.

먼저 이러한 불교의 유래에 대해 살펴보자. 인간에게 죽음이란 고래를 막론하고 가장 큰 공포이자 두려움이다. 다만 서로 말하지 않고 묵묵히 견뎌낼 뿐이다. 지금으로부터 2,500여 년 전 인도의 조그만 왕국인 샤카족 왕자 고타마는 인간이 겪는 이러한 생 · 노 · 병 · 사의 괴로움을 극복할 수 있는 바른 법을 찾아 29세에 궁궐을 나섰다. 그가 바로 지금도 전 세계의 불교도들이 위대한 스승으로 받들고 존경하고 따르는 석가모니 붓다이다. 왜 고타마는 인간으로서 누구나 자연스럽게 겪는 생 · 노 · 병 · 사를 유별나게 괴로움으로 인식했을까, 왜 자기의 안락한 궁궐의 삶을 버리고 거칠고 위험한 들판에서 풍찬노숙하는 고단한 수도자의 삶을 택했을까, 무엇이 그로 하여금 그렇게 하도록 몰아붙였는지, 과연 그가 찾은 깨달음이 현대인도 충분히 공감이 가는 절대적 가르침인지, 이러한 여러 궁금증은 누구나 한 번쯤 진지하게 생각해보았을 것이다. 지금부터는 이러한 질문에 대한 답을 찾아가면서, '죽음에 대한 환상으로서 불교'라는 관점으로 논의를 전개해 본다.

__ 붓다의 출가와 '괴로움'

고타마 싯다르타는 기원전 6세기경 인도 중부지역의 갠지즈강 하류의 강대국인 빔비사라왕(BCE. 582~554)이 통치하던 마가다 왕국의 속국인 샤카족의 왕자로 태어났다. 당시는 도시국가의 출현으로 정복 전쟁이 빈번하게 일어나던 혼란의 시기였다. 고타마가 태어난지 7일 만에 어머니 마야 부인이 죽고 이모 파자파티의 따뜻한 보살핌을 받고 자라게 된다. 16세 때에 야소다라와 결혼하고, 그의 나이 29세에 아들 라훌라가 태어나는데, 바로 그해에 출가를 하게 된다. 왜 하필이면 그토록 기다렸을 귀여운 아들이 태어났는데 모질게 떠나야만 했는지, 어떻게 자기의 부모 그리고 아내와 자식이 슬퍼할 것을 뻔히 알면서도 냉정하게 출가할 수 있었는지 궁금해진다.

붓다의 출가가 정말 초기 불교 경전에 나타난 대로 사문유관(四門遊觀)을 통한 번뇌로 인하여 결심한 것인지를 알 수 있는 내용이 『아함경』에 실려 있다. 붓다는 성 밖에서 다음의 광경을 차례로 목도하고 출가를 결심하게 된다. 먼저 백발에 이빨은 다 빠지고 주름진 얼굴에 허리가 잔뜩 굽은 채 지팡이에 의지한 채 간신히 몸을 가누고 걸어가는 노인을 보고, '나에게도 늙음의 고통이 닥칠 것이다.' 파리한 몸에 배는 불룩한 채 시커먼 얼굴로 똥 무더기에 누워있는 병자를 보고, '나에게도 병자의 고통이 닥칠 것이다.' 가족과 친지들이 슬피 울부짖으며 따르는 장례행렬의 시체를 보고, '나에게도 죽음의 고통이 닥칠 것이다.' 그리고 혈육과 부부간의 정을 버리고 출가하여 허름한 행색으로 지나가는 수행자를 보고 출가를 결심했다.[250] 이와 같은 이야기는 한편의 신화나 동화처럼 들린다. 아마도 붓다가 생 · 노 · 병 · 사의 괴로움을 극복하려는 일념으로 출가를 했다는 것을 상징적으로 표현한 이야기일 수 있다. 대체로 보통의 사람들은 맹자의 말처럼, 늙고 병들고 죽은 이를 보게 되면 측은한 연민을 느끼고 도움을 주고 싶거나, 아니면 마음이 아파 오히려 고개를 돌려 외면하게 된다. 고타마처럼 자기의 고통을 먼저 떠올리지 않는다. 그것은 프로이트가 말한 나르시시즘으로 그러한 불행은 저들에게만 일어나고 나에게는 일어나지 않을 것이라고 여긴다. 그런데 고타마는 그것을 자기의 고통으로 바로 연결지으면서, 자신을 포함한 모든 인간의 운명에 대한 실존

250. 『불설장아함경』, 제1권, 「대본경」.

적 자각을 경험한다. 한마디로 삶이라는 '실재의 드러남'을 고스란히 목격한 것이다. "인간은 저렇게 늙고 병들어 죽어가는구나!"라고 깨달은 것이다. 그 후 고타마는 인간의 삶이 고통의 연속이라 여기고, 스스로 생 · 노 · 병 · 사의 괴로움을 해결하기 위해 수행을 결심했다. 한마디로 타인의 괴로움을 통해 나의 괴로움을 떠올리고, 나아가 그것을 보편적인 인간의 괴로움으로 인식한 것이다. 그리하여 스스로 고통을 끊어버릴 해답을 찾고자 출가를 하게 된다. 그러므로 그가 느낀 괴로움은 보통 인간들의 괴로운 감정보다 더 깊은 의미를 함축한다. 폴 윌리엄스는 이러한 '사문유관'의 경험에 의한 '실존적 자각'으로 붓다의 출가 이유를 설명한다.

> 붓다의 아버지가 고타마가 어른이 될 때까지 인간이 (늙고 병들어 죽어가는) 삶의 모습을 보지 못하도록 하였다는 사실은 역사적 이야기로는 다소 무리한 점이 있다. 하지만 성인전으로서 그것을 읽을 만한 가치가 있다. 고타마는 사물을 잘못 이해하도록 양육되었다. 그는 사물을 일면적으로 이해했지만 실제로 사물은 다른 방식으로 존재하는 것이다. ... 불교도에게 고통과 좌절을 일으키는 것은 바로 우리가 보는 사물의 존재 방식과 사물의 있는 그대로의 존재 방식 사이의 간격이다. 있는 그대로의 방식으로 사물을 볼 때, 그 간격은 사라진다. 이것이 불교 명상의 궁극적 목적이다. 명상을 통해 마음을 변화시키면 그 간격을 없앨 수 있다. 늙음, 병, 죽음을 처음으로 경험한 고타마가 다른 사람에게 일어난 일을 자신의 경우에 대비시켜 생각하게 된 것은 실재를 경험하였기 때문이다. 위기감을 불러일으킨 것은 바로 실재의 드러남이었다. 유일한 해결책은 출가였다.[251]

---

251. 폴 윌리엄스 · 앤서니 트라이브, 『인도불교사상』, 안성두 역 (서울: 씨아이알, 2021), 37–38.

이 설명에서 주목해야 할 것은 '사물의 존재 방식을 확연히 이해하는 것'이 붓다 가르침의 본질이라는 점이다. 베커의 관점으로 보면 개인이나 집단적 문화가 만들어 내는 숱한 환상에 가려진 '사물의 실재를 보는 것'으로, 본 글의 주제와 연결된다. 앞의 질문으로 되돌아가서, 왜 고타마는 인간이라면 누구나 겪게 되는 생 · 노 · 병 · 사의 자연스런 과정을 유독 '괴로움'이라고 보았는지 살펴보자. 그것에 대한 해답은 호진의 『무아 · 윤회 문제의 연구』에서 찾아볼 수 있다. 그는 붓다의 괴로움에 대한 심오한 의미를 다른 학자들의 해석을 통해 소개해주고 있다.

> 붓다가 중심 문제로 삼았던 것은 인생의 괴로움이었다. 산스끄리뜨어로 괴로움은 'duḥkha'이다. 이 말은 괴로움 · 고통 · 고뇌 · 비참 등으로 번역되지만 본래의 의미를 충분하게 나타내지 못한다. 스리랑카의 학승 왈뽈라 라훌라(Walpola Rahula)에 의하면 'duḥkha'는 불완전 · 갈등 · 무상 · 공 · 무아의 의미도 포함하고 있다. 나카무라 하지메(中村元)에 의하면 'duḥkha'란 단순한 신체적 또는 생리적 고통이나 일상적인 불안 또는 고뇌를 가리키는 것이 아니다. 괴로움은 인간이 태어나면서 가지게 되는 실존과 관계되는 것이다. 그래서 한마디로 일체개고(一切皆苦)라는 말로써 요약되기도 한다. 이와 같은 괴로움을 현대적인 의미로 '불안의 개념', '자신이 하고자 하는 대로 되지 않는 것'이라고 정의하기도 한다.[252]

인간이 노쇠하고 병들고 죽어가는 모습을 보고, 붓다가 괴로움이라고 표현한 본래의 뜻은 '마음이 아프고 고통스럽고 두렵다'는 의미이다. 인간이 태어나 저러한 모습으로 죽어 갈 수밖에 없다는,

252. 호진, 『무아 · 윤회 문제의 연구』 (서울: 불광출판사, 2018), 111.

인간의 유한성과 필멸성에 대한 실존적 자각이다. 그것은 인간이 거부할 수 없는 불가항력적인 운명에 대한 인식을 통해 느껴지는 깊은 불안감이다. "왜 인간은 태어나야만 하고, 저렇게 살다가 비참하게 죽어갈 수밖에 없는가? 진정 거부할 수 없단 말인가? 차라리 태어나지 않는다면, 사랑하는 가족과의 사별의 고통도 느끼지 않을 수 있고, 고통스럽게 병들거나 늙고 죽어 갈 필요가 없는 게 아닌가? 궁극적으로 태어남도 죽음도 없는 상태에 이를 수는 없는가?" 이러한 번민이 붓다로 하여금 사랑하는 가족을 뒤로하고 매정하게 출가하도록 이끌었을 것이다. 현대의 숱한 인간들도 삶의 고난이 닥치면 이러한 고민으로 밤을 지새운다. 그러므로 붓다의 출가는 모든 인간이 겪을 수밖에 없는 번민을 안고 떠난, 한 인간의 거룩하고 위대한 도전이었다.

본 글은 붓다의 출가와 깨달음에 의해 탄생된 불교를 문화적 환상으로서 '죽음에 대한 환상'으로 규정하고자 한다. 비록 붓다가 깊은 침묵 속에서 깨달은 '열반에 이르는 길'로서의 여러 가르침은 '실재에 대한 온전한 통찰'로서 진리이지만, 탐진치에 속박된 중생들로서는 그러한 가르침을 완전히 이해하고 실천하여 열반에 이르기가 너무나 요원하다. 그럼에도 불구하고 인간이 내적으로 강렬히 이르기를 희망하기 때문에 환상으로 칭한다. 그렇지만 너무나 고귀한 환상이기에 '궁극적 환상'으로 칭할 수 있다. 결국 본 글은 깨달은 붓다의 경지에서 논하는 것이 아니라, 그것을 목표로 하여 나아가는 무명에 갇힌 중생의 관점에서 논하기 때문이다. 그리고 붓다 그 자체도 불교문화를 창시한 문화 영웅으로서, 모든 불교인들이 숭앙하는 '문화적 영웅 환상'의 절대적 모범임을 단언할 수 있다.

__ 사정제와 팔정도의 이상

붓다의 깨달음은 인간의 보편적인 죽음에 대한 공포를 암묵적으로 전제하고 있다. 앞서 베커가 정의한 것처럼, 붓다도 인간인지라 생 · 노 · 병 · 사의 고통을 겪는 인간의 모습을 보면서 직감적으로 필멸의 죽음에 대한 인식을 한 것이다. 그래서 더 이상 생 · 노 · 병 · 사의 고통을 겪지 않은 방법을 찾아 출가를 결행했다. 그것은 한마디로 '더 이상 태어나지 않는 완전한 소멸' 혹은 '적멸(寂滅)'에 대한 꿈이다. 그리하여 붓다가 끝내 찾아낸 깨달음은 바로 '해탈과 열반'에 이르는 길이다. 이러한 불교도의 궁극적 지향인 '해탈과 열반'에 대해 폴 윌리엄스는 다음과 같이 설명한다.

> 열반은 넓은 의미에 있어 해탈의 결과이며, 현재의 삶과 죽음, 재생과 재사를 통해 쾌락과 그것에 필연적으로 뒤따르는 고통의 지속적 경험을 가능케 하는 갈애의 바로 그러한 힘으로부터 벗어나는 것이다. 그것이 간략히 열반이다. 그것은 완전하고 지속적인 윤회의 소멸이다. 사물이 있는 그대로 존재하는 방식을 봄으로써 무명을 극복하기 때문에, 윤회를 가능케 하는 힘으로부터 벗어나고, 그로부터 모든 형태의 고통의 소멸이 (또한 탐진치의 소멸이) 있는 것이다. 여기서 열반이란 '절대적 실재성'을 가리키는 불교의 명칭이 아니다. 열반은 여기에서 하나의 사태이며 하나의 사건이다. 문자적으로 열반은 '불을 끔'이란 표현에서 '끔'을 의미하며, 구제론적으로 윤회를 가능케 하는 힘인 탐욕과 성냄, 그리고 미혹(무명)을 완전하게 소멸시키는 것을 가리킨다. ... 불교에서 말하는 '열반'은 사람이나 개체의 소멸을 의미하는 것이 아니다. 붓다는 해탈을 얻었을 때 갑자

기 소멸하지 않았다.[253]

문제는 붓다가 공언한 해탈의 길이 누구나 갈 수 있는 쉬운 길로 보이지만, 막상 그 길을 따라가는 수행자나 범인들에게는 닿을 듯하면서도 닿을 수 없는 요원한 길이기에 환상처럼 보일 수 있다. 붓다처럼 해탈을 통해 열반에 든 이가 중생들에게 설하는 교설은 진리 그 자체이지만, 그 열반을 대상으로 바라보고 완전한 이해 없이 막연히 믿고 나아가는 대중들에게는 단지 지향해야 할 궁극적 환상일 뿐이다. 만약 어느 순간 실재를 통찰하는 깨달음을 얻게 된다면, 비로소 궁극적 환상은 참다운 진리였음을 알게 될 것이다.

붓다가 진정으로 추구한 것은 소멸 또는 적멸로 번역되는 열반이다. 왜 붓다는 대부분 인간이 추구하는 영원한 생명으로서 지속적인 존재에 대한 갈망이 아니라, 열반을 지향하게 되었을까? 붓다 당시의 인도 사상은 우파니샤드의 형이상학적인 철학적 사유가 넘쳐나던 시기이다. 우파니샤드에 와서 인도인들은 인간의 운명이란 카르마의 법칙에 의한 윤회에 의하여 끝없는 생사를 되풀이해야만 하는 것이라고 믿게 되었다. 마치 풀벌레가 한 잎사귀에서 다른 잎사귀로 옮겨가듯이 사람은 한 생이 끝나면 다른 모습으로 다시 태어난다는 뜻이다. 그리하여 우파니샤드 사상가들은 어떻게 하여야 이런 무의미하고 고통스런 생사의 되풀이에서부터 해방되어 절대적인 삶을 얻을 수 있는지에 대해 관심을 기울였다.[254] 그러므로 붓다의 고민에

253. 폴 윌리엄스 · 앤서니 트라이브, 앞의 책, 63-64.

254. 길희성, 『인도철학사』(서울: 민음사, 2014), 31.

는 당시의 시대적 사유 분위기가 그대로 반영되었다. 윤회의 사슬에서 벗어나 영원히 다시 태어나지 않고, 열반에 이르면 더 이상 생 · 노 · 병 · 사의 고통을 당할리 없다는 믿음이다. 더 이상 삶과 죽음의 경계가 무의미한 궁극의 상태에 이르고자 한 것이다.

붓다가 6년간의 고행 끝에 보리수 아래에서 중도를 실현하여 찾아낸 완전한 깨달음은 정확히 그가 출가하던 때 목표했던 바로 그 답이었다. 그가 녹야원에서 처음으로 설법한 '초전법륜(初轉法輪)'이 그 핵심이다. 그것은 사성제(四聖諦)와 팔정도(八正道)로 일컬어진다.

> 세존께서 다음과 같이 말씀하셨다.
>
> 비구들이여, 네 가지 고귀한 진리[四聖諦]를 알지 못하고, 깨닫지 못했기 때문에 나와 그대들은 그렇게 오랫동안 이 윤회의 굴레에서 헤매야만 했다.
>
> 그 네 가지란 무엇인가.
>
> 비구들이여, 괴로움의 고귀한 진리[苦聖諦]를 알지 못하고, 깨닫지 못했기 때문에 나와 그대들은 그렇게 오랫동안 이 윤회의 굴레에서 헤매야만 했다. 비구들이여, 괴로움의 발생의 고귀한 진리[集聖諦]를 ... 괴로움의 소멸의 고귀한 진리[滅聖諦]를 ... 괴로움의 소멸에 이르는 고귀한 길의 진리[道聖諦]를 알지 못하고, 깨닫지 못했기 때문에 나와 그대들은 그렇게 오랫동안 이 윤회의 굴레에서 헤매야만 했다.(『장부』 16 『대반열반경』 DN II 90.)[255]

붓다는 인간들이 이 네 가지 고귀한 진리를 깨닫지 못했기에 윤회의 굴레에서 벗어나지 못하고 생사를 되풀이하고 있다고 설

255. 냐나틸로카, 『붓다의 말씀』, 김재성 역 (서울: 고요한소리, 2015), 34.

파한다. 아무리 열반에 대한 많은 이야기를 듣더라도 직접 사성제를 깨닫고, 괴로움의 소멸에 이르는 바른길인 팔정도를 실천하여 스스로 성취해야만 가능하다고 주장한다. 사성제란 붓다가 생 · 노 · 병 · 사를 보며 느낀 괴로움에 대한 정의, 괴로움이 발생하는 원인, 괴로움의 소멸, 그리고 괴로움의 소멸에 이르는 길을 제시한 것이다.

첫 번째로 괴로움에 대한 정의를 살펴보자. 괴로움이란 인간이라면 누구나 태어나 살아가면서 아프고 늙고 그리고 죽는다는 필멸의 고통이다. 그 모든 순간들에 몸과 마음의 고통이 동반한다. 그리고 사랑한 사람과 언젠가는 이별해야 하고, 싫은 사람과도 함께해야 하고, 원한다고 모든 것을 얻을 수도 없다. 그 모든 것이 고통이자 괴로움이다. 그러한 고통은 인간이 집착하기 때문에 생기는데, 무엇에 집착하냐 하면, 그것은 색(色) · 수(受) · 상(想) · 행(行) · 식(識)의 오온(五蘊)이다. 이 오온은 다섯 가지 집착의 무더기이다. 즉 물질, 느낌, 지각, 의지, 의식으로서 물질적(色)인, 정신적(受 · 想 · 行 · 識)인 것에 집착하여 자기라고 여기며 놓지 않으려 하는 것이다.

그리고 또 다른 고통은 존재의 세 가지 특성에 대한 자각이다. 그것은 삼법인(三法印)으로서 제행무상(諸行無常), 제법무아(諸法無我), 일체개고(一切皆苦)이다. 제행무상은 존재하는 모든 것이 변하지 않고 영원한 게 없다. 인간이 집착하는 물질적, 정신적인 오온이 모두 무상하다. 영원히 나와 함께할 줄 알았던 그것들이 끊임없이 변해가고 있기에 괴로운 것이다. 그러한 무상한 것 중 심리적으로 가장 괴로운 것은 죽음이다. 제법무아는 다섯의 집착의 무더기를 주의 깊게 살피고 들여다보면, 어떤 자기동일성이나 불변하는 본질도 없음을 의미한다. 나라고 착각하는 각각의 오온이 실제로는 텅 빈 무아라는 것이다. 그리고 일체개고는 인간이 행하고 집착하는 모든 것이 무상하고 무아여서 괴롭다는 뜻이다.

두 번째로 괴로움이 발생하는 원인에 대해 살펴보자. 월폴라 라훌라가 말하기를 "윤회의 원인이 되고, 탐욕에 얽매여 있으며, 여기저기서 당장의 새로운 기쁨을 추구하는 것은 바로 갈증, 즉 갈애(渴愛)이다. 즉 감각적 쾌락에 대한 갈증[欲愛], 존재에 대한 갈증[有愛], 존재하지 않은 것에 대한 갈증[無有愛]이 괴로움을 생성시키는 원인이다."[256] 그렇다면 괴로움의 원인이 되는 갈애는 어디에서 생기는가? 그것은 무지에서 발생하는 거짓된 자아 개념에서 유래한다. "갈애란 용어는 감각적 쾌락, 부와 권력에 대한 욕망이나 집착뿐만이 아니라 관념 · 이념 · 관점 · 견해 · 이론 · 신념 등에 대한 욕망이나 집착도 포함하고 있다."[257]

달리 말하면 갈애란 감각적으로 대상을 소유하고 탐닉하려는 욕망, 존재하고 존속하려는 욕망, 번영하고 남보다 앞서려는 욕망, 더 나아가 영원히 불멸하려는 욕망으로 확장된다. 이것은 앞서 베커가 언급한 영원히 불멸하려는 인간의 세속적 영웅성에 대한 욕망이다. 이러한 갈애와 탐욕은 뒤에 논의할 붓다의 업과 윤회론으로 연결된다.

세 번째로 괴로움의 소멸에 대해 살펴보자. 월폴라 라훌라는

---

256. 월폴라 라훌라, 『붓다의 가르침』, 진철승 역 (서울: 대원정사, 1988), 50.
257. 위의 책, 50–51.

이에 대해 "괴로움의 소멸이란 괴로움 또는 괴로움의 지속에서 벗어나 해탈하여 자유롭게 되는 것이다. 이것을 괴로움의 소멸이라 하는데 바로 열반을 일컫는다. 괴로움을 완전히 없애기 위해서는 괴로움의 뿌리가 되는 갈애나 탐욕을 없애야 한다. 그러므로 열반은 갈애의 종식이라고 불린다."[258] 그러나 갈애나 탐욕은 인간의 존속하려는 본능에 필수적인 것이기에, 그렇게 쉽게 마음먹은 데로 떨쳐버릴 수 있는 것이 아니다. 그래서 붓다는 자세히 그 방법을 다음과 같이 제시해 주신다.

> 비구들이여, 과거의 것이거나, 현재의 것이거나, 미래의 것이거나, 이 세상에서 즐거운 대상, 즐길만한 대상에 대해서, 그것은 영원하지 않다[無常], 만족스러운 것이 아니다[苦], 변하지 않은 실체는 없다[無我], 질병이다, 두려움이다 라고 보면, 저 갈망은 끊어져 버린다. 갈망이 끊어져 버리면, 집착이 끊어져 버린다. 집착이 끊어져 버리면, 괴로움이 끊어져 버린다. 괴로움을 끊어버린 사람은 태어남, 늙음, 죽음, 슬픔, 비탄, 고통, 비애, 절망으로부터 해탈하게 된다. 이것을 괴로움으로부터의 해탈이라고 나는 말한다.(『상응부』 12:66 『접촉경』 SN II 109.)[259]

이것은 달리 말하면, 이 세상에는 절대적인 것은 없으며, 영원한 것도 없고, 모두가 상대적이며, 무상하며, 나 혹은 자아라고 믿고 있는 실체도 사실은 없는 것이다. 그것이 바로 절대적인 진리이다. 이것을 깨달아야만 무지와 환상에서 벗어날 수 있고, 갈애가 소멸되

258. 월폴라 라홀라, 『붓다의 가르침과 팔정도』, 전재성 역 (서울: 한국빠알리성전협회, 2002), 70.

259. 냐나틸로카, 앞의 책, 70.

고, 괴로움도 사라지니, 그것이 바로 열반이다. 열반은 흔히 생각하듯 형이상학적인 저 너머의 이상적인 상태가 아닌, 지금 여기 무지와 갈애와 괴로움이 완전히 소멸되어 평온한 상태가 유지되는 바로 그것이 열반임을 말하고 있다.

네 번째로 괴로움의 소멸에 이르는 길에 대해 살펴보자. 월폴라 라훌라에 의하면 "괴로움의 소멸에 이르는 길은 두 가지 극단을 버린 중도의 길이다. 한 극단은 감각의 쾌락으로써 행복을 추구하는 것인데, 비속하고 일반적이며, 유익하지 못한 보통 사람들의 길이다. 다른 하나는 여러 형태의 고행을 통해 행복을 추구하는 것으로 고통스럽고 가치없고 이롭지 못한 극단적 행위일 뿐이다. 붓다는 이 양 극단을 다 시도해본 후, 그것들이 모두 쓸데없는 것임을 깨닫고 개인적인 책임을 통해 중도의 길을 발견했다."[260] 그 중도란 여덟 가지 범주로 구성되어 흔히 팔정도(八正道)라고 불리워진다. 그것은 중도를 실현하는 구체적인 수행법으로서, 정견(正見, 바른이해) · 정사유(正思惟, 바른사유) · 정어(正語, 바른언어) · 정업(正業, 바른행위) · 정명(正命, 바른생활) · 정정진(正精進, 바른노력) · 정념(正念,바른 마음챙김) · 정정(正定, 바른집중)을 일컫는다. 이러한 팔정도는 한마디로 윤리적인 계율[戒; 정어, 정업, 정명]을 바르게 실천하고, 마음을 집중하여 평온히 수행[定; 정정진, 정념, 정정]하여, 궁극적으로 참된 지혜[慧; 정견, 정사유]를 깨닫는 것이다. 결론적으로 이러한 모든 것이 일체가 되어 완벽히 행해져야만 비로소 괴로움에서 벗어나 해탈에 이르게 된다.

---

260. 월폴라 라훌라, 『붓다의 가르침』, 72.

이렇게 계 · 정 · 혜로 요약되는 팔정도와 그것을 포함한 사성제를 제대로 알고 수행을 실천하는 것이 얼마나 어려울 것인지는 가히 짐작할 수 없다. 붓다가 완전한 깨달음을 얻어 명쾌하게 밝혀낸 사성제와 팔정도의 길이 너무나 분명하여 그저 열심히 수행만 하면 누구나 열반에 들 수 있을 것 같지만, 막상 그 길을 나서면 한걸음 내딛는 것이 천 길 낭떠러지를 건너는 것보다 어려워 보일 수 있다. 그러기에 붓다도 사성제를 올바로 아는 것이 얼마나 어려운지를, "털 한 올을 백 올로 나누고 그 나뉜 털 한 올 마다 화살을 쏘아 맞히는 것보다 더 어렵다"[261]고 설법하셨다. 하지만 그렇게 어려운 길을 붓다 이후 얼마나 많은 선남선녀들이 출가 혹은 재가 수행자가 되어 자기의 삶을 오롯이 바쳐 수행에 정진해 왔는지, 끝내 해탈에 이른 이는 얼마나 될지, 감히 말할 수는 없지만 분명 쉽지 않은 길임은 명백하다. 왜냐하면 그들 모두 죽음의 공포를 느끼고, 몸이 갖는 강렬한 갈애와 욕망을 품고 있는 한낱 인간들이기 때문이다. 갈애와 탐욕은 해탈의 가장 큰 장애이기 때문이다.

_ 연기 · 무아 · 업 · 윤회의 환상

이제부터는 붓다가 말한 연기, 무아, 업, 그리고 윤회에 대해서 좀 더 살펴보고, 죽음에 대한 환상의 관점으로 논의를 계속 이어가 보고자 한다. 연기는 팔리어 paṭicca-samuppāda 연유하여(pratītya) 함께(sam) 일어난다(utpāda)는 뜻으로, '연하여 함께 일어나다[緣起]'의

261. 『잡아함경』, 제15권, "405경".

의미를 지닌다. 무아의 진정한 의미를 깨닫기 위해서는 먼저 이 연기를 제대로 이해할 필요가 있다. 왜냐하면 연기는 붓다가 발견한 진리일 뿐 아니라 불교의 모든 교리가 이 법칙을 바탕으로 해서 성립되었기 때문이다.[262] 한마디로 일체 만물과 만상이 서로 인연 따라 생겨나고, 인연 따라 사라져 간다는 것이다. 연기는 12개의 조건(무명-행-식-명색-육입-촉-수-애-취-유-생-노사)이 서로 인과 관계로 맞물려 돌아간다. 그중에서도 진리에 대한 무지 즉 무명(無明)이 연기의 시작이다. 그것으로 인해 결과적으로 신체와 정신작용의 결합이 이루어지고 갈애가 생기고 집착이 생겨 태어나고 늙고 죽고 다시 태어나기를 반복한다. 그러한 무명에 의해 업과 윤회가 생겨나고, 무명이 사라지면 반대로 모든 것이 소멸되어 열반의 경지에 든다. 그럼 그 어떤 것을 무명(無明)이라 하는가? 붓다는 『잡아함경』의 「법설의설경(法說義說經)」에서 다음과 같이 설명한다.

> 과거를 알지 못하고 미래를 알지 못하고 과거와 미래를 알지 못하며, 안을 알지 못하고 밖을 알지 못하고 안팎을 알지 못하며, 업(業)을 알지 못하고 과보(果報)를 알지 못하고 업과 과보를 알지 못하며, 부처님을 알지 못하고 법을 알지 못하고 승가를 알지 못하며, 괴로움을 알지 못하고 발생을 알지 못하며, 소멸을 알지 못하고 길을 알지 못하며, 인(因)을 알지 못하고 인이 일으키는 법을 알지 못하며, 착함과 착하지 않음을 알지 못하고, 죄가 있고 죄가 없음과 익히고 익히지 않음과 못나고 뛰어남과 더럽고 깨끗함과 연기에 대한 분별을 모두 알지 못하며, 6촉입처를 사실 그대로 깨달아 알지 못하고, 이러저러한 것을 알지 못하고 보지 못하며, 빈틈없고 한결같음[無間等]이 없어 어리석고 컴컴하며, 밝음이 없고 크게

262. 호진, 앞의 책, 108.

어두우면 이것을 무명이라고 하느니라.[263]

무명은 단순히 사성제에 대한 무지로 정의할 수 있지만, 보다 깊이 들어가면 너무나 광범위하고 촘촘한 인식의 그물에 갇힌 것으로, 누구도 쉽게 그것에서 벗어날 수 없다. 이러한 무명을 깨치고 연기에서 홀연히 벗어날 수 있는 인간이 과연 있을까? 무명에 의해 인과적으로 돌아가는 이러한 연기법은 불교의 모든 교리와 실천을 위한 사상적, 이론적 근거가 된다. 마스타니 후미오는 연기에 대해 다음과 같이 말한다. "붓다의 가르침은 그 설명이나 형태가 어떠하든 모두 연기법을 근거로 하고 있다. 모든 교리는 연기의 원리를 바탕으로 해서 만들어진 응용 이론이고 실천 원리이다. 그것들은 연기라는 하나의 근원에서 흘러나온 크고 작은 물줄기와 같은 것이다. 존재는 왜 무상(無常)하고 무아(無我)이고 공(空)인가, 그것은 연기적이기 때문이다."[264] 이처럼 연기법은 모든 존재의 보편적 원리라고 할 수 있다. 그렇다면 이러한 연기법은 붓다가 직접 만든 것인가? 붓다는 이에 대해 "연기법은 내가 만든 것도 아니고 다른 사람이 만든 것도 아니다. 그것은 여래가 세상에 출현하거나 세상에 출현하지 않거나, 항상 법계에 머물러 있다. 여래는 이 법을 스스로 깨닫고 등정각(等正覺)을 이룬 뒤에, 모든 중생을 위해 분별해 연설하고 드러내어 보인다"[265]고 설파하였다.

263.『잡아함경』, 제12권, "298경".

264. 호진, 앞의 책, 110.

265.『잡아함경』, 제12권, "299경".

붓다는 우주에 만연한 진리를 쾌락도 아니고, 고행도 아닌 중도를 실천하여 스스로 깨달았다. 당시에 유행하던 브라만의 수행자들은 제사의식을 통해 신들로부터 구원받아 윤회에서 벗어나는 것을 희구하거나, 자이나교 수행자들은 극한 고행을 통해 마음의 평안을 얻고 내세에 평화로운 세상에서 살 수 있다고 믿었다. 초기 우파니샤드인 브리하다란야카 우파니샤드는 개체의 본질인 아트만이 현상적인 심신의 구성요소와 달리 불변하는 존재로서, 그런 내적 본질이 우주적 본질인 브라흐만과 동일하다(범아일여)는 사실을 인식할 때, 해탈할 수 있다고 주장했다. 하지만 붓다는 그러한 수행이 결실을 맺지 못하자 의구심을 품고 스스로의 수행을 통해 괴로움을 소멸시키고, 윤회로부터 벗어날 수 있는 법을 찾고자 하였다. 그러한 구도 과정에서 깨달은 것이 사성제와 팔정도 그리고 연기법이다. 이처럼 윤회에서 벗어나는 길은 고대 인도에서 수많은 시간의 경과에 따라 변화하고 발전되어 왔다. 다만 인간의 사리 분별이 보다 합당한 것을 찾음으로써, 붓다의 설법이 진리로 자리매김 되었을 것이다. 그러므로 이러한 연기법은 보편적 원리로서 '우주적 자아'가 깨달음을 성취하기 위해 반드시 알아야 할 진리로서, 베커의 '우주적 자아'가 추구해야만 하는 것이지만, 그것의 온전한 실재를 통찰하는 것은 결코 쉽지 않기에 문화적 환상으로 보일 수 있다.

윤회(輪廻; samsāra)는 존재의 수레바퀴, 어원적인 의미는 '끊임없는 헤맴'이라는 말이다. 빠알리 경전에서 끊임없이 부침하고 있는 생사의 바다를 의미하는 용어로 쓰이며, 끊임없이 반복적으로 태어나고, 늙고, 죽는 연속적인 흐름을 상징한다.[266] 이러한 윤회설에 의하면 현재의 생(生)은 수 없는 생 가운데 하나의 생이다. 윤회란 "한 인간이 죽은 후 그가 전생에 행한 행위[업, karman]에 따라 결정된 새로운 모습으로 지상에 다시 오는 것이다."[267] 그런데 이 윤회 사상은 인도에서 종파별로 서로 제각기 달랐다. 무엇이 더 설득력 있는지는 신자들의 판단에 맡길 수밖에 없다. 호진은 그러한 여러 입장을 다음과 같이 정리하고 있다.

> 윤회사상은 인도의 거의 모든 종교와 철학의 밑바탕이 되었다. 그러나 각 종교와 철학에서 내세우는 윤회설에는 차이점이 있다. ... 힌두교나 자이나교는 윤회할 수 있는 주체로서 아뜨만이나 영혼을 내세운다. 그러나 불교는 그와 같은 존재를 인정할 수 없다. 자이나교에 의하면 까르만은 미세한 물질적인 입자로 이루어져 있을 뿐 아니라 영혼에 달라붙어 영혼을 속박한다. 역시 그것은 무게까지 가지고 있다. 그러나 불교는 까르만을 '일종의 행위' 또는 그 결과로서 초래되는 어떤 에너지[業力]라고 생각한다. 해탈에 대해서도 힌두교에서는 '범아일여 상태'를 가리키는데, 자이나교에서는 '영혼이 모든 업에서 벗어나 우주의 정상에 올라가 그곳에서 영원한 안락을 누리는 것'이라고 생각한다. 그러나 아뜨만도 영혼도 인정하지 않는 불교의 열반은 이들과 동일한 의미를 가질 수 없다.[268]

이렇게 윤회에 대한 사유가 시대별, 종파별로 다르듯이, 종교의 여러 학설과 가르침도 인간의 경험에 상상과 사색이 합쳐져 정교하게 체계화되어 전해져 온 것으로 볼 수 있다. 그것이 환상인지 진

---

266. 냐나틸로카, 앞의 책, 56.
267. 호진, 앞의 책, 27.
268. 위의 책, 28.

리 그 자체인지는 그 누구도 장담할 수 없지만, 한 공동체의 모든 사람이 믿는다면 진리로 여겨질 수 있다. 왜냐하면 한 인간이 태어나 죽는 순간까지 같은 믿음을 고수한다면 그에게는 그것이 진리로 보이기 때문이다.

불교에서 윤회와 무아는 불가분의 관계이다. 이 둘은 상반된 의미를 지니면서도 불교를 지탱한 두 개의 축이다. "문제는 이 두 교리가 양립할 수 없다는 점이다. 무아의 입장에서는 윤회의 주체를 인정할 수 없다. 윤회의 주체를 인정한다는 것은 고정불변하는 실체적인 '아(我)'를 인정하는 것이 되고 결국 무아를 포기한다는 것을 의미하기 때문이다. 무아를 내세우면 당장 문제가 야기된다. 무엇이 윤회하며 누가 과보를 받으며 누가 열반을 성취하는가 하는 문제이다. 그리고 실체적인 '아(我)'를 부정하는 것은 과보와 윤회를 부정하는 것으로서 죽음이 바로 열반, 즉 다시 태어나지 않는 것이 된다."[269] 그러면 무아는 정확히 무엇을 말하는 것인가. 냐나틸로카는 "개인적인 존재는 오온에 의해 구성되어진 끊임없이 변화하는 현상의 흐름이지 실체적인 자아는 없다. 이 흐름은 우리가 태어나기 전, 기억할 수 없는 시간에서부터 시작되어 우리가 죽은 후에도 끝없는 시간에 걸쳐 이어질 것이다. ... 오온은 자아가 아니며, 그것의 안에도, 바깥에도 영원한 실체로서의 자아는 없다. 그러므로 어떤 형태의 자아에 대한 믿음도 환상이다"[270]라고 말한다.

무아는 오온을 자아로 착각하는 현상에 대한 준엄한 일침이

269. 위의 책, 22.

270. 냐나틸로카, 앞의 책, 51-52.

다. 인간이 어떤 희생을 치르더라도 끝까지 지켜내고자 하는 '나'라는 고정된 실체는 없다. 우리가 자아로 간주하는 오온 역시 자신 아닌 것들로부터 인연 화합하여 생성된 연기의 산물일 뿐이지 그 안에 독립적이고 자립적인 고유한 자아란 존재하지 않는다. 오온으로서의 나의 몸이나 느낌, 생각이나 의지나 인식 등은 모두 처음부터 끝까지 나로서 존재하는 것이 아니라, 나 아닌 것들로부터 인연 화합에 의해 나로 만들어진 연기의 산물일 뿐이다. 그러면 다음과 같은 질문이 대두된다. 도대체 윤회하는 것은 무엇인가? 영혼도 없고, 자아도 없는데 어떻게 다시 환생하는가? 다시 태어난다고 해서 지금의 나와 무슨 연관성이 있는가? 연관성이 없으면 나는 영원히 사라지고, 전혀 새로운 존재가 태어나는 것이 아닌가? 업이 윤회한다는데, 실체가 없는 수많은 업이 흩어져 버리지 않고 어떻게 다시 태어날 수 있을까? 그렇게 다시 태어난 업이 나의 것인지 남의 것인지 어떻게 알 수 있나? 이러한 질문이 꼬리에 꼬리를 물고 일어날 수 있다. 이것에 대한 답은 밀린다왕과 나가세나의 다음 문답을 통해 조금은 이해할 수 있다.

> 왕은 물었다.
>
> –존자여, 만일 현재의 명칭과 형태 그대로 저세상에 새로 태어나는 것이 아니라고 한다면 인간은 악업으로부터 벗어날 수 있지 않겠습니까?
>
> : 대왕이여, 만일 저세상에 다시 새로 태어나지 않는다면 인간은 악업으로부터 벗어날 수가 있을 것입니다. 그러나 실은 저세상에 다시 태어나는 한, 악업으로부터 벗어날 수 없습니다.
>
> : 대왕이여, 죽음으로 끝나는 현재의 명칭과 형태와 저세상에 다시 태어날 명칭과 형태는 비록 딴 것이기는 하지만 저 세상 것은 이 세상 것에

서 생겨납니다. 그러므로 악업으로부터 벗어날 수 없는 것입니다. ... 마치 응유가 우유로부터 나온 결과이듯 사람은 악업으로부터 벗어나지 못합니다.[271]

이러한 문답에서 현생에 지은 업은 내세에 이어져 과보를 받게 됨을 알 수 있다. 다만 어떻게 이어지는지 방법에 대해선 밝히지 않고 있다. 그것에 대해 폴 윌리엄스는 다음과 같이 '인과적 의존관계'로 설명한다.

붓다는 다시 태어난 존재가 이전에 죽은 자와 동일한 존재라고 생각하지 않았다. 엄격히 말해 이것은 재생의 사실이 아니다. 마찬가지로 '다시 태어난' 존재는 죽은 존재와 다른 존재가 아니다. 적어도 너와 내가 다르다고 하는 방식에서 완전히 다름을 의미하는 것처럼 다른 것은 아니다. 재생한 존재는 인과과정에 의해 죽은 존재와 연결되어 있다. 죽은 자를 A, 재생한 존재를 B라고 부르기로 하자. B는 A와 동일하지 않다. 즉 B는 A와 동일한 사람이 아니다. B는 인과적으로 A에 의존하여 생겨난 것이다. 중요한 인과적 요소 중에서 (혹은 A의 이전의 화현 즉, X, Y 그리고 Z로서 이론적으로 무한대로 소급될 수 있는) 과거에 A에 의해 윤리적으로 선하거나 불선한 행위들이 수행되었다. 따라서 죽을 때, 이들 요소들은 복합적인 방식으로 다른 육화된 개체로 이끄는 인과과정 속으로 들어가는 것이다. 이 개체는 A의 전생 속에서 그에 의해 수행된 행위에 직접적으로 의존해서 생겨나는

271. 이동봉 역, 『밀린다팡하』 (서울: 홍법원, 1992), 73-77.

것이다. 따라서 '재생한 존재'와 '죽은 존재'는 인과적 의존관계로 연결되며, 여기서 행위 인과가 전체 과정을 유지시키는 핵심적 요소라고 설해진다.[272]

그렇다면 윤회에서 인과적 연결의 원인이 되는 업이란 무엇인가? 인간의 모든 행위가 업인가? 업의 과보를 받기 위해 다시 태어난다면, 선업도 결과적으로 다시 태어남의 원인이 되니, 피해야 되는 것이 아닌가? 업의 과보는 엄중하다는데, 나쁜 악행을 많이 저지른 자가 죽음을 앞두고 깨달음을 얻어 아라한이 되었다면, 그도 다시 태어나 업보를 풀어야 하지 않나? 업(業, karma)은 '행위, 행동'을 의미하는데, 모든 행위를 의미하지 않고, '의도적 행위'만을 의미한다. "이러한 의도적 행위에는 선한 업과 악한 업이 있는데, 선업은 선의 과보를 받고, 악업은 악의 과보를 받는다. 갈애 · 의도 · 업은 선하든 악하든 그 결과로서 선하거나 악한 방향으로 지속되려는 어떤 힘을 갖고 있다. 선하든 악하든 그것은 상대적이며 지속적인 순환의 틀 내에 있다. 다만 업의 이론을 도덕적 정의로서 상벌 개념으로 혼동해서는 안된다. 그것은 자연적 법칙일 뿐 정의나 상벌과는 아무런 관계가 없다."[273] 다만 붓다의 괴로움의 소멸 관점에서 보면 다시 태어남은 생 · 노 · 병 · 사의 고통을 되풀이한다는 의미이다. 그러므로 선업의 과보를 받기 위해 다시 태어나면 그러한 고통을 다시 감내해야 함을 뜻한다. 그러나 달리 생각하면 인간계에서만 깨달음을 얻어 완전

---

272. 폴 윌리엄스 · 앤서니 트라이브, 앞의 책, 92.

273. 월폴라 라훌라, 『붓다의 가르침』, 53.

한 해탈에 이를 수 있기에 그러한 기회를 다시 얻는다고 생각하면 이해될 듯싶다. 그리고 선업의 과보를 받는 삶은 괴로움은 적고, 복을 누리는 삶이 아닐까 싶다.

아라한이 되면 행동하더라도 업을 짓지 않는다고 한다. 왜냐하면 그는 거짓된 자아 관념, 지속적인 존재에의 갈애, 모든 번뇌에서 자유롭기 때문이다. 그는 다시 이 세상에 태어나지 않는다. 하지만 아라한이 되기 전에 수많은 악행을 저질렀다면 그도 과보를 받기 위해 다시 태어나야 하지 않는가. 이에 대한 답은 붓다의 제자 목건련의 죽음을 통해 알 수 있다. 그는 붓다의 제자 중 신통력이 제일 뛰어난 제자로서 이미 아라한의 경지에 올랐지만, 탁발을 나갔다가 망나니들에게 지팡이와 돌로 맞아서 거의 죽음에 이르렀다. 이에 친구 사리불이 그대의 신통력으로 왜 피하지 않았냐고 묻자. "내가 과거에 지은 업이 너무 무거워 그 과보를 받아 업을 다하기 위해서 어쩔 수가 없었다"[274]고 답하고 열반에 들었다. 이와 같이 아라한에 든 자들은 스스로 자신의 전생에 지은 악업을 보고 어떻게 하든 그것을 참회하여 다시는 생사의 윤회를 되풀이하지 않는다.

업과 관련된 윤회설과 무아설은 인간이 영원히 꿈꾸는 불멸과 죽음 초월에 관한 환상과 관련 있다. 영원히 고통에서 해방되기 위해서 윤회에서 벗어나야만 하고, 그러기 위해선 무아를 깨닫고 업을 짓지 않아야 한다. 그리하면 열반이라는 완전한 소멸의 상태에 도달할 수 있다. 하지만 아라한이 아니고서 어떻게 업을 짓지 않

---

274. 『증일아함경』, 제18권, "26. 사의단품①".

을 수 있겠는가. 그러므로 사성제와 팔정도의 길이 어렵다는 것이다. 지금까지 초기 불교의 붓다의 가르침을 통해 생사의 괴로움을 초월하는 법을 살펴보았다. 이 모든 것은 생 · 노 · 병 · 사의 괴로움을 더 이상 반복하지 않고 완전한 소멸 즉 해탈에 이를 수 있는 '죽음에 대한 환상'으로서의 가르침이다. 이 모든 것은 붓다가 명상으로 자신의 전생과 세상 사람들의 고단한 삶을 반추하며 깨달은 삶의 실재로서 진리이지만, 달리 생각하면 붓다만의 가르침이지 절대불변의 가르침이 아닐지도 모른다는 의심도 가능하다. 붓다에 의해 정교하게 구축된 하나의 이론체계로서 문화적 환상일 수 있다는 것이다. 왜냐하면 해탈에 이르는 깨달음의 과정이 너무나 힘들어 극소수의 일부만 그 목적지에 도달할 수 있기 때문이다. 유기체적인 생명체로서 인간이 지닌 강렬한 지속 본능이 야기하는 탐욕과 집착은 그 어떤 관념적 이해를 능가한다. 즉 프로이트가 밝힌 성욕, 랑크와 베커가 밝힌 죽음공포를 회피하려는 세속적인 영웅성, 아들러가 밝힌 인간의 인정 욕구와 권력욕 그리고 성리학이 제시하는 사단칠정론에서 칠정의 욕망은 살아 있는 모든 인간이 강렬하게 느끼는 감정이다. 그러한 욕망과 감정은 탐욕과 갈애, 집착을 일으켜 업을 낳고 연기법에 따라 생노병사를 되풀이하게 한다.

붓다가 체계화시킨 모든 가르침도 붓다 스스로가 삼법인에서 밝힌 제행무상(諸行無常)의 법칙에서 벗어날 수 없었다. 고정되고 변화하지 않은 것이란 없다. 만약에 있다면 그것은 박제화되고 죽은 것이다. 그러므로 붓다의 가르침도 붓다가 열반한 이후 제1차, 2차, 3차 결집을 통해 정리된 이후, 여러 나라로 전파되어 나갔다. 자기 구제를 목표로 하는 아라한의 상좌불교에서 대중의 구제를 중시하는 보살개념의 대승불교로 변화해 나갔다. 어쩌면 무상함은 붓다가 본 것처럼 괴로움이 아닐 수 있다. 무상하기에 변화가 있고 발전의 가능성이 있다. 인간인, 호모사피엔스(Homo sapiens)는 '지혜로운 인간'으로서 끊임없이 배우고 성장하고자 하는 욕구가 강하다. 그러한 인간의 본성에 '무상'은 즐겁고 희망적이다. 지금 인류의 문명이 발전한 것도 이러한 무상의 지혜를 인간이 본능적으로 알았기 때문이다. 그러므로 붓다는 너무 괴로움의 관점으로서만 인간의 삶을 보았다는 비판을 받을 여지가 있다.

2절. 유가행파와
티벳 밀교로 본 자아와 환상

앞서 살펴본 초기불교에서 붓다는 생노병사의 고통을 되풀이 하지 않기 위해서는, 무명과 갈애의 집착에서 벗어나 완전한 깨달음을 성취한 아라한으로서 해탈에 이르러야 한다고 역설했다. 하지만 그러한 아라한은 이기적인 자기만의 구원을 추구한다는 점에서 비판을 받게 된다. 붓다가 완전한 열반에 들어간 후 100년이 지나 불교는 근본분열을 통해 상좌부와 대중부로 나뉜다. 그것의 계기는 다음과 같은 근본적인 질문들로 시작되었을 것이다. 공덕도 적고 수행이 부족한 대다수 민중은 한없이 윤회의 바다에서 헤맬 수밖에 없나? 무지한 민중은 영원히 삶과 죽음의 고통 속에서 벗어나지 못하는 것인가? 진정 그들을 구제할 방법은 없는가?

지금부터는 붓다의 사후 세월이 흐르면서 붓다에 대한 인식이 어떻게 변화되고, 그의 가르침에 대한 해석도 어떻게 달라지는지를 간략히 다룬다. 즉 대승에서 중관학파, 유가행파, 탄트라 불교 그리고 티벳으로 전파되어 티벳 밀교가 성립하게 되는 과정을 살펴보고자 한다. 왜냐하면 붓다의 가르침은 인간의 다양한 내적 욕구와 시대적 요구상황에 따라 끊임없이 재해석되고 변화되어 왔기 때문이다. 그러한 과정에 베커의 환상 개념이 어떻게 적용되는지 살펴보고자 한다. 그리고 본 글의 주 텍스트인『티벳 사자의 서』에 담긴 내용으로서, 사후에 '죽음의 바르도'를 거쳐 다시 환생하는 윤회의 주체가 과연 무엇인지, 자아인지, 무아인지, 업인지, 아니면 전혀 다른 그 무엇인지를 살펴보고자 한다. 그러면서 그러한 모든 불교 사상의 다양한 변화의 과정에 인간의 생각, 사고, 상상 그리고 이상적 바램의 문화적 환상이 끊임없이 작용하고 있음을 주장해 보고자 한다.

대승불교의 형성

붓다 사후 붓다가 설파한 모든 가르침이 세 번의 결집 과정을 통해 모아지고 정리되어 경전으로 온전히 전해졌지만, 상좌부의 일부 수승한 제자들을 제외하고는, 그것을 온전히 이해하고 실천할 수 있는 이들이 점차 줄어들었다. 그렇다고 붓다처럼 '대기설법(對機說法)'으로 듣는 자의 수준에 맞추어 단순 명쾌하게 설법을 해주는 걸출한 제자들도 별로 나타나지 않았다. 그러던 시기에 기원전 1세기경 등장한 대승불교는 '위대한 탈것'이라는 이름처럼 출가와 재가를 불문하고, 모든 사람이 붓다와 동일한 깨달음에 도달할 수 있다는 이상을 제시하였다. 폴 윌리엄스는 그러한 현상을 "모든 중생을 고통으로부터 구제하고자 하는 의도에 의한 새로운 통찰"에 의해 대승불교가 형성되었다고 설명한다.[275] 즉 모든 중생의 이익을 위해 정각(正覺)을 이

275. 폴 윌리엄스 · 앤서니 트라이브, 앞의 책, 137.

룬다는 궁극적 목적(보살사상)에 대한 통찰과 또한 붓다는 여전히 우리 주위에 계시며, (계속되는 현시의 가능성으로서) 교류될 수 있다는 믿음에 의해서 결합되었다. 그러한 대승의 사상은 수많은 공감을 얻게 되고, 추후 북방으로 전파되어 중국과 한국, 일본에서 더욱 꽃피우게 된다.

자연스럽게 대두되는 질문은, 초기불교의 전통을 고수하는 소승불교와 붓다 가르침의 정수를 새롭게 해석한 대승불교의 차이란 정확히 무엇인가 하는 것이다. 케네스 첸에 따르면 그 차이는 첫째, 소승의 상좌부는 붓다를 인간적인 스승으로 간주한 반면에, 대승은 붓다를 보편적 진리가 화현된 영원한 존재로 생각하였다. 둘째, 대승불교의 종교적 이상은 윤회의 굴레에서 벗어난 아라한이 아니라, 깨달음을 성취하도록 결정된 존재이면서 자비와 사랑 그리고 자기희생의 표본이 되는 보살이다. 셋째, 대승에서 깨달음이란 상좌불교의 불자들이 주창하는 엄격한 계율에 의해서가 아니라, 붓다를 향한 믿음과 헌신 그리고 모든 인간을 향한 사랑과 자비의 실천에 의해서 성취됨을 강조한다. 마지막으로 대승불교는 모든 중생이 불성(佛性)을 지니고 있기에 누구나 깨달을 수 있다고 가르친다. 이러한 대승불교의 입장은 오로지 수승의 소수만이 깨달음을 성취할 수 있다고 믿는 상좌불교의 입장과 극명하게 다르다.[276] 이처럼 대다수 민중이 대승의 견해를 따르게 되면서 대승불교는 서서히 전파하게 된다.

이러한 대승불교에서 붓다에 대한 관념이 어떻게 변화되었는지를 잘 보여주는 경전이 있는데, 대승의 주요 경전인 『법화경』이다.

---

276. 케네스 첸, 『불교의 이해』, 길희성 · 윤영해 역 (칠곡: 분도출판사, 2004), 84.

그것에는 붓다의 인간적 요소는 거의 남아 있지 않고, 그가 과거에 헤아릴 수 없는 세월을 살았으며, 미래에도 영원히 삶을 계속할 숭고한 존재로 신격화되어 있다. 그것은 대승의 삼신불 사상으로 나타난다. 즉 인간의 육신과 상관없는 영원하고 성스러운 본질인 진정한 붓다인 법신불(法身佛), 붓다들이 완전한 위엄과 지혜와 복덕을 누리는 몸이면서 빛과 소리의 화합물인 보신불(報身佛), 석가모니와 같은 인간의 몸으로 인간세계에 나타나는 화신불(化身佛)이다.[277] 그리고 대승에서는 이러한 다양한 붓다의 개념과 더불어 붓다와 인간의 고통스런 세계를 연결해주는 보살의 개념이 생성된다.

보살은 이미 깨달음을 성취했으면서도 이 고통스런 세계의 중생들을 모두 구제할 때까지 열반에 드는 것을 보류한 이다. 보살의 속성은 사랑, 자비, 그리고 이타주의이다. 이러한 보살이 되기 위해서는 깨달음을 성취하겠다는 보리심(菩提心)을 내야하며, 보살이 되어서 행할 포부를 밝히는 서원을 해야한다. 예를 들면 그가 쌓은 공덕을 중생에게 돌려주겠다는 것, 중생들에게 끝없이 진리를 가르치겠다는 것, 모든 중생을 구제하겠다는 등이다. 그런 후 몇 겁의 오랜 세월을 수행을 거쳐 보살이 되는 것이다. 그러기에 그들은 끝없는 생을 통해서 쌓은 엄청난 공덕을 불행한 중생들을 위해 기꺼이 나누어 주는 것이다. 그러한 보살들은 붓다의 독특한 특성이 인격화된 것으로 다양하게 나타난다. 붓다의 지혜는 문수보살로 인격화되는데 지혜와 앎의 스승으로서 모든 의심을 끊어버리는 칼이 그의 상징이다. 붓다

277. 위의 책, 86–89.

의 자비는 관세음보살로 인격화되는데 천 개의 눈과 천 개의 팔을 가진 존재로 이 세상의 모든 곳에 몸을 나누어서 사람들을 고난으로부터 구제한다.[278] 그러므로 중생들은 어려운 일이 닥치면 언제 어디서나 부처님과 보살에 기도하며 도움을 요청하며 의지할 수 있게 되었다. 비록 수행이 부족해도 독실한 믿음만 있으면 누구나 구제받을 수 있다는 이러한 대승의 사상은 민중에 큰 호응을 얻게 된다. 즉 이러한 보살들을 믿고 신실하게 기도하면 누구나 구제받을 수 있다는 문화적 환상은 고달픈 민중에게 구원의 희망으로 인식된다.

_ 공사상과 유식사상

2세기경 실존 인물인 나가르쥬나(龍樹)가 창시한 중관 학파는 존재와 비존재, 긍정과 부정, 쾌락과 고통의 양극단 사이에 위치한다. 그럼에도 불구하고 그 역시 이 중도를 소승불교의 연기설과 관련짓는다. '생겨남도 없고 사라짐도 없다[不生不滅]. 영원함도 없고 끝남도 없다[不常不斷]. 동일함도 없고 다름도 없다[不一不異]. 감도 없고 옴도 없다[不去不來]' 그는 이 여덟 겹의 부정으로써 공의 진리 즉 모든 존재 요소는 비실재라는 진리를 해명하려 한다. 그러나 대개 공성(空性)으로 번역되는 이 슌야타(śūnyatā)라는 단어는 '상호의존성'이라는 뜻으로 해석된다. 즉 어떤 것이 공이라는 것은 그것이 다른 어떤 것과의 관계를 언급함으로써만 확인될 수 있을 뿐 그러한 관계없이는 아무런 의미도 가지지 못한다는 뜻이다. 그는 모든 사물이 예외

---

278. 위의 책, 90-91.

없이 환영과 같다는 『반야경』의 주장을 이성적으로 실증하려고 했는데, 그 방식은 모든 사물이 자신의 자성(自性)을 갖고 있지 않음(모든 사물은 무자성niḥsvabhāva 이며, 그것들은 이차적인 존재자, 즉 개념적 구성물)을 보여줌에 의해서이다. 그것들은 원인과 조건들의 결과이기 때문에, 의존해서 생겨나는 방식이다.[279]

중관 학파의 이러한 공 개념은 상대적 진리의 분별의식에 얽매여서는 절대적 진리로서 반야의 지혜를 깨칠 수 없다고 주장한다. 모든 것이 실재가 아닌 공이라는 그들의 확신은 상대적 분별 속에 살아가는 속세의 중생들에게는 공감은 물론 필요성도 못 얻을 수 있다. 그러나 열반을 성취하려는 구도자에게 현상세계에 대한 집착을 버릴 수 있는 논리적이고 체계적인 설명을 제공하고, 사물의 본질을 깨달아 붓다가 성취한 절대적 무(無)의 경험을 가능케하는 방편으로서의 가치를 지닌다. 붓다의 가르침에서 핵심은 무아의 깨달음이다. 누구나 집착하는 '나'가 없다는 무아는 이 세상 어느 종교에서도 없는 붓다만의 독특한 가르침이다. 그러나 '무'의 깨달음은 단지 머리로만 이해할 수 있지, 가슴으로 이해하기는 어렵다. 그러나 중관학파의 공의 개념은 무아를 논리적으로 설명하면서, 그것이 어떤 경지인지를 조금이나마 인식 가능케 했다. 즉 무아를 깨달음으로써 한순간에 공이라는 해탈의 경지로 들어가는 '우주적 자아'의 궁극적 경지를 보여주고 있다. 그러나 이러한 공 개념은 중생들에게 허무주의를 양산한다는 비판을 면할 수 없게 되었다. 이것을 보완하는 보다 체계적인 논

279. 폴 윌리엄스 · 앤서니 트라이브, 앞의 책, 194.

리로 설명이 가능한 새로운 유파가 등장하게 되는데, 그것은 4~5세기에 형성된 유가행파이다.

이들 유가행파는 미륵(彌勒), 아상가(無著), 바수반두(世親)에 의해 정립되었는데, 그들은 붓다 이래 꾸준히 탐구해온 윤회와 해탈의 진리를 고요히 사색하면서 철두철미하게 파고들었다. 그 결과 그들은 인간의 마음속 심층 심리에 대한 자각에 눈을 돌렸고, 그 속에서 미망을 벗고 깨달음에 이르는 길을 체계화시켰다.[280] 이제 이러한 유가행파가 어떤 사상적 배경을 가지고 성립되었는지 살펴보자.

유가행파의 '유가(瑜伽)'란 '요가(yoga)'를 가리킨다. 따라서 '유가행(yogācāra)'이란 '요가의 실천' 또는 '요가를 실천하는 자'라는 의미이다. 유가행파는 '유가행 유식사상' 혹은 '유식불교(唯識佛教)'라고도 불린다. 어찌 되었든 이 '유가행 유식사상'은 '요가 실천 수행자'의 체험 속에서 산출된 사상이다. 이러한 요가 체험은 인도 전통의 고행이 아니라, 관법을 중심으로 하는 온화한 명상법을 일컫는다. 따라서 이들 사상의 전체상을 파악하는 데는 '수행자 관점'에 서서 이해하고자 노력하는 것이 중요하다. 만약 수행자 관점을 과소평가할 경우 '유식사상'은 '오직 식(識)만이 실재한다'고 파악된다. 그 경우 외계의 존재를 인정하는 일반 중생으로부터는 '식만을 주장하는' 관념론자라고 비판받고, 무자성과 공을 주창하는 중관파로부터는 식의 존재를 인정하는 실재론자라고 비판받는다.[281] 정리하자면 '요가를 수행하는 마음에 나타난 모든 상(像)은 오직 식이다'라는 체험적 깨달음이 유식 사상의

280. 一指, 위의 책, 181.

281. 가츠라 쇼루 외, 『유식과 유가행』, 김성철 역 (서울: 씨아이알, 2016), 19.

형성으로 이끈 첫째 요인이라는 것을 명심해야 한다.

이들 유식사상이 반영되어, 식이 세상의 모든 것을 만들어낸다는 의미를 담은 다른 대승의 경전이 있는데, 그것은 『화엄경』의 「야마천궁품」과 「십지품」이다.

마음은 화가와 같아서
여러 가지의 오온(五蘊)을 그리나니
일체의 세계 가운데
지어내지 못하는 존재가 없다. (「야마천궁품」)

또한 이와 같이 사유하라
삼계(三界)는 허망하여
다만 마음으로 지어진 것이니
12 연기도 모두
마음에 의지한 것이다. (「십지품」)[282]

앞의 「야마천궁품」의 게송은 마치 화가가 그림을 그리는 것처럼 마음이 세계의 모든 존재를 지어낸다는 것이다. 뒤의 「십지품」의 게송은 삼계는 오직 마음에 의하여 12연기도 또한 마음에 의한다고 설한다. 삼계는 욕계(欲界, 감각적 욕구의 세계), 색계(色界, 형태, 존재에의 집착이 남아있는 세계), 무색계(無色界, 감각적 욕구고, 존재에의 집착도 없는 순수정신의 세계)이다. 결국 이 두 게송은 '자기와 우주를 포함한 전 존재는 오직 마음이 지어낸 것이다'라는 철저한 유심론을 설하고 있다. 유식의 여러 논서는 이 『화엄경』의 두 게송을 유식의 중요한 교증(敎證: 경전에 의한 교리의 증

282. 『화엄경』, 19권, 20. 「야마천궁품」.

명)으로서 인용하고 있으며, 이 두 게송은 유식사상의 성립에 큰 영향을 주었다.

이제부터 이들 유가행파가 주장하는 유식의 정확한 의미는 무엇이며, 식으로 표현되는 마음은 어떻게 분류되고, 각 각의 식은 어떤 특성과 작용들이 있는지, 그리고 업을 전하는 윤회의 주체가 무엇인지를 살펴보고자 한다. 그리고 이러한 식들이 앞서 언급한 베커의 환상과는 어떻게 비교될 수 있는지도 논의해 볼 것이다.

먼저 유식(唯識)의 정확한 의미를 알아야 한다. '오직 식'이란 문자 그대로 '대상을 부정하고 오직 식만이 있다'는 의미이다. 여기서 식(識)이란 표상(表象, vijñapti)으로서 'idea, representation'을 뜻한다. 유가행파는 오직 이 한 가지만 일차적 존재자로 인정한다.[283] 이러한 유식의 주장은 외부대상은 존재하고, 그것이 인식작용에 의해 포착된다고 하는 보통의 일상적 직관과 모순된다. 따라서 이러한 모순에 대한 답을 찾는 것이 유가행파의 유식 사상을 이해하는 첫걸음이다. 이러한 난해한 유식 사상이 집대성된 책은 세친의 『유식삼십송(唯識三十頌)』(4세기)이다. 이것은 30개의 게송으로 유식 사상을 인식론, 존재론, 수행론의 관점으로 체계화시킨 책이다. 이 책의 제1 게송은 '아와 법이 식의 변화'임을 강조한다.

(언어에 기초한) 가설의 아와 법이 갖가지의 모습으로 전변(轉變)한다. 저것(아와 법)은 식의 소변(識所變)에 의지한다. 이 능변은 오직 3종류뿐이다. 이른바 (마음은) 이숙과 사량 및 요별경식이다.(由假說我法 有種種

283. 폴 윌리엄스 · 앤서니 트라이브, 앞의 책, 213.

相轉 彼依識所變 此能變唯三 謂異熟思量 及了別境識)[284]

이것은 중생이 스스로 실재한다고 믿는 아와 법이 가설(假說)이고 마음(識)이 변화한 것이며, 그 가(假)란 것은 인연에 의해 생겨난다는 것이다. 즉 인연에 의해 생기고 사라지기에 실체가 없다는 말이다. 그럼 유식에서 말하는 아와 법이란 무슨 의미인지 알아보자.

『유식삼십송』의 주석서인 『성유식론』에서는 "자아를 주재(主宰)라고 하였다. 주(主)라는 것은 중심이 되는 것 또는 지배 등의 의미이고, 재(宰)는 관리 감독을 의미한다. 그러므로 자아는 '자신이 스스로 일을 결정할 수 있는 힘을 지닌 것'을 의미한다. 그리고 법은 세간에서는 실체, 속성, 행위 등으로 이해하지만, 불교에서는 온(蘊), 처(處), 계(界)로 설명한다. 즉 오온의 색 · 수 · 상 · 행 · 식으로서 인체의 모든 감각기관과 그것으로 접촉되는 대상, 그것을 식별하는 의식을 총칭하는 5온, 12처, 18계를 말한다."[285] 그러므로 유식에서는 이 모든 아와 법이 실재하는 것은 아니지만, 연기설에 의해 인연에 의해 생기하면, 언어로 가설로 명칭을 정하고, 그것이 실재하는 것으로 집착한다는 의미이다.

식의 소변(所變)이란 '인식의 대상'이며, 능변(能變)은 대상을 '인식하는 마음'이다. 그리고 대상을 인식하는 능변은 세 종류가 있는데, 초능변은 이숙식, 제이능변은 사량식, 제삼능변은 요별경식이다.

첫째, 이숙식(異熟識)이란 8가지 식중에서 가장 중요한 제8식

---

284. 김명우, 『유식삼십송과 유식불교』 (서울: 예문서원, 2012), 75.
285. 위의 책, 77-84.

인 알라야식의 다른 이름이다. 이숙이란 '다른 종류로 익다', 즉 이전의 원인과 나중의 결과가 다르게 성숙한다는 의미이다. 둘째, 사량식(思量識)이란 제7식인 말나식의 다른 이름이며, '생각하여 헤아리는 마음'이다. 그것은 무엇보다도 자기 자신을 생각하고 헤아리는 마음이다. 언제나 자기를 사랑하고, 자기중심적으로 사고하고 행동하는 마음이다. 셋째, 요별경식(了別境識)은 안식 · 이식 · 비식 · 설식 · 신식의 전오식과 추리, 판단, 감정, 의지 작용 등의 기능을 담당하는 제6식인 의식을 말한다. 이것은 대상을 의식하는 마음이다.[286] 유식의 심층 마음 연구에서 이 세 가지 식의 특성과 작용을 자세히 아는 게 중요하다.

먼저 제6식인 의식부터 좀 더 자세히 알아보자. 색이나 소리 같은 외부의 자극이 주어지고 그것에 공명하는 것이 전5식인 '감각'이다. 그렇게 주어진 감각을 알아차려 무엇에 해당되는 지를 인지하는 것이 제6식인 '의식'이다. 이러한 의식은 기본적으로 '의식하는 자'(주체)와 '의식되는 것'(대상)의 분별 위에서 행해진다. 한마디로 제6 의식은 의근(意根, 직전 찰나의 식)에 의거해서 일체의 객관대상을 구분하는 대상의식이다.[287]

제7 말나식은 대상의식인 제6 의식의 근저에서 작동하는 아견(我見), 아만(我慢), 아애(我愛), 무명(無明)을 가진 자아의식이다. 이것을 근거로 대상의식이 생겨난다. 그리고 이 말나식은 '내가 나를 잃어버리지 않고 나를 유지하며 나로 살아갈 수 있게끔 하는 생존본능의 식'

286. 위의 책, 89–90.

287. 한자경, 『심층마음의 연구』 (파주: 서광사, 2017), 60.

이다. 또한 제6 의식의 사려분별보다 더 깊은 곳에서 작동하기에 '무의식적 본능'이라고도 불린다. 이 말나식이 나로 간주하는 것은 두 가지인데, 스스로를 근을 가진 몸인 '유근신(有根身)'과 자신의 사유 주체로서의 '의식하는 주체'이다. 이 때문에 인간은 본능적으로 개별적 주체로서 '생각하는 나'가 바로 나라는 아견(我見)을 지니게 된다. 그러므로 불교가 무아(無我) 내지 아공(我空)으로써 부정하는 자아는 바로 이 말나식의 아견의 자아다. 이러한 말나식은 베커의 '외면적 자아'와 유사하다. 즉 자기의 몸, 생명, 그리고 자기의 삶을 지탱하는 모든 사회적 관계 속의 명예, 자존심, 권위, 소유물 등이 이에 속하며, 이것을 잃는 것에 대한 공포가 인간이면 누구나 항시 느끼는 바로 그 '죽음의 공포'이다.

제8 알라야식은 하나의 심층적인 잠재의식으로서 유식의 핵심이다. 알라야식의 발견은 유가행파를 하나의 불교학파로서 독립하게 만든 근본이 된다. "이 알라야식을 제외하고는 유식사상이 성립될 수 없다. 알라야식설은 인간의 본질이란 무엇인가, 윤회의 주체란 무엇인가를 해명하기에 전념해온 유가사들의 심층 심리 체험에서 성립된 사상이다."[288] 이 알라야식이 있음을 깨닫는 것이 무명에서 깨어나는 것이다. 한자경은 "말나식이 그보다 심층에서 활동하는 식을 모르는 무명으로 인해 세계 속에 아를 세우고 그에 따라 아와 비아, 아와 아소, 주와 객, 나와 세계를 대립으로 설정하는 분별의식을 일으킨다는 점에서 우리의 일상의식은 꿈속 의식과 다르지 않다. 그 무명의 꿈

288. 一指, 앞의 책, 251.

에서 깨어나는 길은 의식과 말나식보다 더 심층에서 활동하는 마음, 즉 허공 속에서 세계를 만들고 그 세계를 지켜보는 마음을 나의 마음으로 알아차리는 것이 중요하다"[289] 라고 주장한다.

이러한 제8 알라야식은 과거의 모든 업과 번뇌의 종자가 머무는 것이고, 일체의 종자를 가진 것이므로 일체 종자식이라고도 한다. 여기에서 말하는 종자란 무엇인가. 그것은 업이 훈습의 과정을 거쳐 알라야식에 어떤 보이지 않은 에너지로 저장되는 것을 일컫는다. 오온이 짓는 일체의 업이 제6 의식과 제7 말나식보다 더 깊은 심층의 알라야식에 저장된다. 그래서 제8식을 일체종자식이라고 일컫기도 한다. 그리고 이 알라야식에는 "개체의 생명 기간에만 국한에서 업이 저장되는 것이 아니라, 무한한 전생의 업이 남긴 종자가 모두 저장되어 있기에 전 우주의 역사가 모두 담겨 있다고 보아도 과언이 아니다."[290] 즉 칼 융의 집단무의식과 같은 의미를 품는다.

지금까지 유가행파의 유식론을 자세히 언급한 이유는 '윤회의 주체'가 무엇인지를 밝히기 위한 것이다. 왜냐하면 본 논문의 주 텍스트인 『티벳 사자의 서』에서 죽음의 바르도를 거쳐 다시 환생에 이르는 의식체가 불교적 관점에서 어떤 의미와 성질을 가진 것인지를 알고자 함이다. 초기불교에서 붓다는 무아를 설하면서 업보설과 윤회설을 주창했다. 그러면서 자연히 드는 의문은 "무아이면서 현생의 업을 다음 생으로 전하고 과보를 받는 자는 누구인가 혹은 무엇인가?"이다. 그것은 붓다 사후 오랜 세월 동안 많은 의문과 논란을 가져왔

289. 한자경, 『심층마음의 연구』, 59.

290. 위의 책, 61.

다. 그 해답은 불교에서 요가로 명상수행을 해 오던 유가행파가 윤회와 해탈의 문제를 심층적으로 파고들면서 그 실마리를 찾게 된다. 세친은 윤회의 주체를 알라야식이라고 답한다.

세친은『유식삼십송』의 제19 게송에서 다음과 같이 적고 있다.

> 업의 습기들이 2취의 습기와 함께 과거의 이숙이 이미 소진되었을 때 또 다른 이숙을 일으킨다. (由諸業習氣 二取習氣俱 前異熟旣盡 復生餘異熟)[291]

이 게송 중의 업습기는 선악의 업에 훈습된 종자를 말하며, 이취습기는 언어 사용에 의해 훈습된 종자를 일컫는다. 이것은 미래세의 생존의 구성요소를 생성시키는 중요한 원인이다. 그리고 게송에서 '이숙(異熟)이 다하였을 때 다시 다른 이숙을 생기시킨다'라고 하여 알라야식이란 용어 대신에 이숙이라는 말을 사용한다. 이것이 바로 이숙식이 윤회의 주체가 됨을 밝히는 내용이다. 그러므로 다음절에서 자세히 논의하겠지만,『티벳 사자의 서』에서 의식체란 알라야식으로서 전5식, 6식, 7식의 모든 업의 종자를 품고 있다. 그러니 현생에서 보고 느끼는 감각, 대상을 분별하는 6식, 자기의 목숨을 잃기 두려워 공포를 느끼는 자의식의 7식의 성질을 그대로 가지고 있기에 사후의 바르도를 거치는 동안 삶에서의 행태를 그대로 보이게 된다. 지금까지 유가행파의 유식사상을 살펴보면서 윤회의 주체가 알라야식임을 규명해 보았다. 다음은『티벳 사자의 서』에 담긴 시대적, 사상

---

291. 김명우, 앞의 책, 209.

적 배경을 살펴보기 위해, 우선 탄트라 불교의 성립 배경과 주요 사상을 살펴보기로 하자.

『티벳 사자의 서』의 유래

탄트라 불교는 금강승(金剛乘), 밀교(密敎), 구생승(俱生乘) 등으로 불린다. 여기서 밀교란 경 · 율 · 논 '삼장(三藏)'의 가르침으로 전해지는 현교와 달리, 비밀히 스승과 제자 사이에서 전해지는 신비한 가르침이란 의미가 담겨있다. (삼장이란 석가의 가르침인 경(經), 윤리 · 도덕적 실천규범인 율(律), 석가의 가르침을 논리적으로 설명하는 논(論)을 일컬음) 그리고 이 밀교를 수행할 때 진언과 다라니 그리고 만다라 같은 그림을 이용하기에 진언승(眞言乘)이라고도 한다. 탄트라 불교의 성립 배경에는 다양한 계층의 민중적 요구를 수용하고자 하는 의도가 있었음을 알 수 있다.

> 대승불교 역시 시간이 경과함에 따라서 상당한 변화를 겪었다. 대승불교의 포교사들은 보편적 구제라고 하는 대승의 핵심적 원리를 수행하기 위해서 가능한 한 많은 사람들의 마음속에 가 닿고자 하였다. 그리고 그들이 그것을 실천하기 위해서는 불교를 모든 계층의 사람들이 접근할 수 있도록 만들어야만 했다. 교육과 문화의 혜택을 누리지 못하는 대중들이 다른 모든 사람들의 숫자를 능가했기 때문에 그들은 가장 매력을 끄는 목표가 되었다. 대승불교는 이들 대중들을 끌어안으려는 시도로서 그들의 종교적 의향을 수용했으며 그들의 수많은 신들과 신비로운 종교 의식들을 포용했다. 대승불교의 지도자들은 그들의 마법과 주술에 대한 열망을 허락함으로써 그들과 타협하고 그들을 설득했다. 우리는 대승불교와 원시 농경 사회의 신념 및 종교적 의례의 혼합에 의해서 생겨난 새로운 양상을 두고서 흔히 탄트라, 즉 밀의적 불교라고 부른다. 이 탄트라 불

교는 7세기쯤에 인도의 북동부와 북서부에서 완전하게 체계화되었다.[292]

이러한 탄트라 불교는 수행방법에서도 다양한 이질적 요소를 포함하고 있다. 즉 진언(眞言, 만트라)의 영창과 독송, 여러 만다라 도형의 묘사, 몸짓이나 손짓의 행위, 다수의 반신반인(半神半人)과 유사한 존재들, 여러 유형의 남녀 신들에 대한 예배, 다양한 명상법, 간혹 성관계를 포함한 요가 수행 등이다. 여기에서 진언은 만트라(Mantra)로서 '신성한 언어' 또는 '진리의 말'로서 한마디 혹은 이어지는 몇 마디의 음성 속에 잠재하는 신비적이고 불가사의한 힘이 담겼다고 믿어진다. 폴 윌리엄스는 이러한 탄트라 불교의 독특한 수행과 의례의 의미에 대해 다음과 같이 설명한다.

> 탄트라 불교는 일반적으로 특히 강력하고 효과가 있다고 생각되는 특정한 형태의 수행 및 의례와 관계가 있다. 이러한 수행의 목적은 - 병의 완화, 위험으로부터 보호, 날씨제어 같은 - 세속적인 것이기도 하고, 구제론적이기도 하다. 탄트라 의례들은 일반적으로 의례를 통해 삼매(三昧), 즉 깨달은 마음으로 간주되는 신격을 불러내어 숭배하는 것을 중심에 둔다. 이러한 과정에서 - 특별한 힘을 지니고 있다고 이해되는 다양한 종류의 언사인 - 만트라와 관상의 방법을 사용하는 것이 핵심적이다. 성공적으로 신격을 불러내는 것은 수행자에게 그가 바라는 목적을 성취할 힘을 부여하게 된다. 탄트라 수행이 모든 이에게 허락되는 것은 아니며, 수행자에게 특정한 신격을 불러낼 수 있는 권능을 주는 의식인 입문식을 치른 사람으로 제한되어 있다.[293]

292. 케네스 첸, 앞의 책, 104-105.

293. 폴 윌리엄스 · 앤서니 트라이브, 앞의 책, 275-276.

이렇게 비밀히 전수되는 탄트라 불교 수행이 기존 소승, 대승 불교와 다른 특이점은 인간의 육체에 대한 긍정성이다. "인간의 육체는 진리를 획득하기 위한 최고의 매체 혹은 수단이라는 것이다. 진리의 거처인 동시에 진리 획득을 위한 최고의 매체이기도 한 인간의 육체에 대한 중요성을 무엇보다도 강조한 점이다."[294] 이러한 몸의 긍정성은 어네스트 베커의 관점과 유사하다. 인간은 유한한 몸을 가진 유기체적 생명체로서, 죽음의 공포를 인지하고 생명을 연장하기 위해 스스로 존귀한 영웅성을 확보하고자 한다. 그러한 인간의 욕망이 궁극적으로는 향하는 지향성은 유한성을 초월하여 우주적 영웅성을 획득하는 것이다. 그러한 지향성이 탄트라 불교에서는 몸을 매개로 하여 진언을 낭송하고, 여러 가지 몸짓이나 손짓의 무드라를 방편으로 하여 반야를 성취하고자 한다.

이제는 탄트라 불교의 사상적 특징은 무엇인지를 살펴보자. "대승불교가 추구한 공성과 자비가 탄트라 불교에서는 반야와 방편이라고 부른다. 반야는 유일한 보편적 원리이며, 현상계가 보여주는 다양성의 밑바탕에 깔려있는 '실재에 대한 통찰'이다. 한편 방편은 우리의 마음을 다시 특정의 세계로 끌어내리는 원리이다. 반야에 의해서 사람은 정화된다. 반면에 방편은 정화된 사람의 마음을 무력한 중생이 삶의 고통으로 시달리는 특정한 세계로 끌어 내린다"[295] 그리고 탄트라 불교가 금강승으로 불리는 것은 공성을 '금강'이라는 관념으로 치환했기 때문이다. 금강은 '견고하고, 견실하고 분할 할 수 없고,

294. S. B. 다스굽따, 『딴뜨라 불교입문』, 정승석 역 (서울: 민족사, 1993), 19.
295. 위의 책, 90.

꿰뚫을 수 없고, 타버릴 수 없으며 불멸인 공성'[296]을 뜻한다. 그러므로 탄트라 불교는 이 금강을 깨치기 위해 삼밀수행을 권장한다. 그것은 입으로는 진언을 암송하고, 손으로는 다양한 수인(手印)을 짓고, 마음으로는 불보상의 도상을 염상(念想)하는 수행법이다. 그것을 구밀(口密), 신밀(身密), 의밀(意密)이라고 한다. 이처럼 탄트라 불교에서 '금강'은 궁극의 공성으로서 베커의 우주적 자아 환상이 추구해야 할 궁극적인 깨달음이다.

금강이 화신의 형태로 드러난 것이 '금강살타(Vajrasattva)'이다. 비길데 데 없이 견고한 본질을 지닌 절대자로서 우주의 통일체로서 구극의 원리이다. 청정한 의식으로서 유식의 '진여'와 같다. 유식 불교의 입장에서 탄트라 불교를 근본적으로 비판하는 것은, 구극적 원리가 아무리 부정적으로 기술되고 있다 하더라도, 그것은 인격신이나 지존으로서 표현된다는 점이다. 사실상 이 금강살타는 일반적으로 절대자로 간주되고, 브라만교의 브라흐만에 해당하는 것처럼, 세존으로서 경배의 대상으로 섬겨진다는 것이다. 즉 탄트라 불교는 금강살타에 다름 아닌 세존의 설법을 듣기 위해 모여든 부처 · 보살들과 다른 무수한 천상 · 지상의 영적 존재와 중생들의 대집단으로 묘사하고 있다.[297] 이처럼 탄트라 불교에서 세존, 부처, 보살들을 숭배의 대상으로 삼는다는 것은, 중관이나 유식 불교 입장에서 보면 불교의 근본을 잃고 힌두교의 숱한 신들에 대한 경배와 다름없다고 비판할 수 있다.

---

296. 위의 책, 82.
297. 위의 책, 82-84.

이제부터는 이러한 탄트라 불교가 티벳에 유입되는 과정과 『티벳 사자의 서』의 저자인 파드마삼바바에 대해 간략히 살펴보고자 한다. 티벳에 불교가 유입된 시기는 7세기의 송첸감포왕의 시기였지만, 8세기 중엽 당시 당나라 장안을 점령할 정도로 막강한 제국을 건설한 티송데첸 왕이 인도의 유명한 불교학자인 샨타락시타(Śāntarakṣita)와 밀교의 고승인 파드마삼바바(Padmasambhava)를 초빙하여 삼예사원을 건립하고 출가수도승들을 배출하면서부터다. 그러나 티벳인들은 티벳과 불교와의 인연은 붓다가 열반에 드는 시기로 거슬러 올라간다고 믿고 있다. 다음은 14대 달라이 라마가 들려주는 구술 내용이다.

> 기원전 483년 붓다가 인도 북부에서 죽음을 기다리던 때 관세음보살은 붓다의 옆을 지키며 아직 티벳에 가보지 않았으니 죽지 말라고 했다 한다. 5대 달라이 라마가 정리한 티벳 역사서에 따르면, "티벳 사람들은 당신의 말로 보호받지 못했으니 그들을 위해 남아주십시오"라고 관세음보살이 말했다. 붓다가 말씀하시길, "북쪽 눈의 땅은 아직 동물만이 있는 왕국입니다. 그곳에는 인간의 이름을 가진 존재조차 없습니다. ... 보살님, 미래에는 보살님께서 그 왕국을 바꾸어주십시오. 우선 보살로 태어나시어 당신을 따르는 인간의 세계를 지켜주시고, 그 후에는 종교로 그들을 단결시켜 주십시오."[298]

이러한 이야기를 하며, 달라이 라마는 덧붙이기를, "붓다께서 관세음보살, 그러니까 우리가 말하는 첸래식(관세음보살)지요. 그가 티

298. 토머스 레어드, 『달라이 라마가 들려주는 티베트 이야기』, 황정연 역 (서울: 웅진씽크빅, 2008), 26.

벳과 특별한 관계를 맺게 되리라고 말씀하신 부분입니다. 그러니 그것이 불법이고, 우리 동포의 근간입니다." 이처럼 관세음보살과 티벳은 특별한 관계를 맺고 있다.

인도에서 초빙된 파드마삼바바도 관세음보살의 화신으로 알려져 있다. 그러한 파드마삼바바의 삶에 이야기는 그의 티벳의 여제자인 예셰 쵸갈이 스승에게서 들은 이야기를 묶은 책으로 전해진다. 파드마삼바바의 출생신화를 살펴보면, 붓다가 입멸하면서 제자들에게, "내가 죽고 12년 뒤 우겐국 북서쪽 변경에 다나코샤 호수의 연꽃에서, 나보다 훨씬 현명하고 강한 존재가 태어날 것이다. 그는 파드마삼바바라는 이름으로 불릴 것이며, 비밀의 교리를 확립할 것이다"[299]라는 예언에 따라 태어났다고 한다. 이는 역사적 사실이라기보다는 고승전의 전형적인 서술방식의 일종이겠지만, 그럼에도 이 설화는 파드마삼바바에게 기대된 어떤 역사적 사실을 보여준다. 그것에는 그의 수행에 관한 다음과 같은 이야기가 전해진다.

그의 거처는 주로 무덤이었는데, 거기에서 매일 실려 오는 시체들의 살을 뜯어 먹고, 시체의 피부로 의복을 삼아 수행을 했다. 그리고 그는 거룩한 스승과 보살들을 찾아다니며 배웠는데, 점성술, 의학, 어학, 예술, 공예 등 마치 고대의 문화 영웅처럼 세상의 모든 지식을 배워 모르는 게 없었다. 스승 프라바하스티에게서 불성을 얻는 법, 영적 퇴보를 막는 법, 삼계의 지배권을 획득하는 법,

---

299. 파드마삼바바, 『티벳 해탈의 서』, 유기천 역 (서울: 정신세계사, 2000), 203.

바라밀과 요가 등을 배웠다. 그 후 부처의 수제자인 아난다가 있던 아수라 동굴을 찾아가 경 · 율 · 논의 삼장과 심지어 알려지지 않았던 붓다의 가르침인 대승과 탄트라를 전수받았다. 그리고 연금술처럼 황금의 정수로 수명을 연장하는 법, 은의 정수로 질병을 예방하는 법, 진주의 정수로 물 위를 걷는 법, 철의 정수로 독을 중화시키는 법 등을 배웠다.

그러한 파드마가 티벳에 와서 한 일은, 티벳 고유의 신앙인 뵌교의 토속신들이 삼예서원의 건립을 방해하고 불교의 전파를 막자, 그의 신비한 힘으로 그들을 모두 물리치고 티벳 땅을 정화시켜 불국토로 만드는데 기여를 하였다. 그리고 자신이 쓴 수많은 문헌을 숨겨두어, 수많은 세월이 흘러 그 매장된 보물(gter ma)을 찾을 수 있는, 영적 능력을 갖춘 테르퇸(gter ston)들이 나타나 하나씩 찾을 수 있도록 만반의 조처를 해두고 티벳을 떠났다. 그중『티벳 사자의 서』는 까르마 링빠에 의하여 14세기에 감뽀달이라는 산에서 다른 문헌들과 함께 발견되었다. 그 후 1919년 티벳승려 라마 카지 다와삼둡과 영국 옥스퍼드대학의 종교학 교수였던 에반스 웬츠가 번역하여, 1927년 'The Tibetan Book of The Dead'라는 이름으로 출간되어 전 세계에 알려지게 되었다.

『티벳 사자의 서』는 본래 제목이『바르도 퇴돌 Bardo Thos-grol』로서, 〈바르도에서 청문에 의해 해탈하기: 사후의 세계에서 한 번 듣는 것만으로 영원한 자유에 이르는 위대한 가르침〉으로 일컬어진다. 이 경전에서 가장 생소한 어휘는 바르도(Bardo)이다. 그것의 의미는 글자 그대로 '사이(Bar)'와 '둘(do)'을 뜻한다. 두 상태 사이, 다시 말해 죽음과 환생 사이가 바르도이다. 따라서 바르도는 중간상태인 과도기 상태이다.[300] 그러한 바르도는 크게 세 부분으로 나누어지는데, 치카이 바르도(임종시의 바르도), 초에니 바르도(법성의 바르도), 시드파 바르도(재생을 인도하는 바르도)이다. 사후의 의식체는 이들 바르도를 차례로 지나가야 하는데, 본 경전은 그런 의식체에게 매 순간 영원한 대 자유의 길로 나아갈 수 있는 가르침을 끊임없이 제시한다. 그리고 이 경전은 죽어가는 자에게 '사후의 바르도에서 해탈에 이를 수 있는 가르침'을 제시할 뿐만 아니라, 살아남은 자에게 '진정한 애도를 통해 이별과 상실의 슬픔을 수용하게 하고, 죽음을 긍정적으로 이해'할 수 있게 한다.

지금까지 대승의 중관 학파를 거쳐 유가행파의 유식 사상으로부터 윤회의 주체에 대해 알아보았고, 탄트라 불교가 성립된 배경과 그것이 티벳에 전래된 경위와 파드마삼바바의 삶과 그의 책『티벳 사자의 서』의 유래에 대해 살펴보았다. 다만 이러한 사상의 변화는 인간의 삶의 경험에 의한 내적 욕구 그리고 수행에서 얻은 깨달음이 합쳐져 다양한 모습으로 변해가는 것을 볼 수 있었다. 중관 학파의 공 사상은 '상대적 분별의식에 얽매이지 말고 절대적 진리로서 반야의 지혜인 절대적 무의 경험'을 강조하였고, 유가행파의 유식은 '알라야식을 자각하여 아집과 법집을 벗고, 아공과 법공을 깨달아 진여를 획득하는 것'을 강조하였으며, 그리고 탄트라 불교는 '반야의 지혜를 깨

300. 파드마삼바바, 『티벳 사자의 서』, 류시화 역 (서울: 정신세계사, 1995), 85.

달아, 불우한 중생을 보살피는 방편을 펼쳐야 한다'고 강조하였으며, 불멸의 공성인 금강을 깨우쳐야 한다고 강조한다.

모든 대승의 사상은 공통적으로 궁극적 진리인 반야의 공성을 깨닫는 것만이 인간이 지향해야 할 궁극적 지향성이라고 본다. 다만 자기 홀로만 깨닫는 것이 아니라 모두 함께 그 길을 가야함을 강조한다. 하지만 그것은 요원한 바램이자 인간이 만들어낸 환상일 수 있다. 왜냐하면 그것은 인간이 공덕을 많이 쌓고, 선업을 많이 짓고, 스스로 만들어 낸 기세간이 살기 좋은 세상이 되고, 그리고 모두가 생존의 다툼에서 벗어나 함께 서로 도와가며 수행을 한다면, 언젠가는 스스로의 힘이든 아니면 보살의 도움을 받든 아공과 법공을 깨달아 진여를 획득할 수 있다는 믿음이다. 그렇지만 그 길은 유기체적 생명체로서, 불멸을 꿈꾸는 인간으로서 쉽지 않은 문화적 환상이다. 어쩌면 인간이 진정으로 바라는 것은 '해탈 혹은 완전한 소멸이 아니라, 영원히 사는 것 혹은 살아 있는 기쁨을 누리는 것'이 아닐까 한다.

3절. 의식체가 대면하는 바르도의 여러 단계

1. 최초의 신비한 환상 : 치카이 바르도

베커의 인간학에서 인간의 가장 근원적인 공포는 '죽음공포'이며, 죽음에 대한 인식이 인간의 영적인 우주적 자아의 고유한 특질이라고 규정하였다. 무엇보다도 죽음이 더욱 공포스러운 것은 인간의 의식이 도달할 수 없는 미지의 영역이기 때문이다. 인간의 의식이 다다를 수 있다면 미리 예측하고 대처할 수 있겠지만, 그렇지 못하기에 어떻게 대처할지 모르고 불안하며 두려운 것이다. 그런 측면에서 본다면, 『티벳 사자의 서』는 죽음의 과정을 이해하는데 더없이 소중한 자료이다. 비록 그것이 티벳불교의 사상을 근거로 만들어진 것이지만, 다른 문화권에서도 죽음을 이해하는 자료로서 충분히 참고할 가치가 있다.

_ 죽음순간의 투명한 빛

이제부터 사후에 가장 먼저 접하게 되는 최초의 투명한 빛은 어디에서 나오는 것인지, 그것의 근원은 무엇인지, 왜 죽어가는 자의 의식체를 그곳에 머물라고 인도하는지, 그 속에 머무는 것이 어떤 의미를 지니는지, 그리고 그 투명한 빛의 환영을 왜 환상으로 규정하려 하는지를 밝혀 보고자 한다. 먼저『티벳 사자의 서』를 최초로 발굴한 까르마 링파는 죽음을 맞이하는 이에게 다음과 같은 가르침을 내리고 있다. "죽음의 바르도가 네 앞에 나타나는 이때, 모든 미혹과 갈애와 고착을 버리고, 명확한 구전 가르침의 본질 속으로 오롯이 들어가라. 스스로 일어나는 자각 의식의 태어난 적 없는 공간 속으로 옮겨가라."[301] 비록 살아서는 떨치지 못했지만, 죽음의 바르도에서는 모든 갈애와 집착을 훌훌 떨쳐버리고, 윤회를 벗어나 영원한 대자유인 해탈 속으로, 의식의 태어난 적 없는 공간 속으로 들어가라고 충고한다. 그것이 첫 번째 바르도인 치카이 바르도의 핵심이지만, 사후세계의 모든 바르도에 해당되는 말이기도 하다. 죽음의 순간에 경험하는 치카이 바르도에서, 나타나는 최초의 투명한 빛의 체험은 동서양의 임사체험 기록에서 공통적으로 나타나는 현상이기도 하다. 다음은 정신과 의사 조엘 휘튼 박사의 근사체험 연구 내용으로서, 한 환자가 전생에 경험한 죽음 순간의 기억에 관한 것이다.

> 갑자기 어둠이 사라지고 강렬한 빛이 쏟아지는 멋진 장면이 연출되었다. 린다는 자신이 한 줄기 빛을 따라 터널로 빨려 들어가고 있음을 깨달았다. 모든 근심과 두려움이 사라졌다. 공간과 시간은 단지 기억일뿐이었다. 터널을 벗어나 이루 형언할 수 없는 빛에 가득 찬 드넓은 세계로 들어

301. 족첸 폰롭 린포체, 위의 책, 74.

간 린다는 완전히 평화로웠고, 아름다움 및 평온함과 하나가 되어있었다. 집에 돌아온 듯한 느낌이었다.[302]

또 다른 예로서 신경과 의사 이븐 알렉산더는 그 자신이 직접 희귀질병에 걸려 7일간의 혼수상태 끝에 다시 소생한 임사체험을 경험하였는데, 치카이 바르도와 비슷한 강렬한 빛의 체험을 이야기한다.

어둠 속에서 무언가가 나타났다. 그것이 천천히 돌면서 황금빛의 새하얀 가는 빛줄기들을 발함에 따라 내 주위의 어둠은 점점 부서지면서 떨어져 나가기 시작했다. 그러자 새로운 소리가 들렸다. 최고로 화려하고, 최고로 구성진, 지금껏 들어 본 어떤 음악보다도 아름답고 생생히 살아 있는 음향이었다. 순백색의 빛이 내려옴과 동시에 그 소리가 점점 더 커지더니, 여태까지 나와 함께 했던 그 유일한 단조롭고 기계적인 박동 소리는 더 이상 들리지 않았다. 그 빛은 점점 더 가까이 다가와 주변을 회전하면서 순백색의 빛줄기들을 내뿜었다. 자세히 보니 빛줄기들은 여기저기에 황금색을 띠고 있었다. 그런 후 빛의 한 중앙에서 다른 무언가가 나타났다. 나는 최대한 깨어 있는 의식으로 그것이 무엇인지 알아내려 했다. 열려있는 구멍이었다. 나는 더 이상 천천히 회전하는 빛을 바라보고 있는 것이 아니라 그 안에 있었다. 이 사실을 이해한 순간 나는 상승하기 시작했다. 그것도 아주 빨리, 휙 하는 소리가 났고 나는 순식간에 그 구멍 속으로 들어가 완전히 새로운 세상에 놓이게 되었다. 내가 지금껏 보지 못했던 가장 이상하고, 가장 아름다운 세상이었다.[303]

---

302. 조엘 L. 휘튼 · 조 피셔, 『죽으면 무슨 일이 일어날까』, 이재황 역 (서울: 기원전, 2004), 194.

303. 이븐 알렉산더, 『나는 천국을 보았다』, 고미라 역 (파주: 김영사, 2013), 56–57.

위의 사례들에서 보이는 단편적인 죽음 순간의 경험과 비교하면, 『티벳 사자의 서』에 담긴 최초의 투명한 빛의 체험 과정은, 죽어가는 이 자신의 몸의 변화와 얼마나 밀접하게 관련 있는지를 잘 보여주고 있다.

> 이때 임종자가 잠에 빠져들려고 하거나 수면 상태가 계속되려고 하면 이를 막아야 하며, 목의 동맥은 부드럽게 그러나 확실하게 눌러 준다. 이렇게 함으로써, 척추의 에너지 통로에 있는 생명력은 다른 곳으로 가지 못하고 오직 머리 정수리의 브라흐마의 구멍을 통해 확실하게 빠져나갈 것이다. 이 순간이야말로 사자를 인도해야 할 가장 중요한 시점이다.
>
> 이 순간에 모든 사람은 존재의 근원에서 나오는 투명한 빛, 다르마카야의 완전한 마음을 처음으로 얼핏 목격하게 된다.
>
> 마지막 날숨이 멎고 아직 몸 안에 숨이 남아 있는 기간이 바로 생명력이 중앙 에너지 통로에 머무는 기간이다. 일반 사람들은 이런 상태를 의식체(consciousness-principle)가 기절한 상태라고 말한다. 그 기간이 얼마나 지속되는 가는 분명하지 않다.[304]

여기에서 생명력(의식체)이 머리 정수리의 브라흐마 구멍(차크라)을 통해 빠져나가도록 유도하는 것을 '포와 수행'이라고 한다. 그것은 "정수리의 차크라를 통해 의식을 불시에 방사하여 해방시켜서, 붓다나 존격의 심상이 상징하는 깨달음의 상태 혹은 영역으로 의식을 전이시키는 것"[305]이다. 그것이 제대로 행해진다면, 의식체가 몸을 벗어나는 즉시, 존재의 근원에서 나오는 투명한 빛으로 인도된

---

304. 파드마삼바바, 앞의 책, 243.
305. 족첸 폰롭 린포체, 앞의 책, 240.

다. 그러면 그는 어떤 사후세계도 거치지 않고, 공중에 일직선으로 난 큰길을 따라 태어남이 없는 근원의 세계로 곧바로 들어가게 된다. 하지만 그것이 성공하려면 현생에서 오랫동안 포와 수행을 행하여 완전한 성취를 이루어야만 한다. 대부분은 그렇지 못하기에 바르도의 여정을 거치게 된다. 그러므로 이 『티벳 사자의 서』와 그것을 낭독해주는 영적 스승이나 동료가 필요한 것이다. 그리고 여기에서 명심해야 할 것은 투명한 빛은 죽어가는 자의 몸을 구성하는 요소들이 붕괴되고 해체되는 과정 중에 심층에서 비쳐진다는 것이다. 그것을 다음과 같이 표현하고 있다. "이제 흙이 물속으로 가라앉고, 물은 불 속으로 가라앉고, 불은 공기 속으로 가라앉고, 공기는 의식 속으로 가라앉는 죽음의 현상이 나타나고 있다."[306] 번역자인 라마 카지 다와삼둡은 이러한 현상을 몸의 변화과정으로 해석하고 있다. 즉 "신체의 압박감을 '흙이 물 속으로 가라앉는다'라고 표현하고, 신체의 끈적끈적하고 차가운 느낌이 점차 뜨거운 열의 느낌으로 녹아드는 것을 '물이 불 속으로 가라앉는다'라고 표현한다. 그리고 몸이 원자로 날아가는 듯한 느낌을 '불이 공기 속으로 가라앉는다'라고 표현한다."[307] 이렇게 몸이 붕괴되는 과정 중에 의식체가 머리 정수리로 빠져나가면서 투명한 빛을 경험하게 된다. 이러한 죽음 과정을 체험한 사례로서, 티벳의 수행자 닥포 타시 남걀의 이야기는 몸이 붕괴되는 과정을 실감 나게 보여준다.

306. 위의 책, 245.
307. 위의 책, 245.

그의 몸의 물질적인 원소들이 점점 분해되기 시작하자 밖으로 향한 그의 인식은 안을 향하기 시작했다. 그는 다섯 가지 색깔을 가진 빛의 환영을 보았다. 그것은 외부에서 볼 수 없는 빛의 모습이었다. 그는 마음의 눈으로 자기 안에 있는 빛의 덩어리를 관찰하고 있었다. 그는 먼저 다섯 가지 감각 대상 즉, 형태, 소리, 냄새, 맛, 감촉을 인식할 수 없었다. 시야가 흐릿해지면서 그는 자신이 알던 사람들을 알아볼 수 없었다. 그의 귀는 소리를 들을 수 없었다. 코는 냄새를 맡을 수 없었다. 혀는 어떤 맛도 볼 수 없었다. 몸은 어떤 접촉도 느낄 수 없었다.[308]

죽음의 과정에서 투명하고 밝은 빛이 자기의 내면에서 비쳐오며, 그와 동시에 인간의 오감 인식이 서서히 멈춰지는 것을 보여준다. 그것은 몸이 죽어가면서 해체되기 시작한다는 의미이다. 이 모든 것이 마지막 호흡이 멈춰지기 이전에 진행된다.

__ 존재의 근원으로 해탈

유심히 살펴보아야 할 또 다른 것으로, 앞서 투명한 빛은 존재의 근원에서 나오는 빛으로 규정된다는 점이다. 그렇다면 존재의 근원은 무엇인가? 에반스 웬츠는 그것을 깨닫기 위해서는, "마음으로부터 모든 오류와 잘못된 믿음을 내던져 버리는 일에 전적으로 달려 있다. 그래서 마야(환영)가 더 이상 지배하지 못하는 상태에 이르는 것이다"[309]라고 말한다. 그것에 대한 상세한 설명은 『티벳 사자의 서』에 다음과 같이 실려 있다.

---

308. 툴쿠 퇸둡, 도솔 역, 『평화로운 죽음 기쁜 환생』 (파주: 청년사, 2007), 111.
309. 에반스 웬츠, 「〈티벳 사자의 서〉의 이해를 위한 몇 개의 설명」, 『티벳 사자의 서』, 503.

아, 고귀하게 태어난 자여, 그대의 현재의 마음(intellect)이 곧 존재의 근원(Reality)이며 완전한 선(All-Good)이다. 그것은 텅 빈 것이고, 모습도 없고, 색깔도 없는 것이다.

그대 자신의 마음이 곧 참된 의식이며, 완전한 선을 지닌 붓다(All-Good Buddha)임을 깨달아라. 그것은 텅 빈 것이지만 아무것도 없는 텅 빔이 아니라 아무런 걸림이 없고, 스스로 빛나며, 기쁨과 행복으로 가득한 텅 빔(voidness)이다.

본래 텅 비어있고 아무런 모습도 갖지 않은 그대 자신의 참된 의식이 곧 그대의 마음이다. 그것은 스스로 빛나고 더없는 행복으로 가득찬 세계다. 이 둘은 분리된 것이 아니다. 그것들의 합일이 완전한 깨달음(Perfect Englightment)의 상태인 다르마카야(Dharma Kaya; 法身)이다.

태어남도 없고 죽음도 없는 스스로 빛나는 거대한 몸체(Great Body of Radiance)로부터 분리되지 않고 빛나고 텅 비어있는 그대 자신의 의식이 영원히 변하지 않는 빛인 아미타불(Buddha Amitabha)이다.[310]

이 인용문의 구절에는 『티벳 사자의 서』의 핵심인, 티벳 불교의 대승사상이 고스란히 담겨있다. 자신의 마음이 바로 존재의 근원이요, 투명한 빛의 발원지라는 것이다. 그것은 텅 비고, 경계도 없고, 형태도 없고, 시작도 없고, 끝도 없는, 행복한 기운이 충만한 완전한 깨달음 상태이다. 그것이 바로 법신인 진리의 몸으로서 붓다 그 자체이다. 이러한 내용은 대승의 삼신불 사상을 고스란히 담고 있다. 케네스 첸에 의하면, "이 법신불은 인간의 육신과는 상관없이 존재하는 영원한 본질로서 진리 그 자체이다. 이 법신만이 유일하게 진정한 붓다의 몸이다. 이 법신은 미래는 물론 과거의 모든 붓다와도 하나

310. 파드마삼바바, 위의 책, 249-250./ W.Y.Evans-Wentz, The Tibetan book of The Dead (London: Oxford, 1960), 95-96.

로 연결되어 있다. 수많은 붓다들이 있지만 사실은 법신불 하나뿐이다."[311] 그러면서 첸은 대승사상을 절묘하게 담아 법신불을 잘 묘사하고 있는 스즈키의 다음 글을 인용한다.

> 그것은 개별적 실재도 아니지만, 그렇다고 진정한 실재가 아닌 것도 아니다. 그것은 보편적이고 순수하다. 그것은 온 곳도 없고 가는 곳도 없으며, 자신을 내세우지도 않지만 그렇다고 없는 것도 아니다. 그것은 끝없이 평온하고 영원하다. 그것은 어떠한 정해진 요소도 없는 존재이다. 법신불은 한계가 없으며 정해진 거처도 없지만, 그러나 모든 형상으로 나타난다. ... 이 우주 안에는 법신불이 미치지 않는 곳이 없다. 우주는 변하지만 이 법신불은 영원히 남아있다.[312]

법신불은 우주 안에 편재해 있는 불성 그 자체이면서, 인간 마음의 순수한 바탕이 되는 근원이다. 다만 인간은 자기의 카르마인 업에 가려 그것을 보지 못할 뿐이다. 그런데 죽음의 순간에 이르러서야 극적으로 그것을 보게 된다. 그것도 마지막 호흡이 멈추는 시점을 기점으로, 자기의 몸을 구성하는 요소들이 무너지고 해체되는 와중에 신비로운 투명한 빛을 보게 되는 것이다. 살아서 청정한 마음으로 혹독하게 수행을 해도 볼 수 있을지 장담하기 어려운 깨달음의 빛을 온몸이 무너지고 의식이 희미하게 사라지는 와중에 극적으로 보게 된다. 그것은 정신분석학에서 자아라는 껍질, 유식학의 7식으로서 자기를 인식하는 말나식의 작용이 멈추는 시점에 새로운 차원의 틈이

311. 케네스 첸, 앞의 책, 88-89.
312. 위의 책, 89.

벌려지면서, 존재의 근원에서 비쳐지는 투명한 빛을 보게 되는 것이다. 그리고 위의 법신불 개념처럼 대승사상을 보여주는 다른 표현이 있는데, 그것은 보살개념이다. 그리고 임종자는 죽어가는 이의 옆에서 다음 내용을 낭송해줘야만 한다. "나는 이 죽음을 이용해 허공처럼 많은 생명 가진 모든 것들에게 사랑과 자비의 마음을 가지리라. 그리고 그들을 위해 완전한 깨달음을 얻기 위해 노력하리라."[313] 이것은 마치 아미타불 부처가 중생을 위해 보살이 되겠다는 서원과 유사하다. 살아서는 속세의 삶에 매여 어쩔 수 없었다 하더라도, 사후세계에서는 사랑과 자비를 베푸는 보살이 되겠다는 서원이다. 모든 이의 내면에 잠재해있는 불성을 스스로 깨우고 자각하여 존재의 근원으로 합일해 들어가라는 의미이다. 이 존재의 근원이 바로 내면의 참마음이요, 불성이며, 진리의 몸 그 자체인 법신(法身)이며, 번뇌가 소멸한 완전한 깨달음의 니르바나(열반)이다. 족첸 폰롭 린포체는 존재의 근원에서 나오는 투명한 빛을 정광명이라 칭하고 그것의 의미를 다음과 같이 설명한다.

> 정광명의 발생은 우리가 법성의 바르도의 첫 번째 단계인 치카이 바르도에 진입했음을 알려준다. 이것은 마음의 참된 광명, 지혜의 완전한 경지에 대한 우리의 첫 번째 경험이다. 우리의 수행과 영적 여행의 관점에서 보면 이것은 비범한 순간이다. 정광명은 일체의 토대 의식인 알라야식의 모든 측면들이 지혜라는 근원적 상태로 해체되고 우리는 마음의 본래 공간, 즉 시작점으로 되돌아가는 시간이다. 마음의 상대적이고 관념적인 측면들이 모두 멈추었으므로 절대적인 본성의 모습이 드러난다. 그 절대

313. 파드마삼바바, 앞의 책, 246.

적 본성은 곧 불성 혹은 여래장이기 때문에 이 시점의 우리의 경험은 깨달은 마음의 여실한 경험이 된다. 생전에 마음의 본성을 깨닫지 못했다 할지라도 이제는 그것이 너무나 강력하게 드러나서, 우리는 그것을 알아차릴 수 있는 훨씬 나은 기회를 맞이하고 있는 것이다. 족첸의 가르침은 이것을 법신의 본래 청정한 지혜의 일어남이라고 일컫는다. ... 명상수행을 하여 마음의 본성을 어느 정도 깨달은 사람은 이 시점에서 무의식에 떨어지는 대신에 정광명이 실재의 근본적 본성이요 자신의 마음의 정수임을 알아차려 깨달을 것이다.[314]

그러므로『티벳 사자의 서』는 이러한 깨달음의 절호의 기회를 놓치지 말고 즉시 깨달아서 존재의 근원에 들어가길, 그리고 그곳에 영원히 머물라고 끊임없이 독려한다. 더이상 고통스런 윤회를 되풀이하지 말고 완전한 깨달음의 경지인 니르바나에서 지복을 누리라고 축원한다. 하지만 사자가 미혹하여 이것을 제대로 자각하지 못하고 의식을 잃어버리면, 첫 번째 단계에서의 해탈의 기회를 놓치게 된다. 기어코 생명이 끊어져 의식체는 몸 밖으로 나오게 되고, 자기가 살았는지 죽었는지 분간조차 못하게 된다. 이것이 사후세계의 두 번째 단계이다. 이때 의식체는 빛나는 환영체(illusory-body)의 몸을 갖게 된다. 이때 임종자가 미숙한 수행자이면, 다음과 같이 '수호신에게 명상하는 법'을 큰소리로 읽어 주어야 한다고『티벳 사자의 서』는 밝히고 있다.

아, 그대 고귀하게 태어난 자여, 수호신에 대해 명상하라. 마음을 흩어

314. 족첸 폰롭 린포체, 앞의 책, 267-268.

지지 않게 하고 오직 그대의 수호신에게 집중하라. 물에 비친 달과 같이 그대의 수호신을 마음에 떠올리고 그에 대해 명상하라. 마치 그 수호신이 실제 모습을 갖고 눈앞에 있는 것처럼 그에 대해 명상하라. (만일 사자가 일반적인 세속인이라면) 아, 고귀하게 태어난 자여. 위대한 자비를 지닌 신에 대해 명상하라.[315]

만약에 의식체가 스스로 자각하여 해탈에 이르지 못하면, 수호신이나 위대한 자비의 신의 도움을 받아서라도 마음이 깨어나 영원한 자유에 이르도록 독려한다. 이렇게 했는데도 깨닫지 못하는 것은 생전의 카르마가 두터워 불가피하게 좋은 기회를 날리게 되고, 사후세계의 바르도를 계속 경험하게 된다는 것이다.

지금까지 사후 3~4일까지 경험하게 되는, 치카이 바르도에서 나타나는 투명한 빛의 근원과 본질에 대해 살펴보았다. 그것이 바로 우리 마음의 심층인 존재의 근원으로서 불성이다. 베커의 환상 개념으로 보면, 그것은 인간이 유한성의 한계 내에서 무한성을 추구하던 삶을 종식하고, 유한성을 벗어난 최초의 순간에 경험하는 환상이다. 마치 억눌렸던 욕망이 분출하듯이 무한성 추구의 욕망이 하늘로 치솟아 오르며 경험하는 가장 처음의 신비로운 환상의 빛이다. 그것을 경험해보지 않은 산 자들은 그것을 환상으로 추정할 수 밖에 없다. 그 빛의 현상은 고매한 수행자에게는 아주 길게 며칠씩 나타나고, 일반인에게는 아주 짧게 순간적으로 나타난다. 그러므로 그것은 특별한 순간에 자기 마음의 근원에서 솟아나 사라져 가는 것

315. 파드마삼바바, 『티벳 사자의 서』, 254-255.

으로, 어디에서나 상존하는 것은 아니다. 단지 인간의 마음의 심층에서 생겨나는 하나의 현상으로서, 다르게 말해 궁극적 실재의 신비로운 환상이라고 볼 수 있다. 어쩌면 굳건한 신심을 가진 수행자에게 그것은 환상이 아니라 실재(reality)일 수 있다. 환상과 실재는 하나일 수도 있다.

2. 카르마가 만드는 여러 환영 : 초에니 바르도

첫 번째 치카이 바르도에서 깨닫지 못하고 사후세계의 여정을 계속하는 의식체는, 새롭게 밝은 빛이 나타나는 두 번째 초에니 바르도(대략 3~17일째)의 단계에 접어든다. 이 단계에서는 살아 있을 때 쌓은 카르마(업)가 만들어내는 평화의 신들과 분노의 신들의 무수한 환영들이 나타나기 시작한다.

__ 업의 환영인 평화의 신들

치카이 바르도에서 의식체는 생전에 경험해보지 못한 눈부시게 투명하고 밝은 빛에 놀라 황홀하고 멍해져서 흐릿한 의식 상태로 끌려다녔다. 하지만 초에니 바르도에서는 소리와 색과 빛을 제대로 의식하게 된다. 그래서 그는 환영들을 볼 때마다 더욱 놀라게 되고 당황하고 두려워하게 된다. 『티벳 사자의 서』는 두려움에 떨며 초에니 바르도에 진입하는 의식체에게 다음과 같이 충고한다.

> 그대만이 유일하게 떠나는 자는 아니다. 죽음은 누구에게나 찾아온다. 이 세상의 삶에 애착을 갖거나 집착하지 말라. 그대가 집착을 버리지 않

는다면 그대는 윤회계의 수레바퀴 아래를 헤매는 것밖에는 아무것도 얻을 것이 없다. 그대는 나를 따라 이렇게 말하라.

“아, 나는 지금 불확실하게 존재의 근원을 체험하려 하고 있다. 나는 모든 환영에 대한 공포와 두려움과 놀라움을 접어두리라. 그리고 어떤 환영들이 나타나든지 그것이 내 자신의 마음속에서 나온 것임을 깨달으리라! 그것들이 바르도의 환영임을 나는 꿰뚫어 보리라. 나는 내 사념들의 표현인 평화의 신들과 분노의 신들을 두려워하지 않으리라.”[316]

살아서도 죽어서도 인간이 끊기 어려운 것은 갈애와 집착이다. 붓다는 연기론으로 이것들이 삶과 죽음을 되풀이하는 윤회의 원인이라고 설파했다. 무엇에 대한 집착인가? 자아라고 믿는 대상인 오온의 덩어리 혹은 유식학의 7식으로서 자기에 대한 인식이다. 비록 본 글에서 규정하기를 의식체가 8식의 알라야식이지만, 그 안에는 오온과 자기 인식이 훈습되어 저장되어 있기에 집착이 생긴다. 그리고 바르도에서 접하는 모든 ‘환영’이 자신의 마음속에서 나온 것임을 깨닫고, 두려워하지 말라고 한다. 이것은 유식학에서 존재하는 것은 식(識)일 뿐이고, 자아와 기세간은 모두 식에 의해 만들어진 환에 불과하다는 말과는 약간 뉘앙스가 다르다. 그렇다면 본 글에서 베커가 말하는 환상, 바르도 상에 나타나는 환영, 그리고 유식학에서 말하는 환, 브라만교의 마야는 어떤 의미상의 차이가 있을까. 베커가 말하는 환상(幻想)은 인간이 죽음을 부정하고 회피하기 위해 자기를 중심으로 세상을 왜곡하려는 무의식적 소원이 만들어낸 상(想)이다. 반면 바르도에서 나타나는 환영(幻影)은 전생에 숱한 환상으로 쌓은 업

316. 위의 책, 263-264.

에서 어떤 시 · 청각적 이미지나 소리를 가진 형상으로 나타나는 것이다. 유식학에서 식이 만들어내는 환(幻)은 실체가 없이 인연 화합에 의해 만들어진 것을 의미하며, 브라만교의 『리그베다』에 사용된 마야(Māyā)는 신의 경이적이고 신비적 창조력으로 만들어 낸 우주적 환영을 의미한다.

이제 본격적으로 초에니 바르도에 들어가 보자. 초에니 바르도는 총 14일을 거치게 되는데, 평화의 신(첫째 날 ~ 일곱째 날)과 분노의 신(여덟째 날 ~ 열넷째 날)을 만나게 된다. 그 와중에서도 의식체가 언제든지 모든 환영들이 자신의 마음에서 나온 것임을 자각하고 깨닫는다면 즉각 붓다의 세계로 들어가 대 자유를 얻을 수 있다고 한다. 먼저 평화의 신들이 어떤 모습들로 나타나는지 살펴보자.

첫째 날: 바이로차나(비로자나불), 중앙에서 나타남, 흰색, 사자 왕좌, 법계의 눈부신 푸른색빛, 에테르, 물질의 집합체 – 색온(色蘊), 신의 생각; 천상계의 어두운 흰색

둘째 날: 바즈라사트바(금강살타), 동쪽에서 나타남, 푸른색, 코끼리 왕자, 대지혜의 눈부신 흰색 빛, 물, 의식의 집합체 – 식온(識蘊), 신의 몸; 지옥계의 어두운 회색

셋째 날: 라트나삼바바(보생불), 남쪽에서 나타남, 노란색, 말 왕좌, 평등지혜의 눈부신 노란색 빛, 흙, 촉각의 집합체 – 수온(受蘊), 신의 속성; 인간계의 어두운 노란색

넷째 날: 아미타바(아미타불), 서쪽에서 나타남, 붉은색, 공작새 왕좌, 분별 지혜의 눈부신 붉은 빛, 감정의 집합체 – 상온(想蘊), 신의 언어; 아귀계의 어두운 붉은색

다섯째 날: 아모가싯디(불공성취불), 북쪽에서 나타남, 초록색, 금시조 왕좌, 성취 지혜의 눈부신 초록색 빛, 의지의 집합체 – 행온(行

蘊), 신의 행위; 아수라계의 어두운 초록색

여섯째 날: 지금까지 나타났던 다섯 명의 명상하는 붓다(오선정불)들 그들의 여성 신들과 수행신들 데리고 동시에 출현; 윤회계의 여섯 세계로부터 나오는 빛들이 한꺼번에 비춤

일곱째 날: 성스러운 극락세계들로부터 지식을 가진 신들(중앙– 카르마를 익게 하는 최고지식, 동쪽–대지에 머무는 지식, 남쪽–수명을 연장하는 지식, 서쪽–상대성을 초월한 지식, 북쪽–스스로 생겨난 지식), 동물 세계로부터 어두운 푸른 빛[317]

이들 평화의 신들로 나타나는 다섯 부처는 삼신(三身) 사상에 의하면 삼보가카야(報身)에 해당된다. 앞서 치카이 바르도에서는 진리의 몸으로 다르마카야(法身)가 영원하고 성스러운 본질인 초월적 붓다를 상징하는 눈부신 정광명으로 나타났다. 여기 초에니 바르도에 나타나는 다섯 붓다는 보신으로서 그들의 완전한 위엄과 덕망과 지혜와 복덕을 누리는 몸이다. 그 몸은 빛과 소리의 경이로운 화합으로 나타난다. 빛이 그의 몸의 모든 구멍으로부터 흘러나와서 전 우주를 비춘다. 그리고 인간으로 화신한 몸인 석가 붓다나 파드마삼바바는 니르마나카야(化身)에 해당한다. 이들 다섯 부처가 내뿜는 자비와 지혜의 눈부신 광휘의 빛을 신뢰하고 받아들이면 대 자유의 붓다 세계로 인도될 것이다. 하지만 대부분은 미혹과 무지에 휩싸여 그 밝고 투명한 빛들을 피하고, 자기들이 익숙한 어두운 빛에 끌리게 되는데, 그것은 육계(천상계, 인간계, 아수라계, 아귀계, 지옥계)에서 방사되는 어둡고 칙칙한 빛이다. 그것에 이끌려 들어가면 다시 빠져나오기 어렵다. 그리고 이들

317. 위의 책, 269–313. 참조.

다섯 붓다들은 제각기 중앙을 포함한 다섯 방향에서 나오는데, 이것은 만다라 도형을 상징한다. 티벳 불교의 만다라는 중앙에 존재의 근원인 비로자나불을 중심으로 4방향, 8방향에 부처와 보살을 배치한 도상으로 의례에 많이 사용된다. 그리고 이들 다섯 부처는 인간의 다섯 가지 성질로서 오온(五蘊)인 색(色, 물질) · 수(受, 감정) · 상(想, 지각) · 행(行, 의지) · 식(識, 의식)을 주관함을 상징하며, 각기 다른 다섯 가지 색으로 표현된다. 달리 말하면 그것들은 중앙의 비로자나불이 변환된 것이며, 인간의 마음인 식이 변화되어 생성된 것이다. 의식체가 7일간의 평화의 신들을 대면하는 여정을 마치는 동안에도 대 자유를 얻지 못하고 여전히 방황하고 있으면, 『티벳 사자의 서』는 의식체에게 이렇게 생각하라고 조언한다.

> 지식을 가진 신들과 영웅들과 여신들은 신성한 극락세계로부터 나를 맞이하기 위해 온 것이다. 나는 그들 모두에게 간청한다. 이날까지 과거 현재 미래의 다섯 붓다들 모두가 나에게 자비와 은총의 빛을 보냈건만, 나는 아직까지 구제받지 못했다. 그들이 나 같은 존재를 위해서 그렇게 했음에도 불구하고! 아, 지식을 가진 신들께서 나로 하여금 더 이상 아래쪽으로 떨어지지 말게 하시고, 그들이 내려주는 밧줄을 붙잡을 수 있게 하시기를! 그리하여 신성한 극락세계로 나를 인도하시기를![318]

비록 온갖 자비의 신들이 직접 자신을 구제하러 왔는데도, 자신의 무지와 집착으로 구제받지 못한다면, 그것은 오직 자신의 책임이다. 강한 믿음과 겸허한 마음으로 기도하면 무지갯빛에 둘러싸여,

318. 위의 책, 313–314.

지혜의 신들의 가슴 속으로 녹아 들어가 틀림없이 순수한 극락세계에 태어날 것이다. 모든 지식인들도 이 단계에서는 지혜의 빛을 인식하고 대 자유에 이를 것이다. 악한 성향을 가진 자들까지도 여기서 틀림없이 해탈에 이를 것이다. 하지만 대다수는 카르마가 두터워 온갖 자비의 부처들과 보살들이 자신의 마음에서 나온 것을 자각하지 못한다. 그것은 말처럼 쉽지가 않다. 지금 살아서 자기 앞에 보이는 대상이나 현상이 오직 식이 만들어낸 환영이라는 것을 누가 제대로 인식할 수 있겠는가. 유식학의 관점을 이론상으로 이해는 하지만, 진정한 깨우침으로 인식하는 이가 과연 몇이나 될지 의문이 든다. 이는 바르도를 여행하는 의식체도 마찬가지이다. 아무리 환영이라고 머리 속으로 되뇌어도 깨우치기는 어려울 것이다. 앞서 유식학에서 살펴보았듯이 의식체는 알라야식이라 할 수 있다. 그렇다면 도대체 카르마가 알라야식에 어떻게 작용하기에 죽어서도 살아서도 떨칠 수 없는 것인가. 이에 대한 툴쿠 퇸둡의 설명을 인용한다.

> 우리들 각자는 셀 수 없이 많은 생을 사는 동안 무수히 많은 카르마를 만든다. 우리가 표현한 모든 행동은 마음의 알라야식에 흔적을 남긴다. 알라야식은 중립적이고, 활발하지 않고, 무의식적인 마음 상태이며, 삼사라(윤회)의 경험에 기초가 된다. 우리 마음의 알라야식에 흔적을 남기는 다양한 카르마의 패턴들은 우리의 미래의 삶에서 결실을 가져오는 확실한 동기가 된다. 그것이 긍정적, 부정적, 중립적이든 상관없이 이 열매들은 우리가 알라야식에 심어놓은 카르마의 씨앗이 자라난 결과이며, 행동과 결과의 자연스런 과정 속에서 생겨난 것이다.[319]

---

319. 툴쿠 퇸둡, 앞의 책, 68.

이러한 카르마는 사후의 바르도에서든, 환생한 미래의 삶에서든 끊임없이 보고 느끼고 생각하고 행동하고 분별하는 데 영향을 끼친다. 그렇다면 인간의 어떠한 행위가 악업으로서 카르마로 축적되는 것인가? "불교 경전에서는 열 가지 선행과 열 가지 악행에 대해 말하고 있다. 그것들은 모두 몸과 언어, 마음으로 짓는 것이다. 세 가지 육체적인 악행은 살생, 도둑질, 간음이다. 네 가지 언어적인 악행은 거짓말(妄語), 이간질(兩舌), 거친 말(惡口), 허튼소리(綺語)이다. 세 가지 정신적인 악행은 탐욕, 진에(瞋恚, 자기 의사에 어그러짐에 대하여 성내는 일), 삿된 견해이다. 그리고 열 가지 선행은 이 열 가지 악행을 하지 않는 것이다."[320] 인간의 이러한 행위가 카르마가 되려면 모두 의도적인, 의지적인 행위일 때 이루어진다. 무심코 실수로 한 행위는 제외되니 너무 두려워할 필요는 없다. 그러므로 명상이나 수행 그리고 자기반성을 통해 끊임없이 자기 마음속의 나쁜 의도를 지울 필요가 있다.

__ 분노의 신들과 문화적 환영

초에니 바르도의 여덟째 날부터 열넷째 날까지 의식체는 분노의 신들을 대면하게 된다. 그들은 피를 마시는 신들이다. 그것들은 앞서 나타난 평화의 신들이 장소에 따라 모습을 바꿔 나타난 것들이다. 그것들을 정리하면 다음과 같다.

여덟째 날: 헤루카 붓다(불호금강), 짙은 갈색, 머리가 셋, 여섯 개 손, 검은 뱀과 방금 자 른 인간의 머리통으로 만든 염주, 지혜의 눈

320. 위의 책, 66.

부신 불꽃, 두뇌 속에서 나옴

아홉째 날: 바즈라 신단(금강신단), 푸른색, 세 개의 얼굴, 여섯 개 손, 피로 가득한 붉은 조개 그릇, 피 마시는 신, 두뇌 동쪽에서 나옴

열번째 날: 라트나 헤루카(보금강), 노란색, 세 개의 얼굴, 여섯 개 손, 보석 신단의 피마시 는 신, 두뇌의 남쪽에서 나옴

열한째 날: 파드마 헤루카(연화금강), 검붉은 색, 세 개의 얼굴, 여섯 개 손, 연꽃 신단의 피마시는 신, 두뇌의 서쪽에서 나옴

열두째 날: 카르마 헤루카(업금강), 짙은 초록색, 세 개의 얼굴, 여섯 개 손, 카르마 신단의 피마시는 신, 두뇌의 북쪽에서 나옴

열셋째 날: 여덟 명의 분노의 신들과 여덟 명의 케리마와 함께 두뇌에서 나옴

열넷째 날: 네 명의 여성 문지기 신이 함께 두뇌에서 나옴, 서른 명의 분노의 신, 스물여 덟 가지의 다양한 머리를 한 여신 헤루카들[321]

이들 분노의 신들은 무시무시한 형상으로 온갖 휘황찬란한 불꽃을 내뿜으며, 온갖 괴기스러운 무기들을 들고, 소름 끼치는 굉음을 내며 나타나기에, 의식체는 두려움과 공포와 전율 때문에 거의 기절할 정도로 놀라서 달아나게 된다. 그들이 자기 마음의 투사물임을 통찰할 수 있다면, 그들 속으로 녹아 들어가 붓다의 경지를 이룰 수 있다고 한다. 하지만 대부분은 너무나 무서워서 달아나기 바쁘다. 그러므로 『티벳 사자의 서』는 강조하기를, "만일 사자가 이런 가르침을 만나지 못하면, 바다처럼 많은 종교적 지식을 갖고 있을지라도 쓸모가 없다. 계율을 지키는 수도승들과 형이상학에 정통한 학자들조

321. 파드마삼바바, 『티벳 사자의 서』, 324-346.

차도 이 단계에서 그르쳐 깨닫지 못하고 윤회계를 방황하게 된다."[322] 예측하기 어려운 무시무시한 형상들이 나타나는 사후세계의 바르도를 통과하면서 깨달음을 얻기 위해선, 전통적인 수행이나 교리보다도 탄트라 밀교의 수행이나 가르침이 더 효과적이라는 의미이다. 여기에서 말하는 밀교 수행은 만다라 수행을 일컫는다. 생전에 만다라 도형과 바르도에서 만나는 평화의 신들과 분노의 신들을 시각화하고 내면화한다면, 실제로 바르도에서 맞닥뜨리더라도 그렇게 두려워하거나 놀라지 않을 것이라고 한다. 다음은 이러한 만다라 수행방법을 설명한 글이다.

> 서구 심리학에서 활용되는 만다라는 임상자가 자신의 마음에 깃든 세계를 의식적으로 그려내는 것이지만, 밀교수행의 만다라는 만다라에 담겨진 의미들을 자신의 마음에 인식하고 기억하며, 그 의미가 자신의 삶이 되도록 노력하는 것이다. 이처럼 밀교수행에서 만다라는 의식을 통한 관찰하는 관상의 대상이 된다. 이 대상들을 밀교에서는 소연(所緣), 즉 마음에 연결된 대상이라고 표현한다. 이때 관찰을 통해 마음에 심상을 떠올리는 행위를 관상(觀想)이라 말한다.[323]

관상을 통해 만다라와 여러 신들의 형상과 속성을 심상화하면 아무리 무서운 신들도 생각처럼 무섭지 않을 것이다. 그 모든 게 나의 마음에서 투사된 환상임을 자각하게 된다면 오히려 친근하게 느껴질 수도 있다. 그리고 이러한 티벳 밀교의 만다라의 특징에 대해

322. 위의 책, 318.

323. 정성준, 「불교 만다라에 나타난 인간 심성개발의 교육모델 연구–태장계만다라 중대팔엽원을 중심으로」, 『동아시아불교문화』 27(2016): 397.

족첸 폰롭은, "각 만다라의 중심에는 남성불과 여성불의 합일상이 있다. 각 부처는 저마다의 종자들을 거느리고 있고, 저마다 특별한 색깔, 원소, 방위, 깨달음의 품성과 관련되어 있다. 모든 만다라의 중심인물은 비로자나불이다. 비로자나불은 평화로운 신의 형태로 영적 배우자인 여성불 디트비쉬바리와 합일한 모습으로 나타난다. 이 합일은 두 가지 진리의 합일인 방편과 지혜의 합일, 환희와 공의 합일을 상징한다. 그의 분노한 신의 모습은 헤루카이며 영적 배우자인 코데쉬바리와 합일해 있다."[324] 이처럼 밀교에서는 남성성(방편)과 여성성(지혜)의 합일에 의해 이원성을 극복하고 완전한 깨달음에 이를 수 있음을 강조한다.

지금까지 살펴본 초에니 바르도에 나타나는 신들은 상상을 초월할 정도로 스케일이 크다고 한다. 그러기에 사자들이 아무리 온화한 빛의 평화의 신들도 두려워 피하는 것이다. 『티벳 사자의 서』는 그러한 사자들을 향해 끝까지 달래고 충고한다.

> 평화의 신과 분노의 신들 중에서 가장 거대한 신은 키가 하늘 끝까지 닿으며, 중간 키의 신은 수미산 높이와 같으며, 가장 작은 신이라고 해도 그대의 몸을 열여덟 개나 포개 놓은 것과 같다. 그들을 보고 두려워하지 말라. 겁먹지 말라. 신의 모습을 하고 빛나는 모든 형상들이 그대 자신의 마음의 표현임을 안다면, 그대는 그 즉시 붓다의 경지에 이를 것이다. '붓다의 경지는 순간에 얻어진다'는 말이 바로 지금을 두고 하는 말이다. 이것을 기억한다면 그대는 빛이나 붓다들의 몸 속으로 녹아들어가 붓다의 경지를 얻으리라. ... 만일 그대가 그대 자신의 마음을 깨닫지 못하면 그대

324. 족첸 폰롭 린포체, 앞의 책, 284-285.

> 가 수많은 경전들과 신비 경전들을 공부하고 한 겁(劫) 동안 종교를 닦았을지라도 붓다의 경지에는 이르지 못할 것이다. 만일 그대가 하나의 중요한 기술이나 말 한마디로 그대의 마음을 깨닫는다면, 그 순간 그대는 붓다의 경지에 이르리라.[325]

이것은 초에니 바르도의 핵심이자, 『티벳 사자의 서』가 대승불교 사상을 반영하고 있음을 그대로 보여준다. 아무리 수많은 세월 동안 수행을 하고, 경전을 읽더라도 한마음을 깨치지 못하면 의미가 없다. 배우지 않아도, 청정한 수행을 오랫동안 행하지 않았더라도, 심지어 온갖 악행을 저지른 자이더라도, 한순간에 마음을 깨치면 바로 열반하여 해탈하게 된다. 그러나 역으로 그만큼 마음을 깨우친다는 게 어렵다는 반증이다. 수많은 경전을 읽고, 수행을 하더라도 단박에 마음을 깨친다는 게 정말 힘들다. 그래서 보시와 공덕을 쌓고 마음속에서 갈애와 집착을 끊고, 온갖 미혹을 지워나가는 점진적인 수행을 오랫동안 꾸준히 해야 한다. 그리하여 유식의 알라야식에 훈습되는 업이 대부분 선업이 될 정도로 해야만, 사후의 세계에서 바르도를 지날 때 모든 환영이 내 마음에서 나온다는 것을 자각하여 대 자유를 얻을 수 있다.

이렇게 수많은 환영들이 출현하는 초에니 바르도를 마치면서, 분명히 짚고 넘어가야 할 것이 있다. 이렇게 사후에 여러 바르도에서 만나는 무수한 부처와 보살 그리고 여러 영적 존재들이 티벳 불교를 접하지도 않고, 믿지도 않은 이들에게, 혹은 다른 종교를 믿거나 아예 종교를 믿지 않은 일반인들에게도 똑같은 형식으로 나타나는 것인

325. 파드마삼바바, 앞의 책, 348-350.

지 의문이 생길 수 있다. 툴쿠 퇸둡의 견해로는 그렇지 않다고 한다.

> 바르도에서 우리 앞에 펼쳐진 모습에는 우리의 습관과 감정이 반영되어 있다. 죽은 뒤에 우리가 보고 경험하는 것들은 모두 우리의 문화와 믿음의 체계가 만든 사고방식과 일치한다. 우리는 모두 아이와 어른, 독실한 신자와 무신론자, 공산주의자와 자본주의자를 가릴 것 없이 이미 자신만의 인식 습관에 젖어 있다.[326]

모든 인간은 각기 다른 문화와 인습 속에서 살아오면서 자기만의 가치체계와 사고방식을 형성해 오고 있다. 심지어 같은 문화의 공동체 안에서도 형제간에도 서로 다른 자기만의 카르마를 쌓아가고 있다. 그러므로 바르도에서 만나게 되는 환영들의 형태와 속성은 사람마다 전혀 다를 수 있다. 여기『티벳 사자의 서』에 묘사된 신들이나 부처, 보살들은 티벳 밀교 문화권에서만 통용될 수 있다. 그러나 바르도의 여정에서 자기의 마음이 투영된 어떤 형식의 환영을 경험한다는, 그 자체는 공통적일 수 있다. 툴쿠 퇸둡은 바르도의 이런 측면을 잘 이해한다면 미래를 변화시킬 수 있다고 주장한다.

> 우리가 사후에 여행을 하거나 경험하는 지옥이나 정토는 저기 어딘가에 있는 세계가 아니다. 사후에 다른 세계에서 경험하는 쾌락이나 고통은 단지 우리들 자신의 카르마의 반영일 뿐이다. 그것은 마치 습관적으로 우리가 마음에 새겨놓은 일들을 꿈속에서 경험하는 것과 같다. 카르마의 결과를 생각할 때마다 우리는 그 점을 명심해야 한다. 마음은 계속되는 삶에서 우리가 축적하고 강화한 성향으로, 사후에 우리로 하여금 행

326. 툴쿠 퇸둡, 앞의 책, 27.

복과 고통을 경험하게 한다. 마음이 만든 이 경험들 또한 다른 곳이 아닌 마음 속에서 일어난다.[327]

그러므로 사람들이 삶과 죽음, 죽음 뒤의 상황을 나아지게 하는 최선의 방법은 자신의 삶을 긍정적으로 만들고, 선업을 행하여, 알라야식에 훈습되어 저장되도록 해야 한다는 의미이다. 마지막으로 개개인이 바르도의 여정에서 만나는 환영들과 그들이 전생에서 살면서 숱하게 만든 환상들이 어떤 관련성을 맺는가에 관해 설명해 보고자 한다. 이것은 본 글의 주제이기도 하다. 데이비드 치데스터(David Chidester)에 의하면, "사람은 그가 살았던 동안에 곱씹었던 무언가를 투사한다. 의식은 살았던 동안에 찍었던 필름을 상연하는 것으로 이해될 수 있다. 다른 말로 사람이 죽은 이후 만났던 숱한 환영은, 그가 살았던 동안에 품었던 종교적, 문화적인 이미지, 형태, 소리, 그리고 욕망에 기인한 소원들과 두려움들이다."[328] 이처럼 살면서 경험했던 모든 기억, 더 나아가 각 민족 대대로 전승되는 고유한 문화적 환상이 무의식에 저장되었다가 표출된다.

베커식으로 보면 인간의 가장 궁극적인 공포는 죽음공포이다. 인간은 그것을 회피하고 모면하기 위해 자기만의 고안책을 만드는데, 그것은 자기의 소원을 반영한 환상을 만들고 그것을 실현하기 위해 분투한다. 그러한 모든 것이 카르마로 축적되었다가, 사후의 바

327. 위의 책, 31.

328. David Chidester, Patterns of Transcendence Religion, Death, and Dying (Belmont: Wadsworth, 2002), 132–134.

르도에서는 그것들이 자기의 마음에서 환영으로 표출된다. 그러므로 삶에서 스스로 키운 환상이, 죽음의 바르도에서는 환영으로 되살아난다. 마치 의식이 약화되는 꿈속에서 무의식이 무수한 환영들을 투사하듯이, 바르도에서 몸을 갖지 않은 의식체는 알라야식으로서 무의식에 가깝기 때문에, 그것에 저장된 환상들이 환영으로 나타난다. 그러므로 인간의 삶과 죽음에는 항상 문화적 환상이 동반한다고 결론지을 수 있다.

3. 해탈을 두려워하는 의식체 : 시드파 바르도 1

죽음의 순간부터 치카이 바르도와 초에니 바르도를 거치면서 의식체는 얼마든지 해탈에 이를 기회를 셀 수 없이 많이 가졌지만, 여전히 사후세계의 바르도를 방황하고 있다. 이제 환생으로 가는 시드파 바르도(대략 17~49일째)에 들어서는 길목에 다다랐다. 이제부터는 의식체가 마지막 환생의 과정에 들어서기까지 겪게 되는 여러 고뇌와 갈등을 살펴본다.

생존에 대한 갈망

의식체는 초에니 바르도를 지나면서 너무나 놀라서 사흘 반 동안 기절해 있다가 겨우 원래 상태로 되돌아온다. 그때 살았을 때의 모습과 똑 닮은 발광체(發光體)의 몸을 지닌게 된다. "그 몸은 겉으로 보기에 이전의 몸과 앞으로 받을 몸과 똑같은 형태이다. 그 몸은 모든 감각 기능을 갖고 있고, 나아가 거침없이 움직이는 힘을 갖고 있다. 그 몸은 카르마의 영향을 받아 초자연적인 능력을 갖고 있으며, 비슷한 성질을 가진 사후세계 존재들의 순수한 하늘의 눈(天眼)에게만 보인다."[329] 이러한 몸은 자신의 욕망에서 생겨나며, 자신의 마음이 형상을 갖고 환영처럼 나타난 것이다. 그것은 욕망체라고 불린다. 이전의 몸과 같은 형태를 띠며, 다시 탐 · 진 · 치라는 인간적 욕망을 가지게 된다. 이에 대해 족첸 폰롭은, "미혹이 다시 출현하면서 무지와 탐욕과 분노가 다시 돌아온다"[330]고 말한다. 그러한 의식체는 자기의 죽음을 기억하게 되고 강렬한 혼란과 절망을 경험한다. 의식이 깨어나서 이원적 감각이 회복되면, 그는 자신의 죽음을 기억하고 상황을 이해하게 되면, 그는 엄청난 혼란과 불안감에 휩싸이기 쉽다. 기존의 삶과 존재를 견고하고 확고한 사실로 여기고 집착하는, 그의 습관적 성향에 의해 두려움이 일어난다. 하지만 그는 이미 그 토대를 상실했다. 존재를 지탱해주는 견고한 토대가 남아 있지 않지만, 그는 여전히 자아를 '나'로 알고 집착하는 습관을 지니고 있고, 여전히 이전의 그 사람과 동일한 몸과 마음을 가진 사람으로 자신을 인식한다. 이렇게 인간은 살아서나 죽어서나, 자신의 존재에 대한 집착을 떨치지 못하고, 감각적 욕망을 계속 갈구한다. 미혹한 중생들이 이러한 집착을 끊는 것이 얼마나 어려운지를 붓다의 다음 설법에서 엿볼 수 있다.

심오하며, 보기 어렵고, 깨닫기 어렵고, 고용하며, 수승하며, 단순히 논리적 사유로는 얻을 수 없는, 현자들에 의해서 이해되는 이 법(四聖諦)을

329. 파드마삼바바, 앞의 책, 368.

330. 족첸 폰롭 린포체, 앞의 책, 323.

나는 증득하였다. 하지만 세간 사람들은 감각적 욕망에 머물러, 감각적 욕망에 집착하고, 감각적 욕망을 즐기고 있는 이러한 세간 사람들은 이 법, 즉 '이것을 조건으로 하고 있음[此緣性]', '조건에 의존된 발생[緣起]의 법'을 이해하기 어렵다. 또한 이 법, 즉 모든 형성의 소멸, 모든 윤회의 뿌리를 끊어버리는 것, 갈망의 소멸, 탐욕의 버림, 멸, 열반을 이해하기 어렵다.(『中部』 26 『聖求經』 MN I 167–168)[331]

붓다가 '모든 형성의 소멸, 모든 윤회의 뿌리를 끊어버리고, 갈망을 소멸시켜 열반에 이르는 길'인 사성제를 깨닫고, 그것을 중생들에게 설파하고 싶었지만, 세간의 사람들의 감각적 욕망이 너무나 두터워 제대로 이해하지 못하는데, 계속 설법을 해야 할지 고민을 하게 된다. 그러자 범천의 사함파티가 이렇게 아뢴다. "세존께서는 법을 설하셔야 합니다. 때가 덜 낀 중생들이 있는데 법을 듣지 못하면 타락하게 됩니다. 그들이 법을 알 수 있게 하소서."[332] 붓다의 한탄처럼 대부분 중생들은 너무나 욕망이 강해, 붓다의 고매한 가르침을 들어도 제대로 이해하지 못하였다. 그러한 중생들은 죽어서도 그 욕망을 떨치지 못한다. 더구나 죽는 순간에 생존에 대한 집착을 떨치지 못하면 윤회를 거듭하게 된다. 『밀린다 팡하』에서 현자 나가세나는 윤회에 대해 묻는 밀린다왕에게 다음과 같이 말한다.

– 나가세나 존자여, 그대는 다시 저세상에 태어날 것입니까?
– 대왕이시여, 만일 죽을 때 생존에 대한 집착을 갖는다면 저 세상에 다시 태어날 것이요. 집착하지 않는다면 다시는 저세상에 태어나지

331. 냐나틸로카, 앞의 책, 35–36.

332. 위의 책, 36.

않을 것입니다.[333]

살아서 가졌던 삶에 대한 집착은 바르도의 의식체에 여전히 나타나고, 그것은 다시 환생에 이르는 길로 이끈다. 의식체의 알라야식은 감각의 전5식, 대상분별의 6식, 자기인식의 7식을 훈습을 통해 모두 지니고 있다. 그러니 의식체는 사후세계의 바르도에서 보고, 듣고, 느끼고, 생각하고, 두려워하고, 대상을 분별하고, 무서운 분노의 신들에게 잡혀 죽을까봐 정신없이 달아나거나 기절해버린다. 이렇게 몸을 가지지 않은 사후의 의식체이면서도, 죽는 게 두려워 공포를 느끼고 달아나게 된다. 그것은 달리 말하면 자기 존재의 지속성에 대한 무의식적 열망이다. 베커도 단언하였듯이, 모든 인간은 죽음을 극복하기 위해 불멸을 꿈꾼다. 어쩔 수 없이 죽더라도 불멸의 위대한 업적을 남기고 싶어 하고, 영웅이 되어 불멸성을 획득하려 한다. 심지어 사후의 의식체도 그러한 불멸을 포기하지 못한다. 이러한 인간의 지속성에 대한 욕망에 대해 월풀라 라훌라는 다음과 같이 말한다.

> 의지, 의도, 욕망, 살고 지속하고 더욱 많아지려는 탐욕은 모든 생명체를 움직이고 모든 존재를 지배하는 전 세계를 움직이는 엄청난 힘이다. 이것이 세상에서 가장 큰 힘이고 가장 큰 에너지이다. 불교에 의하면 이 힘은 죽음을 의미하는 몸의 기능이 정지된 이후에도 작용한다. 그러나 그것은 다른 형태로 자신을 드러내며 재생이라고 부르는 윤회를 낳는다.[334]

---

333. 이동봉 역, 『밀린다팡하』, 77.
334. 월폴라 라훌라, 『붓다의 가르침과 팔정도』, 67.

이처럼 라훌라는 몸을 가진 모든 생명체가 생명을 지속하려는 근원적 욕망을 가지고 있음을 간파하였다. 그 힘이 이 거대한 세상을 움직여 가는 힘임을 인정하고 있다. 그것은 몸이 정지된 죽음의 상태에서도 지속된다. 이것은 인간이 지닌 유기체로서 생명을 유지하려는 동물적 속성을 인정한 베커와 일맥상통하는 관점이다. 그러니 여러 바르도를 횡단하는 의식체가 왜 여러 해탈의 기회를 마다하고 도망가면서 환생을 향해 나아가는지 이해할 수 있다. 족첸 폰롭도 인간의 이러한 속성에 대해, "생명의 가장 강한 습성 중의 하나는 활동성, 곧 멈출 줄 모르는 성질이다. 우리는 고요와 쉼에 대해서는 그리 강한 습성을 지니고 있지 않다. 일체의 토대-지혜(ālaya-jñāna) 속에 머물러 쉬지 못하는 것, 이것이 모든 미혹된 습성의 뿌리이다"[335]라고 말한다. 이러한 지속하려는 욕망의 덩어리가 훈습된 알라야식으로서 의식체는 시드파 바르도에서 엄청난 힘을 구사하게 된다.

> 아, 고귀하게 태어난 자여. '거침없이 움직이는 힘'이란 이런 것이다. 그대가 현재 갖고 있는 몸은 욕망체[慾身]이며, 그것은 물질로 이루어진 육체가 아니다. ...
>
> 아, 고귀하게 태어난 자여. 그대는 신통력을 갖고 있으나, 그 능력은 깊은 명상으로부터 얻어진 것이 아니라 카르마의 힘으로부터 자연스럽게 나온 것이다. 그대는 순식간에 수미산 주변의 네 개의 대륙을 가로지를 수 있다. 그대는 그대가 바라는 어떤 장소에나 눈 깜박할 사이에 다다를 수 있다. 몸을 구부리거나 손을 내미는 데 걸리는 시간 안에 그곳에 도착할 수 있다. 그러나 환영에 불과한 이런 다양한 능력들, 그리고 모습을 바

335. 족첸 폰롭 린포체, 앞의 책, 324.

꾸는 능력들을 추구하지 말라. 그것들을 결코 추구하지 말라.[336]

시드파 바르도에서 의식체는 전생의 몸과 비슷한 형태의 욕망체를 지니는데, 육체로서의 몸의 한계를 초월하여 마음먹은 데로 어디든 순식간에 날아갈 수 있다. 얼마나 신나겠는가. 하지만 아무리 혼자서 날아다닌들 찬탄해주는 이가 없으니 별 재미가 없다. 그러니 다시 인간의 몸을 지닌다면 지금의 능력으로 무엇이든 잘할 수 있고, 멋지게 살 수 있으리라는 자신감을 지니게 된다. 급기야 새로운 몸을 받아 인간 세상으로 환생하기를 소망하게 된다.

_ 해탈을 두려워함

이 시드파 바르도에서도 온갖 악귀들이 무섭게 쫓아와 정신없이 도망치는 상황이 되풀이된다. 카르마가 만들어낸 그러한 악귀들은 경쟁이라도 하듯이 달려들고, 무서운 맹수들에게 쫓기는 유령들의 환영이 의식체 앞에 수없이 나타난다. 눈, 비, 어둠, 세찬 돌풍, 그리고 군중들에게 쫓기는 환상이 같은 식으로 나타난다. 그리고 산들이 무너져 내리고, 성난 파도가 세차게 밀려오고, 불길이 휘몰아치며, 거센 바람 소리 같은 온갖 소리가 들려온다. 그러면 의식체는 겁에 질려 어디로 가는지도 모르고, 정신없이 아무 데로나 도망치게 된다.[337] 이처럼 의식체는 자기가 전생에 쌓은 카르마에 의해 나타나는 숱한 환영들에 쫓기는 불안과 공포로 끊임없이 시달리게 된다. 인

336. 파드마삼바바, 앞의 책, 372–373.

337. 위의 책, 378–379.

간은 살아서나 죽어서나 다시 태어나거나, 자기가 지은 선업이든 악업이든 반드시 과보를 받게 된다. 그것은 불문의 자연법칙이다. 그것에서 벗어날 수 없다. 에반스 웬츠는『티벳 사자의 서』를 편집하면서 해설서를 적었는데, 이러한 의식체와 카르마의 환영에 대한 설명을 덧붙였다.

> 사자가 바르도 상태에서 보는 것은 전적으로 그사람 자신의 마음의 내용물(mental–cont –ent)이 투영되어 나오는 것이라고 본 책은 말하고 있다. 신들이나 악마들, 천당이나 지옥의 영상들은 모두 사자의 의식체를 구성하는 카르마의 사념(karmic thought–forms)들로부터 생겨난 것에 불과하다는 것이다. 그런 사념 자체가 없다면 그 영상들도 나타나지 않는다. 의식체란 다만 존재하려는 의지(the thirst for existence), 살려는 의지와 믿음을 가지려는 의지(the will to live and to believe)로부터 생겨난 일시적인 산물일 뿐이다. 사후세계의 환영들은 사자가 어떤 사념을 투영시키는가에 따라 나날이 그 형태가 바뀌어 간다. 이것은 사념들을 몰아가는 카르마의 힘이 스스로 바닥날 때까지 계속된다. 다시 말해, 눈치 빠른 독자라면 이미 알았겠지만, 생전의 습관에서 생겨난 생각들은 정신이라는 레코드판에 기록되어 있고, 영화필름에 담겨있는 것이다. 이 영화필름이 다 돌아가면 사후의 상태는 막을 내리고, 그 '꿈꾸는 자(the Dreamer)'는 어떤 자궁으로 뛰어들어가 다시금 인간세계의 일들을 경험하기 시작한다.[338]

이것은 인간이 살아가면서 죽음의 공포를 떨쳐 내고, 존재하려 하고, 더 굳건하게 살아가려는 개인적 욕망에 의해 상상하고 생각하고 행동하였던 온갖 환상과 그 결과물들이 의식체에 오롯이 훈습되었다가, 바르도에서는 그것들이 오히려 다양한 모습의 환영들로

338. 에반스 웬츠, 「비밀의 책을 열다」, 『티벳 사자의 서』, 93.

전환되어 나타나는 것을 일컫는다. 그러나 이렇게 카르마들이 의식의 제어를 받지 않고 마구 펼쳐진다고, 그것에 따른 과보가 해소되는 것은 아니다. 그 과보는 반드시 다시 태어나서 받게 된다. 완전히 전생의 카르마가 해결되려면, 행위로서 그 과보를 받아들이고 감내해야만 한다. 이렇게 시드파 바르도에서 방황하고 있는 의식체는 마침내 전생의 가족을 보게 되면서, 자신의 죽음을 처절히 인식하고 절망하기에 이른다.

> 그대는 그대의 집과, 거기 모인 사람들과, 가족들과, 그리고 자신의 시신까지도 보게 될 것이다. 그리고는 "정말로 나는 죽었구나! 이제 어떻게 하면 좋은가?" 하고 생각할 것이다. 그리고 심한 슬픔에 빠져 이런 생각이 들 것이다. "육체를 가질 수 있다면 어떤 일이라도 다 할 텐데!" 이런 생각을 하면서 그대는 여기저기 육체를 찾아 헤매고 다닐 것이다.[339]

여기에서 명심해야 할 것은 사후세계의 바르도에서도 죽음을 절망하고, 다시 육체를 지니고 태어나기를 소망한다는 점이다. 그것이 모든 인간의 근원적인 존재에의 갈애(有愛)이다. 비록 본 경전에서 "설령 그대가 육체를 구한다고 할지라도 고통만을 얻을 뿐이다. 육체에 대한 욕망을 버려라. 모든 것을 단념하고 무욕의 상태에 머물도록 하라."[340]고 가르침을 주어도 대부분은 환생의 길을 가게 된다. 그리고 의식체는 사후의 심판을 받게 된다. 그의 앞에 선한 수호령이 나타나 흰 조약돌로 선행을 헤아리고, 악한 수호령이 나타나 검은 조약

339. 파드마삼바바, 앞의 책, 382.

340. 위의 책, 383.

돌로 악행을 헤아리면, 죽음의 왕이 집행관을 통해 벌을 내리게 된다. 형벌로 머리가 잘리고 심장이 도려지고, 창자가 끄집어 내어지고 난도질을 당해도, 의식체는 죽지 않고 고통만 느낀다. 그때 본 경전은 의식체에게 이렇게 충고한다.

> 그대의 몸은 심령체이기 때문에 목이 잘리고 사지가 찢겨도 죽을 수가 없다. 그대의 몸은 원래 텅 빈 것[空]이기 때문에 두려워할 필요가 없다. 죽음의 왕들은 그대가 만들어 낸 환영들이다. 그대의 욕망체는 살아 있을 때의 성향으로 이루어진 몸이며 본래 텅 빈 것이다. 텅 빈 것이 텅 빈 것을 상처 입힐 수는 없다. 죽음의 왕이나 신이나 아귀나 황소 머리를 한 죽음의 영이나 모두 그대 자신의 환각에서 생겨난 것이다. 그대의 바깥에 존재하는 그것들은 실제로는 존재하지 않는 것들이다. 이것을 깨달아야 한다. ... 명상하는 법을 모를 경우에는 그대를 두렵게 하는 것들의 본질이 무엇인지 주의 깊게 관찰하라. 사실 그것들은 아무런 모습도 갖고 있지 않은 텅 빈 세계로부터 나오는 것에 지나지 않는다. 이 텅 빈 것을 다르마카야(법신)라고 한다.[341]

의식체가 바르도에서 겪는 모든 무서운 환영들이 자신의 텅 빈 마음이자, 존재의 근원인 다르마카야로부터 나온 것임을 자각하면 무서울 게 없고, 바로 해탈에 이를 수 있다. 하지만 의식체는 그것을 이해하지 못하고, 자신의 잃어버린 육체를 찾다가, 끝내 다른 육체라도 갖게 되기를 소원한다. 미혹한 카르마에 휩싸여 해탈보다 재탄생을 갈망하게 된다. "아, 나는 참으로 불행하구나. 이제 어떤 몸이라

341. 위의 책, 387–388.

도 내가 얻을 수 있다면 그것을 찾으러 갈 텐데."[342] 이상한 게 왜 대다수의 의식체는 그렇게 평안하고 황홀한 니르바나(열반)로 들어가길 꺼려하고 두려워하는 걸까? 에반스 웬츠는 이러한 니르바나(Nirvana)의 경지에 대한 붓다의 설법을 인용하고 있다.

> 제자들이여, 흙 · 물 · 불 · 바람이 없는 세계가 있다. 그곳은 끝없는 공간(endless space)도 아니요, 무한한 생각(infinite thought)도 아니요, 무(nothingness)도 아니요, 생각과 생각 아님도 아니다(neither ideas nor non-ideas). 그곳은 이 세계도 아니요, 저 세계도 아니다. 그곳은 오는 것도 없고, 가는 곳도 없고, 머무름도 없으며, 죽음도 없고(nor death) 태어남도 없다(nor birth). 그곳은 슬픔의 끝이니라(the ending of sorrow).[343]

이것이 열반이라면, 과연 의식을 가진 존재라면 누가 열반에서 영원히 머물고 싶을까. 산 것도 아니고, 죽은 것도 아닌 상태에서, 존재하는 것도 아니요, 존재하지 않은 것도 아닌 상태에서 머무르고 싶을까. 슬픔도 아니고, 기쁨도 아닌 모호한 고요한 상태로 영원히 머무르는 것을 과연 희망할까. 단지 짐작만 할뿐 그 누구도 그런 열반의 상태에서 오래 머물러 본 이가 없기에, 싫다거나 좋다고 단정 지을 수는 없다. 어쩌면 무의식적으로 '완전한 죽음'처럼 여겨질 수 있다. 그렇기에 오히려 두려운 것이다. 제대로 알지 못한 미지의 세계는 누구에게나 두려움과 불안과 공포를 야기하고, 선뜻 나아가지 못하게 한다. 다음은 바르도에서 의식체가 열반의 경지라 할 수 있는 존재의 근원으로부터 나오

342. 위의 책, 402.

343. 에반스 웬츠, 「비밀의 책을 열다」, 『티벳 사자의 서』, 141.

는 투명하고 밝은 눈부신 빛을 얼마나 두려워하는지 한 예를 보여준다.

> 아버지 신이자 어머니 신인 바이로차나(Vairochana)의 가슴으로부터 눈부시게 빛나고, 투명하고 장엄하고 현기증을 일으키는 푸른색의 '진리 세계의 대지혜'가 뿜어져 나와서 그대 앞으로 다가올 것이다. 그 빛은 푸른색이고 너무나 강렬해서 그대는 그것을 거의 똑바로 쳐다볼 수조차 없을 정도다. 그 빛과 함께 또 다른 빛 하나가 그대 앞으로 다가올 것이다. 바이로차나의 강렬한 빛과는 달리 이 빛은 어두운 흰색 빛이다. 이 빛은 천상계의 여러 존재들(devas)에게서 나오는 빛이다. 이때 나쁜 카르마의 힘 때문에 그대는 '진리 세계의 대지혜로'부터 나오는 눈부신 푸른색 빛에 대해 두려움과 공포(fear and terror)을 느낄 것이다. 그대는 그 빛으로부터 달아나고 싶은 생각이 들 것이다. 그리고 천상계로부터 흘러나오는 어두운 흰색 빛에 애착을 가질 것이다.[344]

의식체가 '진리 세계의 대지혜로'부터 나오는 눈부신 푸른색 빛에 대해 두려움과 공포를 느끼는 것은, 달리 말하면 해탈을 두려워하기 때문이다. 의식체의 이러한 심리는 종교학자인 루돌프 옷토의 『성스러움의 의미』에 실린 '누미노제(Numinose)'의 경험으로 이해할 수 있다. 그것은 누구든 어떤 대상을 '성스러운 것'으로 인식할 때, 그의 내면에서 경험하는 비합리적이고 초합리적인 감정의 떨림을 포괄적으로 대변하는 말이다. 예를 들면, "초월자를 대할 때 느끼는 피조물의 감정, 정신이 나갈 정도로 흔들리는 두려움과 전율의 감정, 엄청나게 조여오는 위압감, 알 수 없는 흥분과 활력, 전혀 다른 기이하고 생소한 감정인 무시무시함 혹은 소름끼침, 독특한 힘으로 끌어당기

344. 파드마삼바바, 앞의 책, 270-271.

는 매혹성, 그리고 거룩한 감정을 유발하는 장엄성 등이 이런 누멘적 인 감정에 해당한다."[345] 아마도 의식체가 치카이 바르도에서 눈부시게 밝고 투명한 존재의 근원에서 비쳐오는 빛을 보고서 황홀함을 느끼면서도 두려움에 떨며 피하거나, 초에니 바르도에서 평화의 신들인 명상하는 다섯 부처가 나타나면서 내비치는 눈부시고 밝은 여러 빛들에도 두려움과 경이감을 느끼면서 피하게 되는 것, 반대로 익숙한 어둠에 쉽게 끌리는 것은 모두다 오토의 누멘적 감정에 기인한 것으로 추정된다. 그러므로 의식체는 위압적이고 생소한 경이로운 빛에 끌려 들어가 니르바나에 들기보다는, 자기에게 편안하고 익숙한 적당히 어두운 색들에 끌려 윤회를 되풀이하게 된다. 아무리 황홀하고 영광스러운 것일지라도, 자기의 내면에서 거부감을 일으키면 어쩔 수없다. 결국 의식체는 시드파 바르도 깊숙이 들어가 환생을 위한 자궁을 찾게 된다.

4. 스스로 선택한 환생: 시드파 바르도 2

죽음의 순간부터 시작된 사후세계의 여러 바르도를 거쳐서, 의식체는 이제 시드파 바르도를 깊숙이 들어가 환생의 과정을 목전에 두고 있다. 이제까지 수없이 대 자유의 니르바나로 들어갈 수 있는 기회를 놓쳤지만, 이제 마지막 기회로서 환생을 막을 수 있는 '자궁문 닫기'를 시도해야 한다. 지금까지 왜 대부분의 의식체가 해탈을 두려워하고 환생의 길을 가는지 그 이유를 살펴보았다. 하지만 아무

345. 루돌프 옷토, 『성스러움의 의미』, 길희성 역 (칠곡: 분도출판사, 2009), 37-112 참조.

리 두려워도 마지막 해탈의 기회를 놓쳐서는 안 된다고 설명한다. 살아서는 고된 수행을 해야만 겨우 열반에 이를 수 있지만, 바르도 상에서는 한마음을 깨치는 순간 누구든 즉시 해탈을 이룰 수 있기 때문이다. 비록 존재의 근원에서 나오는 빛이 너무나 황홀하고 경이롭고 두려워도 용기를 내어 들어가야만 한다.

자궁문 닫기와 선택

먼저 자궁문을 닫는 여러 방법에 대해 알아보자. 그것에는 크게 자궁으로 들어가는 것을 막는 방법과 들어갈 자궁의 문을 닫아 버리는 방법이 있다. 다음은 그 다섯 가지 방법을 간단히 정리한 내용이다.

첫 번째 : 인간 세상에 있을 때 자신에게 영적 가르침을 주었거나, 진리의 세계로 입문시켜 준 사람, 또는 종교 경전을 해석해준 스승과의 영적인 관계를 기억하고, 선한 행위를 떠올리는 명상하기. 마음을 집중하여 선한 행위의 밧줄을 꼭 붙잡기

두 번째 : 남녀가 성교하는 장면이 보이면 그들 사이로 들어가지 않도록 자신을 억제하기. 그들 남녀를 신적인 스승과 그 여성원리로 여기고 명상하고, 정성을 다해 절하기

세 번째 : 남녀 성교 장면을 보고, 그들에 대한 집착과 거부감을 버리기. 그것을 떨치지 않으면 끝없이 윤회계를 방황하면서, 고통의 바다에 오랫동안 잠겨 신음할 것이므로 결코 집착과 거부감에 따라 행동하지 않겠다고 결심하기.

네 번째 : 성교 중인 남자와 여자, 검은 비, 폭풍우, 충돌하는 소리들, 무시무시한 유령들, 그리고 모든 현상은 본질적으로 환영에 불과하다. 그들이 아무런 실체가 없는 가짜이며 꿈과 같은 허깨비이며, 마음속에서 나온

환각임을 알고, 명상에 집중하여 의식을 깨우기

다섯 번째 : 투명한 빛에 대해 명상하기. 모든 것은 자신의 마음에서 나온 것이고, 그 마음은 텅 빈 것이고, 태어나지도 않으며, 죽지도 않는 것이라고 명상하기[346]

본 경전인 한번 〈듣는 것으로 영원한 자유에 이르는 가르침〉에 따르면, 지성의 높고 낮음에 상관없이 모두가 이 가르침을 통해 틀림없이 자유에 이를 수 있다. 그것이 실패하지 않을 이유는 다음과 같다. 첫째, 사후세계에서 의식체는 한정된 범위이긴 하지만 초자연적인 지각 능력을 갖고 있다. 둘째, 사후세계에서는 모든 감각 기능이 완전해져 자신에게 들려주는 말을 모두 알아듣는다. 셋째, 끊임없이 두려움과 공포에 쫓기기에, 무엇이 가장 좋은 길 일지 늘 생각하기에 정신이 활짝 깨어있다. 넷째, 의식체를 조종하기 쉽고, 기억력은 살아있을 때 보다 아홉 배나 선명하다.[347] 이처럼 사후세계의 의식체는 살아있을 때 보다 모든 감각, 지각, 정신 능력이 월등하게 나아져 마음만 집중하면 모든 게 가능하다. 그렇게 좋은 조건에서 자궁을 막고 해탈하지 않는 것이 오히려 더 이상하다. 이렇게 해탈을 위한 완벽한 조건이 갖춰졌더라도 대부분 의식체는 두터운 카르마의 장애 때문에 해탈에 이르지 못하고 환생의 길에 들어선다. 그들은 선한 행위에 익숙하지 않고 영겁의 세월 동안 악한 행위에 길들여져 왔기 때문이다. 그러므로 이제는 어쩔 수 없이 자궁문을 선택해야만 한다. 그 전에 환생할 장소가 미리 환영으로 보이는

346. 파드마삼바바, 앞의 책, 412-426. 참조.

347. 위의 책, 426-427.

데, 그것은 다음과 같다.

- **태어날 대륙 선택:**
  동쪽 대륙 – 백조가 떠다니는 호수. 남쪽 대륙 – 크고 아름다운 건물. 서쪽 대륙 – 암수 말이 풀을 뜯는 호수. 북쪽 대륙 – 암수 소가 풀을 뜯는 호수.
- **태어날 윤회계(육계) 선택:**
  천상계 – 온갖 보석으로 치장된 화려한 사원이나 저택.
  아수라계 – 멋진 숲, 서로 반대 방향으로 회전하는 불꽃들.
  인간계 – 거대한 저택과 바위굴, 땅굴, 밀림과 연꽃.
  축생계 – 바위굴, 지상의 깊은 구멍과 안개.
  아귀계 – 황량한 평원, 빈터와 폐허가 된 숲.
  지옥계 – 음침한 대지, 흑백의 건물, 검은 구멍, 얼음바다.[348]

다시 태어날 장소와 윤회계는 위와 같이 여러 징후로 나타나는데, 그중에서 선택하는 것은 자기 자신이다. 그 누군가 정해 놓고, 그곳으로 들어가라고 지시하는 것은 아니다. 환생에 관한 모든 것은 자기에게 책임이 있다. 자신이 윤회계를 선택하고, 그것에 자신을 속박시키고, 혹은 당장 자각을 통해 윤회에서 벗어날 수도 있다. 그러므로 전적으로 스스로 모든 책임을 져야 한다.

마지막 자궁을 선택해야 하는 시점에도 끊임없이 공포의 악령들과 락샤사(나찰)들이 무시무시한 소리를 내며 의식체를 쫓아다닌다. 그 불행한 귀신들과 악령들은 사후세계에 머무는 동안 사자의 의식이 변해서 그런 모습들을 갖게 된다. 이렇게 "바르도에 묶인 영혼들

348. 위의 책, 431–436. 참조.

은 오백 년에서 천 년 동안 진화가 정지되며, 드문 경우에는 수 세기 동안 진화가 정지된다. 바르도에서 벗어나지 못하는 한, 사자는 극락세계에 들어갈 수도 없으며, 인간 세상에 환생할 수도 없다."[349] 이러한 악령들을 만나게 되면, 의식체는 자신의 수호신을 마음속에 떠올리고, 그들이 모든 해로운 악령들을 가루로 날려버리는 상상을 하면, 그렇게 이루어진다. 이렇게 '존재의 근원에 대한 가르침'을 기억하고 명상하고, 보이는 모든 것이 환영이라 여기고, 그리고 수호신과 자비의 신에 대해 명상을 하면 붓다의 경지에 오를 수 있다.

카르마와 육도 환생

툴쿠 퇸듑은 의식체가 다시 환생할 여섯 윤회계의 선택에서 가장 큰 영향을 끼치는 것은, 카르마에 새겨진 여섯 가지 감정이며, 그것이 여섯 윤회계에서 환생하게 만드는 씨앗이라고 다음과 같이 설명한다.

> 마음에 분노를 품고 태어나서, 주변의 모든 사람들을 증오하는 듯 보이는 사람들이 있다. 그들이 어떻게 말하고 행동하든, 그것은 분노의 폭발이 되고, 그들의 삶은 물론 관련된 모든 사람들의 삶에 고통을 안겨준다. .... 당신은 강하고, 용감하고, 영웅적으로 행동할지 모르지만 이런 겉모습은 단지 당신의 불안하고, 허약하고, 상처받은 에고를 은폐하는 도구일 뿐이다. 당신은 죽자마자 평생 습관처럼 품고 있던 증오심 때문에 의식 속에서 지옥계를 경험하고 지옥의 모습을 볼 것이다. 실제로 어떤 강력한 재판관이 있어서 당신에게 판결을 내리고 벌을 주지는 않는다. 그 모든 건 오직 당신의 고통스런 감정에 의해 당신의 마음 바탕에 새겨진

349. 위의 책, 439.

카르마 패턴의 결과일 뿐이다.[350]

이것으로 붓다가 모든 윤회의 원인으로 지목한 탐 · 진 · 치의 업이 얼마나 강하고, 무시무시한 결과를 초래하는지 알 수 있다. 그것들에 의해 중생들은 영원히 윤회계를 되풀이하며, 그 과보를 받고 다시 업을 짓는 악순환을 되풀이한다. 업의 과보는 누구도 피할 수 없고, 되돌릴 수 없다. 스스로 감내하면서 풀 수밖에 없다.

> 비구들이여, 탐욕[貪]에서 비롯된 업, 탐욕에서 생겨난 업, 탐욕을 원인으로 하는 업, 탐욕을 조건으로 하는 업, 분노[瞋]에서 비롯된 업, 분노에서 생겨난 업, 분노를 원인으로 하는 업, 분노를 조건으로 하는 업, 무지[痴]에서 비롯된 업, 무지에서 생겨난 업, 무지를 원인으로 하는 업, 무지를 조건으로 하는 업이 있다. 이러한 업이 있는 사람이 태어나는 곳, 그곳이 그 업이 무르익는 곳이다. 그 업이 무르익을 때, 현재의 삶[現生]이든지, 다음 생[來生]이든지, 아주 먼 후생이든지 간에, 그 업의 과보를 받게 된다.(『增支部』 3:33 AN I 134.)[351]

인간의 그릇된 감정을 대변하는 탐욕, 분노, 무지는 살아서나 죽어서나 카르마로 전달되고 반드시 그 과보를 초래한다. 달리 말하면 카르마에 의해 업의 과보를 받는 것이 윤회의 본질이다. 불교의 무아 개념에 따르면, 전생에 악업을 행한 자와 그 악업으로 인해 후생에 태어난 자의 명(名; 정신)과 색(色; 육체)이 서로 같지 않지만, 또 그렇다고 전혀 다른 것도 아니다.

---

350. 툴쿠 퇸둡, 앞의 책, 298–299.

351. 냐나틸로카, 앞의 책, 110.

왜냐하면 전생의 업이 없으면 후생도 없기에, 전생의 그와 후생의 그 누군가는 업의 인연으로 서로 연결된 존재이다. 그러기에 같은 이도 아니고 다른 이도 아니다. 이처럼 윤회에서 한 생에서 다른 생으로 옮겨가는 불변적인 '어떤 것'은 없지만, 업의 과보는 피할 수 없다. 비록 다시 태어나는 자는 죽은 자와 다르지만, 후자는 전자로부터 나왔으므로 다시 태어나는 자는 죽은 자가 지은 업에서 벗어날 수 없다. 이것이 바로 중생이 윤회를 거듭하며 업을 쌓고 과보를 받는 윤회의 법칙이다. 다음은 카르마에 축적된 업 중에서 특히 인간의 여러 감정이 의식체를 어느 윤회계로 이끄는지 보여 준다.

· 증오와 분노의 감정 : 불타고 얼어붙는 고통, 지옥계에서 환생
· 탐욕과 인색한 감정 : 굶주림과 갈증의 고통, 아귀계에서 환생
· 무지와 혼란의 감정 : 우둔함과 두려움의 고통, 축생계에서 환생
· 욕망과 집착의 감정 : 생로병사의 고통, 인간계에서 환생
· 질투의 감정 : 전쟁과 싸움, 아수라계에서 환생
· 오만과 우쭐거리는 감정 : 산만함과 죽음 두려움, 천상계에서 환생[352]

이렇게 인간의 나쁜 감정과 환생할 윤회계를 연결시켜 분류한 것은 그 둘 사이에 어떤 관련성이 있다는 것을 암시하는 것에 불과하다. 어떻게 인간이 특별한 한두 개의 감정만 지니고 있겠는지, 모두 다 인간의 공통적인 탐 · 진 · 치의 감정이 인간들 사이의 특별한 상황과 관계에 따라 서로 다르게 표출된 것일 뿐이다. 다만 시드파 바르도의 막판에 환생할 자궁을 선택할 시점에, 어느 자궁에 더 끌리는지

352. 툴쿠 퇸둡, 앞의 책, 300.

는 의식체에 축적된 카르마가 어떤 감정을 더 많이 표출하는지에 따라 달라질 수 있다. 그러나 이렇게 윤회계를 선택해서 환생할 때 분명히 짚고 넘어가야 할 부분이 있다. 과연 이렇게 나쁜 감정이나 악업에 의해 인간이 축생계에서 금수로 태어날 수 있는가 하는 문제다.

인간의 영 아니 의식체는 동물의 영 보다 훨씬 오랜 세월의 윤회를 거쳐 진화되고 고차원적 능력을 갖추고 있을 것이다. 하물며 어떻게 인간이 환생할 자궁을 택할 때 개, 돼지, 뱀, 새, 쥐 등의 성교장면을 택하여 그 안으로 들어가겠는가. 아무리 카르마의 악업이 두터워도 눈이 그렇게 현혹될 리는 없다. 그것이 악업 때문이라면 지옥계는 있을 필요가 없다. 그리고 모든 인간계에 태어나도록 선택된 인간이라면 웬만큼 평균 이상으로 선업을 쌓은 자들이 아니겠는가. 그런데 왜 세상에는 살인자, 강도, 도둑, 사기꾼이 많은지 궁금하다. 이와 같은 의문에 대해 에반스 웬츠도 오랜 고민을 한 후 다음과 같은 해석을 제시한다.

> 경전의 가르침을 문자 그대로 해석하면 사람으로 태어났다가 얼마든지 동물로 태어날 수도 있다. 즉 『티벳 사자의 서』를 글자 그대로 읽을 때는 이 일반적(exoteric)인 해석방법에 아무런 문제 없다. 그러나 상징적[비의적, esoteric]인 해석의 경우는 다르다. ... 상징적[비전적] 해석에 따르면, 인간이라는 형태는 동물 세계로부터 직접 물려받은 유산이다. 그것은 가장 낮은 차원의 생명 형태들로부터 진화해 온 것이다. 이 진화를 이끈 것은 끊임없이 변화하고 성장하는 속성을 지닌 '생명 흐름(life-flux)'이다. 생명 흐름은 의식의 씨앗이고 나아가 생명력의 씨앗이라고 할 수 있다. 그리고 그것은 진화의 원리이자 연속성의 원리이다. ... 따라서 진화를 거듭

해 마침내 인간의 형태를 갖게 된 한 생명 흐름이 갑자기 엉뚱한 다른 형태를 취하는 일은 불가능하다. 그것은 이 세상에서든 바르도에서든 또는 윤회계의 어느 세계나 영역에서든 불가능한 일이다. 이것이 생명계를 지배하는 자연의 법칙이며, 그것은 거기에 더불어 작용하는 카르마의 법칙과 마찬가지로 절대불변의 법칙이다. 그러므로 어떤 사람의 영혼이 개나 새나 곤충이나 벌레의 몸속으로 흘러 들어가는 것은 인도양의 물을 갠지스강으로 거슬러 흐르게 하는 것처럼 불가능하다.[353]

그러므로 의식체가 선택하여 축생계로 들어간다는 것은 상징적인 의미이다. 인간으로 태어나더라도 동물처럼 무지와 탐욕의 동물적인 본성대로 살 가능성이 많은 것을 의미한다. 여기에서 비의적(esoteric) 해석이란 일반인들에게 알려진 것이 아니라 티벳 밀교의 전수처럼 스승과 제자 사이에 비밀하게 가르침이 전승되는 것을 일컫는다. 아마도 천상, 아수라, 지옥 같은 다른 윤회계도 이와같이 비의적 해석이 가능할 것이다. 그리고『티벳 사자의 서』에서는 마지막에 자궁을 선택할 때도, 정말 신중하게 잘만 선택한다면, 정말 순수한 붓다의 세계로 바로 태어날 수 있고, 아니면 다시 인간계로 태어날 수 있다. 먼저 순수한 극락세계를 향한 의식체의 탈바꿈에 관한 명상을 살펴보자.

아, 슬프다. 아득한 옛날부터 무수히 많은 세월 동안 나는 윤회의 늪 속을 방황해 왔다. 지금까지 참나를 깨닫지 못하고 붓다의 경지를 얻지 못했으니 이 얼마나 고통스런 일인가. 나는 이 윤회계가 지겹고 끔찍하며 역겹다. 나는 이제 윤회에서 벗어날 준비를 할 때가 되었다. 나는 서쪽 극락 세계의 아미타바(아미타불)의 발 아래, 한 송이 연꽃 속에서 기

353. 파드마삼바바, 앞의 책, 105-106.

적적으로 태어나리라.[354]

이렇게 생각하면서 그 세계에 태어나기를 진심으로 기원하면, 기적적으로 그렇게 된다는 것이다. 그러나 그러한 초자연적인 극적인 극락세계로의 탄생을 너무나 과분하게 여기고, 그냥 다시 인간계에서 태어나 수행에 전념하거나 선업을 쌓는 삶을 살고자 한다면, 다음과 같이 기도해야 한다.

> 아, 나는 우주의 왕으로 태어나야 한다. 또는 거대한 사라수(沙羅樹; 인도의 크고 단단한 나무) 같은 성직자로, 명상수행에 정통한 자의 아들로, 또는 결점이 없는 가문이나 종교적인 믿음으로 가득한 자의 집안에 태어나야 한다. 그렇게 태어나서 모든 생명있는 것들에게 봉사할 수 있도록 큰 장점을 갖고 태어나야 한다.[355]

그렇게 기도하고 스스로 선택한 새로운 엄마의 자궁 안으로 직접 들어가면 된다. 이때 주의해야 할 것은 카르마의 영향 때문에 좋은 자궁이 나쁜 자궁으로 보이고, 나쁜 자궁이 좋은 자궁으로 보일 수가 있다. 그렇기에 겉으로 보이는 것에 혐오감이나 애착을 갖지 말고, 편견없이 무심(無心)의 상태로 자궁을 선택하여 들어가야 한다.

이처럼 인간계에 다시 태어나려는 것은 수행을 통해 열반에 이를 수 있는 가능성이 많기 때문이다. 이왕이면 인간이 되어 타인의 고통을 함께하고 보시를 행하고 공덕을 쌓는 것이 현생에서나 사

---

354. 위의 책, 442.

355. 위의 책, 444.

후의 바르도에서 해탈에 이를 가능성이 높다. 이것이 보살행이다. 그리고 중요한 건 자기가 스스로 부모를 선택해서 태어났다는 것이다. 부모가 자기를 선택해서 낳은 것이 아니라, 자기가 업의 인연에 의해 직접 자신의 부모를 선택하고 환생을 정한다는 것이다. 그러므로 이 세상에 태어난 책임은 자기에게 있다. 드디어 사후의 의식체는 49일간의 사후세계의 바르도를 거쳐, 새로운 어머니의 자궁으로 들어갔다가, 그 후 다시 밝은 빛을 보며 인간으로 태어났다. 이제 그는 다시 한번 생노병사의 고통을 감내하면서 살아야만 한다. 그것은 오로지 자신의 선택으로 결정된 또 다른 삶이다.

이 시점에서 반드시 밝혀 보고 싶은 것이 있다. 지금까지 살펴본 바르도는 죽음과 환생 사이의 중간 단계로 정의된다. 그렇다면 '진짜 죽음' 혹은 '완전한 죽음'은 무엇이며, 사후의 어느 단계를 일컫는지 논의해 보자.

바르도 상에서, 아니면 바르도를 마칠 시점에 의식체는 해탈을 하게 되거나, 아니면 육계의 어딘가로 다시 태어나는 윤회의 길로 접어든다. 그런데 『티벳 사자의 서』 어디에도 완전한 죽음의 영역을 분명하게 밝히고 있지 않다. 그래서 본 논자는 나름대로 추정을 해보고자 한다. 완전한 죽음의 영역은 "존재의 근원으로 들어가는 해탈 아니면 새로 태어날 어머니의 자궁 속"이다. 먼저 존재의 근원으로 회귀하여 더 이상 윤회를 되풀이하지 않는 해탈은 붓다가 지향한 적멸로서의 소멸, 즉 열반이다. 그와 반대로 환생의 과정에서, 다시 말해 생사의 순환 속에서 전생의 죽음은 현생의 어머니의 자궁 속에서 이루어진다. 왜냐하면 바르도 상에서는 자기의 전생의 기억, 집착, 습성이 여전히 남아 있지만, 새로이 태어나면 전생의 기억은 모두 망각되고, 해체되고, 사라지고 없기 때문이다. 한마디로 전생에 대한 모든 기억을 잃어버린다. 그러므로 새로운 어머니의 자궁 속으로 들어간다는 것은 완전한 죽음의 영역으로 하강한다는 의미일 수 있다.

그 자궁 안의 칠흑 같은 어둠은 '완전한 죽음', '완전한 해체'이며, 그리고 '새로운 생명으로 잉태되는' 공간이기도 하다. 달리 생각해보면 태어나고 죽는 순간의 시점은 분명하지만, 존재론적으로 자신이 완전히 살았는지, 아니면 죽었는지, 그 경계가 모호한 상태에서 생과 사가 계속 맞물려 돌아가며 반복된다. 마치 살면서도 "내가 살아 있는 것인지, 죽어 있는 것인지?" 헷갈릴 때도 있듯이, 죽음의 바르도에서도 "내가 아직도 살아 있는 것인지, 죽은 것인지?" 헷갈리는 것처럼 보인다.

마지막으로 『티벳 사자의 서』의 가르침의 의미를 다시 한번 되새기면 다음과 같다.

> 이 가르침은 명상이나 신앙을 실천하지 않았다 해도, 다만 이것을 보여주는 것만으로도 영원한 자유에 이르는 가르침이다. 이 심오한 가르침은 들려주거나 보여주기만 해도 대자유에 이르게 한다. 이 심오한 가르침은 많은 악행을 저지른 자들까지도 비밀의 통로를 통해 대자유에 이르게 한다. 이 비밀의 가르침을 통해 누구든지 죽음의 순간에 붓다의 경지를 얻으리라. 과거, 현재, 미래의 붓다들이 다시 나타나서 찾는다 해도 이보다 뛰어난 가르침을 얻지는 못하리라.[356]

356. 위의 책, 452–453.

이러한 가르침을 쉽게 정리하면, 말 그대로 누구에게나 해탈의 가능성은 열려있고, 언제 어디서나 그러한 기회는 숱하게 많고, 보이는 모든 현상은 모두 내 마음의 카르마가 투영된 환영이고, 해탈이냐 윤회냐의 선택도 오로지 자신의 책임이며, 그리고 언제든 이것을 자각하고 진정으로 깨닫기만 하면 그 즉시 열반에 들 수 있다. 그러나 많은 중생들은 이러한 가르침을 숱하게 읽고 들어도, 자신의 카르마 때문에 제대로 이해하지 못하고 윤회계를 떠돈다. 결론적으로 본 절에서 주장하는 바는, 카르마에 축적된 것들은 인간이 살면서 스스로 만들어내고 행한 것들로, 자신의 탐진치로 만들어진 숱한 환상들의 흔적이다. 그것들이 바르도의 여정에서는 무수한 환영들로 자신 앞에 나타난다. 그것을 깨닫느냐, 그렇지 못하느냐에 따라 해탈과 윤회가 결정된다는 것이 핵심이다.

지금까지 살펴본 시드파 바르도의 숱한 환영들 그리고 다시 태어날 육계를 상징하는 환상들도, 베커의 환상 개념으로 보면 우주적 자아 환상과 관련있다. 왜냐하면 유한성을 벗어난 의식체가 또 다른 삶이 가능한 여섯 윤회계의 환상을 마주하면서 미지의 시공간으로 빨려 들어갈 수 있기 때문이다. 의식체는 육체의 유한성에 갇혔다가 벗어나기를 반복하는 윤회를 거듭하게 된다. 그러면서도 여전히 무한성의 극치인 니르바나로 들어갈 수 있는 숱한 가능성을 품고 있다.

4절. 『티벳 사자의 서』에 나타난 환영과 고통스런 죽음 여정

불교에 따르면, 모든 인간은 태어나고 죽고 다시 태어나는 윤회를 되풀이한다. 무명에 휩싸여있는 미혹한 중생들은 여기에서 벗어날 수 없다. 그것이 12연기에 얽매여 있는 중생들의 운명이자, 불교에서 바라보는 인간의 삶과 죽음의 순환이다.

이제부터는 지금까지 다루지 못한 내용들을 중심으로 몇 가지 추가 설명을 해보고자 한다. 먼저 여전히 풀리지 않은 질문들이 있는데, 예를 들면 파드마삼바바가 이 『티벳 사자의 서』를 지은 구체적이면서도 실질적인 목적이 무엇이냐는 것이다. 49일간의 바르도의 여정에서 중유의 의식체는 각각의 단계에서 전생에 들은 스승의 가르침을 회상함에 의해 깨달을 기회가 충분히 있음에도 불구하고 대부분 그 기회를 놓치게 된다. 또한 다르게 생각하면 윤회가 과연 부정적인 것인지 물을 수도 있다. 그것이 괴로움이라 해서 무조건 기피하고 벗어나야만 하는지에 대한 질문도 생긴다. 그리고 살면서 죽음이 두려운 것은 무시무시한 형상의 환영들이 난무하는 바르도를 철저히 혼자서 나아갈 수밖에 없는 운명을 직감해서일까? 바로도에서 겪는 무서운 경험과 삶에서 느끼는 죽음공포는 어떤 연관성이 있는 것일까? 마치 악몽을 한번 겪으면 잠들기가 두려운 것처럼, 죽음이 갖는 절대적 단절과 소외의 경험 그 자체가 죽음공포가 아닐까? 마지막으로 『티벳 사자의 서』는 티벳불교 사상이 집대성된 한편의 거대한 환상 문학이 아닐까 하는 생각도 든다. 이처럼 여전히 해결되지 않는 몇 가지 질문들을 중심으로 『티벳 사자의 서』에 나타난 문화적 환상과 인간의 죽음에 대해 좀 더 다루어 보고자 한다.

먼저 파드마삼바바가 『티벳 사자의 서』를 통해 들려주는 이야기의 핵심이 뭔지를 알아보자. 티벳불교에서 대승불교의 한 갈래인 탄트라 불교는 진언과 다라니를 외우며 만다라 도형을 심상화하는 관법을 수행하는 명상을 주로 하며, 삶과 죽음에서 인간의 자아가 대면하는 모든 현상은 마음이 투사한 환상이라고 본다. 본 경전은 그러한 사상의 가르침을 사후세계의 바르도를 관통하는 의식체에게 끊임없이 낭독해주라는 지침을 싣고 있다. 그것을 이해하고 깨달으면 즉시 대 자유의 해탈을 누릴 수 있다고 강조한다. 이것에 대해 번역자인 류시화는 다음과 같이 설명한다.

> 진리의 길을 걷는 모든 구도자들에게 이 책은 하나의 기본서이자 궁극의 책이다. 그리고 이 책에서 말하는 죽음이란 단순히 육체의 죽음을 말하는 것이 아니라 하나의 상징적인 죽음이다. 그것은 진리의 길에 입문하는 사람들에게 행해지는 동서양의 모든 입문 의식과 같은 것이다. 이들 입문 의식에서는 무엇보다도 상징적인 죽음이라는 통과의례를 거친다. 진리를 깨치기 위해서는 먼저 '나'가 죽어야만 한다고 스승들은 가르친다. 나의 존재, 나의 관념, 나의 과거, 이 모든 것이 죽어야 한다. 그것이 곧 진정한 거듭남이고 종말론의 의미라고 신비주의 시인 안젤루스 실레

시우스는 풀이한다. '나'의 전부가 죽을 때 스스로 밝아오는 진리의 빛, 모든 사물의 근원에 편재해있는 그 절대의 빛, 다름 아닌 그 빛의 깨달음에 대해 이 책은 말하고 있다. 그것이 다만 훗날에 이르러 죽은 자에게 읽어주는 안내서의 의미로 전락했음을 학자들은 밝히고 있다.[357]

사후세계의 의식체가 경험하는 모든 현상이 통과의례의 성격으로서 상징적인 죽음을 뜻한다는 것은, '나'라는 자아 인식의 소멸을 뜻한다. 그것은 불교의 무아 개념으로서 모든 집착의 근원을 아집이라고 규정하고, 그것으로부터 벗어날 때에 해탈에 이를 수 있다는 뜻이다. 불교적 관점에서 인간의 자아를 색 · 수 · 상 · 행 · 식의 오온이라 규정할 수 있듯이, 자기의 몸, 느낌, 지각, 의지, 의식의 이 다섯 가지 요소가 '나'라는 인식을 구성한다. 그러나 이 오온의 배후 어디에도 '나'라고 할 만한 고정된 실체란 없다. 그리고 이 인용문에서 '나의 전부가 죽을 때'란 나의 전생의 카르마가 완전히 소멸될 때와 나의 카르마가 일으키는 환영이 허상임을 깨닫는 것 모두를 말한다. 또한 이 경전은 무아와 카르마와 그것이 투사하는 환영들의 실체를 간파할 때만이 존재의 근원에서 비쳐오는 진리의 빛, 절대의 빛을 제대로 체감하고 그것에 녹아들어 대 자유의 해탈을 얻는다는 교훈을 담고 있다. 그러나 대부분의 의식체는 아무리 이 가르침을 낭독해주어도, 그것을 깨닫지 못하고 자신의 카르마에 휩싸여 신비하게 눈부신 밝은 빛과 평화의 신, 분노의 신들을 보고 놀라고 두려워하고 도망치고 숨고 달아나기 급급하다가 또다시 환생의 길에 들어선다. 이렇

357. 류시화, 「죽음의 순간에 단 한 번 듣는 것만으로」, 『티벳 사자의 서』, 13.

게 무지하고 미혹한 이들을 위해 왜 파드마삼바바는 이런 고귀한 가르침을 굳이 남겼는지 궁금하다. 그것은 대승의 자비심 때문이다. 미혹한 중생들을 삶에서든, 사후세계의 바르도에서든 어떻게든 구제하여 해탈에 이르도록 하려는 그의 보살과 같은 마음 때문이다. 끊임없이 무지에 쌓인 채로 영겁의 시간 동안 윤회계를 헛도는 중생의 삶이 애처로워, 그들에게 쉽게 해탈에 이르는 길을 제시하고자 한 따듯한 마음 때문이다. 삶의 여정에서는 몸이 갖는 탐진치의 욕망이 너무 강해 어쩔 수 없다고 하지만, 바르도에서의 의식체는 몸에서 벗어났기에 한마음만 잘 깨닫기만 해도 쉽게 해탈에 이를 수 있기 때문이다.

에반스 웬츠(Evans-Wentz)도 "『티벳 사자의 서』의 가르침의 목적은 사자(의식체)가, 곧 '꿈꾸는 자'가 현상계에 환영으로 존재하는 모든 극락과 천국과 지옥과 연옥 등의 세계들을 넘어 초월적인 상태의 니르바나로 들어가게 하려는 데 있다. 그리하여 윤회계의 모든 환영과 카르마의 어둠으로부터 인간을 벗어나게 하기 위함이다"[358]라고 설명한다. 그리고 에반스 웬츠는 이 『티벳 사자의 서』가 파드마삼바바에 의해 쓰여졌고, 카르마 링파에 의해 발견된 경전으로 공식적으로 알려졌지만, 카르마 링파의 생존 연대를 정확히 알 수 없고, 그 이름이 초기 티벳불교의 고대사원 이름이기도 하다는 점에서 이 책의 출처와 역사가 불확실하다고 평한다.

> 이 책은 헤아릴 수 없이 많은 세대(innumerable generations)에 걸친, 사후세계(after death)에 대한 믿음의 기록이다. 그것을 문자로 기록한 어

358. 에반스 웬츠, 「비밀의 책을 열다」, 『티벳 사자의 서』, 94.

느 필경사가 그 저자가 될 수 없고, 한 세대가 그것의 창시자(creator)가 될 수 없다. 설령 경전으로서의 그것의 역사가 완전히 밝혀진다고 하더라도, 그것은 단지 그것의 편집과 기록에 대한 역사일 뿐이다. 그리고 이러한 편집과 기록이 비교적 최근에 이루어졌는가, 아니면 파드마삼바바의 시대나 또는 그 이전에 이루어졌는가 하는 질문은 경전 내용이 고대의 가르침에 뿌리를 두고 있다는 사실에는 근본적으로 영향을 미치지 못한다.[359]

이 경전은 무수한 세월을 관통하는 티벳 불교의 사상과 문화 그리고 그들의 사후세계에 대한 믿음이 총체적으로 반영된 고대인들의 진기한 가르침이다. 그러므로 파드마삼바바 개인의 저작물이 아닐 수도 있다. 그것은 티벳의 역사, 문화, 토양, 관습 등과 불가분의 관계를 맺고 있어, 그런 관점으로 읽어야 진정한 가치를 논할 수 있다. 그리고 에반스 웬츠는 본 경전에 담긴 가르침을 일목요연하게 잘 정리하고 있는데, 그중 몇 개를 정리해보면 다음과 같다.

1) 윤회계의 모든 존재들이 처한 상황과 장소와 조건들, 그리고 인간계와 천상계와 지옥계들은 모두 전적으로 현상(phenomena)에 의존한다. 다시 말해 단지 현상에 불과하다.
2) 모든 현상은 윤회하는 마음에만 나타나는 것일 뿐 실제로는 덧없는 것이고, 환영이고, 실체가 없는 것이고, 존재하지 않는 것이다.
3) 천신들이나 악마들이나 신령들이나 중생들과 같은 존재들은 사실 어떤 곳에도 없다. 이 모두는 원인에 의존한 현상일 뿐이다.
4) 이 원인이란 육체적인 감각과 변하기 쉬운 윤회의 삶을 추구하는 욕망이다.
5) 이 원인이 완전한 깨달음으로 극복되지 않는 한 죽음은 태어남을 뒤

359. 위의 글, 152./ W.Y.Evans-Wentz, The Tibetan book of The Dead, 77.

쫓고 태어남은 죽음을 뒤쫓아, 그것은 끝이 없다.

6) 사후세계는 그 조건만 다를 뿐 인간 세상에서 만들어진 현상들의 연속이다. 이 두 세계는 똑같이 카르마 법칙의 지배를 받는다.
7) 죽음과 환생 사이의 중간상태(바르도)에서 어떤 일이 일어나는가 하는 것은 이생에서 어떤 행위들을 했는가에 따라 결정된다.
8) 심리학적으로 말하자면, 그것은 꿈의 연장이다. 일종의 4차원 공간이라고도 할 수 있는 그곳에서, 꿈꾸는 자의 생각에 담긴 내용들이 곧바로 환영으로 나타난다. 그런 영상들 이 그곳에는 가득 차 있다.
9) 완전한 깨달음은 윤회계가 또는 존재 그 자체가 하나의 환영이며 실재하지 않는 허상임을 깨닫는 데서 얻어진다.
10) 이런 깨달음은 인간세계에서도 가능하고, 인간세계에서 맞이하는 임종의 중요한 순간에서도 가능하며, 사후세계의 전 과정 곧 바르도 상태에서나, 아니면 인간계가 아닌 어떤 다른 세계들에서도 가능하다.
11) 영적으로 더 많은 깨달음에 이른 보살이나 스승들은 자신들보다 뒤처진 제자들에게 거룩한 축복과 능력을 베풀 수 있다.
12) 모든 존재의 궁극적인 목적은 윤회계로부터의 해방이며, 그것만이 유일한 목적이 될 수 있다.
13) 이 해방은 니르바나(모든 고통과 번뇌가 끊어진 경지)를 실현하는 데서 얻어진다.
14) 니르바나는 극락과 천상계와 지옥계와 그 밖의 모든 세계들을 초월한 경지이며, 윤회에서 벗어나 있다.
15) 그것은 온갖 슬픔의 소멸이자, 존재의 근원이다.[360]

이와 같은 내용들은 지금까지 『티벳 사자의 서』의 여러 사후세계의 바르도를 설명하면서 언급했던 것들과 일맥상통한다. 그중에서도 12)의 '모든 존재의 궁극적 목적은 윤회계로부터의 해방이며, 그

360. 위의 글, 139-141.

것만이 유일한 목적이다'라는 말에 개인적 이의를 제기해보고자 한다. 윤회를 부정적으로 보고, 그것을 초월한 니르바나를 얻는 것을 지상 최대의 목적으로 보는 것은 인도의 정통 브라만과 불교 사상이 공통으로 마음의 수행과 깨달음에 가장 높은 가치를 부여하는 것이다.

그러나 달리 생각해보면 "윤회가 왜 그렇게 나쁜 것인가?"라고 한 번쯤 이의를 제기해볼 수 있다. 누구나 청정한 수행을 하고 선업을 쌓는다고 모두 해탈에 이르는 것은 아니지 않는가. 한마음을 깨닫고, 아공과 법공을 깨닫고, 모든 현상이 자기 마음이 투사한 환영임을 이해하여 존재의 근원과 합일하는 황홀한 깨달음을 얻기란 얼마나 어려운 것인가. 그러니 바르도를 헤매는 대부분 의식체는 환생을 택하게 된다. 그런데 본 경전은 니르바나를 얻는 것이 가장 큰 목적이고, 그 외는 무의미한 것처럼 논외로 취급하고 있다. 그렇다면 당대에 선정에 든 몇몇을 제외하고, 모든 중생들이 무의미한 윤회의 삶을 되풀이하고 있다는 것인가? 만약 삶을 생노병사의 고통을 겪는 것으로만 보지 않고, 인간이 물질적, 의식적, 영적으로 성장하고 발전하는 장소로서 긍정적으로 바라본다면, 더 이상 윤회는 무조건 벗어나야 할 것은 아니지 않은가. 물론 이 〈듣는 것으로 영원한 자유에 이르는 위대한 가르침〉에서도 윤회계 중 인간계를 선업을 쌓고 수행을 하여 깨달음을 성취할 수 있는 가능성의 측면에서 바라보기도 했다. 다만 그것은 해탈을 위한 방편으로써 이왕 윤회할 거면, 인간계로 하라는 것이지, 인간계 그 자체가 전적으로 살만한 고유한 가치를 지녔다고 본 것은 아니다.

고타마 붓다가 인간의 삶을 생노병사의 고통을 당하는 것으로 보았다는 것은, 베커의 관점과 유사하게 인간의 몸적 측면을 중시했다고 볼 수도 있다. 그것은 인간의 몸이 태어나고, 병들고, 늙고, 죽는다는 지구상의 모든 생명체의 필연적 운명을 염두에 둔 말이다. 인간은 육체를 성장시키고 건강한 몸을 유지 시키기 위해 얼마나 무수한 다른 생명체를 섭취해야 하는가. 그리고 육체가 보다 위엄있고, 존귀하게 보이기 위해, 얼마나 자기의 외면적 가치를 높이기 위해 애쓰는가. 그것의 가장 손쉬운 방법은 진귀하고 아름다운 의상이나 보석을 걸치고, 웅장하고 큰 주택을 소유하고, 번듯한 지위와 권력을 지녀야 한다. 이것이 몸이 갖는 세속적 삶의 가치다. 아마 붓다가 삶의 고통을 언급했을 때 이 모든 상징적 의미를 내포했을 것이다. 붓다는 이런 인간의 외면적 가치를 거부했기에 화려한 궁중 생활을 과감히 포기하고, 탁발승이 되었던 것이다.

그렇다면 윤회를 긍정적으로 본다는 것은 무엇을 의미하는가? 인간의 내면적인 사상적, 영적 성장뿐만 아니라 인간의 물질적인 과학기술 문명의 발전까지 포괄적으로 보는 것이다. 인간사의 여러 문제를 사상적, 정신적, 종교적 믿음으로 해결하는 것을 중시하면서도, 과학적이고 합리적인 이성으로 인간의 불합리하고 불편한 삶을 개선해 나가는 것도 중요하다. 한마디로 인간은 호모사피엔스의 번성을 위해 문명을 발전시켜나가야 하는 의무를 지닌다고 볼 수도 있다. 비록 인간의 삶이 고통스럽지만 서로 상부상조하는 구제의 노력으로 세상을 살만한 곳으로 만들어나가야 할 책임이 있다. 왜냐하면 인간들 대부분이 다시 환생하여 살 곳이고, 그들의 자식들이 계속 살아야 할 세상이니까. 그리고 인간의 삶은 생노병사의 고통 속에서 죽음공포에 쫓기는 것이 전부가 아니다. 인간은 자기 삶에서 희로애락을 느끼면서, 자기 삶에 의미를 남기고자 하는 매일의 분투로, 고도의 과학 기술 문명을 발전시켜 지구를 넘어 우주로 나아가고자 한다. 그러한 문명의 발전은 인간의 정신적 깨달음만큼 중요하다.

다시 본 글의 핵심적 논의로서, 『티벳 사자의 서』로 본 인간의 고독한 죽음 여정에 대해 살펴보자. 사후세계의 바르도에서 의식체가 경험하는 모든 현상들인 눈부신 광휘와 평화의 신, 분노의 신과 여러 악귀들이 모두 자기 전생의 카르마가 투사된 환영에 불과하다면, 한마디로 그는 철저히 혼자가 되어서, 자기가 만든 환영들을 보고 놀라고 달아나는 모노드라마를 펼치고 있는 것이다. 관객으로서 그 모습을 보고 있다면 얼마나 우스꽝스럽고, 고독하고, 외롭고, 슬퍼 보이겠는가. 이것이 모든 인간이 윤회의 쳇바퀴를 돌며 삶과 죽음에서 되풀이하는 고독한 여정이다. 그것을 처절히 경험한 이는 죽음의 고독을 끔찍하게 기억하고 있을 것이며, 살면서 그가 느끼는 죽음의 공포와 연관될 수도 있다. 그러면 이러한 바르도의 고독한 여정에서 의식체는 어떠한 마음을 견지해야 하는가? 가장 현명한 답은 눈앞에 보이는 모든 현상은 모두 자기의 카르마가 투사한 환영이라는 자각을 통해, 담담히 대면하는 것이다. 그처럼 환영을 깨닫는 자각은 선업을 쌓아 저절로 이루어질 수도 있고, 다음과 같은 훈련을 통해 방법을 터득할 수도 있다.

> 사람들은 종종 잠을 자면서 자신이 꿈을 꾸고 있으며, 지금 눈앞에서 일어나는 일들은 단지 꿈일 뿐이라고 자연스럽게 자각한다. 이런 자각을

> 하도록 스스로 훈련하는 방법도 있는데, 그것이 바로 '자각몽(自覺夢)'으로 알려진 방법이다. 우리는 악몽 속에 '깨어있으면서' 그것을 꿈으로 인식하는 법을 배우고, 그리하여 두려움과 위협을 무력하게 만들고 긍정적인 것으로 변화시킬 수 있다. 마찬가지로 우리가 죽어서 바르도 상태에 있을 때 그곳에서 겪는 일들을 환상으로 인식할 수만 있다면 모든 두려운 경험들은 그 힘을 잃을 것이고, 심지어 긍정적인 것으로 변화될 것이다.[361]

이렇게 깨어있는 의식으로 삶이든 죽음이든 명징하게 볼 수 있다면, 그들 자신의 마음이 만들어낸 숱한 환상으로 인해 기뻐하고, 슬퍼하고, 두려워하고, 무서워하는 감정의 유희에서 벗어날 수 있다. 그것을 위해서 족첸 폰롭이 제시하는 바르도의 경험을 다루는 효과적인 방법으로서 '현 순간에 머무는 연습'을 행하는 것이 도움이 될 수 있다.

> 이 수행은 바르도의 진정한 본질, 곧 궁극의 바르도를 깨닫게 해준다. 그것은 그저 지금의 이 경험, 지금의 이 바르도의 경험이다. 이것이 사마타 수행에서 주의를 호흡에다 두는 이유이다. 호흡은 지금이다. 호흡은 지금 일어난다. – 우리는 과거에 있지도, 미래에 있지도 않다. 한순간은 해체되고, 거기에는 진정으로 견고한 것이 존재하지 않는 순수한 열림의 경험, 토대 없음의 경험이 있다. 하지만 동시에 거기에는 엄청난 명료함과 에너지가 있다. 이것이 바르도의 본질이다. 마음, 곧 있는 그대로의 자각 의식의 본성의 직접적인 경험이다. 마음의 본성을 알아차린다면 미혹되게 하는 윤회의 현상들은 종식된다. 반면에 마음의 본성을 알아차리지 못하면 윤회의 미혹되게 하는 현상들은 다음 순간으로 이어진다.[362]

---

361. 툴쿠 퇸둡, 앞의 책, 85.
362. 족첸 폰롭 린포체, 앞의 책, 365.

현 순간에 머무는 연습을 통해 마음의 본성을 알아차릴 수 있고, 윤회를 벗어날 수 있다. 이것을 달리 말하면, 자신이 죽어가고 있다면 바로 그 사람이 되어야 하고, 바로 거기에 있어야 한다. 족첸 폰롭은 우디 알렌의 다음 말을 통해 죽음을 대하는 현대인의 태도를 지적한다. "나는 죽음이 두렵지 않아. 단지 죽음이 일어날 때 그곳에 있고 싶지 않을 뿐이지."[363] 결국 폰롭이 주장하는 것은, 인간은 어떤 환경 아래에서도 있는 그대로의 자신이 되기를 두려워하지 말아야 한다는 것이다. 이것이 불교의 모든 종파가 공통으로 받드는 동일한 가르침이다. 삶에서나 죽음의 바르도에서나 담담히 현 순간에 머무르며 마음의 본성을 알아차린다는 것은『티벳 사자의 서』에서 주장하는 존재의 근원을 깨닫는 것과 연결된다.

에반스 웬츠는 마음의 본성을 깨치면, 마야(환영)와 무지에 놀아나지 않는다고 말한다. "만일 마음이 인간이라는 것에 붙잡혀 있고 '나'라는 생각에 매여 있고, 자신이 다른 마음들과 분리된 존재라고 여긴다면, 그는 마야의 노리개요 무지의 장난감에 지나지 않는다. 윤회계 안에 존재하는 모든 환각 상태의 파노라마들을 실제로 존재하는 것으로 믿게 만드는 것이 바로 이 마야와 무지이며, 현상계의 질곡에서 헤매게 하는 것도 그것이다."[364] 즉 마야, 환각, 환상에 놀아나는 것은 자신의 자아에 집착하기 때문이다. 그러므로 자기의 부와 명예, 자존심을 지키기 위해 남과 비교하고 경쟁하고 질투하고 시기하

---

363. 위의 책, 364.

364. 에반스 웬츠, 「〈티벳 사자의 서〉의 이해를 위한 몇 개의 설명」, 『티벳 사자의 서』, 502–503.

게 되는 것이다. 그러한 과정에 탐진치가 일어나고 무수한 환상들이 작용하게 된다. 그리하여 현재의 상황과 사건은 걷잡을 수 없이 부풀려져 스스로 감당할 수 없게 된다. 그것은 사람들 사이에 오해와 불신을 야기하여, 갈등을 초래한다. 이러한 것들이 카르마로 쌓여, 사후세계의 바르도에서 존재의 근원을 깨닫는 것을 방해하고, 무수한 환영들을 만들어 스스로를 괴롭히게 된다.

> 『티벳 사자의 서』에 따르면 존재의 근원을 깨닫는 것은 마음으로부터 모든 오류와 잘못된 믿음을 내던져 버리는 일에 전적으로 달려있다. 그래서 마야가 더 이상 지배하지 못하는 상태에 이르는 것이다. 일단 마음이 카르마의 온갖 속임수로부터 자유로워지고, 천국이든 지옥이든 그 밖의 어떤 세계든 모든 곳에서 일어나는 현상들이 실재로 존재하는 것이라는 그 최고의 잘못된 믿음을 벗어던지기만 한다면, 그때 바른 지식이 스스로 문을 열고 다가온다. 그때 모든 모습들은 모습 없음 속으로 녹아 들어갈 것이며, 모든 현상은 현상 너머로 사라질 것이다. 무지는 진리의 빛에 흩어져 버릴 것이다. '나'라는 개체는 사라져버리고, '나'의 슬픔도 마지막을 고할 것이다. 마음과 물질이 하나라는 것을 알게 되고, 세속적인 의식은 초월적인 의식으로 탈바꿈할 것이다. 그리하여 다르마카야와 하나가 되고, 순례자는 마지막 목적지에 도착한다.[365]

여기에서 '나'라는 집착에서 벗어나 초월적 의식으로 들어간다는 것은 죽음 너머의 어떤 세계로 입문하는 것이 아니라 사고와 관점의 대전환을 통해 세속적인 속박으로부터 벗어나 깨달음과 자유의 상태를 회복하는 걸 일컫는다.

---

365. 위의 글, 503./ W.Y.Evans-Wentz, Ibid., 225.

마지막으로 환상이라는 개념으로 『티벳 사자의 서』에 대해 추가 설명을 덧붙여 보려 한다. 이 책은 초기불교, 대승, 금강승, 티벳불교의 사상이 집대성된 한 편의 거대한 환상 문학으로 규정할 수도 있다. 죽음을 맞는 순간은 현실이고 실재이지만, 그 이후에 전개되는 바르도상의 신비한 환영들의 체험은 환상으로 규정할 수 있다. 현실의 자연적인 법칙으로는 이해불가한 현상이기 때문이다. 그리고 이러한 문학적 분류를 떠나 베커의 '문화적 환상'의 개념으로 보면, 『티벳 사자의 서』에 담긴 모든 내용은 모두 불교라는 사상에 의해 구축된 환상 체계로 볼 수 있다. 베커는 "인간에게는 제2의 세계, 인간적으로 창조된 의미의 세계, 자기 자신을 극화시키고 성장시키고 살아가게 하는 새로운 실재가 필요하다. 환상은 가장 높은 수준의 창조적 놀이를 의미한다. 문화적 환상은 자기 정당화의 필수적인 이데올로기이며, 영웅적 차원은 상징적 동물에게 삶 그 자체이다."[366] 이처럼 불교의 여러 개념은 인간이 창조한 의미의 체계이자, 삶을 정당화시키는 이데올로기기이자, 동물적인 삶을 넘어 상징적인 삶을 살도록 가능하게 하는 문화적 환상의 일환이라고 규정할 수 있다. 예를 들면 업의 윤회, 무지와 미혹에서 벗어나기, 마음속의 카르마가 만든 환영을 자각, 사후세계의 바르도의 여정과 무수한 환영의 체험 등, 이 모두가 오랜 세월 동안 불교의 사상과 삶의 풍토와 사고체계 그리고 문화적 체험들이 융합되어 만들어낸 하나의 거대한 문화적 환상이라고 볼 수도 있을 것이다.

366. 어네스트 베커, 앞의 책, 328.

그러나 그 누구도 『티벳 사자의 서』를 순전한 환상으로 단정 지을 수는 없다. 왜냐하면 그것에는 티벳인의 삶과 역사가 고스란히 담겨있으며, 거기에 담긴 고귀한 가르침을 믿고 수행하고 그대로 실천하는 이들이 티벳을 넘어 전 세계에 무수히 많기 때문이다. 지금까지 『티벳 사자의 서』를 중심으로 인간의 고통스런 죽음 여정과 환상에 대해 살펴보았다. 다음 장에서는 『난중일기』와 『티벳 사자의 서』를 베커의 환상 개념으로 종합적으로 비교 고찰하면서, 현대를 살아가는 인간의 삶과 죽음에도 여전히 문화적 환상이 동반함을 주장해 보고자 한다.

5장

삶과 죽음의 '동인으로서' 환상과 실천 함의

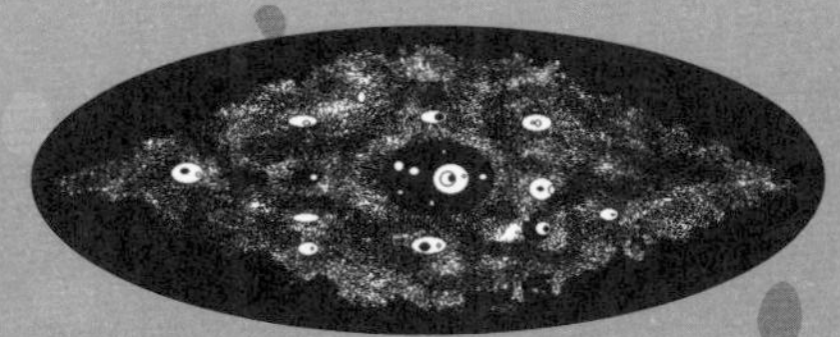

마야(환영)는 우주의 놀이, 결국 허망한 놀이다. 이것을 이해해야만 마야의 베일을 찢었을 때 절대적인 존재 앞에, 궁극적인 현실 앞에 서 있는 우리의 존재를 발견할 수 있다. 불안은 우리의 덧없음과 근본적인 비현실성에 대한 자각에 의해 유발된다. … 마야는 우리의 위대한 환상에 의해, 우리의 무지에 의해, 즉 우주의 변천과 사실성에 대한 우리의 잘못되고 불합리한 동일화에 의해 형성된다.

- 미르치아 엘리아데, 〈신화·꿈·신비〉

1절. 환상이 동반하는 삶과 죽음

환상은 인간의 삶과 죽음에 동반한다. 삶과 죽음의 '동인으로서' 환상이라는 말은, 인간은 매일같이 환상을 마시고, 환상을 토해내고, 환상을 향해 나아가며, 환상 속에 헤매며, 그렇게 살다가 죽어가며, 죽음의 여정에서도 그러한 환상에 쫓긴다는 의미이다. 즉 개인의 소망이 만든 환상이든, 집단이 강요하는 문화적 환상이든, 그러한 환상은 인간의 매일의 삶을 끌고, 당기는 목표가 되고, 개인에게 부여되는 의무가 된다. 그리고 사후의 죽음 여정에서도 살면서 습득한 문화적 환상의 관점으로 죽음을 대하게 되며, 여러 바르도를 통과하는 과정에도 그러한 환상에 의해 판단하고 행위하게 된다. 그러므로 인간은 '환상에 살아지고 환상에 죽어간다'고 볼 수 있다. 또 다르게 말하면 인간은 자신이 만든 상징의 세계인 문명이라는 환상 안에서 태어나 살다가 죽는다. 죽음 이후에도 그러한 문화적 환상에서 여전히 벗어날 수 없다. 인간은 태어나 자라면서 자기가 속한 공동체의 환상을 자연스럽게 습득하고, 또 그 안에서 자기만의 환상을 꿈꾼다. 그러면서 예고없이 몰아붙이는 집단적 환상의 광풍에 대책 없이 휘둘리며 살다가 죽는다.

본 장에서는 지금까지 논의한 내용을 바탕으로 종합적 비교고찰을 해보려 한다. 그러면서 이러한 문화적 환상이 어떻게 인간의 삶과 죽음의 여정에 지배적인 영향력을 발휘하는지 논의해 보고자 한다. 먼저 베커의 '환상'에 대한 정의를 다시 정리해보면, 그것은 죽음 공포를 부정하기 위한 인간의 무의식적, 의식적 욕망이 만들어 낸 희구이자 세계관으로서 믿음, 신념, 이념, 이데올로기 등을 포함한다. 크게는 전체 집단이 함께 공유하는 거대한 환상이 있고, 작게는 개개인들이 매일같이 분투하여 이루려고 애쓰는 소박하고 절박한 환상이 있다. 그것들의 공통점은 마치 신기루처럼 금방 손에 잡힐 듯하지만 쉽게 실현되지 않는다는 점이다. 그리고 현 시대의 각 분야의 전문가나 스포츠 영웅, 세계적인 대중 스타들도 일종의 문화적 영웅이다. 그들을 롤모델로 삼아 추앙하는 대중들은 그들처럼 되고자 하는 '문화적 영웅 환상'을 품고 열렬한 팬으로서 그들을 바라본다. 그리고 도저히 그들을 따를 수 없을 것 같으면 자기 비하와 우울감에 빠지게 된다.

예측 불가함과 허망함

베커의 환상 관점에서 『난중일기』와 『티벳 사자의 서』를 비교해 보면 다음과 같다. 전자에서는 위정자들의 환상, 공유된 집단적 환상, 그리고 개인의 환상들이 서로 융합하고 충돌하면서 일으키는 무수한 삶의 소용돌이 속에서 인간의 삶은 예측 불가한 부침을 겪는다. 그리고 후자에서는 사후의 죽음 여정인 바르도에서 의식체는 전생에 환상으로 인해 스스로 쌓은 업이 생성하는 다양한 환영들의 출현에 정신없이 쫓긴다. 한마디로 인간은 살아서나 죽어서나 스스로 만들거나 습득한 문화적 환상들이 야기하는 예측 불가한 상황과 사건들에 정신없이 쫓기며, 또 다른 환상을 좇아 나아간다. 그것이 인간의 삶과 죽음의 여정이다.

이러한 비교를 좀 더 자세히 논해 보자. 먼저 『난중일기』를 중심으로 당시에 팽배했던 무수한 환상들에 의해 인간들의 삶이 얼마나 부침을 겪었는지를 살펴보자. 16세기 조선의 공동체적 환상은 성리학적 세계관이었다. 당대의 모든 가르침은 '충효' 사상을 근간으로 하고 있었다. 임금에게 불충한 자는 역적으로 몰려 가문이 멸문지화를 당했다. 그러한 세상의 중심은 도학적 이상을 품은 성리학자들이었다. 그들은 내성외왕이 다스리는 '왕도정치'의 실현을 꿈꾸었지만, 그들의 이상과 달리, 그들이 참여한 정치는 자기 당파를 우선시하는 집단이기주의 행태를 여실히 보였다. 특히 선조 때는 동인과 서인으로 나뉜 당파 갈등이 첨예화되어 상대편을 몰살시킬 정도로 잔혹하였다. 그들의 갈등은 고상한 철학적 사상의 대립이 아니었다. 단순한 철학적 논쟁이라면 그토록 잔혹하지 않았을 것이다. 왜냐하면 비록 당파가 달라도 퇴계와 고봉의 '사단칠정 논쟁'은 상대의 비판을 존중하고 수용하고, 논점을 심화시켜 나가는 아름다운 모습이었다. 그것은 단지 그 둘의 인품이 고결했기 때문만은 아니다. 철학적 논쟁은 인간의 도덕적 이상과 세계관을 반영한다. 하지만 당시의 당파싸움은 상대를 끌어내리고 올라서기 위한 살벌한 권력투쟁에 불과하였다. 그러한 당파 갈등 때문에 곧 닥칠 왜적의 침입을 미리 감지하고 대비하지 못했다. 더구나 그러한 갈등은 피난 중에서도 계속되었기에, 선조는 의주에서 다음과 같은 비통한 심정의 시를 읊조렸다.

痛哭關山月 관산의 달 아래 통곡하고
傷心鴨水風 압록강 바람에 마음이 슬퍼지네
朝臣今日後 조신들이여! 오늘 이후에도
箏腹各西東 여전히 또 동이니 서이니 하겠는가[367]

얼마나 신하들의 갈등이 원망스러우면 이러한 시를 남겼겠는가? 하지만 진짜 문제는 그것의 이면에 있다. 당시의 조선은 성리학을 기반으로 한 유교적 왕도정치를 이상으로 표방했지만, 그것은 한낱 문화적 환상에 불과하였다. 그렇게 고상한 이상이 무색하게 백성들은 그러한 혜택을 전혀 받지 못하였을 뿐만 아니라 오히려 온갖 세금과 부역에 시달리며 더욱 궁핍하게 살았다. 특히 이황과 이이라는 걸출한 성리학자들과 그의 문파들이 조정의 핵심 관리들이었지만, 선조 때에 당파싸움은 더 격렬하였고, 백성들의 삶은 온갖 부역과 세금에 허덕여야만 했다. 더욱이 임진왜란이라는 7년간의 전쟁으로 온 국토가 황폐화되었으며, 민초들은 삶의 터전을 잃고 부초처럼 떠돌다 죽어가야만 했다. 그 와중에 왜적의 편에 서서, 그들에게 빌붙어 산 이들도 많았다. 즉 천민으로 차별받던 이들이 난을 기회로 도망치거나, 목숨을 부지하기 위해 왜군의 부대에 자진해 들어가, 거기에서 일하고 장사하며 살았다. 그중에는 먹고 살기 위해, 혹은 왜적의 힘을 빌어서 동포들에게 온갖 행패를 부린 백성들도 있었다. 그것은

367. 『난중일기』, 계사년 9월 15일. 다음 글 초고.

그들이 품었던 환상이 대의보다는 '자기 한 몸 잘살면 된다'는 이기적인 탐욕에 근거하였기 때문이다. 그와 달리 왜적에 끝까지 저항하다 무자비하게 살해당하거나, 또는 자기의 존엄성을 지키기 위해 스스로 목숨을 끊는 이들도 많았다. 그러므로 같은 공동체의 집단이라도, 자기가 믿는 신념에 따라 각기 다른 죽음을 선택한다. 한마디로 인간은 자기만의 개인적 소신이자 문화적 환상에 따라 서로 다른 삶과 죽음을 선택한다.

이러한 시각으로 본다면, 조선의 임금인 선조도 예외일 수 없다. 그는 어릴 때부터 사서를 배웠고, 16세에 왕위에 오르면서 당대의 훌륭한 성리학자들인 이준경, 이황, 이이, 기대승 같은 스승들로부터 집중적인 성리학의 제왕 교육을 받았다. 하지만 그것으로 인해 자연스럽게 명나라에 대한 철저한 사대주의를 신봉하게 되었다. 그것의 근원은 조선의 건국 이념에서 찾을 수 있다. 정도전이 『조선경국전』에서 국호를 '조선'이라고 정한 이유를 밝혔는데, "기자가 주나라 무왕의 명령을 받아 조선후(朝鮮侯)가 되었다. 지금은 명나라 천자가 조선이라는 이름이 아름다우니 이 이름을 근본으로 하여 받들고 하늘을 좇아서 백성들을 기르면, 길이 후손들이 번창할 것이라는 고명(誥命)을 내려주셨기 때문"[368]이라고 한다. 그 이념을 조선의 성리학자들은 철저히 맹신했고, 그들로부터 배운 선조도 조선을 천자의 나라인 명나라의 속국으로 굳게 믿었다. 선조의 사대주의가 어느 정도였는지는 다음의 사례를 보면 짐작할 수 있다.

---

368. 정도전, 『조선경국전』, 한영우 역 (서울: 올재, 2014), 38.

선조는 임진년 6월에 평양성마저도 위험하여 압록강 인근의 안주에 도달하여, 조선은 위험하니 압록강을 건너 요동으로 들어가겠다고 선언한다. 그는 온갖 말로 말리는 신하들에게 "나는 죽더라도 천자(天子)의 나라에 가서 죽겠다. 왜적의 손에 죽을 수는 없다. … 왜적의 손에 죽는 것보다는 부모의 나라에 가서 죽는 것이 낫다."[369] 라고 선언하였다. 그리고 『선조실록』 1592년 6월 26일 자에는, 선조가 명나라 황제에게 왜적의 정황을 보고하면서 다음과 같은 글을 올린 기록이 실려 있다.

> 우리나라는 대대로 내복(內服)과 같이 보시는 황은(皇恩)을 입었는데 신은 또 성스러운 황제를 만나 특별한 은혜에 젖었으니, 충성하고 싶은 이 마음이 진실로 보통이 아니었습니다. .... 이번에 하찮은 오랑캐가 감히 하늘을 거역하는 꾀를 내었으니 대국의 조정 입장에서는 군사를 파병할 계책을 세울 것도 없겠지만, 신하된 자의 분통함이야 어찌 끝이 있겠습니까. 더구나 불측스런 말을 날조하여 우리나라에 덮어씌워 원근에 전파하고 있는 데이겠습니까. 신과 온 나라 백성들은 분통함이 뼛속까지 사무쳐 음식을 먹거나 쉬는 사이에도 잠시도 잊을 수가 없습니다. 만약 왜적의 실정을 상세하게 파악한다면 반드시 신발이 닳도록 달려가 아뢸 것이며, 만약 왜적을 치게 된다면 반드시 용기를 분발하여 적의 성에 앞장서서 오를 것입니다. [370]

이렇게 철저하게 사대의 예를 표했던 선조도 전쟁 중에 수많은 명나라의 관리들과 장군들을 직접 접대해 본 후, 7년의 전쟁이 끝

---

369. 『선조실록』 권27, 25년 6월 13일 신축.

370. 『선조실록』 권27, 25년 6월 26일 갑인.

날 무렵엔 다음과 같이 실망감을 표한다.

> 내가 중국 사람을 많이 만나 보았지만 하나도 옳은 사람이 없었다. 기만하는 것으로 공업(功業)을 삼고 사기치는 것으로 능사를 삼으며 음흉하고 시기하는 것을 서로 높이고 부박하고 궤탄한 것을 숭상하는 데다가 탐욕이 마음속에 뿌리를 내리고 있다. 무장들이야 말할 것도 없고 문관이란 자들도 이런 평가를 면치 못하고 있다. 이점으로 미루어 보면 중국의 인심이 어떻다는 것을 알 수 있으니, 나는 못내 탄식하고 있다.[371]

이처럼 천자의 나라인 명나라의 문무관들 수준이 그 정도였다. 그렇게 수없이 파병 나온 부대들 중에서 이여송 제독의 부대만이 평양성을 겨우 수복하였고, 그 외에는 싸워서 제대로 이긴 전투는 거의 없었다. 일본군 스스로 물러나지 않았다면 명나라 군대가 전투에 이긴 경우는 드물었다. 대부분의 장군들은 자기의 전과를 부풀려 보고서를 올렸고, 패하였을 경우에는 적의 수를 몇십 배로 부풀려 보고하였다. 이러한 그들의 행태를 본 선조는 명나라에 품었던 굳건한 문화적 환상이 산산이 부서졌다. 그렇게 근엄하게 허풍만 떨던 명나라는 임란 이후 50년도 채 안 되어 만주족에게 멸망 당하고 만다. 하늘 아래 가장 크고 위대한 명나라가 멸망 당했을 때, 조선의 사대주의 성리학자들의 심정은 어떠했을지 가히 짐작이 간다. 아마도 하늘이 무너지는, 혹은 그들이 절대적 진리처럼 품었던 문화적 환상이 한 순간에 무너지는 경험이었을 것이다.

지금과 달리 조선시대의 성리학자들은 하늘 아래 가장 중심

371. 『선조실록』 권107, 31년 12월 2일 계축.

인 국가로서 명나라에 대한 확고한 믿음을 지녔다. 이러한 집단적 맹신은 허상이고 언젠가는 붕괴될 것이었다. 그래서 그러한 믿음은 문화적 환상이다. 당시를 살았던 성리학자들에겐 명나라에 대한 사대주의와 성리학적 왕도정치가 진리 그 자체였다. 그것을 부정하는 것이 오히려 환상처럼 보였을 것이다. 그들은 자신들이 품었던 문화적 환상을 철저히 신봉하도록 교육받았으며, 그것을 실천하는 것은 당연한 도리였다.

다음으로 이순신이 품었던 환상이 무너지는 순간을 추정해보고자 한다. 그는 32세에 무과에 급제한 이후부터 불철주야 노심초사하면서 국가수호를 위해 유비무환의 정신으로 헌신하였다. 그리고 피난 가 있는 임금을 위해 통한의 눈물을 흘리고 애통해하였으며, 꿈에서 마저 임금의 안위를 걱정할 정도였다. 임금의 고초를 생각하며 신하된 자로서 몸 둘 바를 모를 정도였다. 그러한 그의 충의를 엿볼 수 있는 글은, 송나라 역사서를 읽고 인용한 다음의 글이다. "무릇 신하된 자로서 임금을 섬김에는 죽음이 있을 뿐 다른 길은 없다.[人臣事君, 有死無貳]"[372] 하지만 선조가 이순신을 생각하는 것은 사뭇 달랐다. 정유년에 이순신을 파직하기에 앞서 신하들에게 내뱉은 말들은 너무나 매정하였다. "(1596.10.5.) 통제사 이순신은 열성을 다해 일하는가? 처음에는 왜적을 잡는데 열성을 내더니만 그 뒤에는 들으니 태만한 점이 없지 않다고 한다. 그의 사람됨이 어떠하던가? 그가 군사를 통솔하는 능력은 있는가?"[373], "(1596.11.7.) 내가 듣자니, 군사를 요

372. 『이충무공전서』, 권1, 「독송사」.

373. 『선조실록』 권81, 29년 10월 5일 무진.

청하여 바다에서 싸울 때 원균이 공로를 많이 세웠고 이순신은 원균을 따라다녔다고 한다. 이순신이 그렇게 공로를 세우게 된 것은 실제로는 원균 덕분이라고 한다."[374], "(1597.1.27.) 순신은 어떤 자인지 모르겠다. 계미년 이후로 사람들은 모두 그가 간사하다고들 말하고 있다. 순신은 부산의 왜적 진영을 불태운 사건에 대해 조정에 거짓 보고를 하였다. 이제는 설사 그가 제 손으로 가등청정의 머리를 갖고 오더라도 결단코 그의 죄는 용서받지 못할 것이다."[375] 그 후 1597년 3월 4일에 이순신은 한성에 압송되어 하옥된 후, 정탁의 구명 상소문 덕으로 4월 1일에야 겨우 백의종군을 명받고 풀려났다. 이처럼 천하의 충신이면서도, 적의 간계에 놀아난 선조와 조정 중신들의 그릇된 환상에 의해 하루아침에 삼도수군통제사에서 파직당하고, 음흉하고 비겁한 죄인으로 취급당하며 목숨마저 잃을 처지에 놓이게 되었다. 이처럼 뜻하지 않은 누군가의 사악한 환상에 의하여 한 인간의 고매한 삶이 한순간에 부정당하고 곤두박질 당하게 되었다.

이순신이 부지불식간에 파직당하고 백의종군하게 되기까지의, 그의 심정이 자세히 기록된 것은 없지만, 그의 비통한 심정은 미루어 짐작될 수 있다. 비록 그는 충심으로 평생을 일관되게 나라를 섬기며 살았지만, 하루아침에 극악무도한 죄인으로 몰려 처형을 당할 처지에 놓이게 되었다. 그는 감옥에 있는 동안 도대체 자신이 무슨 죄를 저질렀기에 그런 고초를 당해야 하는지, 수없이 속으로 되물었을 게 분명하다. 단연코 그가 평생을 품어오고 지켜왔던 문화적 환

374. 『선조실록』 권82, 29년 11월 7일 기해.

375. 『선조실록』 권84, 30년 1월 27일 무오.

상이 붕괴된 것이다. 나라와 임금에게 온 마음을 바쳐 충성을 다하였건만, 그 결과는 억울하게 누명을 쓰고 죽어야 한다니. 얼마나 억장이 무너지는 심정이었겠는가. 그처럼 하늘이 무너지는 충격과 고통을 당하고도, 이순신은 백의종군하여, 다시 명량대첩으로 백척간두의 나라를 구해낸다. 왜냐하면 그에게 나라를 충성으로 섬기는 것은 한낱 환상이 아니라, 한 인간으로서 당연히 해야만 하는, 하늘이 부여한 소임이자 천명이었다.

그리고 이순신이 가족의 죽음에 대해 느낀 통한의 심정, 그가 어머니의 죽음에 이어 아들 면의 죽음을 통해 느끼는 심정은, 하늘의 순리에 대한 환상이 무너지는 경험이었다. 백의종군을 명받고 내려오는 도중에 맞은 어머니의 죽음, 그리고 몇 개월 후 아들 면이 무참히 참살당하였을 때의 비통한 심정을 누가 다 헤아릴 수 있겠는가. 완벽해야 할 하늘의 이치가 그럴 수가 없다고 한탄한다. 그러다 끝내 이순신 본인도 노량해전에서 적의 유탄을 맞고 급사하게 된다. 그의 갑작스런 죽음에 조선의 백성들이 느낀 심정이 바로 이순신이 가족을 잃었던 심정과 같았을 것이다. "하늘이 어찌 이다지도 인자하지 못하신가, 이 나라는 어찌할꼬. 하늘이 이 나라를 정녕 버리시는 것인가." 하늘의 바른 이치가 그렇게 모질 수는 없다. 이처럼 위정자와 타자의 환상에 의해 이순신 같은 충신의 삶도 종잡을 수 없는데, 하물며 평범한 인생은 얼마나 부침이 심하겠는가.

이제부터는 『티벳 사자의 서』와 불교 사상의 변천에 나타난 죽음의 여정에 관한 불교적인 환상을 논의해 보고자 한다. 『티벳 사자의 서』에서 사후의 의식체는 여러 바르도를 거치면서 자신의 카르마가 투영된 신비하고 무시무시한 환영들에 쫓기는 죽음의 여정을 거치게 된다. 그것들은 치카이 바르도에서의 최초의 신비한 밝고 투명한 빛, 초에니 바르도에서 차례로 나타나는 무수한 평화의 신들과 분노의 신들, 시드파 바르도에서 나타나는 끔찍한 악령들이다. 그런데 거기에 등장하는 모든 환영들은 자기가 전생에 쌓은 문화적 환상(업)이 알라야식에 저장되어 있다가 바르도에서 환영으로 나타난 것이다. 그리고 그러한 환영들이 나타나는 방위와 순서, 그리고 바르도의 진행 단계도 치카이, 초에니, 시드파 바르도의 순으로 미리 정해져 있다. 그처럼 사후의 죽음 여정은 어떤 정해진 과정에 따라 진행된다. 바르도의 여정에서 나타나는 많은 현상들은 이미 앞의 장에서 충분히 설명하였다. 이제부터는 그와 별개로 불교 사상의 변천을 통해 인간의 삶과 죽음의 여정이 인간의 문화적 환상에 얼마나 영향을 받는지 살펴보려 한다.

인도에서 불교가 태생된 배경과 그 후의 변화를 이끈 동인은 인간의 삶과 죽음의 문제에 대한 끊임없는 모색이다. 그것의 두 축은 무아설과 윤회설이다. 이 둘 중에서 보다 근원적인 것은 윤회설이다. 그것은 한마디로 죽음에 대한 문화적 환상이라 볼 수 있다. "윤회 사상은 인도인들에게 거의 모든 문제를 푸는 열쇠이다. 인간의 사후에 대한 의문에 답해주고, 인간 조건의 불평등에 대한 설명도 해준다. 그리고 인간들이 이 세상을 떠나 어디로 가는지, 또 어떻게 돌아오는지에 대한 답을 준다."[376] 이러한 윤회 사상이 정교하게 다듬어지는 과

376. 호진, 『무아 · 윤회 문제의 연구』, 28-29.

정에, 자연스럽게 윤회의 주체에 대한 의문이 싹텄다. 고대 힌두교에서 윤회의 주체를 아뜨만(自我), 보상받는 윤리적 행위를 까르만(業)이라고 불렀다. 즉 아뜨만은 실체가 있는 영혼으로서 자아이고, 까르만은 신에게 제사 지내는 행위이다. BC 1,000년에서 BC 800년경에 지어진 고대『브라흐마나』경전에는 다음과 같이 '제사행위(karman)'를 권장한다. "제사를 많이 하면 할수록 좋은 결과를 거두게 되고 제사에 의해서 불사(不死), 즉 해탈을 이룰 수 있다고 믿었다. 까르만(제사행위)의 결과가 고갈되면 저승에서 죽게 되고, 이 세상에서 다시 태어나게 된다."[377] 제사행위에 의해서 해탈이냐, 다시 태어나느냐가 결정된다. 그 당시 까르만은 윤리적 행위와 무관하며, 선행은 제사의식을 규정에 맞게 잘 지내는 것이고, 악행은 그러한 규정을 어기는 행위였다.

그 뒤의『우빠니샤드』에서는 까르만이 과보의 권선징악적 개념으로 사용된다. "인간의 운명은 제사의식이 아니라, 오직 자신의 행위인 '까르만(행위)'에 의해서 결정된다"[378]는 새로운 개념이 생겨난다. "까르만은 새로운 생을 위한 동력이고 재료이다. 새로운 생은 전적으로 까르만에 달려있다. 좋은 까르만을 행하면 좋은 생이 되고, 나쁜 까르만을 행하면 나쁜 생이 된다."[379] 그리고 브라만교의 핵심으로서 해탈은 개별 영혼인 아뜨만이 우주적 영혼인 브라흐만과 동일하다는 '범아일여(梵我一如)' 사상이 생겨났다. 그러한 합일을 신들에 대한 제사의식이나 극단적 고행을 통해 추구하는 것이 힌두교이다. 이

377. 위의 책, 45.
378. 위의 책, 56.
379. 위의 책, 67.

처럼 고대 인도인들의 삶과 죽음에 대한 관념은 윤회와 해탈의 사상에 집약된다. 그것은 오랜 세월 동안 숱한 인간의 상상과 사고 그리고 염원이 합쳐져 정교하게 다듬어진 거대한 문화적 환상 체계이다. 그것을 진리로 믿고 그대로 수행하고 따르느냐, 아니면 그것에 회의와 의심을 품고 새로운 해답을 추구하느냐 하는 두 갈래 길이 있었다. 붓다는 후자의 길을 택함으로써, 궁정 생활의 쾌락을 버리고 브라만교들의 극단적인 고행을 거친 후, 마침내 중도를 실천하여 깨달음을 획득하게 된다.

그것을 통해 붓다가 제시한 혁명적인 개념은 연기법과 무아(無我) 그리고 까르만에 대한 새로운 해석이다. 그중에서도 연기법은 불교의 모든 교리와 실천을 위한 사상적 · 이론적 근거가 되었다. 붓다의 가르침은 그 설명이나 형태가 어떠하든 모두 연기법을 근거로 하고 있다. 모든 교리는 연기의 원리를 바탕으로 해서 만들어진 응용이론이고 실천 원리이다. 그것들은 연기라는 하나의 근원에서 흘러나온 크고 작은 물줄기와 같은 것이다. 존재는 왜 무상하고 무아이고 공(空)인가, 그것은 연기적(緣起的)이기 때문이다. 이러한 연기법을 바탕으로 불교의 무아설이 나온다. 이 무아설은 기존의 그 어떤 종교나 사상에서도 찾을 수 없는 독특한 개념으로 불교를 대표한다. 그것은 '나라고 규정할 수 있는 실체란 없다'는 의미이다. 흔히 자아, 영혼, 아뜨만이라고 규정하는 개념들은, 나를 인식하는 대상으로서 어떤 영속적이고 불변하는 실체가 있음을 인정하지만, 무아설은 그것을 인정하지 않는다. 이러한 무아설을 배경으로 괴로움의 원인인 집착과 욕망을 제거할 논리가 성립된다. 나라는 실체가 없기에, 집착할 욕망도 대상도 무의미하다.

그리고 붓다가 제시한 윤회설에는 윤회의 주체가 없다. 무아 윤회로서 '업과 과보는 있지만, 그것을 짓는 자는 없다.' 무명으로 인한 집착이 행을 일으켜 업을 낳고, 그것이 원인이 되어 과보를 받기 위해 윤회를 하게 된다는 논리이다. 그리고 해탈이란 무아를 진정으로 깨달아 집착과 욕망, 번뇌를 끊으면 더 이상 윤회를 되풀이할 필요가 없다. 『숫따니바따』에서는 이렇게 적고 있다. "어떠한 소유도 없고 집착하여 취할 것이 없는 것, 이것이 바로 피난처이다. 이것이 불멸인 열반의 경지이다. 이외에 열반은 존재하지 않는다."[380] 이처럼 붓다의 설법은 고도의 논리적 사유체계를 갖고 있다. 그것이 본래부터 세상에 작동하는 근원적 진리인지, 아니면 붓다의 개인적 논리적 사유로 만들어 낸 하나의 환상인지 알 수 없다. 하지만 그것을 통해 윤회를 초월한 이들이 과연 몇이나 있을까 하는 의심이 생기게 된다. 왜냐하면 평생을 수행한다고 해도 유기적인 생명체로서 몸이 야기하는 근원적인 식욕, 성욕 같은 욕망과 집착은 쉽게 떨칠 수 없기 때문이다. 그러기에 소승불교에서 모든 욕망을 초월하여 깨달음을 성취한 이를 아라한이라고 추앙한다. 그들 아라한은 수많은 생을 거친 오랜 세월 동안에 계 · 정 · 혜를 수련함으로써, 모든 탐진치를 극복하고 깨달음을 획득하여, 더 이상 업의 지배를 받지 않는 이를 일컫는다. 하지만 대승불교에서는 이들 아라한이 편협하고 개인주의적이라고 비판하고, 불우한 중생을 구제하는 자비와 보시를 실천하는 보살

---

380. 위의 책, 175.

행을 더 중요시하게 된다. 이처럼 세월이 흐르면서 붓다의 가르침에 대한 새로운 해석이 대두된다. 또한 붓다에 대한 관념도 달라진다. 소승불교에서 붓다는 인간적인 스승이었는데, 대승에서는 보편적 진리가 화현된 영원한 존재이다. 깨달음이란 붓다를 향한 믿음과 헌신 그리고 중생을 향한 사랑과 자비를 실천하는 삶에 의해서 성취된다. 그리고 모든 중생이 불성을 지니고 있으며 누구나 깨달을 수 있다고 본다. 그러므로 보살이나 수행자 그리고 중생들의 삶의 목표는 부처를 믿고, 자비와 보시로 공덕을 짓고 스스로 불성을 깨달아 열반에 드는 것이다. 이처럼 열반의 개념도 달라지는데, "소승불교가 열반을 현상세계와 반대되는 것으로 생각하는 데 반해서, 대승불교는 모든 차별과 대립을 소멸하여 버리는 것, 공(空)이 유일 절대의 진리라는 사실을 깨닫는 것을 열반이라고 생각한다. 한마디로 열반은 모든 사물은 비실재이며, 궁극적으로 모두 같은 것이라는 사실을 깨닫고, 내면의 불성을 실현하는 것이다."[381] 이러한 나가르쥬나의 공사상은 이 세계가 공이며 비 실재라는 사실의 깨달음을 통해 현상세계에 얽매이도록 만드는 무지를 제거함으로써 반야를 깨닫고, 그 지혜를 통해 생각과 언어를 초월한 절대적 진리를 깨달을 수 있다고 본다.

그에 반해 유심적 경향의 유식불교는 '오직 식만이 존재하며, 일체는 식이 변화한 것이고, 모든 존재는 식을 떠나 존재하지 않는 것'이라고 주장한다. 그리고 마음의 가장 심층에 있는 알라야식에 모든 전생의 업이 저장되고, 그것이 인연을 만나 다시 현행하여 태어나

381. 위의 책, 96.

는 것이 윤회라고 본다. 그러므로 유식학에서 윤회의 주체는 알라야식이다. 그러나 이러한 유식학은 너무 교리적이고 난해하여 일반 대중의 삶에 쉽게 다가가지 못한다. 티벳 밀교와 관련있는 탄트라 불교는 일반 대중의 종교적 성향을 반영하여, 수많은 신들과 종교의식을 포용했다. 즉 무지를 벗어나 구원을 성취하는 데 있어, 정교한 교학적 개념을 중시하는 것이 아니라 신체와 입과 마음의 행위로 구성되는 밀의적인 정화의식을 강조한다. 여기에서 신체는 구원을 위한 훌륭한 도구가 된다.

지금까지 살펴본 불교의 사상은 붓다 이후 줄기차게 새로이 해석되고 변화되어 왔다. 그것은 각 시대의 중생들이 질문하고 요구하는 염원을 반영하여 이루어져 왔다. 그러므로 앞으로 천년 후에는 분명히 지금과는 다른 삶과 죽음에 관한 불교 사상이 새로이 형성되리라고 추정해볼 수 있다. 이러한 특성 때문에 모든 인간의 삶과 죽음에 대한 관점은 자신들이 믿고 만드는 문화적 환상에 의해 절대적인 영향을 받고 있다. 또한 그들의 관점은 또 다른 문화적 환상을 만들고, 그것은 그들의 삶과 죽음의 여정에 이정표를 제공한다. 그러므로 인간은 삶과 죽음의 여정에서 앞서거니 뒤서거니 항상 문화적 환상과 동반할 수밖에 없다.

집단적 환상의 폐단

이제부터는 근·현대의 역사적 사례를 통해 어릴 때부터 자연스럽게 학습된 집단적 환상이 한 인간의 삶의 여정에 얼마나 지대한 영향을 끼치는지, 그리고 그것이 붕괴되었을 때 얼마나 황폐한 심리적 아노미(anomie; 도덕적 규범이 상실된 혼돈상태) 상태를 겪게 되는지를 살펴보고자 한다.

본 사례는 일본의 태평양 전쟁(1941~1945년까지 일본과 연합군사이에 벌어진 전쟁)에 18살의 나이로 참전했던 와타나베 기요시가 자기 실제 체험을 일기로 쓴『산산조각 난 신』에 실린 내용이다. 미국이 1945년 8월 6일과 9일에 히로시마와 나가사키에 원폭을 투하하면서 일본이 무조건 항복하게 되고, 9월 27일 천황이 맥아더를 방문하여 같이 나란히 찍은 사진이 신문에 실린다. 그것을 본 기요시는 자신이 살아있는 신으로 섬겼던 일본 천황이 한낱 평범하고 지조없는 초라한 인간임을 깨닫고서 배신감과 분노, 절망과 허탈함을 느끼고 무기력과 공허감에 빠져드는 심정을 절절하게 고백하고 있다.

먼저 그가 얼마나 충심으로 천황을 섬겼고, 경건한 신앙심으로 받들었는지를 다음 문장으로 알 수 있다.

> 내가 이제껏 천황에게 품었던 한없는 신앙과 경애의 마음은, 그 사진 한 장으로 완전히 뒤집히고 말았다. 나는 천황한테 속았다. 절대자로 믿었던 천황한테 배신당했다. 그런 줄도 모른 채, 이제껏 모두 다 천황을 위해서라고 믿으면서, 그렇게 믿었기 때문에, 내 발로 지원까지 해가며 전쟁터로 달려갔다. 나는 지금도 입대 당일의 감격을 똑똑히 기억한다. 드디어 집을 나서던 날 새벽, 나는 찬물로 몸을 깨끗이 씻은 뒤 동구 밖의 언덕에 올라 궁성 쪽을 향해 절한 다음, 천황에게 공손하게 아뢰었다. "저는 드디어 내일부터 제국 해군의 일원으로 황국의 바다를 지키게 되었습니다. 이렇게 된 이상 분골쇄신의 각오로 군무에 힘쓸 것이며, 그리하여 비천한 몸이나마 천황 폐하의 방패로서 본분을 다할 작정입니다. 원래 제 몸은 천황폐하께서 빌려주신 것, 어느 날엔가 전장에서 반드시 돌

려드리겠습니다."[382]

그렇게 충심으로 하늘의 신처럼 떠받들던 천황이 한낱 적국의 장군에게 머리를 조아리고 나란히 사진을 찍으며 국민들의 자존심을 팽개치다니. 그를 위해 죽어간 무수한 군인들은 뭐가 되는 것인가? 그러한 생각들로 그는 다음과 같은 분노와 울분을 토로한다.

> 저런 천황을 위해 전쟁터에서 목숨을 걸었던 것이다. 그 생각을 하면 속이 뒤집힐 듯 화가 나고 숨이 막힐 것만 같다. 감정이 북받쳐서 안절부절못할 지경이다. 나는 지금이라도 천황이 사는 궁성에 달려가서 몽땅 불을 질러버리고 싶다. 해자 위 소나무에 천황을 거꾸로 매달고서, 우리가 함 내에서 당했던 것처럼 떡갈나무 몽둥이로 엉망진창이 되도록 패주고 싶다. 아니, 그 정도로는 부족하다. 할 수만 있다면 해전이 벌어졌던 현장으로 천황을 끌고 가서, 바다 밑바닥에 질질 끌고 다니면서, 그곳에 누워 있을 전우들의 무참한 주검을 보여주고 싶다. 이것이 당신의 명령으로 시작된 전쟁의 결말입니다. 이렇게 수십만이나 되는 당신의 병사들이 당신을 위해서라고 믿으며 죽어갔습니다. 그렇게 말해 준 다음, 7 대 3 가르마를 탄 그 번들거리는 머리카락을 틀어쥐고 바다 밑바닥의 너럭바위에 머리를 쾅쾅 찍어버리고 싶다. ... 아, 왠지 미쳐버릴 것만 같다. 피가 다 빠진 것처럼 머릿속이 순식간에 싸늘해진다. 어깨가, 손이, 다리가, 뒤이어 온몸이 부들부들 떨리기 시작한다. 어떻게 해야 이 거친 마음이 가라앉을까. 차라리 눈 딱 감고 전부 다 때려 부수고 싶다.[383]

이것은 자신이 당연하게 지켜야 할 절대적인 삶의 가치로 여

382. 와타나베 기요시, 『산산조각 난 신』, 장성주 역 (파주: 글항아리, 2017), 66-67.
383. 위의 책, 88-89.

겼던 '문화적 영웅 환상'이 한순간에 거짓으로 판명되면서, 자기의 청춘이 송두리째 부정당하는 처절한 아노미 상태의 경험이다. 그것을 겪게 되는 한 인간의 심정이 얼마나 통분스러운지를 이렇게 솔직하게 잘 표현한 글도 드물 것이다. 한마디로 자기의 삶을 지탱하던 거대한 집단적 환상이 일거에 와장창 무너지면서 겪게 되는 속수무책의 통한이다. 이것은 프로이트가 말한 카리스마적 지도자에 대한 대중의 집단적 전이가 무너지는 경험이다. 그는 전이의 대상인 천황이 일개 평범하고 보잘것없는 인물임을 알고 그를 위해 기꺼이 죽고자 한 자기의 청춘이 억울하였고, 그렇게 죽어간 전우들의 삶이 안타까워 분하고 통탄스러워 견딜 수 없었다.

2절. 파괴적 악을 초래하는 환상

인간이 자행하는 악은 믿기지 않을 정도로 끔찍한 것이 많다. 그러한 악이 생겨나는 동인은 무엇인가. 앞서 살펴본 유교나 불교 사상에 비춰 보면 인간이 자행하는 살인과 폭력, 대규모 학살은 도저히 인간이 인간한테 저지를 것으로 상상하기 어렵다. 어떻게 인간다운 삶과 의미를 추구하고, 죽음을 초월하는 진리를 추구하는 인간들이 그렇게 잔인한 짓을 행할 수 있을까? 하지만 대부분의 악은 특별히 악인으로 태어난 그 누군가가 아니라, 주변의 평범한 인간들이 저지른다. 감히 그 누구가 "난 아니다"라고 호언장담할 수 있겠는가. 왜냐하면 베커가 간파하였듯이, 모든 인간의 본성 안에는 언제든지 악을 행할 동인을 내포하고 있다. 그것은 맹자와 순자의 이분법적 선악의 문제가 결코 아니다.

_ 문화적 불멸의 파괴성

베커는 악의 근원적 원인을 인간의 본성 안에서 찾는다. 즉 " 유한성을 부정하고 영웅적인 자기 이미지를 성취하기 위한 인간의 자연적이고 필수불가결한 충동"[384]으로 본다. 달리 말하면 자기의 생물학적 죽음을 막기 위해서 다른 이의 생명과 재산을 무자비하게 탈취하거나, 아니면 죽더라도 사회적으로 큰 업적을 가두어 불멸의 영웅성을 확보하고자 하는 욕망이 전쟁터에서 대규모 학살을 스스럼없이 자행하게 한다. 이것이 바로 베커가 보는 악을 초래하는 집단적 영웅 환상이다.

인간인 이상 누구나 자기의 생명을 지키고 영속할 권리가 있다. 그런데 누군가 자기의 목숨을 부지하고, 자기의 불멸의 명성을 위해, 타인의 목숨을 무자비하게 해하고, 타 집단을 침략하고, 파괴, 약탈, 학살을 자행하는 것이 바로 악이다. 그리고 보다 심각한 문제는 인간의 동물적 본성보다는 오히려 "인간의 창의력이 그의 동료 피조물에게 더 혹독한 운명을 감행한다"[385]는 점이다. 여기에서 창의력이란 인간의 상상력으로 세상이 놀랄만한 규모의 영웅적 업적을 꿈꾸고, 획기적 방법을 고안하는 것을 일컫는다. 한마디로 끔찍한 망상으로서 자기 집단의 불멸만을 추구하는 폐쇄적인 '문화적 영웅 환상'이다.

이러한 베커의 악의 개념으로 『난중일기』와 『티벳 사자의 서』를 비교해 보자. 전자는 도요토미 히데요시가 자신의 불멸 영웅성과 자기 집단의 우월 환상으로 명나라 정복을 위해, 조선을 침략하여 전 국토를 유린하였고, 조선의 민초들을 무자비하게 죽였다는 점이다. 후자는 사후의 의식체가 바르도를 지나갈 때 평화와 분노의 신들을

384. Ernest Becker, Escape From Evil, xvii.
385. Ibid., 5.

포함한 무시무시한 환영들이 나타나는데, 그것들의 출현 목적은 의식체가 죽음공포를 영원히 벗어날 수 있는 열반으로 인도하기 위함이다. 특히 『난중일기』를 보면 임진왜란 기간 중의 수많은 전투에서 얼마나 많은 관군, 의병, 민간인들이 죽었는지 가늠조차 하기 어렵다. 그뿐만 아니라 왜적이나 명나라 군사들도 수없이 죽어 나갔다. 이처럼 서로가 자기 집단의 우월성과 지속성을 위해 수많은 적군을 서로 죽였기에 악으로 규정하는 것이다. 그와 반대로 『티벳 사자의 서』에서는 죽음의 공포를 야기하는 무수한 환영들이 나타나지만 의식체를 실제로 죽이지는 못한다. 왜냐하면 그 환영들은 자기 마음이 만들어낸 환영에 불과하기 때문이다. 그들은 실제로 의식체를 죽이는 것이 아니라, 자아를 초월한 열반으로 이끌기 위함이다.

『티벳 사자의 서』를 보다 자세히 살펴보면, 사후의 바르도에서 의식체가 경험하는 모든 신들의 형상이나 그들이 내뿜는 투명하고 눈부시게 밝은 빛은 두려움과 공포를 자아낸다. 심지어 초에니 바르도에서 처음 7일간 나타나는 평화의 신들조차도, 의식체가 전생에 쌓은 나쁜 카르마로 인하여 두려움을 느끼게 된다. 마치 자신을 위압적으로 압도하고 녹이고 사라져버리게 할 것 같은 공포를 자아낸다. 하물며 붉은 피를 들이마시고, 화염에 휩싸인 채, 해골 그릇, 도끼, 삼지창, 뱀 등 온갖 장식들을 매달고 나타나는 엄청나게 큰 분노의 신들은 악의 화신으로 보이게 된다. 마치 자기가 잡혀 죽을 것 같은 위협과 공포 그리고 전율을 경험하면서, 의식체는 혼비백산하여 달아나게 된다. 그 모든 신의 형상이 자기의 카르마가 만든 환영에 불과한 줄을 모른 채 죽음의 공포를 느끼며 달아나게 된다. 이처럼 죽음의 공포는 살아서도, 죽어서도 인간이 끝내 떨칠 수 없는 근원적 공포이다. 그러니 인간의 무의식 깊은 곳에 똬리를 틀고 있다가, 틈만 나면 기어 나온다. 이처럼 『티벳 사자의 서』에서는 의식체가 자기의 마음이 만든 환영에 놀라서 죽음의 공포를 느끼고 놀라서 달아나지만, 『난중일기』에서는 살아있는 적이 실제로 자기 목숨을 노리고 달려드는 실질적 죽음공포라는 점에서 차이가 난다.

이제부터는 임진왜란 시의 도요토미 히데요시와 2차 세계대전을 일으킨 아돌프 히틀러의 그릇된 '문화적 영웅 환상'이 얼마나 세상에 끔찍한 악을 가져왔는지를 비교해보고자 한다. 즉 베커의 관점으로 그들이 인류에게 얼마나 큰 해악을 불러일으켰는지, 그것을 일으킨 근원인 그릇된 집단적 환상이 무엇인지를 고찰해 보겠다.

인간에 의한 세상의 모든 악은 한 인간의 그릇된 환상으로부터 비롯된다. 조선을 거쳐 명나라를 정복하고, 중원의 황제가 되겠다는 도요토미 히데요시의 환상으로 인하여, 조선은 전 국토가 유린당하는 참상을 겪게 된다. 그리고 20세기 초 '순혈 게르만 민족의 부흥'이라는 아돌프 히틀러의 망상으로 인해 전 유럽은 상상도 하지 못할 전쟁의 참화를 겪게 된다. 이들 사례는 한 인간 또는 집단의 무지하고 그릇된 '문화적 영웅 환상'이 인류에게 얼마나 끔찍한 재앙을 초래할 수 있는지를 잘 보여준다. 또한 지금도 세계 곳곳에서 크고 작은 무차별 테러나 폭력이 자행되고 있는데, 이 모든 것도 한 인간 혹은 한 집단의 그릇된 환상이 초래한 결과이다. 왜 인간은 이러한 악을 생성하는 환상을 품게 되는지 도대체 알 수가 없다. 베커에 의하면 다음과 같이 답할 수 있다.

우리가 오토 랑크와 함께 보아 온 것은, 인간 문제의 악의 이면에 존재하는 추진력은 인간의 역설적인 본성으로부터 유래한다는 것이다: 육체를 가지고 있고, 그것에 의한 한계를 가지고 있고, 상징의 세계 안에서 육체를 벗어나 끊임없이 천상으로 비상하려고 시도한다는 것이다. 그것은 인간을 자신의 머리를 하늘로 치켜든 가장 파괴적인 동물로 만들었다. 그는 어떠한 동물도 가질 수 없는 자신만의 지위와 운명을 원했다. 이러한 공상적인 야망의 대가는 대지를 본래 보다도 더 탐욕스런 무덤으로 만들었다.[386]

이렇게 유한한 생명을 가진 존재로서 무한한 능력을 지닌 신이 되고자 하는 인간의 헛된 열정이 세상에 악을 불러일으킨다. 개인적인 환상으로 자기만족에 그친다면 별로 문제가 없지만, 그것이 과장된 선동과 권력을 통해 다른 이들을 집단적 망상으로 끌어들여 행동화될 때 인류의 비극은 시작된다. 이러한 인간의 악에 대한 통찰을 베커는 오토 랑크와 노만 브라운을 연구하면서 심화시킨다. 악의 기저에는 '인간의 정당한 자기 확장과 영속성에 대한 갈망(man' s hunger for righteous self-expansion and perpetuation)'[387] 이 추동력으로 작용한다. 그리고 역설적이게도 "악은 악에 대한 영웅적 승리에 대한 인간의 충동으로부터 생겨난다(evil comes from man' s urge to heroic victory over evil)."[388] 이것이 인간 사회에 만연한 악에 대한 베커의 놀라운 통찰력이다. 다시 말하면 개인적인 혹은 집단적인 환상에 근거하여, 타자나 타집단을 악으로 규정하고 응징하는 것이 실질적인 악을 초래한다. 거기에 동

386. Ibid., 96.

387. Ibid., 135.

388. Ibid., 136.

참하는 자들은 스스로의 영웅적 행위에 대한 크나큰 자부심을 지니고 과감하게 악행을 저지른다.

도요토미 히데요시의 영웅적 환상에 의해 초래된 1592년의 임진왜란의 발발 배경은 다음과 같이 볼 수 있다. 일본 전국을 통일시킨 관백 히데요시는 일본에서는 더 이룰 만한 것이 없다고 여기고, 세계의 중심인 중원으로 가서 황제의 자리에 오르고, 일본의 문화를 중원에 이식시키고자 하는 '문화적 영웅 환상'을 꿈꾸게 된다. 그리고 자기를 따르는 집단에게 새로운 환상을 제시해야 할 필요성이 있었다. 왜냐하면 항상 배신이 난무하는 막부 시대에, 막강한 군사력을 지닌 지방의 성주들이 헛된 야망을 품고 자신을 공격할 것이 자명해 보였기 때문이다. 그렇기에 그들의 관심을 해외로 돌려야만 했다. 그것은 프로이트가 밝힌 집단 심리의 속성에 대한 다음 설명으로 추정해 볼 수 있다.

> 집단은 환상을 요구하고, 환상 없이는 견디지 못한다. 집단은 항상 현실적인 것 보다 비현실적인 것에 우선권을 주고, 진실만이 아니라 허위에도 강한 영향을 받는다. 집단은 진실과 허위를 구별하지 않는 경향이 뚜렷하다.[389]

지도자가 집단이 나아갈 방향을 제시하면, 집단은 맹목적으로 그것을 향해 나아가는 속성을 지녔다. 비록 그것이 허황되어 보일지라도, 집단 구성원 전체는 물불 안 가리고 달려드는 속성이 있다. 왜

389. 프로이트, 『문명 속의 불만』, 86.

냐하면 개인은 혼자서는 별 볼 일 없는 존재이지만, 강력한 힘을 지닌 지도자가 할 수 있다고 주장하면, 집단은 마치 해낼 수 있다는 착각에 빠지게 된다. 또한 절대적 힘을 지닌 지도자가 내린 명령을 어기면 죽음뿐이라는 것을 잘 아는 집단은 죽음을 무릅쓰고 돌진할 수밖에 없다. 하물며 그들은 일본 전국을 통일시킨 강력한 군사력으로 자신감이 충만해 있었다. 지도자는 집단의 믿음을 일깨우기 위해서 스스로가 강한 신념에 홀려 있어야만 한다. 그러한 지도자를 따르는 집단은 자신들의 무의미한 삶을 벗어나, 기꺼이 영웅적 대업에 동참하게 된다. 이것이 바로 프로이트의 전이 현상이다. 집단은 자신들의 무력감과 두려움을 달래기 위해 세상을 왜곡하고 자신들을 이끌어줄 강력한 지도자를 필요로 하며, 그들에게 자동적이고 무비판적으로 복종하게 된다. 혹시라도 히데요시의 명령을 어기게 되면, 전 가족이 몰살당한다는 사실을 너무나 잘 알고 있었기에, 누구도 반대 의견을 낼 수 없었다. 그리고 일본의 무사들은 전쟁이 없으면 월급을 제대로 받지 못하는 실업자가 되기에 자발적으로 참여하는 이들도 많았다. 어쩌면 1592년 4월 수백 척의 배를 타고 쓰시마 섬을 출발하여 부산 앞바다로 침략해 들어올 때, 일본 병사들은 역사적인 대업에 참전하는 영웅들처럼 의기양양했을 것이다. 반드시 살아서 성공하여 금의환향할 환상을 품었을 게 분명하다. 하지만 그들의 그러한 환상은 거의 실현되지 못했다. 오랜 전쟁으로 지쳐서 죽을 고생만 하다가, 겨우 살아서 돌아가는 것만도 행운이었다. 결과적으로 그들은 도요토미 히데요시가 제시한 집단적 환상에 자기들의 삶을 허무하게 바친 불쌍한 존재들이다. 한낱 뜬구름 같은 헛된 망상에 속아 자신들의 소중한 삶을 송두리째 날려버린 것이다.

__ 현대의 집단적 악

20세기 초 독일에서는 히틀러를 따르는 나치스들이, 16세기 말 히데요시를 따르는 일본의 무사 집단과 비슷한 집단 심리를 가졌다. 그들도 히틀러의 독일 게르만 민족의 부흥을 위한 역사적 대업이라는 망상에 기꺼이 동참하였다. 그들 역시 영웅적 행위를 통해 역사에 불멸의 이름을 남기고자 하는 그릇된 '문화적 영웅 환상'을 추구하여, 자기들의 삶을 고스란히 바친 것이다.

아돌프 히틀러는 청년기에 독일의 정치, 사회문제에 깊은 관심을 가지고 연구하였는데, 그 당시 독일의 언론이나 문화계를 유대인들이 주도하면서, 독일을 비하하고 프랑스 문화나 문명을 칭찬하는데 반감을 지니게 된다. 그는 당시에 유행하던 '반유대주의'에 처음에는 별로 동조하지 않았지만, 유대인이 독일민족의 부흥을 막는 암적인 존재라는 확신이 들면서, 다음과 같이 유대인과의 투쟁을 선언하게 된다.

> 마르크시즘이라는 유대적 교설은 자연의 귀족주의적 원리를 거부하고, 힘과 권력이라는 영원한 특권 대신 대중의 수와 그들의 공허한 중량을 존중한다. 마르크시즘은 그처럼 인간에게 있어서 개성의 가치를 부정하고 민족과 인종의 중요성에 이론(異論)을 제기하며, 그와 함께 인간성에서 그 존립과 문화의 가능성을 빼앗으려고 한다. 유대인이 마르크시즘적인 신조의 도움을 받아서 이 세계의 여러 민족을 이긴다면 그들의 왕관은 인류의 죽음을 상징하는 화관이 될 것이고, 또한 이 행성은 태고 때와 마찬가지로 인류가 존재하지 않는 텅 빈 우주의 에테르 속을 회전할 것이

다. 영원한 자연은 그 법칙을 위반하는 자를 엄중히 처벌할 것이다. 그러므로 나는 오늘날 내가 유대인과 투쟁하는 것은 전지전능한 조물주의 뜻이라고 믿으며, 동시에 나의 주(主)의 일을 위해 싸우고 있다고 확신한다.[390]

히틀러는 마르크스적인 유대주의가 각 민족과 인종의 고유한 특이성과 문화를 거부하고, 단조롭고 무개성의 세계를 만들 것이라고 보았다. 그리고 각계 지도층의 자리를 유대인이 차지하여 독일민족의 중흥을 방해할 것이라고 우려하며, 기필코 유대인을 처단하리라고 맹세한다. 이처럼 독일민족의 우월성을 맹신하고, 유대인을 배타적으로 몰아내려는 그의 끔찍한 망상은 베커의 다음 설명으로 이해해 볼 수 있다.

빌헬름 라이히(Wilhelm Reich)의 〈파시즘의 대중심리학 The Mass Psychology of Fascism 〉에 의하면, 인간은 현재의 그와 다른 존재가 되고자 하고, 그의 동물적 본성을 부정하려고 한다. 이것이 모든 정신 질병, 사디즘(가학성 변태성욕), 그리고 전쟁의 원인이라고 한다. 즉, 파시즘의 연구에 의하면 왜 인간은 그들의 운명을 국가나 위대한 지도자에게 기꺼이 맡기느냐 하는 것이다. 결론은 집중된 권력(the central power)은 그들에게 무한한 특권과 영속성을 주는 것을 약속한다는 점이다. 게르만 우월주의는 동물로부터 그 자신을 분리시키려는 인간의 노력에 기인하는 것이다. 그들은 순수하고 선한 민족으로서 영원하고 완전한 삶을 누릴 자격이 있는 반면에, 유대인이나 집시들은 동물처럼 불결하고 전염병 같은 존재로서, 자기들의 순수성을 오염시키기 때문에 제거되어야 할 위험한 존재로서 취급되었다.[391]

390. 아돌프 히틀러, 『나의 투쟁』, 이명성 역 (서울: 홍신문화사, 2014), 47.

391. Ernest Becker, Escape From Evil, 93.

그것은 히틀러의 망상으로부터 초래된 비극이다. 그는 아리안 계통의 게르만 민족인 독일민족의 순혈주의에 맹신하여 유대인의 혈통을 부정하고 불결한 것으로 간주하였다. 그는 유대인과의 혼혈을 극도로 혐오하였는데, 그 이유를 다음과 같이 밝히고 있다.

> 자연은 약한 개체와 강한 개체와의 결합을 원치 않는다. 그리고 열등한 민족과 우수한 민족의 결합 또한 바라지 않는다. 왜냐하면 그런 결합으로 인해 오랜 세월에 걸친 자연의 노력이 하루아침에 수포로 돌아가기 때문이다. 역사적 경험은 이와 같은 것에 대해 무수한 예를 보여준다. 그것은 놀랄 정도로 명석한 아리안 인종이 보다 열등한 민족과 혼혈한 결과 문명의 주도권자가 되지 못했다는 사실에서 참으로 명료하게 제시되었다. 주민의 대부분이 열등한 유색인종과는 거의 섞이지 않은 게르만적 요소로 구성된 북아메리카의 경우, 수차례 광범위하게 원주민과 혼혈한 라틴계 이주민으로 구성된 중앙아메리카나 남아메리카와 비교해서 훨씬 우수한 인간성과 문화를 가지고 있다.[392]

이러한 히틀러의 독일 게르만족 순혈주의에 대한 집착은 어설픈 주관적 지식과 판단에 근거한 것으로 거의 병적인 수준이다. 그렇다면 왜 그가 그렇게도 유대인에 대한 오해와 편견에 사로잡혀 광적으로 경멸하게 되었을까. 그것은 그들 두 민족 간의 오랜 역사적 갈등이 주요 요인이겠지만, 베커에 의하면 그 근저에는 '불멸성의 자격'에 대한 심리적 문제가 잠재해있다.

> 완벽함을 위한 분투는 불멸성을 위한 자격을 얻으려는 인간적 노력을

392. 아돌프 히틀러, 앞의 책, 168–169.

반영한다. 만약 그가 선한지를 알 수 있는 것은, 권위자가 그가 선하다고 말해주면, 그렇다는 것이다. 이것이 그가 호의를 받을지, 경멸을 받을지를 감정적으로 알 수 있는 필수적인 방식이다. 그것이 바로 그가 "선함"의 기준에 일치하기 위하여, 집단이 원하는 것을 하려고 하는 이유이다: 그의 영원한 생명은 그것에 의존한다. 선과 악은 강함과 약함, 자기 영속성, 무한한 지속성과 관련되어 있다. 랑크가 말한 것처럼 모든 이데올로기는 영원성을 위한 스스로의 자격에 관한 것임을 이해할 수 있다; 그리고 모든 분쟁은 누가 진정으로 부정(dirty)한지에 관한 것이다. 자신의 정당한 증오의 표적은 항상 "부정함"으로 불리는 것들이다.[393]

히틀러는 '불멸의 자격'을 얻고, 게르만 민족으로서의 무한한 번영을 위해, 유대인을 부정함의 표적으로 삼아 희생시켜야만 했다. 이러한 그의 광적인 망상에 의해 세계 2차 대전시 대규모 유대인 말살 정책이 시행되었다. 그것은 일명 '최종 해결책', '소개' 그리고 '특별취급'이라는 명칭으로 자행되었다. 이러한 내용은 한나 아렌트의 저서인 '악의 평범성에 대한 보고서'인 『예루살렘의 아이히만』에 잘 담겨있다.

1941년 7월 31일 하이드리히는 히틀러의 대리인 역할을 담당한 헤르만 괴링 제국 원수로부터 편지 한 통을 받았다. '유럽 내 독일 영향권에 있는 지역의 유대인 문제에 대한 일반적 해결책'을 준비해서, '유대인 문제에 대한 바람직한 '최종 해결책'을 보충하는 일반적 제안'을 제시하라는 명령이었다. 몇 개월 지나서 하이드리히는 다음과 같이 말하였다. "총통께서는 유대인의 '신체적 전멸'을 명령하셨다."[394]

393. Ernest Becker, op. cit., 116.

394. 한나 아렌트, 『예루살렘의 아이히만』, 김선욱 역 (파주: 한길사, 2018), 147-148.

이 한마디의 명령으로 전 유럽에서 거의 6백만 명의 유대인이 학살당했다. 이러한 유대인 학살에 아이히만이 지은 죄는, 그들이 뻔히 학살당할 것을 알면서도 학살 장소로 대량이송한 책임이다. 그들 유대인은 총살당하거나, 혹은 수용소에서, 이동차량 안에서 가스 주입으로 살해당하였다. 아이히만은 사전에 그러한 학살이 미리 자행되던 여러 수용소에 조사차 출장을 다녀오기도 하였다. 물론 그도 양심이 꺼려 유대인이 학살당하고, 쓰레기처럼 파묻히는 것을 차마 눈을 뜨고 제대로 볼 수 없었다. 하지만 그는 명령에 따라 그 일을 완수하였다. 그는 결코 사악하거나 냉혈인간이 아니었다. 그저 평범한 한 친위대원에 불과하였다. 그래서 한나 아렌트가 그를 빗대어 '악의 평범성'이라고 명칭한 것이다. "아이히만의 이러한 특성은 '사유의 진정한 불능성', 또는 '사유의 전적인 부재'에 기인한다."[395] 그는 무엇이 옳고 그른 것인지에 대한 사유의 판단, 인간의 고통에 대한 공감의 부재로, 스스로의 사유를 억압하는 방어벽을 세워, 지시받은 명령을 무비판적으로 행하였다. 아이히만이 이러한 사유의 방어벽으로 활용한 것이, 그가 자주 사용하는 '상투어'이다. 그는 힘러의 선전 슬로건을 반복해서 사용했다.

> "이는 미래의 세대들이 다시는 싸울 필요가 없는 전쟁이다", "인간적 연약함으로 인한 예외를 제외하고는 그것을 참고 견디는 것, 품위를 지키며 남는 것, 그것이 우리를 강하게 만드는 것이다. 이것은 지금까지 결코 쓰인 적이 없었고, 결코 쓰이게 되지도 않을 우리 역사의 영광의 한 페이

---

395. 위의 책, 38.

지이다.", "우리가 당신에게 기대하는 것은 '초인' 즉 '초인적으로 비인간적'이 되는 것임을 우리는 깨닫는다."[396]

아이히만이 자주 인용한 이러한 상투어들의 공통점은 자신이 '역사적이고 장엄하고 독특한 어떤 일, 즉 감당하기 어려운 일에 관계하고 있다'는 자부심과 사명감이다. "내 어깨에 놓인 임무가 얼마나 막중한가?" 이러한 상투어를 사유의 방어벽으로 삼아, 자신에게 주어진 명령을 완수하려고만 하였지, 더 이상 도덕적, 윤리적 사리판단은 하려 들지 않았다. 히틀러가 시작한 위대한 역사적 과업에 동참한다는 '문화적 영웅 환상'이 스스로에게 영웅적 행위를 하고 있다는 착각을 불러일으켰다. 하지만 그의 이러한 환상도 독일이 패전당하면서 깨어지게 되고, 아르헨티나에 숨어지내면서 자신의 인생을 허비했다는 배신감을 느끼게 된다. 그것은 법정에서 밝힌, 그의 다음 말로 유추해 볼 수 있다. "내 경험상 누군가가 맹세를 성실하게 따르면, 어느 날 그 대가를 치르게 되기 때문에, 나는 앞으로 영원히 이 세상이나, 어떤 다른 권위도 나에게 맹세를 하게 하거나, 선서 후 증언을 하게 할 수 없을 것이라고 다짐했습니다. 나는 자발적으로 선서하지 않을 것이며 그 누구도 내게 강요할 수 없습니다."[397] 어쩌면 그것은 더 이상 세상의 환상 놀음에 자신의 인생을 허비할 수 없다는 뒤늦은 자책의 강박적 다짐이다. 하지만 그가 어떠한 책임회피를 하던, 결과론적으로 그는 6백만 명이라는 유대

396. 위의 책, 173-174.

397. 위의 책, 112-113.

인이 상상도 하지 못할 잔인한 방법으로 학살되는 전 과정에 깊숙이 관여했다. 그것은 인류 역사에서 인간이 인간에게 자행한 가장 큰 악이다. 유대인을 더럽고 불결한 인종으로 규정하고, 그것을 제거하는 것을 자신의 역사적 소임이라고 여겼던, 히틀러의 그릇된 문화적 환상이 초래한 세상에서 가장 끔찍한 악이다. 그것은 베커가 말한 '악을 제거하기 위한 영웅적 행위가 더 큰 악을 만든다'라는 명제의 구체적 사례이다. 인간은 삶을 능가하고 죽음을 능가하는 힘을 보여주는 방식으로 희생양을 만든다. 인간은 살기 위해 죽이는 행위를 발견하는데, 그것은 생명력을 준다. 타자를 죽이는 것은 삶과 죽음을 능가하는 힘을 확인시켜주는 방식이다. 이처럼 인간이 죽음과 악을 이겨내기 위한 힘을 영웅적으로 갈구함에 의하여 악과 죽음 그리고 파괴를 일으키게 된다는 역설이 생겨난다.

왜 히틀러의 친위대나 나치스의 군대는 맹목적으로 히틀러의 명령을 따랐을까? 단지 역사적 소임을 다하는 영웅적 행위에 대한 강한 충동 때문이었을까? 또 다른 이유는 없었던 것인가? 그것은 인간의 문명체계 안에서, 아들러의 권력에 대한 의지 작용일 수 있다. 아니면 프로이트의 에로스적인 확장의 욕망 때문이었을 수 있다. 이 세계에 자기의 영향력을 확장함으로써 공동체로부터 인정받고, 존경받는 기쁨을 얻고자 함일 수 있다. 어쩌면 아이히만의 다음 말이 모든 병사들이 마음속 깊이 간직한 무의식적 동기이자 환상일 수 있다.

> 히틀러가 모든 것이 틀린 것이 아니고, 이 하나만큼은 논쟁의 여지가 없습니다. 그 사람은 노력을 통해 독일 군대의 하사에서 거의 8,000만에

달하는 사람들의 총통 자리에 도달했습니다. ... 그의 성공만으로도 제게는 이 사람에게 복종해야만 할 충분한 증거가 됩니다.[398]

그들은 강력한 지도자의 권위 안에 들어감으로써, 자기들도 불멸의 영웅신화를 공유한다는 자긍심을 느끼게 되고, 히틀러처럼 성공할 수 있다는 무언의 욕망을 품게 되었다. 그러한 여러 요인이 복합적으로 작용하여 나치스의 강력한 군대가 형성되었다. 이러한 집단에 충성하는 개인의 심리는 베커의 다음 말로 이해해 볼 수 있다.

> 랑크가 언급했듯이, 인간이 가장 순종적이고 복종적일 때, 그들 본성 안의 아가페적 충동에 따른다; 그들이 지도자나 집단을 기쁘게 하려고 굽히는 것은, 그들이 집단의 초월성 안에 포함되어질 가치로서 절대적 선이나 순수성의 자격을 얻으려고 애쓰는 것이다. 개인은 집단의 불멸성을 공유하려는 열망 때문에 집단에 스스로를 바친다. 그는 죽지 않기 위하여 기꺼이 죽는다.[399]

이것은 유한한 존재로서 개인은 문화적 불멸의 가능성을 품고 있는 집단에 충성하고, 집단의 역사적 대업에 동참함으로써, 그 일원이 될 수 있는 자격을 얻고, 불멸과 영속성을 획득할 수 있으리라는 집단적인 '문화적 영웅 환상'이다. 이렇게 나치스의 집단적 환상이 전 유럽을 재앙의 구렁텅이로 만들고 있을 시점에, 아시아

---

398. 위의 책, 198.

399. Ernest Becker, Escape From Evil, 139.

에서는 일본 제국주의가 조선과 중국, 동남아시아 전역을 전쟁터로 만들고 있었다. 그중 일본이 1931년 만주에 만주 국가를 세워 자행한 '중일전쟁 전범자들'을 대상으로 인터뷰한 제임스 도즈의 『악한 사람들』의 내용은 환상이 초래하는 '악의 평범성'을 추가적으로 설명해준다.

제임스 도즈는 '중국 귀환자 연락회(중귀련)' 소속 회원들을 인터뷰했는데, 그들은 공통적으로 자신들을 역사의 산물로 여겼으며, 자신들도 어쩔 수 없었다고 해명한다. 그들은 유치원 때부터 천황제 체제를 받아들이고 군국주의를 미화하도록 놀이, 노래, 깃발, 행진 등을 통해 '천황을 위한 죽음이 장엄한 것'이라는 환상을 주입 받았다. 에바토씨의 다음 증언이 그것을 뒷받침한다.

> 공교육은 충성심과 애국심 같은 이데올로기를 주입시켰어요. 다시 말해 일본이라는 나라는 신의 나라, 신국이라는 의미이죠. 절대적으로 세계 최고 국가라는 거예요. 그런 생각이 우리에게 철저히 주입되었어요. ... 그건 다른 민족을 멸시한다는 의미죠. 그런 종류의 이데올로기에요. 우리는 어렸을 때부터 중국인을 더러운 중국놈, 러시아인은 러시아 돼지놈, 서양인은 털북숭이 야만인이라고 불렀어요. 그래서 일본인들이 군대에 들어가면 전선에서 중국인을 얼마나 죽이던 개나 고양이를 죽이는 것과 크게 다르지 않다고 생각하게 된 거죠. 또 다른 이유는 세상에서 가장 위대한 나라인 일본의 지도자, 천황 폐하에게 목숨을 바치는 것은 신성한 의무이자 최고의 영광이었기 때문이죠.[400]

이런 식으로 '신국과 천황 폐하에게 충성해야 한다'는 식으로 '

400. 제임스 도즈, 『악한 사람들』, 변진경 역 (파주: 오월의 봄, 2020), 83.

우월적 집단의 자랑스런 구성원'이라는 문화적 환상을 주입받은 병사들은 다음과 같은 마음으로 출전하게 된다.

> 전선에서 가네코씨는 영광을 얻고 싶었다. "그건 오만함이라고 부를 만한 것이었어요. 고향에 돌아가면 사람들이 말하는 거죠. '아, 가네코가 전선에 가서 사람을 아주 많이 죽였대. 정말 대단한 일이야.' 그런 말을 하는 거죠. '아, 가네코란 사람 대단하군! 대단해!' 마을 사람들 모두 그런 말을 하겠죠? 자랑스러운 일이 되는 거죠."[401]

이러한 헛된 영웅심이 평범한 인간을 전쟁으로 내몰고, 기꺼이 죽이고, 죽게 만든 것이다. 가네코씨는 이러한 환상이 전장에서 산산이 부서져 버릴 때, 결코 덜 위험해지거나 덜 잔인해지는 것은 아니라고 말한다. "손쉬운 영웅주의, 불후의 개인적인 명성, 지도자들의 도덕적인 정의, 희생의 영광, 우리에게 무기를 잡도록 부추긴 환영이 제대로 작동하지 않을 때, 역설적으로 우리는 무모한 광란에 빠져 무기를 무차별적으로 사용할 가능성이 더 큽니다."[402] 그러한 상황에서, 그들은 모든 도덕적 규범이 사라진 아비규환의 지옥에 빠져, 총을 든 자신들이 모든 생사를 결정한다는 정신적 착란에 빠져 야만적인 파괴력으로 마구잡이로 죽이고, 강간하고, 불태웠다.

왜 인간은 이렇게 타자에게 가혹할 정도로 잔인한가? 그 이유는 "역사의 커다란 대재앙을 양산하는 것은 인간이 그들의 충성을

---

401. 위의 책, 82.
402. 위의 책, 82.

전적으로 그들 자신의 집단에게만 바치기 때문이다."[403] 또 다른 이유로 "인간은 그의 삶이 그의 집단이 규정한 선으로 인정받기를 원한다. 인간은 표준화된 문화적 시나리오에 따라 그들의 영웅적 프로그램을 행한다. 그것은 헤겔이 오래전에 말했던 것처럼, 인간은 사악한 의도가 아니라, 선한 의도에서 악을 일으킨다(Man cause evil out of good intentions, not out of wicked ones). 인간은 악에 대해 영웅적으로 승리하기를 원함에 의하여 악을 일으킨다. 왜냐하면 인간은 승리하기를 원하는 겁많은 동물이며, 그가 자신과 그의 집단을 영원히 영속시킬 수 없다는 자기의 무력함을 인정하지 않으려는 동물이이기에, 타자를 희생시켜야만 한다."[404] 그러므로 자기와 자기 집단을 위한 선한 의도의 '문화적 영웅 환상'이 결국에는 타자에게 끔찍한 재앙을 가져오는 악의 원인임을 알 수 있다.

403. Ernest Becker, Escape From Evil, 153.

404. Ibid., 151.

3절. 문화적 영웅 환상의 두 유형

인간이 사는 세상은 여러 다양한 영웅성을 나타내기 위한 수단으로 고안된 상징적인 영웅체계로서 지위 역할의 구조, 행위의 관습과 규칙이 체계적으로 이루어져 있다. 각각의 문화는 서로 다른 영웅체계를 가지지만, 인간의 본성은 비슷하기에 본질은 거의 같다고 볼 수 있다. 베커의 영웅성의 본질은 죽음에 맞서는 용기이다. 자신의 목숨을 바쳐 공동체를 살리는 영웅이 있는 반면에, 반대로 자신의 불멸의 영웅적 대업을 위해 수많은 타자를 희생시키는 파괴적 영웅이 있다.

_ 아가페와 에로스적 영웅성

이처럼 서로 다른 환상의 작용으로 나타나는 영웅적 삶의 두 형태를 『난중일기』와 『티벳 사자의 서』를 비교하면서 살펴보고자 한다. 전자에는 죽음공포의 반작용으로서 공동체를 위해 자신을 희생하는 이순신의 아가페적 영웅성과 자기의 불세출의 명성을 위해 무수한 타자를 죽이는 히데요시의 에로스적 영웅성이 있다. 그리고 후자에는 죽음공포의 반작용으로서 영원히 삶과 죽음의 고통에서 벗어나기 위해 과감히 열반에 들어가는 의식체가 있는 반면에, 당면한 죽음공포를 떨쳐 내지 못해 다시 살고픈 욕망으로 도망 다니다가 끝내 환생을 향해 새로운 자궁 속으로 뛰어드는 의식체가 있다. 즉『티벳 사자의 서』에서는 영원히 해탈하기 위해 존재의 근원으로 회귀하느냐 혹은 고독한 죽음이 무서워 다시 가족이 있는 인간의 삶으로 돌아가느냐 하는 두 길이 있다. 보다 자세히 언급해 보면, 사후의 여러 바르도에서 의식체는 매 순간 눈 앞에 펼쳐지는 모든 빛과 신들이 모두 자기의 업이 투영된 환영임을 깨닫는 순간에 그 즉시 존재의 근원으로 들어가 열반에 이를 수 있다. 하지만 대부분의 의식체는 전생에 쌓은 카르마 때문에 그것을 깨닫지 못하고, 부득이 환생을 선택하게 된다. 당장 눈앞의 무시무시한 신들과 악령들로부터 달아나, 그리운 사람들이 있는 인간세계로 되돌아가는 길을 무작정 선택하게 된다. 이처럼 죽음의 바르도에서 의식체가 선택하는 두 가지 길은 자명하다. 하지만 보살행을 위해 일부러 다시 인간계로 돌아오는 이도 있다.

지금부터는『난중일기』에 나타난 영웅적 삶의 두 양상에 대해 자세히 살펴보고자 한다. 인간의 삶에서 영웅성이 서로 다르게 표현되는 것은 그들 내면에서 추구하는 환상의 성격이 서로 다르기 때문이다. 그것은 베커가 설명하는 프로이트의 아가페와 에로스 개념으로 이해할 수 있다.

> 모든 인간은 선해지려는 내적 갈망의 도덕적 법칙을 지니고 있는데, 부단히 자기를 확장시켜서 우주의 과정과 동일시하려는, 즉 보다 큰 세계와의 합일을 통해 자기 존재를 고상하게 하고, 초월적 가치의 느낌을 추구하는, 전 우주와 친밀한 감정을 나누려는 '아가페적 욕망'을 가지고 있

다. 그와 반대로 자신이 유일자가 되어 별개의 인간으로서 눈에 띄기를 원하며, 자극적인 경험과 자신의 힘을 발전시키기를 원하며, 개별자로서 피조물의 독특성을 발전시켜 자연의 필연적인 힘과 빛에 완강히 저항하려는 충동을 지니고 자신의 뛰어난 재능을 펼쳐서 세상에 우뚝 서려 하는 '에로스적 욕망'을 지니고 있다.[405]

이들 두 욕망은 필멸로서의 유한한 자기를 인식하고, 그것을 딛고 불멸을 이루고자 하는 같은 욕망을 지니지만, 다만 인간 세상에서 표현되는 방식이 극명하게 서로 다를 뿐이다. 아가페는 자기의 미력한 피조물서의 한계를 인식하고, 보다 크고 온전한 전체 우주와 교감하는 상생 법칙에 기여하고자 하는 욕망이다. 에로스는 나르시시즘적인 자신감으로 자신의 힘과 재능을 확장시키고 펼쳐서 이 우주 안에서 자신의 독특성을 인정받아 쉽게 잊혀지지 않는 불멸의 영웅적 이름을 남기고자 하는 욕망이다. 이 두 유형은 모두 그 문화권에서 통용되는 '문화적 영웅 환상'의 서로 다른 양상이다.

이제부터 자신을 희생하는 이타적인 아가페적 불멸환상과 자신의 이익과 영광만을 추구하는 이기적인 에로스적 불멸환상을 구분하여, 그것들이 어떻게 서로 충돌하고 어떤 파괴적 현상을 만들어내는지 『난중일기』를 통해 논의해 보고자 한다. 먼저 아가페적 영웅은 죽음을 두려워하지 않고, 오히려 구차하게 목숨을 구하는 것을 두려워한다. 그리고 죽어야 할 자리에서 비겁하게 달아나지 않고 기꺼이 죽음을 받아들일 용기를 강조한다. 이순신은 명량해전을 앞두고 여

405. 어네스트 베커, 『죽음의 부정』, 266-271. 참조.

러 장수에게 다음과 같이 비장하게 훈시한다.

> 병법에 이르기를 '반드시 죽고자 하면 살고, 반드시 살려고 하면 죽는다[必死則生, 必生則死]'고 하였고, 또 '한 사람이 길목을 지키면 천 명도 두렵게 할 수 있다[一夫當逕, 足懼千夫]'고 했는데, 이는 오늘의 우리를 두고 이른 말이다. 너희 여러 장수들이 조금이라도 명령을 어기는 일이 있다면 즉시 군율을 적용하여 조금도 용서하지 않을 것이다.[406]

이와 같이 영웅은 죽음을 각오하고 싸워야만 살길이 생긴다고 믿는다. 이순신은 이후에 송사를 읽고 감상을 적은 어느 선비의 글을 옮겨적고 있는데, "죽음 속에서 살길을 구한다면, 만에 하나라도 혹 나라를 건질 수 있는 이치가 있을 것이다"[407]라고 하였는데, 이러한 소신과 믿음이 있었기에 13척의 배로도 명량에서 133척의 적의 배를 맞받아 담담히 싸울 수 있었다. 대의를 위해 죽음을 두려워하지 않는 그의 정신이 모든 이들이 추앙하는 아가페적 영웅의 성정이다. 의로움을 위해 삶을 버리고, 죽음도 마다하지 않겠다는 곧은 정신이 바로 진정한 영웅성이다. 죽음을 대면하고 도망가지 않겠다는 그의 결의가 예기치 않은 계책을 찾게 하고, 승리로 이끌어 명량대첩을 이루게 하였다. 영웅은 불멸의 이름을 남기려 애쓰는 게 아니라, 다만 자기가 당연히 해야 할 바를 행한 것뿐이다. 이순신은 나라를 지키는 장수로서, 을미년 새해 첫날 남쪽 바다 한 귀퉁이에서 왜적들에게 유린당하는 산하와 백성들을 생각하면서 통분의 눈물을 흘리기도 했다.

---

406. 『난중일기』, 정유년 9월 15일.

407. 『이충무공전서』, 권1, 잡저, 「독송사」.

"(1595.1.1.) 촛불을 밝히고 혼자 앉아 나랏일을 생각하니 나도 모르게 눈물이 흐른다. 또 팔순의 병드신 어머니를 생각하며 초조한 마음으로 밤을 새웠다. 새벽에는 여러 장수들과 색군들이 와서 새해 인사를 했다."[408] 한 나라의 장수이자, 한 어머니의 아들로서 이순신은 온갖 상념으로 불면의 밤을 보내고 있다. 이처럼 나라의 운명을 생각하며 눈물짓는 이는 과연 몇이나 있었을까? 한마디로 조선이라는 나라가 이순신의 대아 안에 굳건히 자리 잡고 있었음을 알 수 있다.

앞서 유교적 자아에 대해, "자아는 가(家)의 자아, 더 나아가 국(國)의 자아, 천하(天下)의 자아로 확장하게 되는데, 이러한 공동체적 자아를 대아(大我)라고 한다. 그에 반해 개별적 자아를 소아(小我)라고 한다"[409]라고 언급하였다. 이러한 관점으로 보면 이순신의 자아는 공동체적 자아인 '대아'로서 아가페적 영웅성이다. 그는 늘 "국가를 편안히 하고 종사를 안정시키는 일에 충성과 능력을 다하여 죽으나 사나 그렇게 하리라[安國家定社稷, 盡忠竭力, 死生以之]"[410]라고 다짐하였다. 그러므로 이순신이 가진 이러한 신념을 아가페적 불멸환상이라고 규정한다.

이러한 이순신의 아가페적 불멸환상과 달리, 일반 백성들도 가슴 한편에 영웅성을 품고 있다. 그들도 또한 자기들의 삶을 의로운 일에 바치고자 한다. 조선의 방방곡곡에서 들불처럼 일어난 무수한 이름 없는 의병들이 바로 그들이다. 그 밖의 백성들도 누군가 자

---

408. 『난중일기』, 을미년 1월 1일.
409. 장윤수, 앞의 글, 11.
410. 『난중일기』, 계사년 9월 15일. 다음 글 초고.

신들의 그러한 영웅성을 일깨우고 의로운 일을 하도록 독려하면 서로 앞다투어 나섰다. 그러한 한 사례는 류성룡의 『징비록』에서 찾아볼 수 있다. 임진왜란이 발발한 1592년 7월에 류성룡은 선조를 모시고, 압록강 가까이 평안북도 의주까지 피난가서 명나라 구원군이 오기만을 학수고대하고 있었다. 조만간 명나라 요동 부총병 조승훈이 군사 5,000명을 이끌고 구원하러 온다는 소식이 들려 왔다. 그는 선조와 상의하여 명나라 구원군들이 오는 길목마다 백성들을 동원하여 비축양식을 옮겨 두기로 하였다.

> 저녁에 소관역에 도착하니 아전들이 모두 달아나 그림자 하나 보이지 않았다. 내가 군관을 시켜 촌락에 가서 사람들을 찾아보게 하였더니 몇 사람을 찾아 데리고 왔다. 내가 그들을 힘써 타일렀다. "나라가 평소에 너희를 돌보아준 것은 지금 같은 상황에 쓸모가 있게 하려 함인데 어찌 도망치려 하는가? 곧 명나라 원군이 도착할 것이고 마침 나라가 위급한 상황인 지금이야말로 너희가 나라에 이바지하고 공을 세울 수 있는 좋은 기회이다." 이윽고 공책 한 권을 꺼내서 모인 사람들의 이름을 적어서 보여주면서 말하였다. "훗날 이것으로 공로를 등급화하고 임금께 아뢰어 상을 내리게 할 것이다. 여기에 기록되지 않은 자들은 후에 일이 안정되면 일일이 조사하여 처벌할 것이니 결코 벌을 피할 수 없을 것이다." 얼마 안 되어 찾아온 자들이 줄을 이었다. 그들은 이렇게 말했다. "소인이 일이 있어서 잠시 나가 있었습니다. 어찌 감히 일을 피하려고 하였겠습니까? 바라건대 그 책에 저희 이름도 써주십시오."
>
> 나는 민심을 수습할 방도를 깨닫고 즉시 각처에 공문을 보내어 이 사례처럼 고공책(考功册)을 만들어 두어 공로의 많고 적음을 기록하고, 이에 의거하여 보고하고 상벌을 내리도록 하였다. 그리하여 내 명령을 받은 자들이 다투어 나와 땔감도 운반하고, 집도 짓고, 가마솥도 설치하니 며칠 만에 모든 일이 조금씩 갖추어졌다. 나는 전란 중의 백성은 엄하게 다

스려서는 안 된다고 생각해, 단지 성심성의껏 깨우치고 타일렀을 뿐, 한 사람도 매질하지 않았다.[411]

이러한 사례로 알 수 있듯이 인간 사회는 문화적 영웅체계로 이루어져 있다. 공을 세운 이는 칭송을 듣고 부상을 받기도 한다. 이렇게 집단 내에서 인정을 받는 것은 자기 존재의 가치를 인정받는 것이다. 그러면 누구나 공동체 전체를 이롭게 하는 일에 자기의 작은 힘이나마 기꺼이 바치게 된다. 이처럼 이름 없는 민초들도 가슴속 한편에 대아를 품고 있다. 국가의 구성원으로서 당연히 해야 할 소임이 무엇인지를 잘 알고 있다. 더구나 그러한 일에 보상이 따른다면 더 열심히 하게 된다. 이와 달리 죄를 지은 자들은 모두로부터 질타와 멸시를 받고 소외를 당한다. 인간은 집단으로부터 인정받지 못하고 소외당하는 것을 죽음만큼 두려워한다. 집단으로부터 인정받지 못하고 죄인으로 취급당하면, 외부의 적으로부터 공격당하기 이전에 먼저 자기 집단의 구성원으로부터 핍박받고 쫓겨나게 된다. 특히 조선시대에 개인의 자아는 관계적 자아로서, 자신이 죄인이 되면 가족과 가문 전체가 처벌받거나, 공동체로부터 관계가 단절되어, 죽음보다 더한 치욕을 당하게 된다. 그러니 공을 세울 수 있다면 서로 공을 세우려 했고, 죄를 지어 처벌을 받는 것을 두려워하였다. 그러나 나라의 기강이 무너지고, 더 이상 나라가 자신들을 외적으로부터 지켜주지 못하면, 산속 깊이 들어가 숨어 버렸다. 노비들은 야반도주를 하

411. 류성룡, 앞의 책, 135-136.

고, 몇몇은 적의 앞잡이 노릇을 하며 동포들을 못살게 괴롭히고, 재산을 약탈하고, 죽이는 데 앞장섰다. 인간은 유한한 존재로서 누군가는 의를 위해 기꺼이 자기 목숨을 바쳐 싸웠고, 또 다른 이들은 한번 사는 인생 자기의 욕망을 마음껏 충족하려고 하였다. 전자는 아가페적 불멸에 대한 환상을 믿는 자들이고, 후자는 에로스적 불멸환상에 빠져 자기와 타자의 삶을 망가뜨리고 파괴시키는 자들이다. 이제부터는 탐욕적인 에로스적 불멸환상에 사로잡혀 살았던 이들의 그릇된 삶의 행태에 대해 살펴보자.

베커는 세속적 영웅성의 개념으로 프로이트의 '나르시시즘(Narcissism)'을 인용한다. 그것은 에로스적인 자기 확장으로 타자에 대한 파괴성을 드러내고, 세상을 자기중심적으로 조정하려는 태도이다. 이러한 나르시시즘은 여기에서 주장하는 '에로스적 불멸환상'에 기인한다. 자기만의 세계에 갇혀서, 자기 힘의 무한한 확장을 방해하는 것들을 무참히 짓밟고 파괴시킨다. 그의 자아에는 오로지 자기 자신밖에 없다. 자기 외의 타자는 모두 파괴와 정복의 대상일 뿐이다. 이러한 인물의 전형으로 도요토미 히데요시를 제시하고자 한다.

히데요시는 일본 전국을 통일하고 명실상부 최고의 권력을 누리게 된 이후, 오래전부터 꿈꾸어 왔던 중국 대륙 정복의 망상을 이루기 위해, 조선을 침략하여 동북아시아 삼국을 전쟁의 수렁으로 빠져들게 하였다. 그는 자기의 불멸의 위업을 이루기 위해 얼마나 많은 사람을 희생시키게 될지를 전혀 고려하지 않았다. "나는 일본 역사상 인간으로서 도달한 일이 없는 영예와 명성을 후세에 남길 것을 바라고 있다. 비록 중국을 다 정복하지 못하고서 도중에 쓰러지는 한

이 있더라도 나의 이름은 영원히 남을 것이며, 불멸의 영예로서 영원히 기념될 것이다."[412] 이러한 그의 야욕 때문에 임진왜란은 발발하였다. 자신의 백성들이 평안하고 풍족하게 살 수 있도록 덕의 정치를 펼치는 것이 아니라, 자기의 야욕을 실현하는 도구로서 백성들의 목숨을 하찮게 여겼다. 그가 얼마나 잔인하고 냉혹한 이였는 가는 그가 일본 최고의 자리인 관백에 오르기까지 자행한 무수한 파괴적 행태를 보면 알 수 있다.

> 그가 간절히 바라는 바는 최고 권력의 자리와 일본의 통치권을 획득하여 단순히 일본의 절대 군주가 되는 것뿐만이 아니라, 권세 · 호화 · 명성 · 재산 · 영지에 있어서도 일찍이 주군이었던 오다 노부나가를 능가하는 것이었으므로, 그는 불가사의할 정도로 깊은 고려를 하면서 행동하여, 어떤 사람에 대해서는 싸움에서 기습하여 살해하고, 어떤 사람은 유형을 보내고, 또 어떤 사람은 참형으로 다스리고, 헤아릴 수 없이 많은 사람을 전멸시키고, 이들에 대신하여 미미한 신분의 졸도(卒徒)를 불러 부하로 쓰고, 자신에게 대항할 염려가 없는 자들만 강력하고 부유한 실력자로 발탁하였다. 그는 엄청난 수의 절간과 신사, 사원 및 불승들의 저택을 파괴하거나 유린하였다. 무술에 뛰어난 네고로슈의 승려들이 박해를 받은 대표적인 예이며, 그 밖에도 그는 많은 사원의 봉록을 몰수하였다.[413]

이러한 히데요시의 잔인한 파괴적인 행태의 대표적 사례는 오다 노부카츠를 유배 보내는 과정이다. 1590년 전국 통일의 마지막 영토인 관동지역의 최대 영주인 호조 우지나오를 굴복시키는 과정에

412. 루이스 프로이스, 앞의 책, 57.

413. 위의 책, 143.

서, 호조와 동맹 관계였던 도쿠가와 이에야스와 오다 노부카츠를 온갖 뇌물을 주고, 정복한 땅을 나누어주겠다고 회유하고, 그리고 강제적인 위협을 가하여 결국 자기편으로 만들게 된다. 그리하여 20만 대군을 이끌고 가서 호조 우지나오 전 영토를 정복하는 데 성공한다. 그런 후 자기를 도왔지만, 앞으로 자기의 위협이 될 이 둘에게 태도를 싹 바꾸어, 그들의 기존 영토를 내놓고 먼 곳의 다른 영토로 옮겨갈 것을 지시한다. 도쿠가와 이에야스는 배신감을 억누르고 따랐지만, 오다 노부카츠는 기존 영토에서 계속 살고 싶다고 청원하였다. 히데요시는 이에 격노하여 오다 노부카츠가 영지를 소유하는 것을 금하고, 겨우 짚신 들고 따라다니는 하인 하나만 딸려 주고는, 그의 영토 전부를 몰수해 버린다. 이 사건은 일본 전체에 말할 수 없는 공포와 경악을 가져다주었다. 왜냐하면 히데요시가 자기의 주군 오다 노부나가의 차남이자 일본에서 가장 강력하고 고귀한 무장 가운데 한 사람인 오다 노부카츠를 단지 종 한사람이 섬기는 정도의 인물로 격하시켜 버렸기 때문이다. 이처럼 히데요시는 자기의 말 한마디로 자기를 따르는 사람들도 위협이 되면, 그들의 모든 권한을 빼앗고 축출해버리는 폭군이었다. 그러니 전국의 모든 영주는 그의 말에 절대 복종할 수밖에 없었다. 이러한 배경에서 '정명가도(征明假道)'를 외치며 2,000척의 배로 16만의 군대를 이끌고 조선을 침략한 것이다. 이러한 히데요시의 권모술수에 능한 잔인한 모습과 무자비한 정복욕은 한마디로 에로스적 불멸환상의 전형적인 모습이다. 오로지 자기의 나르시시즘인 세속적 영웅성에 갇혀, 세상의 모든 것과 사람을 정복의 대상으로만 보았다. 그는 하늘을 경외하는 마음도, 인간에 대한 연민도 사랑도 없었던 냉혈한 그 자체였다.

지금까지 살펴본 아가페적 불멸환상도 에로스적 불멸환상에도 해당되지 않는 또 다른 유형이 있다. 평생을 그렇게 사는 것이 아니라 삶의 어느 시기에, 어떤 난관에 부딪쳤을 때, 누구든지 그러한 모습을 보이는 경우가 더러 있다.

환상의 붕괴와 신경증

인간은 자신을 보호해주기도, 억압하기도 하는 문명의 보호막 때문에 가혹한 현실에서 그럭저럭 살아간다. 하지만 자신의 문화적 영웅성이 정상적으로 작동하지 않을 때, 문제가 생긴다. 특히 아가페적 불멸환상이 신기루처럼 사라지고, 나르시시즘적인 에로스적 불멸환상마저 무참히 깨져 버릴 때, 요란한 경고음이 신경증의 형태로 발생하게 된다.

베커에 의하면, "인간은 자신의 확고한 영웅적 행위를 설득력 있게 더 이상 행할 수 없을 때, 혹은 자신이 영웅이라는 것을 보일 수 없을 때, 그는 우울증과 그것으로 인한 고통스런 죄의식에 빠지게 된다"[414]라고 한다. 다른 말로 하면 '문화적 영웅 환상'이 거짓으로 판명이 나서 자기 스스로 자신을 믿지 못하고, 자기를 믿고 따르는 사람들조차 더 이상 자기를 믿게 할 자신이 없을 때, 그는 어디론가 숨고 싶고 자기가 맡은 모든 의무를 내려놓고 달아나고 싶어진다. 임진왜란 때 피난살이를 끝내고 한양으로 다시 돌아갈 무렵, 조선 14대 왕

414. 어네스트 베커, 『죽음의 부정』, 364.

선조의 심정이 그러하였다. 그는 다음과 같은 병을 핑계로 '양위선언'을 한다. 뜬금없이 왕위를 세자인 광해군에게 넘기겠다고 공포한다.

> 나는 젊어서부터 병이 많아 반생을 약으로 살아왔다. 이것은 약방 사람들이 다 아는 바이다. 겨울철에는 방안에 틀어박혀 있고, 봄과 가을에 가서도 후원에 나가 본 적인 없으며, 난리를 만난 이후부터는 온갖 고생을 다 겪었다. 이런 기력을 가지고 지금까지 죽지 않고 살아 있는 것은 참으로 상상할 수 없는 일이니 비록 하늘이라고 해도 알 수 없는 일이라 해야 할 것이다. 그중에서도 광증, 눈병, 사지를 잘 쓰지 못하는 병, 습진, 풍병, 감기 등 만 가지 병이 함께 생겨 온몸에 침습해 들어오니 한 줌의 원기로서 어찌 견디어낼 수 있겠는가.
>
> 광증에 대하여 말하자면, 때로는 혹 노래도 부르고 혹 울기도 하고 부르짖기도 하다가는 물이고 불이고 가리지 않고 뛰어드는데, 이를 보고 눈물을 줄줄 흘리는 사람도 있고 머리칼이 곤두서도록 몹시 놀라는 사람도 있다. 예로부터 미치광이 병을 앓는 임금이 어디 있었겠는가.
>
> 사지를 잘 쓰지 못하는 병으로 말하자면, 반신을 잘 쓰지 못하는데 안개와 이슬을 무릅쓰고 다니니, 그 증세가 더 심해져서 오른손과 오른 다리를 전혀 쓰지 못하며, 밤낮 쑤시고 아파서 손으로 문질러도 감각이 없어 꼭 마른나무와 같다. 예로부터 한 손과 한 발만 가진 임금이 어디 있었겠는가.
>
> 세자가 나이 들어 난리를 바로잡고 정사를 잘할 수 있는 임금이 되기에 충분하니 왕위를 물려주는 여러 가지 일들을 빨리 시행하도록 하라.[415]

이렇게 다양하게 나타난 선조의 여러 병세는 현대인에게 보이는 신경증과 조울증 증상으로 보여진다. 이처럼 병약하고 심약한 왕이 조선 시대 최대의 전란을 맞아 나라와 백성을 지켜내야 할 막중

415. 『선조실록』 권41, 26년 8월 30일 신해.

한 책임을 져야 했으니 그의 애환과 번민이 어떠하였을지 연민이 느껴진다. 누가 뭐래도, 어떤 우여곡절을 겪었더라도, 그는 임진왜란이라는 7년간의 전쟁에서 나라를 지켜 낸 왕이다. 선조의 이러한 심약한 신경증은 현실에 대한 거짓말인 환상이 더 이상 먹혀들지 않았기 때문이다. 선조는 어린 나이에 왕위에 올라 훌륭한 스승들의 가르침에 따라서 덕으로 백성을 다스리는 '왕도정치'를 나름대로 폈기에, 이러한 환난이 일어나리라고는 꿈에서조차도 예상하지 못했을 것이다. 그리고 성리학적 사대주의에 경도되어 명나라만 잘 섬기면, 황제의 은덕으로 이런 포악한 왜적들은 단숨에 내쫓아 줄 것이라는 암묵적인 문화적 환상을 품고 있었다. 하지만 전 국토가 유린당하고, 도성과 종묘사직이 불타버리는 참극을 당했으니, 그의 심정이 어떠하리라는 것은 가히 짐작할 수 있다. 도대체 누구를 믿고, 어떻게 이 환난을 극복할 것인지 도저히 묘책이 떠오르지 않았을 테니, 우울증적 신경증이 발병하는 것도 당연하다. 이러한 선조의 신경증 증상은, 베커가 『죽음의 부정』에서 인용한 어느 정신과 의사의 다음 글로 해석해 볼 수 있다.

> 환자가 불평하는 절망과 분노는 증상의 결과가 아니라 오히려 그들의 실존에 대한 이유라는 것이 분명하다. 사실상 이러한 증상은 인간 실존의 중심에 놓여 있는 심오한 모순의 고통으로부터 그를 보호한다. 특수한 공포증이나 강박관념이야말로 인생의 짐을 덜게 하고 자신이 하찮다는 느낌을 누그러뜨릴 수 있게 하는 수단이다. 그러므로 신경증 증상은 세상을 축소시키고 편협하게, 즉 주술적으로 변화시키기 때문에 환자는 죽음, 죄의식, 무력함의 걱정을 떨쳐버릴 수 있다. 자신의 증상에 사로잡혀있는 신경증 환자는 자신의 중요한 과제를 자신의 특수한 강박관념이나 공포

증과 대면하는 과제라고 믿게 된다.[416]

이러한 설명은 선조가 왜 자신의 온갖 신체적, 정신적 질병에 연연했는지를 이해시켜준다. 영민했지만 심약한 어린 선조가 얼떨결에 명종의 뒤를 이어 16세에 왕위에 오르자, 그가 감당해야 할 국정의 부담감이 얼마나 컸겠는가. 세자로서 왕자의 수업을 받은 것도 아니요, 자신의 부족함을 지적하는 스승 같은 관리들의 꾸지람 속에서 겨우 왕위를 이어 온 것인데, 왜적의 침입으로 한양, 개성, 평양, 의주로 종묘사직과 도성을 버리고 도망치듯 피난을 가야만 했던 그의 심정이 얼마나 괴로웠을지 가히 짐작할만하다. 이런 관점으로 보면 압록강을 건너 '천자의 나라로 들어가 피신'하려 했던, 그의 절박한 심정도 십분 이해가 간다.

선조는 이렇게 자기가 감당할 수 없는 국정의 부담과 자기의 목을 치러 추격해오는 일본군의 막강한 군사력에 죽음의 공포, 즉 실존적 공포를 느꼈을 것이다. 자기가 의지하고 믿었던 신립, 이일, 김명원 장군은 모두 패하고, 이제는 자기가 의지할 만한 장군도 군사도 거의 없고, 신하들은 피난을 와서도 동인, 서인 나뉘어서 서로 싸우기만 하니 누구를 믿고 의지한단 말인가. 천자의 나라에서 온 장수들도 큰소리만 쳤지 실속 없는 싸움으로 패전만 거듭하지, 그러한 명나라 군사의 식량을 대려고 매일같이 노심초사해야만 하지, 그 모든 책임을 지고 있던 선조의 막중한 부담감은 그 누구도 쉽게 이해하지 못

416. 어네스트 베커, 앞의 책, 316.

했다. 그러므로 그는 모든 걱정을 잊기 위해 자신의 온갖 질병에 집착하여 끙끙 앓기만 하였다. 말은 못 해도 "죽지 못해 살고 있다!"라고 마음속으로 수천 번도 더 중얼거렸을 것이다. 그러므로 그의 '양위선언'은 단순히 빈말이 아니라, 아마도 그의 진심이 담겼다고 보여진다.

인간의 유한성, 죽음의 공포, 그리고 삶의 압도성에 대한 실존적 두려움은 예나 지금이나, 높은 자리에 있든 아니든, 인간이라면 누구나 겪어야 할 숙명이다. 인간은 자기가 믿고 의지하는 상징체계로서의 굳건한 '문화적 영웅 환상'이 갑작스럽게 깨어지면 공황상태를 경험하게 된다. 한마디로 어찌할 바를 모르게 되고, 그러한 심리적 불안을 잊게 할 그 무엇이 필요한데, 그것이 바로 신체적 불안으로 나타나는 신경증 증상이다. 그러므로 선조의 온갖 질병은 심인성 신경증 증상이라고 할 수 있다. 그는 그 후로도 몇 번의 양위선언을 더 했지만, 임진왜란이 종식된 후 10년인 지난 1608년 2월에 승하할 때까지 왕위를 이어 갔다. 놀랍게도 선조는 온갖 우여곡절을 이겨내고, 무려 41년간이나 왕위에 있었다.

인간은 환상 없이 살 수 없는 존재이다. 다만 그러한 환상이 환상으로 인식되지 않고 자연스럽게 인간의 삶에 녹아 있을 때는 아무런 문제가 없지만, 어느 예기치 않은 사건에 의해 모든 것이 뒤엉키고, 냉혹한 삶의 실재가 순식간에 드러날 때는, 인간은 공황상태에 이르게 되며, 신체적으로 신경증 현상이 나타난다는 것을 볼 수 있다.

4절. 문화적 환상에 따른 두 죽음관

인간이 가장 두려워하는 공포는 죽음공포이다. 그러한 공포에 대면할 용기를 갖기란 결코 쉽지 않다. 베커도 그 자신의 죽음에 이르러서 죽음을 위엄있고 대담한 방식으로 대면할 수 있는지 스스로를 시험하고자 하였다. 그러면서 그것이 자기가 평생동안 연구해온 인간학 연구의 정수임을 밝혔다. 죽음을 회피하고 억압하는 것이 아니라 담담히 대면하고 직시하고 수용하는 것이 인간의 참된 죽음의 자세임을 보여주고자 하였다.

_ 천명으로 죽음 대면

죽음에 대면한다는 것은 죽음에 맞서는 영웅성과 비교하면 약간 뉘앙스가 다르다. 흔히 자기의 목숨을 잃을지도 모르는 위험한 상황에서 죽음을 두려워하지 않고, 적과 당당히 맞서 싸워 자기 집단에 승리와 영광을 안겨주는 이를 영웅이라 칭한다. 하지만 죽음에 대면한다는 것은 꼭 영웅이 아니더라도 자기의 유한한 삶과 죽음을 담담히 관조하고 성찰하고 수용할 수 있는, 모든 이들의 죽음에 대한 태도이다. 누구나 맞닥뜨리게 될 필멸의 죽음을 인정하는 모습이다.

더 이상 그는 죽음을 회피, 억압, 부정하는 악순환을 되풀이하지 않는다. 죽음을 부정하는 모든 허위와 가식을 버리고, 진정성을 가지고 삶의 본질을 찾는다. 그렇지만 그것은 결코 쉬운 게 아니기에 인간은 끊임없이 죽음을 억압한다. 그렇기에 베커는 자신의 책 『죽음의 부정』의 저술 취지를 다음과 같이 설명한다. "이 책 전체는 죽음의 공포 혹은 내가 '테러'라고 부르기를 더 좋아하는 그것의 보편성에 기반한 주장들의 네트워크이다. 이는 죽음의 공포를 정면에 놓고 직시하는 것이 얼마나 중요한 것인지를 전달하기 위한 것이다."[417] 그것을 위해 이렇게 책을 쓸 수밖에 없었다는 뜻이다. 인간은 죽음을 대면하는 것을 두려워한다. 특히 자기의 죽음은 누구도 인정하지 않으려 한다. 그러한 인간의 이기적인 내밀한 심정을 프로이트는 다음과 같이 밝히고 있다.

> 죽음에 대한 우리의 태도는 결코 솔직하지 않았다. 물론 마음으로는 이렇게 주장할 각오가 되어있다. 즉 죽음은 누구에게나 삶의 필연적인 결과이며, 인간은 누구를 막론하고 자연에 죽음을 빚지고 있기 때문에 언젠가는 반드시 그 빚을 갚아야 한다고, 요컨대 죽음은 자연스러운 것이고 부인할 수도 피할 수도 없는 것이라고. 그러나 실제로는 어떠했던가. 우리는 마치 죽음이 피할 수도 있는 일인 것처럼 행동하곤 했다. 우리는 죽음을 한쪽 구석으로 밀쳐놓고 그것을 삶에서 배제해 버리는 경향을 보였다. 우리는 죽음을 뭉개버리려고 애썼다. 실제로 독일에는 〈죽음 보듯 한다; 도저히 있을 법하지 않은 일이나 믿을 수 없는 일로 생각한다〉는 속담까지 있을 정도다. 여기서 죽음은 물론 우리 자신의 죽음을 뜻한다. 따라서 정신분석학은 마음속 깊은 곳에서는 아무도 자신의 죽음을 믿지 않

417. 위의 책, 62.

> 는다고, 바꿔 말하면 무의식 속에서는 모든 사람이 자신의 불멸을 확신하고 있다고 주장할 수 있다.[418]

모든 인간은 타인의 죽음은 필연으로 누구도 피할 수 없는 숙명으로서 쉽게 용인할 수 있으나, 자신의 죽음은 상상하거나 인정하기를 끔찍하게 싫어한다. 자기는 특별히 해야 할 일이 있고, 이루어야 할 삶의 목적이 있으며, 아직 진정한 삶의 행복도 제대로 누려보지 못했으며, 그리고 단적으로 세상에 해로운 일을 하지 않았기에 살 자격이 충분히 있다고 생각한다. 하늘의 법칙이 공평하다면 결코 자기가 지금 죽어야 할 타당한 이유가 없다고 생각한다. 그러면서 부단히 사회적 명예와 가치를 높이려고 애쓴다. 이 세상에서 인정받기만 하면, 이 세계로부터 도태되는 죽음을 피할 수 있다는 암묵적인 용인을 획득하기 위해 매일같이 고군분투한다. 그러한 치열한 경쟁의 대열에서 탈락한 이들은 자괴감이 들어 죽음의 공포에 쉽게 무너진다. 하지만 베커는 이러한 삶의 행태는 내면의 진정한 자아를 망각한 삶이라고 규정하고, 그러한 죽음 부정의 삶에서 벗어나 죽음을 대면하는 삶으로 전환해야 함을 강조한다.

> 개인이 점진적으로 사회적 가면, 성격 방어기제, 무의식적 불안을 벗어던지게 되면 개인은 신경증적인 성격의 보호막 뒤에 있는 생명력과 창조성의 원천인 자신의 '실제 자아'에 맞닿게 된다. 심리학이 완전한 믿음 체계가 되기 위해 모든 치료사들이 해야만 하는 일은 전통적인 신비주의적 종교로부터 인격의 내적 깊이를 표현하는 단어들을 차용하는 것이다.

---

418. 지그문트 프로이트, 『문명속의 불만』, 55.

예를 들면 '위대한 공(空)', 도교에서의 '내적 공간(inner room)', '본질의 영역', '사물의 원천', '창조적 무의식' 등을 들 수 있다. ... 인간은 자신의 갑옷을 벗어버릴 때, 뿌리를 내리고 있는 존재의 기반으로부터 나오는 태고의 에너지인 내적 자아(inner self)를 자각하게 된다. 인간은 자신의 창조자가 아니다. 그는 항상 자신의 생리화학의 활동, 그리고 그 이면에 원자와 하부 원자구조의 활동에 의해 유지된다. 이 구조들은 자신 안에 본성의 막대한 힘을 포함하고, 그래서 우리는 '비가시적인 공(空)'으로부터 끊임없이 '창조되고 유지되고' 있다고 말할 수 있다.[419]

인간은 죽음공포를 억압하기 위해 스스로 구축한 사회적 가면과 성격 방어기제를 허물고, 죽음을 대면하는 용기를 가져야만, 자신의 내적인 본질을 깨우칠 수 있고, 진정한 내적 생명력을 느낄 수 있다. 한낱 죽음으로부터 달아나는 것에 자기 삶을 온전히 허비하는 것이 아니라, 오히려 담담하게 삶과 죽음을 바라보며 비가시적인 본질을 추구하는 것이 중요하다. 자기 삶의 고유한 의미를 찾는 것은 자기 삶을 완성 시키는데 더없이 중요하다. 그것은 자기의 죽음을 용기있게 대면하고 수용할 때만이 가능하다. 더 이상 죽음의 공포를 억압하기 위한 숱한 환상 놀음에 놀아나지 않고, 진정으로 자기의 죽음을 대면해야 한다. 이것이 베커가 주장하는 죽음에 대면하는 사상의 핵심이다.

다음으로는 이러한 베커의 죽음 대면 관점으로 『난중일기』와 『티벳 사자의 서』를 비교해보고자 한다. 전자에서는 유교적 영향으로 이순신은 하늘이 부여한 '천명'으로서 죽음을 담담히 대면하고 수

419. 어네스트 베커, 앞의 책, 455-456.

용한다. 아무리 목숨을 지키기 어려운 힘든 상황에 처하게 되더라도, 자기가 당연히 해야만 하는 의로운 일이라면, 죽음조차 피하지 않고 당당히 나아간다. 비록 육신이 죽음을 맞이하더라도, 그가 행한 고상한 의기는 세상에 회자되면서 문화적 불멸을 성취하게 된다. 그리고 후자에서는 붓다의 가르침인 '업의 과보'와 '무상'의 개념으로 죽음을 대면하고 수용한다. 또 한편으로 티벳 불교의 명상법인 '포와 수행'으로 미리 죽음 과정을 심상으로 연습하면서, 불가피한 죽음을 해탈의 기회로 삼고, 사후의 여러 바르도를 어떻게 통과해야 하는지에 대한 자세한 가르침을 제시한다.

먼저 『난중일기』를 자세히 살펴보기 전에, 조선 시대의 사상적 배경이 되는 공자의 사상에서 죽음에 대한 언급을 살펴보자. 그것은 널리 알려진 공자가 제자인 자로와 나눈 죽음에 관한 대화이다.

> 계로가 귀신 섬김을 묻자, 공자께서 "사람을 잘 섬기지 못하면서 어떻게 귀신을 섬기겠는가?" 하셨다. "감히 죽음을 묻습니다." 하자, 공자께서 "삶을 모르는데 어떻게 죽음을 알겠는가?" 하셨다.(「선진」 11)

이것에 대해 주자는 "정성과 공경으로 사람을 섬길 수 없으면, 귀신을 섬기지도 못할 것이요, 사는 것을 제대로 알지 못하면, 죽음도 제대로 알지 못할 것이다. 저승과 이승, 생과 사는 애당초 두 이치가 없으나 다만 배움에는 순서가 있어서 뛰어넘을 수가 없다"[420]라고 해석하였다. 이것을 근거로 공자는 죽음 혹은 죽음 이후의 세계보다

420. 『論語集註』, 「先進」.

도 현실 세계에 더 많이 관심을 가졌다고 말해지곤 한다. 최근의 여러 학자도 주자의 해석에 따라 자로의 자질 부족을 지적하는 것으로 해석한다. 윤용남은 "이 문답은 공자 자신이 아직 사람을 섬기는 법과 삶에 대해서 모른다고 한 것이 아니라, 제자인 자로가 아직 사람을 섬기는 법과 삶에 대해서 모르기 때문에, 아직은 귀신을 섬기는 법과 죽음에 대해서 배울 단계가 되지 않았다고 보는 주자의 견해가 타당하다고 보인다. 왜냐하면 공자는 사람 섬기는 법과 삶에 대해서 알면, 그 뒤의 귀신 섬기는 법과 죽음을 알 수 있다고 하였지, 그 문제는 본래 알 수 없는 것이라고는 하지 않았기 때문이다. 그런데 공자는 논어에서 사람 섬기는 법과 삶에 대해서 많은 설명을 하고 있으므로, 공자는 그것을 근거로 귀신 섬기는 법과 죽음에 대해서 이미 알고 있다고 보아야 한다"[421]고 서술하고 있다. 그리고 이진영 · 강선보는 "공자는 배움의 순서를 중히 여겨서 결코 상대방의 자질과 단계를 뛰어넘는 가르침은 주지 않는 것을 원칙으로 언명하고 있으며, 공자 제자들이나 후대의 유학자들도 이러한 배움의 원칙을 중요하게 여기고 있다. 공자는 자로가 사람을 섬기는 것과 삶에 집중해야 할 단계이지 귀신을 섬기는 것과 죽음에 집중할 단계는 아니라고 보았다. 그래서 등급을 뛰어넘는 가르침은 주지 않고 단지 이 말로서 자로를 깊이 깨우치려 한 것으로 보인다"[422]라고 해석하고 있다. 하지만 이들의 해석은 뭐가 아쉬움이 남는다. 마치 공자가 세상 만물의 모든 이치를

421. 윤용남, 「유가의 생사관과 죽음에 대한 태도」, 『철학논총』 59(2010): 428.

422. 이진영 · 강선보, 「공자의 생사관을 통해 본 '지천명'의 죽음교육 의의: 『논어』를 중심으로」, 『한국교육학연구』 21(2015): 70-71.

깨친 신처럼 맹목적으로 숭상하는 듯이 보인다. 하지만 공자도 인간의 몸이라는 육체적 한계를 지닌 한낱 인간에 불과하였다.

공자 스스로도 "성(聖)과 인(仁)으로 말하면 내 어찌 감히 자처하겠는가. 그러나 (도를) 행하기를 싫어하지 않으며 남을 가르치기를 게을리하지 않는 것은 그렇다고 말할 수 있을 뿐이다"(「술이」33)라고 하셨다. 비록 공자가 겸손하게 자기를 낮추어 말하고 있지만, 달리 보면 자신을 솔직하게 표현하고 있다고 보여진다. 비록 범인인 보통의 인간보다 앎이나 덕행이 뛰어나지만, 그렇다고 신처럼 삶과 죽음의 모든 현상을 꿰뚫고 있다고 보여지지 않는다. 하물며 신들조차도 그것을 완벽히 알고 있다고 누가 장담할 수 있겠는가. 그러므로 공자가 자로의 '귀신 섬김과 죽음'에 관한 질문에 제대로 답하지 않은 것은 자로가 아직 사람을 섬김과 삶에 대해서도 제대로 깨치지 못함을 지적하면서도, 스스로도 잘 모른다는 것을 겸손하게 표현한 것이다. 공자는 제자의 단계가 낮아서 지금은 가르쳐줄 수 없으니, 더 공부를 해야 가르쳐 줄 것이라고 제자의 무지함을 지적하는 게 아니다. 오히려 '하학상달(下學上達; 아래로 인간의 일을 배워 위로 천리를 통달한다)'을 소망하며 배우기를 즐겨한 겸손한 스승이었기에, 분명 공자 스스로도 아직 제대로 모른다는 것을 말씀하신 것이다. 스승이라면 제자의 이해정도에 따라 적절한 답을 제시하지, 지금의 너는 그러한 질문을 할 단계가 아니라고 일언지하에 거절하시진 않았을 것이다. 이처럼 인류의 스승인 공자조차도 삶과 죽음의 문제는 한마디로 정의하고 설명할 수 없는 어려운 문제였다.

공자가 죽음을 대면하고 수용하는데 가장 중요한 개념은 '지

천명(知天命)' 사상이다. 제자 백우(伯牛)가 죽을 병에 걸리자 "이런 병에 걸릴 리가 없는데, 천명(命)인가 보다. 이런 사람이 이런 병에 걸리다니"(「옹야」8) 라며 애통해하셨고, 애제자 안연이 죽자 "아! 하늘(天)이 나를 망하게 하였구나, 하늘이 나를 망하게 하였구나"(「선진」8)라며, 자신의 죽음처럼 애달파하셨다. 이처럼 제자들이 병에 걸려 죽어가는 것을 공자는 천명이 아니고서 그렇게 쉽게 제자들이 죽을 리가 없다고 보았다. 남달리 영특하고 배움이 뛰어난 제자들이라도 천명에 따라 앞서가는 것을 망연히 지켜볼 수밖에 없었다. 그러므로 공자는 군자가 가장 두려워할 것은 천명이라고 설한다.

> 군자는 세 가지 두려워함이 있으니, 천명을 두려워하며, 대인을 두려워하며, 성인의 말씀을 두려워한다. 소인은 천명을 알지 못하여 두려워하지 않는다. 대인을 함부로 대하며, 성인의 말씀을 업신여긴다. (「계씨」 8)

여기에서 천명이란 다음과 같이 설명할 수 있는데, "만물의 존재근원인 하늘이 만물, 특히 인간에게 법칙과 본성을 그 존재근거로 부여했으며, 이렇게 인간과 만물이 천명으로 부여받고 태어난 본성의 덕이 마땅히 구현해야 할 당위 규범이다. 이 본성에 따라가는 삶이 바로 인도(人道)이며, 이 인간의 길을 닦아 놓은 것이 성인의 가르침이다."[423] 이처럼 인간이 천부받은 본성으로서 덕이자 당위 규범인 천명은 대인이 행하고자 하는 인간의 도이며, 성인이 늘 경계하며 성찰하는 것이기에 군자는 늘 두려워한다. 그것은 목숨을 걸고서라도 지켜야만 하는 것이

---

423. 임헌규, 「천명과 윤리」, 『온지논총』 30(2012): 401.

기에 두려운 것이다. 이러한 천명에 따라 자기의 목숨을 기꺼이 바친 대인들이 임진왜란을 맞은 조선에 수없이 많이 있었다. 지금부터는 그러한 인물의 사례를 여러 관련 자료에서 찾아보고자 한다. 이들이야말로 천명에 따른 죽음을 당당히 대면하고, 기꺼이 죽음을 맞이한 참다운 영웅들이다. 『난중일기』에서 임진왜란이 발발한 시점에 왜적의 규모와 막강함에 놀라 한달음에 달아나는 자, 반대로 기꺼이 달려나가 싸우고자 하는 자들이 서로 대조적으로 보인다. 한순간에 죽음의 공포에 휩싸인 인간군상들의 각기 다른 모습들이다.

> (1592년 5월 2일) 삼도 순변사 이일과 우수사 원균의 공문이 도착했다. 송한련이 남해에서 돌아와서 하는 말이, "남해현령(기효근), 미조항 첨사(김승룡), 상주포 · 곡포 · 평산포 만호(김축) 등이 왜적의 소식을 한 번 듣고는 벌써 달아났고, 군기 등의 물자가 모두 흩어져 남은 것이 없다"고 했다. 참으로 놀랄 일이다. 오시에 배를 타고 바다로 나가 진을 치고, 여러 장수들과 약속을 하니, 모두 기꺼이 나가 싸울 뜻을 가졌으나, 낙안군수(신호)만은 피하려는 뜻을 가진 것 같아 한탄스럽다. 그러나 군법이 있으니, 비록 물러나 피하려 한들 그게 될법한 일인 가.
>
> (5월 3일) ... 녹도만호(정운)가 알현을 청하기에 불러들여 물은즉, "(전라도)우수사는 오지 않고 왜적이 점점 한양 가까이 다가가니 통분한 마음을 참을 수 없으며 만약 기회를 놓치면 후회해도 소용없다"는 것이었다. 이 때문에 바로 중위장을 불러 내일 새벽에 출정할 것을 약속하고 장계를 써서 보냈다. 이날 여도 수군 황옥천이 왜적의 소식을 듣고 집으로 도망갔는데, 잡아다가 목을 베어 군중 앞에 내다 걸었다.[424]

인간이라면 누구나 자기 목숨이 소중하다는 걸 잘 안다. 그

424. 『난중일기』, 임진년 5월 2~3일.

렇지만 대의를 위해서 기꺼이 나가 싸우려는 의기가 충만한 이들이 많았다. 그중에서도 이순신이 가장 신뢰하였고, 항상 선봉에 앞장서서 적을 무찔렀던 용장 정운의 때 이른 죽음은 너무나 애석한 일이었다. 흔히 알려진 이순신의 명량해전(1597)과 노량해전(1598)을 제외하고 수많은 대첩은 임진왜란이 발발한 해인 1592년에 1차, 2차, 3차, 4차 출정에 이루어진 것이다. 특히 4차 출정의 마지막 전투인 부산포 해전(1592.9)서 선봉에서 싸우던 녹도만호 정운은 적의 탄환을 머리에 맞고 즉사하게 된다. 다음은 이순신이 손수 제문을 적어 그의 죽음을 추모한 글이다.

〈증참판 정운을 제사하는 글〉

아, 인생에는 반드시 죽음이 있고, 죽고 사는 데에는 반드시 천명(天命)이 있으니, 사람이 한 번 죽는 것이야 정말로 아까울 게 없으나 유독 그대의 죽음에 대해서만, 나의 가슴 아픈 까닭 무엇인가. 국운이 불행하여 섬 오랑캐들 쳐들어오니 영남의 여러 성들 바람 앞에 무너지고 몰아치는 그들 앞에 막아서는 자 하나 없고, 도성도 하루 저녁에 적의 소굴로 변했다오.

천 리 먼길 관서로 임금님의 수레 넘어가시니 북쪽 향해 바라보며 장탄식할 때 간담 찢어지듯 하였지만 아, 나는 노둔하여 적을 쳐서 섬멸할 계책이 없었는데, 그대 더불어 의논하니 구름 걷히고 밝은 해 나타나듯 하였다오. 작전을 세운 후 칼 휘두르고 배를 잇달아 나아갈 적에 죽음을 무릅쓰고 자리 박차고 일어나 앞장서서 쳐들어가니, 왜놈들 수백 명이 한꺼번에 피 흘리며 쓰러졌고, 검은 연기 하늘을 뒤덮었고, 슬픈 구름 동쪽 하늘에 드리웠도다.

네 번이나 싸워 이겼으니, 그 누구의 공이었는가. 종묘사직 회복함도 몇 날 남지 않아, 적의 총알에 맞을 줄을, 저 푸른 하늘이시여 당신의 뜻은 참으로 알기 어렵나이다.

배를 돌려 다시 쳐들어가 맹세코 원수를 갚고 싶었지만, 날은 이미 어두워지고 바람조차 불순하여, 소원 이루지 못해 평생 원통함이 이보다 더할 수는 없다오. 이 일을 말하고 나니, 나의 살 에듯이 아픕니다.[425]

이렇게 이순신은 자신이 가장 믿고 의지하던 이가 정운이었다며, 비록 그의 몸은 죽었지만, 그의 충의는 지금도 살아 있다고 애도한다. 그러면서 정운의 죽음을 천명으로 받아들인다. 그러나 그의 죽음이 너무나 안타까워 하늘의 뜻은 정말 알 수 없다고 한탄한다. 어찌 불가사의한 하늘의 뜻을 인간이 알 수 있겠느냐고 자조한다. 이러한 정운의 죽음만큼 아까운 죽음이 있었는데, 그가 바로 충주 전투에서 신립과 함께 죽은 김여물이다.

임란 발발 시 불미스러운 일로 감옥에 있던 김여물을 선조는 그의 재주와 용맹이 아깝다고 석방하는데, 류성룡이 만나보고 "신이 지금 여물을 처음으로 만나보고 군사문제를 논의해 보았는데, 용맹스러울 뿐만 아니라 재주와 지략이 남보다 뛰어납니다. 군영에 두고 책략을 세우는데, 도움을 받게 하기 바랍니다."(선조수정실록 1592년 4월) 신립이 자기의 종사관으로 김여물을 데려가기를 청해, 임금이 허락한다. 하지만 충주 전투에서 그의 재주를 제대로 펼치지도 못하고 죽게 된다.

김여물이 말하기를 "적군은 많고 아군은 적어서 적의 칼날과 맞서기는 어려우니 이 험하고 좁은 목을 지켜 막아야 할 것입니다"라고 하였으며, 또 높은 언덕에 의지하여 맞받아치자고 하였으나, 신립은 듣지 않으면서 말하기를, "여기에서는 기병을 쓸 수 없으므로 들판에서 한번 싸워

425. 『이충무공전서』, 권1, 「제증참판정운문」.

야겠다"라고 하였다. 김여물은 틀림없이 패하리라는 것을 알고 종을 시켜 아들 유에게 편지를 보내기를 "세 도에 군사를 보내라고 하였으나 오는 사람이 하나도 없다. 사나이가 나라를 위하여 죽는 것은 당연한 일이지만, 나라의 수치를 씻지 못하여 장부의 가슴이 다 타버리니 하늘을 우러러 탄식할 뿐이다"라고 하였다.

이튿날 새벽에 적군이 길을 나누어 큰 부대는 충주성으로 곧바로 들어오고, 좌군은 달천강을 따라 내려가고 우군은 산을 따라 동쪽으로 가서 상류에서 강을 건넜는데 창날이 번뜩이고 포 소리가 하늘을 뒤흔들었다. … 적이 나팔을 세 번 불고 일시에 내달려 치자 신립의 군사는 크게 무너지고 적은 벌써 사방으로 포위하였다. 신립은 진 친 곳으로 도로 달려 들어가고, 사람들은 저마다 물에 뛰어드니 시체가 강을 뒤덮고 떠내려갔다. 신립과 김여물은 말을 달리면서 적 수십 명을 쏘아 죽인 다음 물에 빠져 죽었다.[426]

『선조수정실록』에 김여물에 대해 평하기를, "김여물은 성격이 호방하여 남에게 구속받기를 싫어하였고, 용맹이 특출하였으며, 활쏘기와 말타기를 잘하였다. 장수의 지략이 있는 것으로 자부하였고, 충성과 효성을 다하는 큰 지조도 있었다. 처음에 문학으로 이름이 나서 조정에 들어갔는데, 임금이 늘 뽑아 올려 등용하려고 하였으나 그때마다 권력을 잡은 관리들에게 저지당하였다. 조정과 민간에서 모두 그를 대장감으로 추천하였으나 마침내 법에 걸렸고, 옥에서 나와서는 군사로 소속되어 자기의 재주와 뜻을 펴지 못한 채 죽었으므로 나라 사람들이 슬퍼하고 아쉬워하였다."[427] 이처럼 용맹과 지략을 지

426. 『선조수정실록』 권26, 25년 4월 14일 계묘.

427. 『선조수정실록』 권26, 25년 4월 14일 계묘.

닌 장군이 그 뜻을 펼치지 못한 채 죽은 것은 지금 생각해도 너무나 아쉽다. 김여물도 '나라를 위하여 죽는 것은 당연한 일이지만, 나라의 수치를 씻지 못해 원통하다'고 하늘을 보며 탄식하고 있다. 그도 자신의 죽음을 천명으로 받아들인 것이다. 이 사례처럼 역사상 널리 알려지지 않은 의로운 죽음이 숱하게 많았다.

마지막으로 이순신의 천명에 따른 죽음관을 살펴보자. 앞서 언급하기도 했지만, 임란 이전 1587년 녹둔도 사건에서 이일에게 모함을 받고 심문을 받기 전 동료 선거이가 눈물을 흘리며 술을 마시고 들어가라고 하자, "죽고 사는 것은 천명인데 술은 마셔서 무엇하겠소"[428]라고 하며 담담하게 심문을 받았던 일화가 대표적이다. 자신의 양심에 거리낌이 없으면 두려울 게 없다는, 그의 담대함이 잘 드러나고 있다. 또 1597년 9월 명량해전을 앞두고, "병법에 이르기를 '반드시 죽고자 하면 살고, 반드시 살려고 하면 죽는다'고 하였고, 또 '한 사람이 길목을 지키면 천 명도 두렵게 할 수 있다'라고 하였다"[429] 라고 말하면서, 부하 장수들에게 목숨을 아끼지 말고 전투에 임하라고 독려하고 있다. 사람 목숨은 천명에 달려있고, 전투에서 죽는 것도 천명이기에 두려워 말라는 의미이다. 마지막 해전인 1598년 11월 노량해전 전날 밤 자정에 이순신은 배 위에서 손을 씻고 무릎을 꿇고 하늘에 빌었는데, "이 원수들을 쳐 없앨 수 있다면, 죽어도 여한이 없겠나이다"라고 하였다. 그때 문득 큰 별이 바다 속으로 떨어졌는데, 그것을 본 이들은 모두 이상하게 여기었다고 한다. 그 다음날 해전에

---

428. 『이충무공전서』, 권 9, 이분, 「행록」.

429. 『난중일기』, 정유년 9월 15일.

서 적의 유탄을 맞고, "싸움이 한창 급하다. 내가 죽었다는 말을 내지 마라"[430]라는 마지막 말을 남기고 전사하였다. 이처럼 마지막 순간까지 자신의 목숨보다도 나라의 안위와 왜적을 물리치는 것을 염두에 두었다. 그의 이러한 우국충정이 이 땅에서 왜적을 물리치는 데 크게 이바지하였다. 그러므로 나라를 지킨다는 대의 앞에 자신의 목숨을 초개처럼 내던진 그의 충심을 지금의 후손들이 잊지 않고 흠모하는 것이다. 비록 그의 육신은 죽어 사라졌지만, 그가 남긴 충의는 불멸의 신화가 되어 기억되고 있다. 하지만 이러한 유교식 천명은 대의로서 죽음을 대면하게 하는 의미 외에도, 어떠한 안타까운 죽음도 수용하게 만드는 힘을 내포하고 있다. 한마디로 젊은 나이에 요절하는 하는 것도 천명이다. 앞의 천은 도덕적 천이요, 뒤의 천은 운명적 천이다. 모든 것을 하늘의 뜻으로 수용한다는 의미이다. 인간의 한계와 무지로 알 수 없는 죽음을 하늘의 명령으로 수용하는 것이다. 또 다른 의미에서 천명은 한낱 인간이 품은 일종의 고귀한 문화적 환상일 수 있다. 인간은 천명으로 인해 자기의 목숨을 버리고 대의에 동참하게 되고, 때로는 자기의 부득이한 죽음을 수용하게 된다.

업의 과보로 죽음 수용

이제 『티벳 사자의 서』를 중심으로 불교에서의 죽음 대면과 수용에 대하여 언급해 보고자 한다. 먼저 붓다가 죽음을 어떻게 바라보았는지 살펴보자. 고타마가 출가한 이유는 생노병사의 고통을 멸하

430. 『이충무공전서』, 권 9, 이분, 「행록」.

는 법을 찾아내고자 함이다. 그것에 대한 해답이 사성제와 팔정도이다. 즉 태어나고 늙고 병들고 죽어가는 인간의 모든 고통은 '괴로움(苦)' 한마디로 정의된다. 인간이 가장 두려워하고 무서워하는 죽음도 붓다에게는 한낱 괴로움의 한 요소에 불과하다. 달리 말하면 생노병사는 12 연기법으로 서로 연결되어 있기에, 죽음만 따로 떼어서 볼 수 없다. 그것은 집착에 의한 업의 과보만 없었다면 태어나고 늙고 병들어 죽을 일이 없다는 의미이다. 그러므로 붓다에게는 죽음 그 자체보다도, 그러한 연기에 의한 윤회로부터 벗어나는 것이 더 중요했다. 모든 괴로움의 원인은 '나'라는 존재에 대한 집착이다. 그것으로 인해 욕망이 생겨나고 탐진치가 생겨나며, 사람들 사이에 분쟁을 일으켜 괴로움이 생겨난다. 붓다는 무아를 주장하여, 과보를 만드는 주체도 과보를 받는 주체도 없고, 단지 업의 과보만 있을 뿐이라고 주장한다. '나'라는 고정된 실체도 없고, 윤회하는 주체도 없기에 생노병사에 연연해 할 필요가 없다는 뜻이다. 그러기에 붓다는 누구보다도 죽음의 실체와 속성을 잘 들여다보았고, 그 너머의 해결책을 제시한 것이다. 이러한 괴로움, 괴로움의 원인, 괴로움의 소멸, 괴로움의 소멸에 이르는 길에 대한 설명이 사성제이고, 그것을 멸하는 방법이 팔정도이다. 한마디로 열반을 성취하는 길이기도 하다. 그것은 고통의 길도, 쾌락의 길도 아닌 '중도(中道)'의 길이며, 붓다가 해탈에 이른 길이기도 하다. 그러므로 붓다 스스로도 자신의 설법은 사성제와 팔정도로 시작하고 끝난다고 단언하였다. 그 외 다른 법칙이 없다고 해도 과언이 아니다. 본 주제로 돌아와서, 붓다는 자신의 당면한 죽음을 과연 어떻게 대면하고 받아들였는지, 그 스스로 자신의 죽음을 어떻게 언급했는지 궁금하다. 붓다는 『열반경』의 「춘다품」에서 자신의 죽음을 언급하는데, 춘다에게서 받은 마지막 공양이 문제가 있어 죽음에 이르게 되었다. 이에 춘다는 큰 죄책감에 빠지게 되고, 붓다는 다음과 같은 말로 춘다의 죄책감을 덜어준다.

> 일찍이 소녀로부터 우유 보시를 받고 깨달음을 얻었을 때나, 지금 춘다에게서 음식 공양을 받아 죽음을 맞이한 때나 그 과보에는 차별이 없다. 왜냐하면 깨달은 이의 몸은 영원한 것이어서, 태어난다든지 먹는다든지 죽는다든지 하는 일이 없는 까닭이다.[431]

음식을 보시받아 먹고 깨달음을 얻든, 죽음을 맞이하게 되든, 모두가 업의 과보로 이루어지는 것이기에 너무 연연하지 말라는 의미이다. 12 연기를 깨닫고 윤회를 벗어난 이에게 생노병사는 더 이상 문제가 되지 않는다. 그것은 삶과 죽음의 경계를 초탈한 경지이다. 그러면서 죽음에 대한 설법은 계속 이어졌다.

> 내가 오래 이 세상에 머물 것을 원해서는 안 된다. 마땅히 세계를 보라. 모두가 다 무상하지 않은가. 생긴 것은 다 죽음으로 돌아간다. 수명을 장구히 누린다 해도 언젠가는 다하리라. 무릇 왕성한 것은 반드시 쇠하고, 만남에는 이별이 따르기 마련이다. 젊음은 오래 머물러 주지 않고, 건강한 사람도 병이 들게 되고, 목숨은 죽음에 의해 끊어질 수밖에 없다. 이처럼 그 무엇도 영원한 것이란 없는 법이다. 이 세상은 모두 무상하며, 무엇이거나 즐거운 것은 없다. 나는 이 사실을 꿰뚫어 이 세상에 대한 집착을 끊고, 이상의 피안에 건너가는 것이며, 모든 고통을 떠나 오직 더없는

431. 다무라 요시로, 『열반경』, 이원섭 역 (서울: 현암사, 2001), 71.

즐거움을 받으려는 것이다.

이 세상의 것 치고 무상한 성질을 안 지닌 것이 없다. 생겨서는 상주(영원)하지 못하고, 마침내 멸하고 만다. 춘다여, 마땅히 모든 것의 무아 무상 부주(不住)를 관하라.[432]

유교적 죽음관이 '천명'으로 대변되듯이, 불교의 죽음관은 '업의 과보'와 '무상'으로 대변될 수 있다. 그 누구도 심지어 붓다 자신도 이러한 법칙에는 예외가 없다고 단언한다. 그러므로 세상 모든 것이 무상함을 깨우쳐 나라는 '아'에 대한 집착, 삶에 대한 집착, 그리고 죽음에 대한 공포를 떨쳐야 한다고 설파하였다. 이처럼 삶과 죽음에 대하여 담담하고 명징하게 대면하는 것은 붓다를 따를 수 있는 이가 없었다. 지금 닥친 자신의 죽음도 업의 과보에 의한 것이기에 피할 수 없다는 뜻이다. 업의 법칙은 엄중한 것이기에 누구도 피할 수 없다. 이처럼 붓다의 가르침은 죽음을 심각하게 생각하지 않는다. 삶과 죽음은 무상한 것이며, 연기의 법칙으로 서로 묶여 있기 때문이다. 이러한 초기불교의 붓다의 가르침과 달리, 티벳 밀교의 경전인 『티벳 사자의 서』에서는 죽음이 해탈의 기회로서 적극적으로 수용된다.

아무리 불교적 관점으로 죽음조차 업의 과보로 인식하고 받아들인다고 해도, 죽음이 두려운 것은 매 한 가지이다. 죽음의 시간이 다가오면 누구나 슬픔과 두려움, 고통의 감정에 압도된다. 그것은 인간이 자신의 가족, 일, 재산, 명예 등 자신이 살면서 관계를 맺고 이루었던 것에 대한 집착에 근거한다. "하필이면, 내가? 왜 지금?

432. 위의 책, 72-73.

죽어야 하는지?" 도저히 용납할 수 없는 수많은 안타까운 죽음이 있다. 하지만 붓다는 그러한 죽음조차도, 그 자신이 받을 과보이기에 피할 수 없다고, 그러한 죽음조차도 담담히 수용해야 한다고 가르쳤다. 더 나아가『티벳 사자의 서』에서는 그러한 죽음을 미리 수행을 통해 잘 준비만 한다면, 바르도 상의 매 순간마다 해탈의 기회로 잘 활용할 수 있다고 밝힌다.

족첸 폰롭 린포체는 "죽음의 순간이 엄습하면 아무리 삶을 연장하려고 발버둥 치더라도 할 수 있는 일이 아무것도 없다. 아무도 자신의 카르마를 바꿀 수 없다. 우리는 속수무책으로 그것을 따라야 한다. 우리에게 도움이 되는 것은 평온하고 깨어 있는 상태로 죽음을 맞이하고자 하는 염원을 확고히 다짐함으로써 죽음의 준비를 시작하는 것이다. 죽음의 각 단계들을 마음에 익히면서 평온하게 지금 여기서 깨어 알아차리는 의식을 유지하려는 의도를 다짐함으로써 자신을 준비시킨다. 지금 이러한 염원을 일으키고 행하는 것은 매우 중요하다. 그런 다음 죽음의 순간이 오면 평화롭고도 깨어 있는 마음 상태에 머물겠노라는 일념의 각오와 염원을 다시금 다지며 계속 유지해 가야 한다"[433]고 말한다. 이러한 죽음 준비에 필요한 수행이 바로, 티벳 밀교만의 독특한 수행인 '포와 수행'이다. 포와는 특히 몸과 마음이 분리되어 현재와 같은 연결을 상실하기 시작하는 때인 죽음의 시간과 관련된 수행이다. '포와'라는 말은 흔히 의식의 '전이' 혹은 '방사'로 번역된다.[434] 한마디로 포와 수행은 의식을 열반의 경지인 극락

433. 족첸 폰롭 린포체,『티벳 사자의 여행 안내서』, 215.
434. 위의 책, 240.

정토로 옮겨가는 것이다.

> 포와는 사자의 의식을 옮겨서 무량광불의 깨달은 마음과 결합시키는 헌신적인 기도이자 사색적인 명상이다. 이 명상을 통해 사람은 극락정토에 환생할 수 있다. 언제든 포와를 수행하는 것은 매우 효과가 있고 이익이 된다. 특히 죽음의 과정이나 바르도에 있는 사람을 위해 포와를 행할 때 더욱 효과가 있다. 죽음의 순간 의식이 육체를 떠날 때 당신은 무의식에 빠질 것이다. 의식을 다시 회복할 때 당신은 자기 몸에서 벗어나 바르도를 헤매면서, 종착점이 어딘지도 모른 채 오로지 자신의 정신적 습관만을 따를 것이다. 그 순간 당신이 포와에 대해 명상할 수 있다면, 그것이 당신을 극락정토로 인도하여 바르도에서 헤매지 않고 그곳에서 기쁘게 환생하게 할 것이다.
>
> 그러므로 당신은 건강히 살아있을 때 포와를 훈련해야 한다. 그렇게 의식이 있을 때 마음의 준비를 한다면, 실제로 의식을 옮길 때가 닥칠 때, 이를 맞이할 준비가 되어있을 것이다. 죽음에 가까이 다가갈수록 당신은 포와 수행에 더욱 집중해야 한다. 포와는 당신이 직접 할 수도 있고, 다른 사람이 당신을 위해 해줄 수도 있다. 당신의 의식이 몸에서 떠날 때 그것을 익숙한 정토로 향하게 하는 것이 가장 이상적일 것이다.[435]

포와 수행을 통해 죽음의 순간이나 바르도에서 의식이 명료하게 살아있다면 바로도에서 온갖 무수한 환영들에 놀아나지 않고 해탈에 이를 수 있다. 바르도에서 살아서 수행한 것들을 기억하고 그대로 따른다면, 더 이상 윤회를 하지 않고 열반의 경지에 머물 수 있다. 여러 포와 수행 중 화신의 포와는 "정수리의 차크라를 통해 의식을 불시에 방사하여 해방시켜서, 붓다나 존격의 심상이 상징하는 깨

435. 툴쿠 퇸둡, 앞의 책, 432–33.

달음의 상태 혹은 영역으로 의식을 전이시키는 데에 있다."[436]이것을 기반으로『티벳 사자의 서』에서는 죽음의 순간에 스승이나 영적 인도자는 다음과 같이 임종자를 인도한다.

> 아, 고귀하게 태어난 아무개여. 그대가 존재의 근원으로 돌아가는 길을 찾을 순간이 다가왔다. 그대의 호흡이 멎으려 하고 있다. 그대는 한때 그대의 영적 스승으로부터 존재의 근원에서 비치는 투명한 빛에 대해 배웠다. 이제 그대는 사후세계의 첫 번째 단계에서 그 근원의 빛을 체험하려 하고 있다.
>
> 그대여, 이 순간에 모든 것은 구름 없는 텅 빈 하늘과 같고, 아무것도 걸치지 않은 티없이 맑은 그대의 마음은 중심도 둘레도 없는 투명한 허공과 같다. 이 순간 그대는 그대 자신의 참나를 알라. 그리고 그 빛 속에 머물러 있으라. 이 순간 나 역시 그대를 인도하리라.[437]

이렇게 인도하면서, 인도자는 임종자가 임종할 시점에 다음과 같은 조치를 취함으로써 의식이 정수리로 잘 빠져나갈 수 있도록 도와준다. "날숨이 멎으려고 하면 임종자를 오른쪽으로 돌려 눕힌다. 이 자세는 '사자가 누워있는 자세'라고 불린다. 그리고 목의 오른쪽과 왼쪽에 있는 동맥을 누른다. 이때 임종자가 잠에 빠져들려고 하거나 수면 상태가 계속되려고 하면 이를 막아야 하며, 목의 동맥은 부드럽게 그러나 확실하게 눌러 준다. 이렇게 함으로써 척추의 에너지 통로에 있는 생명력은 다른 곳으로 가지 못하고 오직 머리 정수리의 브라흐마의 구멍을

436. 족첸 폰롭 린포체, 앞의 책, 240.

437. 파드마삼바바, 앞의 책, 241-242.

통해 확실하게 빠져나갈 것이다."[438] 그러나 아무리 잘 인도해주어도 스스로가 그런 의지를 보여야 한다. 결국 해탈에 이르기 위해서는 본인의 마음을 스스로 깨쳐야만 한다. 아무리 영적으로 뛰어난 스승일지라도 그것만은 대신해 줄 수는 없다. 대승불교의 핵심은 한마음을 스스로 깨우치는 것이다. 그러므로 살아서나 죽어서나 자기 마음의 환상을 깨닫고 모든 집착에서 벗어나는 것이 깨달음이고 해탈이다. 그러나 그러한 깨달음은 오랜 수행을 거쳐야지, 누구에게나 쉽게 오지 않는다. 그러니 바르도의 여정을 앞둔 임종자는 다음과 같은 보살의 염원을 담은 환상을 품으면, 마음을 깨치는 데 도움을 얻는다.

> 아, 지금은 죽음의 때로다. 나는 이 죽음을 이용해 허공처럼 많은 생명 가진 모든 것들에게 사랑과 자비의 마음을 가지리라. 그리고 그들을 위해 완전한 깨달음을 얻기 위해 노력하리라. ... 비록 내가 그것을 이루지 못할지라도 나는 이 사후세계만은 정확하게 자각하리라. 그리고 이 사후세계에서 존재의 근원과 하나가 되어 어떤 모습으로든지 모든 생명 가진 존재들에게 이익이 될 만한 모습으로 나타나리라. 무한한 허공처럼 다함없는 모든 생명 가진 존재들을 위해 나는 일하리라.[439]

자기의 삶이나 목숨에 연연하고 집착하는 것이 아니라, 자기를 넘어서 모든 중생에게 이로운 일을 하겠다는 자비의 마음이 해탈로 이끈다. 설령 다시 환생하더라도 모든 생명에게 자비를 베풀겠다는 환상이 동반될 때, 자기의 죽음이 더 이상 두려움과 공포의 대상

438. 위의 책, 242-243.
439. 위의 책, 246-247.

이 아니라, 담담히 대면하고 수용할 수 있는 것으로 받아들여지게 된다. 바르도 상에서 외로움과 두려움으로 떨고 있을 의식체에게 결코 그의 죽음이 의미없고 덧없는 것이 아님을 상기시키고, 소명의식을 불러일으켜 적극적으로 나아가게 해준다. 그리고 바르도에서 만나는 숱한 환영들이 전생에 축적된 카르마가 구현된 것이기에 그것의 본질을 깨치면 즉각 해탈에 이르게 된다. 하지만 현생에서 '나와 대상, 세상 만물이 모두 환'이라는 한마음의 깨침이 결코 쉽지 않듯이, 죽음의 바르도 상에서도 보이는 환영들이 실체가 없는 것이라고 즉각 깨우치는 것도 쉬운 것이 아니다. 그러기에 대부분의 의식체는 바르도를 거치고 끝내 육계로의 환생의 길에 들어서게 된다. 그러나 죽음의 바르도를 들어갈 때나, 다시 환생을 할 때나 스스로가 업의 과보를 따라 죽고 다시 태어남을 안다면, 그리고 윤회에서 벗어나는 길을 알고 있다면 그렇게 죽음이 공포스럽고 두렵지만은 아닐 것이다.

그러기에 해탈과 보살의 길이 『티벳 사자의 서』에 중요한 가르침으로 기록되어 있는 것이다. 달리 보면 이러한 의식체의 여정이 베커의 '우주적 자아 환상'일 수 있다. 그 누구도 그러한 가르침이 진리 그대로인지 알 수도, 체험해 볼 수도 없다. 다만 오랜 세월 동안 그렇게 배우고 믿고 가르치는 것이 되풀이되어 오고 있을 뿐이다. 그래서 본 논자는 그러한 가르침도 일종의 문화적 환상일 수 있지만, 무섭고 혹독한 죽음의 여정을 홀로 나아가야 하는 인간에게 죽음을 대면하고 수용하는 데 큰 도움이 될 수 있다고 본다. 무엇보다도 그것이 붓다의 가르침과 일맥상통한 점이 있기에 설득력이 있어 보인다.

5절. 환상을 직시하는 우주적 자아의 삶

누구나 자기의 '우주적 자아'를 온전히 통찰하기란 쉽지 않다. 그러한 통찰은 오랜 수행 끝에 찾아오는 심층의 깨달음이다. 대부분 인간은 머리로만 겨우 상상하고 이해할 뿐이다. 이제는 우주적 자아가 품어야 할 '궁극적 환상'과 종교성의 관련성에 대해 살펴보고자 한다.

인간 내면의 심층에는 영속성과 무한성에 대한 염원이 자리잡고 있다. 인간의 죽음 이후에 대한 무지는 죽음에 대한 막연한 공포로 이어진다. 그러한 공포는 죽음을 회피하고 부정하려는 욕구로서 인간의 내면에 무수한 환상을 만들어내고, 인간의 성격이나 행동에 지대한 영향을 끼친다. 그리고 자신의 유한한 한계를 인식한 인간은 영원불멸을 꿈꾸게 되는데, 그것은 무한성에 대한 염원이다. 자아를 초월하여 근원적 실재로서 온 우주에 편재해 있는 궁극적 실재에 접속함으로써 영원성을 확보하고자 하는 막연한 희망이다. 그러나 그러한 무한성의 추구는 대체로 세속적 삶에 파묻혀 내면의 심층 깊숙이 숨겨져 있다. 그것은 무의식 안에서도 가장 깊숙이 숨겨져 있을 것이다. 이러한 무의식에서 프로이트는 성욕을, 아들러는 권력욕을, 융은 신비주의적 영성을 보았다면, 오토 랑크는 자기 영속을 위한 불멸추구의 욕구를 보았다. 그리고 키에르케고어는 자아를 초월한 무한성과 절대적 초월에 대한 신앙의 욕구를 보았는데, 베커는 이것에 대해 다음과 같이 설명한다.

> 인간은 단지 문화적 영웅성의 영역을 돌파하고, 일상의 사회 조직에서 자신이 영웅처럼 행동하게 하는 거짓의 성격을 파괴하며, 그렇게 함으로써 자기 자신을 무한성에, 우주적 영웅성의 가능성에, 신에 대한 섬김에 이르도록 개방한다. 그리하여 그의 삶은 사회와 문화, 역사의 가치를 대신하는 궁극적인 가치를 얻는다. 인간은 은밀한 내적 자아, 진정한 재능, 독특성에 대한 심층적인 느낌, 절대적인 의미에 대한 내적 갈망을 바로 창조의 근원에 결부시킨다. 파괴된 문화적 자아의 잔재로부터 벗어난 곳에는 궁극의 의미와 우주적 영웅성을 갈망하는 사적인, 비가시적인 내적 자아의 미스터리가 남아 있다. 모든 창조의 핵심 속에 있는 이 보이지 않는 미스터리는 이제 비가시적인 신비와의 연결고리를 확고히 함으로써 우주적 의미를 갖는다. 이것이 바로 신앙의 의미이다.[440]

이 광활한 우주 안에서 '피조물로서의 유한성을 자각하고, 그러한 자기를 초월하여 무한성을 지향하며, 우주의 근원적 실재를 통찰하고자 하는 바램'을 우주적 자아의 '궁극적 환상'이라고 본다. 이러한 베커의 관점으로, 『난중일기』와 『티벳 사자의 서』를 비교해 보자. 전자에서는 자기성찰로 천명에 순응하며 초월적 무한성인 천과 합일을 추구하는 '궁극적 환상'으로 사단칠정의 절제되고 조화로운 삶을 추구한다. 후자에서는 바르도에서 끊임없이 나타나는 모든 환

440. 어네스트 베커, 앞의 책, 178.

영의 허구를 깨닫고 절대적 무한성인 열반을 추구하면서, 눈앞의 환영에 놀아나지 않도록 항상 자기 '마음을 직시'해야 함을 가르친다.

이제부터 각각의 텍스트를 중심으로 이러한 비교를 좀 더 상세히 살펴보고자 한다. 먼저 『난중일기』를 읽어 보면, 이순신의 자기 성찰과 천명에 순응하는 경건한 삶이 잘 나타난다. 임진왜란의 전장의 한 가운데에서 거의 매일 그날의 행적을 반추하며 꼬박꼬박 적어 내려간 일기에는, 한 인간이 매일의 번잡한 삶 속에서 느낀 인간적인 소회가 솔직하게 고스란히 담겨있다. 자기 책임을 방기하고 약속을 지키지 않는 부하들에 대한 문책, 도망치는 병사들이나 탐관오리들에 대한 엄벌, 나랏일과 가족에 대한 걱정 그리고 진중으로 찾아 드나드는 수많은 사람, 서류, 편지 그리고 물품들에 대한 기록이 꼼꼼하게 되어있다. 비록 이순신이 자기 심중의 고뇌를 낱낱이 기록하지 않았지만, 그의 침묵 안에서, 그의 절규 안에서 자아를 초월한 천명에 대한 지향성을 충분히 느낄 수 있다. 예를 들면, "(1593.3.22.) 가뭄이 너무 심하고 강의 여울도 매우 얕아져 적에게만 도움되는 형세이니, 천지신명께서 도와주지 않으시어 이 지경에 이르렀습니다.", "(1593.7.1.) 인종의 제삿날이다. 나라를 걱정하는 마음은 조금도 늦춰지지 않고 홀로 뜸 밑에 앉아 있으니, 온갖 생각이 다 일어난다.", "(1594.6.28.) 무더위가 지는 듯하다. 나라 제삿날(명종)이라 종일 혼자 앉아 있었다.", "(1597.7.10.) (백의종군 중) 일찍 아침 식사를 하였는데, 정을 스스로 억누르지 못하고 통곡하며 (아들 열을 고향에) 떠나보냈다. 내가 무슨 죄를 지었기에 이 지경에 이르렀는가." "(1597.8.19.) 여러 장수들이 교서에 숙배하였는데, 배설은 교서를 위하여 공경히 맞아 절하지 않았다. 그 능멸하고 오만한 태도가 이루 말할 수 없기에 그의 영리에게 곤장을 쳤다." 이러한 기록을 보면, 그는 혼자 고독하게 침묵 속에 앉아 있을 때가 많았다. 그러한 침묵에서 그의 자기성찰의 모습이 읽혀진다. 그리고 교서에 숙배를 드린다는 것은 왕의 교지를 엄숙하게 받들겠다는 의미와 국가의 통치체계를 충성을 다해 받들겠다는 의미이다. 또한 이순신은 매월 1일, 15일에 새벽에 궁궐을 향하여 망궐례(望闕禮, 궁궐이 멀리 있어서 직접 나아가서 왕을 배알하지 못할 때 멀리서 궁궐을 바라보고 행하는 국가의례)를 시행하였고, 전쟁 중에 억울하게 죽은 원혼들을 위해 여제와 둑제를 자주 지내주었다. 이와 같은 이순신의 여러 글을 보면 자아를 초월한 인간사를 주관하는 천지신명, 국가의 수호신과 임금, 자연의 신과 죽은 영혼들에 대한 엄숙한 의례와 고독한 침묵의 경배는 종교적 색채를 물씬 풍기고 있다. 비록 이순신이 직접 말로 천지신명께 기도를 드리지는 않았지만, 그의 경건하고 엄숙한 행위는 비가시적인 신비와 연결되는 신앙적인 종교적 행위가 아니고 무엇이겠는가. 특히 삼도통제사에서 파직당하고 다시 백의종군하면서 어머니의 장례를 치르며 하늘에 절규하고 자신의 운명을 한탄하는 모습은 천명에 순응하는 한 인간의 모습 그 자체이다.

경건한 이순신의 삶은 하늘의 천명을 경외한 공자의 다음 말씀과 통한다. 『논어』의 「헌문 37」에 나오는 말로서, "(나는) 하늘을 원망하지 않으며 사람을 탓하지 않고, 아래로 (인간의 일을) 배우면서, 위로 (천리를) 통달하나니, 나를 알아주는 것은 하늘이실 것이다." 이처럼 공자는 남이 알아주든 않든, 고독하게 하늘을 경외하며 묵묵히 인간으로서 해야 할 바를 행하며 살아가야 함을 가르치신다. 그리고 공자는 이러한 천명을 「위정 4」에서 "나이 오십이 되어서야 알았다(五十而知天命)"고 하였다. 즉 "지천명이란 본성의 덕을 인식하는 것으로 본성의 덕에 따라 인간의 길을 가는 것이 천명에 순응하는 방법이다. 천명을 알았다는 것은 천명에 순응하는 것으로 이는 자연적 운명론과 도덕적 사명론에 순응하는 삶을 일컫는다."[441] 천명에 순응하며 살아간다는 것은 고독한 길이다. 삶의 온갖 난관을 겪으면서도 자기 본성의 덕을 유지하며 천명을 받들고 살아가야 하는 것은 끊임없는 자기성찰(自己省察)이 요구되는 경건한 삶이기 때문이다.

이러한 자기성찰의 삶을 오롯이 보여준 이는 조선의 최고 성리학자인 퇴계이다. "그는 마음이야말로 세계 인식과 참여의 출발점임을 알아 마음을 올바르게 가지려 하였다. 그것은 단지 도덕심의 계발을 위한 것만은 아니었다. 그는 명징한 마음으로 만물을 아우르는 천인합일의 이상을 지향하였다."[442] 그러한 퇴계의 자기성찰 정신을 일본인 학자 아베 요시오(阿部吉雄)는 다음과 같이 설명하고 있다.

> 마음을 외계로 돌리기보다 우선 내계로 자성 · 성찰을 쌓아가면서 항상 마음속에서 움직이는 존엄한, 그러면서도 따스한 생명의 존재를 인지하고, 그것이 우주의 생명력에 연결됨을 자각하며, 이것을 존속하고 함양하는 것을 학문의 출발점으로 하는 학문, 인간 정신의 존엄성과 사랑하지 않고는 배길 수 없는 생명을 자각하고 존양하는 것을 제일의 옳음으로 하는 학문이다. 앞선 현인의 책을 읽고 엄중히 자기 몸을 살펴서, 진실한 자기를 탐구하고, 자기의 심혼(心魂)과 기질을 순화하여 인격을 도

441. 이진영 · 강선보, 앞의 글, 82.
442. 김기현, 「퇴계의 자기성찰 정신」, 『유교사상연구』 37(2009): 39.

야하고, 생명의 환희를 얻으려고 하는 실천학이자 수양학이다. 이것이 이퇴계 사상의 큰 본질이다.(『퇴계학보』 제8집(1976.8) 이상은 선생의 〈권두언〉에서 재인용)[443]

퇴계의 자기성찰은 자기 내면을 살펴서 마음 안에서 작용하고 있는 우주 생명력의 따스한 흐름을 감지하여 보존하고 함양하여, 외부로 드러나는 행위가 예의에 어긋나지 않는지 잘 살펴야 한다는 자기 수양을 일컫는다. 늘 자기의 몸과 마음을 살피면서, 마음 안에서 근원적 실재와 연결되도록 하며, 천의 본성인 우주적 생명력을 감지해야 함을 말하고 있다. 이러한 자기성찰은 퇴계의 수양론의 핵심개념인 '경(敬)'의 실천 그 자체이다. 그것은 행동하기 이전의 고요함(靜)이나 행동으로 나타난 이후의 다양한 활동(動)에 경을 일관되게 적용시키면서, 고요할 때 두려워하고 삼가며, 성품을 함양하는 것과 활동할 때 인욕을 분별하여 성찰하는 것을 말한다. 이러한 경의 실천으로서 자기성찰의 경건한 삶은 한마디로 고독한 신앙의 삶으로서 궁극적 무한성이라 할 수 있는 '천(天)'과의 합일을 추구하는 삶 바로 그것이라 할 수 있다.

다음으로 『티벳 사자의 서』를 살펴보고자 한다. 먼저 수행적 측면을 살펴보면, 단적으로 개인의 고독 속에서 행하는 종교의 가장 대표적 사례는 불교이다. 생 · 노 · 병 · 사의 괴로움으로부터 벗어나기 위한 붓다의 고행, 그리고 출가자들이 사성제의 진정한 의미를 깨닫고 팔정도를 수행하기 위한 용맹한 정진 그 모두가 고독한 자기 수

443. 위의 글, 42.

행을 기반으로 한다. 즉 생활의 모든 면에서 바르게 보고, 이해하고, 사유하고, 바른 마음가짐으로 바르게 노력하고 집중하는 바른생활을 해야 한다는 것이다. 그것은 자기의 몸과 마음을 늘 살펴서 한 치의 어긋남이 없도록 수행함을 말한다. 또한 대승불교에서 공의 의미를 깨닫기 위해 화두 참선하거나 묵언 수행하는 것은 그야말로 고독한 수행의 절정이라 할 수 있다. 그리고 파드마삼바바가가 깨달음을 얻기 위해 묘지에서 수십 년을 홀로 수행한 것은 두말할 필요가 없다. 그러나 아무리 삶에서의 수행이 고독하더라도, 『티벳 사자의 서』에서 보이는 죽음의 바르도를 건너가는 의식체가 경험하는 절대적 고독에 비할 바가 아니다. 바르도의 여정에서 죽은 사자가 경험하는 절대적 고독은 모든 수행자가 느끼는 고독과는 차원이 다르다. 보이는 것은 오로지 신비로운 밝고 투명한 빛, 무서운 환영들, 들리는 것이라곤 공포스럽고 기이한 소리들, 그 속에서 처절하게 혼자 나아가야만 한다. 결국 이 경전의 핵심은 눈앞에 나타난 모든 무시무시한 환영들이 모두 자기의 카르마가 만든 허구임을 깨달아 궁극적 무한성인 니르바나로 곧장 들어가는 것이다.

지금까지 살펴본 『난중일기』와 『티벳 사자의 서』에서는 인간의 고독하고 처절한 자기성찰과 수행의 여정이 여실히 드러난다. 어쩌면 이러한 자기성찰의 고독한 행위는 화이트헤드와 윌리엄 제임스의 종교에 대한 정의와 일맥상통한다. 먼저 화이트헤드는 "종교는 개인이 자신의 고독과 함께 행하는 그 어떤 것이다. ... 종교는 고독이다. 만일 당신이 고독하지 않다면 당신은 결코 종교적이지 않다고 해야 할 것이다. 집단적인 열광, 부흥운동, 기관, 교회, 예식, 경전, 행동

규칙 등은 종교의 장식물로서 지나가는 형식에 불과하다"[444]고 말한다. 종교란 고독 속에서 자기의 내면을 성찰하고, 더 나아가 자기를 초월한 무한한 그 무언가를 지향하는 것이다. 그리고 제임스도 이와 유사하게 그의 책『종교경험의 다양성』에서 고독과 함께 행하는 개인의 종교적 경험을 말하고 있다.

> 개별적 인간이 신적인 것을 무엇이라고 부르든지 간에 그것과 연관해서 자신들이 이해하고 있는 한, 종교는 그들의 고독(solitude) 가운데서 개인의 감정, 행위, 그리고 경험을 의미할 것이다.[445]

종교는 인간의 처절한 고독과 침묵 속에서 내면으로 느끼는 숭고하면서도 근원적인 실재에 대한 지향성이다. 이에 대해 김재영은 "제임스는 궁극적으로 성스러운 것과의 관계 속에서 일어나는 종교적인 감정을 우선하여, 개개인의 종교경험을 중시하였다"[446]라고 설명한다. 이렇듯 이순신의 고독, 공자의 지천명, 퇴계의 경의 실천, 불교 수행자들의 명상과 팔정도 수행은 이러한 제임스의 개인적인 종교적 경험의 구체적인 사례로 볼 수 있다. 그것은 한마디로 자기성찰의 실천적인 삶의 경험을 통해 자기를 넘어선 천명이라는 근원적인 실재와의 접촉 그리고 해탈을 통해 니르바나로 들어가려는 우주적 자아의 궁극적 환상의 추구이다.

---

444. 알프레드 N. 화이트헤드,『진화하는 종교』, 김희헌 역 (서울: 대한기독교서회, 2012), 16–17.

445. 윌리엄 제임스,『종교적 경험의 다양성』, 89–90.

446. 김재영,「종교경험의 다양성 속에 나타나 있는 윌리엄 제임스의 종교이론」, 155.

__ 종교성과 개인의 종교적 경험

다음으로는 종교성과 개인의 종교적 경험 그리고 우주적 자아의 '궁극적 환상'을 관련지어 논의를 더욱 심화시켜 보고자 한다. 먼저 베커와 제임스 그리고 대행의 개인적 종교적 경험을 비교해 보고자 한다. 인간은 왜 이렇게 고독하게 종교적 수행이나 신앙에 몰두할까, 삶 속에서 사람들과 더불어 살아가며 웃고 울고 시기하며 질투하고 다투고 화해하고 용서하며 그냥 그렇게 살아가면 되지 않는가? 그것은 앞서 오토 랑크나 어네스트 베커가 말했듯이 인간의 본성이 이중성을 지니고 있기 때문이다. 몸은 유한성의 한계 내에서 살지만, 마음속으로는 줄기차게 무한성을 꿈꾸고 있다. 그것은 심리학이나 정신분석학이 채워줄 수 없는 종교만이 충족시켜줄 수 있는 가치이다. 그런 심리학의 한계를 제일 먼저 지적한 이는 오토 랑크였다.

> 오토 랑크는 심리학이 인간이 원하는 불멸을 제공하지 못하기 때문에 "자기지식(self-knowledge)으로서의 심리학은 자기기만이다"라고 말했다. 그 어느 것도 이보다 명백할 수 없다. 환자가 보호막에서 나오면 그는 개인-부모의 형태와 문화적 자기원인 형태로 지금까지 살아왔던 반사적인 불멸 이데올로기를 포기하게 된다. 이것을 대체하기 위해서 정신요법의 자기 지식은 어떤 새로운 불멸 이데올로기를 제공할 수 있는가? 분명히 랑크가 말했듯이 심리학 자체가 새로운 믿음체계가 되지 못한다면 심리학은 아무것도 제공하지 못할 것이다.[447]

베커는 랑크의 심리학 비판을 인용하면서 여러 해결방안을 제

---

447. 어네스트 베커, 『죽음의 부정』, 452.

시한다. 그중에서 가장 설득력이 있는 것은 심리학이 살아 있는 경험으로서 종교의례를 차용해야 한다는 내용이다.

> 심리학이 현대 종교가 되어야 한다면 심리학은 살아있는 경험을 반영해야 한다. 심리학은 단순한 이야기하기와 지적 분석에서 벗어나 '탄생의 트라우마'와 어린 시절에서 나온 실제의 외침, 꿈과 적대감의 표출에 대해 언급하고, 지적으로 분석하는 것에서 이제는 벗어나야 한다. 이렇게 한다는 것은 정신치료의 시간 자체를 의례적 경험으로 – 입회식이자, 금기된 성스러운 영역으로의 신성한 외도로 – 만든다는 것이다. 그러면 환자는 삶의 또 다른 차원을 전에는 그가 알지 못했고, 예상조차 하지 못했던 차원인, 일상의 세속적 세계와 다른 진실한 '비의 종교(mystery religion)'를 경험하게 된다. 환자는 비교(祕敎, 비밀스런 종교행위)의 행위에 참여하며 자신이 표현하리라고는 결코 생각지 못했거나, 아예 자신에게 있는지도 몰랐던, 그의 인격적 측면들이 표현되도록 허용된다. 여느 종교에서처럼, 전문가는 그것을 굳게 믿는데, 왜냐하면 그는 그것을 살아왔기 때문이다. 그러한 정신요법이 '참된' 이유는, 그것이 환자가 실제로 겪고 있는 일에 형태를 부여하고, 꼭 들어맞게 보이는 개념들로 설명하는 살아있는 경험이기 때문이다.[448]

베커가 여기에서 말하고자 하는 바는, 정신분석학과 심리학은 과거의 트라우마를 이론적으로 분석하는 것에만 치중하여, 환자들의 실제 고통을 치유하는 데 한계를 지니고 있다는 점이다. 그러므로 환자들의 현재 살아 있는 경험을 다룰 수 있는 새로운 종교적 경험을 통해 내면에 억눌려 있는 신성한 감정들을 터치해야만 치유가 시작된다. 이렇게 개인의 종교적 경험은 인간 내면의 무한성 욕구를 충

448. 위의 책, 453.

족시킬 뿐만 아니라, 살면서 겪는 아픔과 고통을 치유하는 힘도 지니고 있다. 인간이 살아가면서 가지게 되는 그릇되고 편협되고 닫혀 있는 자폐적 환상을 자기성찰과 근원적 실재에 대한 지향성을 통해 깨뜨리면서 내면의 고통을 치유해야 한다. 이처럼 개인의 내면적인 종교적 경험의 감정을 소중하게 다루고 연구한 이는 제임스이다. 실제로 그는 "종교적 삶을 사는 이는, 그가 아무리 편협하더라도, 종교에 관해 단지 알고만 있는 이보다 낫다"[449]라고 말하기도 했다. 그러면서 우주적인 일반담론의 종교이론은 너무나 피상적이라고 비판한다.

> 우리가 우주적인 것에 개인적인 것을 보다 덜 섞을수록, 우리는 보편적이고 비개인적으로 살게 되고, 우리는 보다 진정한 과학의 계승자가 된다. 이러한 과학적 태도의 비개인성이 어떤 기질의 관대함을 호소하더라도, 나는 그것이 피상적이라고 믿는데, 비교적 몇 마디 말로 그 이유를 들 수 있다. 우리가 우주적이고 일반적인 것을 다루는 한에 있어서, 우리는 단지 실재의 상징들을 다룰 뿐이지만, 그러나 우리가 사적이고 개인적인 현상을 다루는 순간, 우리는 가장 적절한 의미의 말로 실제를 다룰 수 있다. 나는 이러한 말들로 내가 의미하는 바를 쉽고 분명하게 할 수 있다고 생각한다.[450]

이러한 말의 부연 설명으로, 제임스는 "우리가 생각하는 것은 예를 들어 우주적 시간과 공간같이 거대할 수 있지만, 반면에 내면의 마음 상태는 가장 덧없고 하찮은 것일 수도 있다. 그러나 우주적인 대상은 우리가 그 존재를 내적으로 소유하지 못하고, 외적으로 가리킬

449. 윌리엄 제임스, 『종교적 경험의 다양성』, 579.
450. 위의 책, 587.

수밖에 없는 어떤 것의 이상적 표상일 뿐이다. 반면에 내면적 상태는 우리의 경험 바로 그 자체이다. 그것의 실재와 우리 경험의 실재는 하나이다"[451]라고 말한다. 인간 내면의 개인적인 상태는 우주적인 것에 비교하여 하찮게 보일지라도, 현실을 살면서 느낀 내밀한 감정을 지니고 있기에 소중하다는 의미이다. 인간은 추상적 관념 속에 사는 것이 아니라, 땀과 눈물이 뒤섞인 지금이라는 현실에 살고 있기 때문이다. 제임스는 실제를 살아가는 개인들의 내면적인 종교적 경험에 많은 관심을 기울였다. 그것은 관습적으로 무한한 궁극적 실재를 지향만 하는 것이 아니라, 그러한 지향성의 과정에서 마음속에서 느껴지는 종교적 감정을 중시하였다는 의미이다. 이러한 제임스의 종교관에 대해 김재영은 다음과 같이 말한다.

> 콜롬비아대학교의 종교철학 교수인 웨인 프라우드 훠트가 바르게 지적하였듯이, 제임스에게 있어서 종교의 근원적인 의미는 지성적이고 객관적인 표현들 속에 있는 것이 아니라 그 표현들을 존재하게끔 해준 종교적인 감정 속에 놓여 있다. 제임스는 궁극적으로 성스러운 것과의 관계 속에 일어나는 종교적인 감정이 우선적이고 그 밖의 다른 요소들은 부차적인 것으로 보았다.[452]

이렇게 제임스는 인간의 내면이 추구하는 성스러운 것과의 대면에서 경험하는 종교적 감정을 무엇보다도 중시하였다. 그러한 감정이 인간 내면의 상처와 허기를 치유하고 달래주고, 심층에서 작동

---

451. 위의 책, 587.
452. 김재영, 「종교경험의 다양성 속에 나타나 있는 윌리엄 제임스의 종교이론」, 155.

하는 궁극적 실재에 대한 지향성을 충족시켜주기 때문이다.

궁극적 실재의 차원

인간의 종교성이 추구하는 궁극적이고 성스러운 실재는 과연 어디에 있는 것일까? 인간이 쉽게 도달할 수 없는 저 멀리 어딘가에 있는 것인가? 아니면 가장 가까이 내면의 마음 깊숙이 있는 것인가? 제임스는 그 무언가가 어딘가 있다고 단정할 수 없다면서 다음과 같이 말한다. "나는 그것이 보다 저 먼 쪽(father)에 있는 무엇이 되었든, 우리가 종교적 경험에서 스스로 연결되어 있다고 느껴지는 그 '동일한 성질 이상의 것(more)'은 하나의 가설로서 이 가까운(hither) 쪽의 의식적 삶의 연장선인 잠재의식에 있다고 제안하겠다."[453] 여기에서 제임스의 유명한 'more' 개념이 나온다. 이것의 의미를 엿볼 수 있는 글로서, 제임스는 "우리 존재의 추가적인 경계는 감각적이고 단순히 '이해할 수 있는' 세계로부터 '전혀 다른 존재의 차원'으로 빠져들어 가는 것 같다. 그것은 신비한 영역, 혹은 초자연적 영역이라 부를 수 있다"[454]라고 말한다. 여기에서 '전적으로 다른 존재의 차원(altogether other dimension of existence)'이 바로 제임스가 말한 'more'의 의미일 것이다. 무엇이라고 단정할 수는 없지만, 인간의 이해와 의식을 넘어선 그 이상의 'more'가 있을 거라는 추정이다. 이러한 'more'와의 연결을 지향하는 내면의 추구가 제임스가 말하는 종교성이다.

김재영은 최근의 한 논문에서 종교적 경험과 신앙의 관점에

453. 윌리엄 제임스, 『종교적 경험의 다양성』, 600.

454. 위의 책, 603.

서 'something more'의 차원을 자세히 언급하고 있다. "제임스의 연구에 의하면, 개인의 종교적 경험이 시발되는 근원으로서 존재하는 'something more'의 차원이 있다. 이러한 차원은 무분별하게 무시해서는 안 되고, 종교 심리학적 이해에 적절히 통합되어야만 한다. 도널드 캡스(Donald Capps)는 이러한 제임스의 차원을 두 가지 이미지로 설명하는데, 첫째는 보다 깊은 측면으로부터 보다 높은 측면으로 끌려 올라가는 수직적 방향(vertical direction)이다. 그것은 우리의 주관성 안에서 잠재의식이 의식의 영역으로 분출하고 침범하는 것을 묘사한다. 두 번째는 중심에 있는 의식의 영역과 주변부의 잠재의식이나 무의식의 영역이 어떤 상황에서는 서로 교체되기도 하는 수평적 방향(horizontal direction)이다. 여기에서 중요한 것은 순환과정을 통해 의식이 잠재의식의 침범으로 인해 재생된다는 점이다. 만약에 이러한 자연스러운 순환체계가 깨어진다면, 의식은 더 이상 잠재의식으로부터 새로운 것을 받아들이지 못해 위축되고 경직될 것이다. 이러한 순환체계는 모든 사람에게 열려있는데, 그것은 의식에 신선한 바람을 불어 넣고, 종교적 삶에 생기를 돌게 하는 필수 요인이다."[455]

이러한 'something more'의 차원은 종교적 경험을 중시하는 제임스의 연구에서 중요한 개념이라고 밝히면서, 김재영은 그것을 한국의 선승인 대행(大行, 1927~2012 ; '한마음' 이라는 보편적 진리를 체득하고, 대행선(大行禪)이라는 독창적인 선사상과 수행체계를 세우고, 불교의 대중화와 현대화를 이끔)의 종교적 경험과 비교했다. 왜냐하면 대행의 삶과

455. Chae Young Kim, "Pragmatic Approach of William James and Seon Master Daehaeng towards Religion and Science" Journal of Dharma, 44, 3(2019): 267–268.

수행에서 보여지는 종교적 경험 안에 심리학적 요소가 많이 보이고, 제임스의 종교적 경험의 이해와 유사하다고 보았기 때문이다. "대행은 살아 있는 'more' 차원을 경험하였는데, 그것은 근원적 마음으로서 직접적으로 모든 것들과 연결되어 있다. 세상의 눈에 보이든 보이지 않은 모든 것들은 이러한 근원적이고, 궁극적인 것과 연결되려 한다. 그것들의 이름은 '아빠'와 '주인공(主人空)'이다. 이러한 관점에서 대행은 물질주의적, 교리적인 종교를 기피하고, 경험주의적 관점을 중시하였다. '주인공'의 경험에 대한 해석도 경전이나 교리적 해석을 삼가고 경험을 바탕으로 설법했다. 특히 대행과 제임스의 유사한 점은 잠재의식의 눈에 보이지 않는 자아와 의식적인 삶의 눈에 보이는 자아와 서로 친밀하게 상호연결되어 있고, 종교적 신앙의 경험 안에서 끊임없이 순환되고 있다는 관점이다."[456] 이렇게 제임스의 'more' 개념이 실제적인 종교적 경험으로서 인간의 내면에서 생생하게 작용하고 있다는 것을 자신의 실제 경험으로 터득하여 깨우친 것이 바로 대행의 '주인공' 개념이다. 김재영은 또 다른 논문에서 대행의 '주인공' 안에 담긴 심층 심리학적 요소를 설명하고 있는데, 간단히 요약하면 다음과 같다.

> 비록 대행은 심리학을 학문적으로 배우지는 않았지만, 소위 심층심리학에서 다루는 용어를 능숙하게 사용하였다. 대행이 자주 사용한 용어는 잠재적, 잠재의식, 그리고 무의식과 같은 용어이다. 스님은 주인공을 만나는 법을 알려주셨는데, 첫째는 삶의 여러 "문제들을 회피하지 말고 대

---

456. Ibid., 270–272.

면하는 것"이 중요하다. 대행의 어릴 때 산속에서의 경험처럼 두려움, 공포, 긴장, 지루함 그리고 불안을 피하지 않고 대면하면, 처음에는 힘이 들고 고통스러울지라도 점점 친숙해지고 친구처럼 편안해진다. 두 번째는 삶의 여러 문제를 주인공에게 "맡기고, 놓아두는 게" 중요하다고 강조한다. 그것은 알 수 없는 궁극적인 공(空)에 모든 걸 맡기는 것이다. 왜냐하면 인간은 자신의 문제를 의식적인 마음의 차원에서는 제대로 해결할 수 없기 때문이다. 세 번째는 사람들은 자신의 문제를 다른 누군가에게 대신 맡길 수 없고, "자신의 문제에 직접 책임을 져야 한다." 자신의 주인공에 대한 강한 신앙으로 그 속에서 해결해야만 한다. 그리고 대행은 우리는 현상적으로 서로 분리되어 있을지라도, 사실은 서로 결합되어 있고, 주인공은 우리와 모든 다른 존재로부터 결코 분리되어 있지 않다고 설법한다. 오히려 이 세계 안에서 보이는, 보이지 않는, 모든 존재와 서로 무제한으로 상호관통하고 결속되어 있다고 설한다.[457]

제임스의 'more'와 대행의 '주인공' 개념은 공통적으로 표면의 의식과 심층의 잠재의식이 언제 어디서나 항상 서로 교류하고 관통하고 있다는 의미를 내포하고 있다. 다만 '주인공' 개념은 모호한 관념적 용어가 아니라, 인간의 문제를 구체적으로 해결하는데 직접 개입하고 있다는 점에서 인간의 종교적 감정이나 경험에 보다 더 민감하게 작용하는 개념으로 보인다. 그리고 이러한 내면의 종교적 경험인 'more'와 '주인공'의 차원은 인간 마음의 심층 아주 깊숙한 곳에 숨겨져 있는 잠재의식에 있다고 보여진다. 반대로 인간이 지향하는 천명이나 궁극적 실재는 이미지상 인간 밖의 저 멀리 인간의 인식이 다

457. Chae Young Kim, "Depth Psychological Elements in Seon Master Daehaeng's Dharma Talks, with Special Reference to Hanmaum Yeojeon " Religions, 12(2021): 10–12.

다를 수 없는 저 너머의 우주에 있는 것처럼 보여진다. 그러므로 이들은 서로가 멀리 떨어진 양극단에 위치해 있는 것처럼 보인다. 그러나 이들 두 측면의 개념들은 인간의 안과 밖 모두에 작용하는 근원적인 실재로서 이해해야만 한다. 이것은 천명 개념의 변화를 유추하면 쉽게 이해될 수 있다. 즉 천명은 은대에는 인간세계를 지배하는 외재적 초월적 상제개념, 주대에는 내재화된 도덕적 원리, 공자는 '하늘로부터 받은 덕', 맹자는 '인간의 선한 본성', 그리고 송대의 주자는 '품부받은 리(理)' 그 자체로 점차 내면 깊숙이 들어오고 있다. 한마디로 우주 만물의 바깥과 안 모두에 편재해 있는 근원적인 바탕으로서 실재하는 것이다. 이것을 시각적 이미지로 이해해본다면, 마치 인간의 마음 깊고 깊은 곳에 끝이 모를 깊은 우물이 있는데, 그것은 텅 빈 공(空)으로서 온 우주와 연결된 통로이다. 그러니 수행자가 참선이나 명상할 때 자기의 마음속 깊은 곳으로 침잠해 들어가면, 어느 순간 깨달음을 얻어 해탈에 이르게 되는 이치가 바로 이것이다. 이 내면의 무한히 깊고 깊은 곳에 있는 텅 빈 구멍이 바로 'more'의 차원이며 '주인공'이다. 그 깊은 구멍의 끝은 온 우주로 열려있기에, 자기 마음을 깊이 관하면 관 할수록, 우주 만물과 소통을 더 잘하게 되는 이유가 바로 이러한 이치이다. 어쩌면『티벳 사자의 서』에서 말하고 있는, 죽음의 순간에 의식체가 빠져나가는 구멍이 머리의 정수리 부분이 아니라, 사실은 이 심층의 마음에 있는 구멍일 수 있다. 그러니 그 구멍 속의 터널을 빠져나가면 환하고 밝고 투명한 대 우주의 신비로운 빛을 체험하게 된다. 그것은 전혀 다른 차원의 세계에서 비쳐오는 빛으로서 살아서는 전혀 체험하지 못한 빛이다. 그와 반대로 우리의 정수리 위에는 매일 같이 흔히 보이는 일상의 빛뿐이다.

환상을 직시하는 삶

이제부터는 이러한 개념들이 우주적 자아의 '궁극적 환상'과 어떤 관련성이 있는지를 논의해 보자. 제임스나 대행이 오랜 개인적 고통과 경험을 통해 터득한 그러한 고차원적인 개념들도 실제로 일상을 살아가는 보통 사람들에게는 요원한 환상으로 들릴 수 있다. 다만 자신이 직접 체험하고 깨닫지 못했기에 그것은 하나의 이상적인 개념으로 여겨질 수 있다. 그렇다고 마냥 그것을 특별한 사람만이 깨닫고, 경험하는 것이라고 치부한다면, 아마도 대행이 일갈로 호되게 꾸짖을 수 있다. 어리석은 중생들이 붓다의 설법을 그렇게 오랫동안 듣고도 쉽게 깨닫지 못하는 이치가 바로 그것이다. 그래서 깨달은 스승들은 중생들에게 종교적 믿음인 신앙을 가지고 실천할 것을 강조한다. 이것이 바로 범인들이 믿고 따라야 하는 참 환상으로서의 '궁극적 환상'이다. 비록 스스로 깨닫지 못해 믿음이 약하고 흔들리고 의심이 생기더라도, 계속 믿고 나아가다 보면 어느 순간 깨달음이 온다는 것이다. 예를 들면, "나는 불성을 지닌 인간이다", "나는 하늘의 선한 본성인 리(理)를 심중에 지닌 고귀한 인간이다", "나는 하느님의 축복을 받아 태어난 인간이다", "죽으면 하느님이 계신 천국에 들어갈 것이다", "선한 업을 많이 쌓으면, 깨달음을 얻어 해탈에 이르게 되거나, 다시 태어나더라도 큰 복을 받을 것이다", "삶과 죽음에서 만나는 모든 것은 한낱 환상에 불과하다" 등의 숱한 믿음의 환상은 인간이 험한 세상을 사람답게 살도록 이끄는 긍정적인 역할을 하고 있다.

그러한 믿음으로 정진하다가 깨달음을 얻거나 구원을 얻는 종교적 경험을 하게 되면, 그토록 막연했던 환상은 일순간에 실재가 될 수 있다. 그러나 직접 그 결과를 체득하지 못한 중생들에게 그러한 믿음은 언제나 상황에 따라 쉽게 흔들리게 된다. 그래서 대행은 진실한 믿음이 수행에서 가장 첫 번째로 중요하다고 설법한다.

> 스님께서 늘 강조하시는 말씀이 있었다. "자기 자신의 부처 될 가능성을 믿어야 한다. 자신의 근본 마음, 주인공을 철저히 믿고 그에 귀의하라. 나는 수십 년간 오로지 이 말만 되풀이해 왔고, 앞으로 여전히 이 말만 되풀이할 것이다. 나는 그 오랜 시간 이 말을 해왔어도 조금도 싫증을 내지 않았고 지치지도 않았고 이후로도 마찬가지일 것이다. 왜냐하면 그것이야 말로 내가 진실로 믿고 있으며 알고 있는 단 하나의 진리이기 때문이다. 스스로를 부처로 알고 스스로에 귀의하여 성불하는 것, 이것이야말로 천만번을 강조한들 지나치지 않을 가르침이다."[458]

이것과 더불어, 중생이 약한 믿음으로 주저할 때면, 다음과 같이 일단은 먼저 믿고 시작하라고 충고한다.

> 성품을 보지 못해서 도저히 생각나기 이전에 부합되기 어려우니 나의 본성을 주인공이라고 세워 놓고 믿자. 아직은 모르니까 주인공이라고 하나를 세워 놓고 나가자. 그리고는 첫째로 믿어야 한다. 둘째로는 모든 것을 거기다 일임하여 놓아 버려야 한다. 셋째로는 우리가 지금 하고 있는 모든 것이 바로 거기서 하고 있는 것인 줄을 철저하게 믿는 것이다. 그렇게 해야 된다. 일상의 생활 중에 늘 염하기를 이렇게 하라. "주인공! 당신이 나의 근본임을 잊지 않겠습니다. 주인공! 당신이 나의 모든 것을 다 한

---

458. 한마음선원, 『한마음요전』 초판 (안양: 한마음선원, 1993), 233.

다는 것을 잊지 않겠습니다. 주인공! 일체현상이 다 당신의 나툼임을 잊지 않겠습니다."[459]

이러한 불성으로서의 '주인공'에 대한 철저한 믿음은, 비록 스스로의 경험으로 체득하지 못했더라도 먼저 믿고 시작해보면, 반드시 그 결과를 경험할 것이라고 대행은 설법하였다. 초기불교에서는 근기를 타고난 자들만이 쉽게 깨달음을 얻었지만, 대행선에서는 누가 신앙심이 확고하냐에 따라 그 진척이 다르다. 이상호는 그의 '생수선(生修禪)' 연구에서 대행선의 믿음을 다섯 가지로 정리한다. "대행의 믿음은 본각적 입장의 본래 부처라는 믿음, 시각적 입장의 부처가 될 수 있다는 가능성의 믿음, 일상생활에서 가난과 병환 같은 문제들을 주인공이 해결해 줄 것이라는 생활 방편의 믿음, 결단코 물러서지 않는 마음으로서의 믿음, 그리고 무조건 놓고 맡기는데 필요한 믿음이다."[460] 이러한 대행선의 믿음은 크게 불성을 자각하는 믿음으로부터, 작게는 생활 속의 온갖 개인적 문제까지 믿고 맡기는 총체적 믿음이다. 한마디로 우주적 자아의 '궁극적 환상'으로서의 믿음이라고 부를 수 있다. 그것이 바로 유한성을 자각하는 미력한 인간으로부터 무한성을 추구하여 온 우주로 확장해 나아가는 환상이다. 그리고 융에 의하면 이러한 '궁극적 환상'은 자신의 한계를 절실히 감지할 때에 느끼게 된다고 한다.

내가 극단적으로 제약을 당할 때 비로소 무한한 것(the infinite)을 느끼

459. 위의 책, 465.

460. 이상호, 「의정의 이원화와 통합을 활용한 생수선 정립 방안 연구」, (박사학위논문, 서강대학교, 2017), 240.

> 는 단계에 이르게 된다. 인간에게 가장 큰 제약은 자기(self)이다. 그것은 "나는 다만 그것에 불과하다!"는 체험 가운데 나타난다. 내가 자기 형태 안에 아주 좁게 제약되어 있다는 의식만이 무의식의 무한성에 접속될 수 있다. 이러한 의식성에서 나는 나를 유한하면서도 영원하며, 이것이면서도 저것으로서 경험한다. 내가 나를 개인적인 결합 속에서 궁극적으로 제약되어 있는 유일무이한 존재로 알게 되면서 또한 무한성을 의식할 수 있는 가능성도 지닌다.[461]

여기에서 융은 자기의 의식만이 무의식의 무한성에 접속할 수 있고, 유한하면서도 무한한 모든 것을 경험할 수 있다고 강조한다. 그리고 대행의 '주인공'처럼 보다 구체적인 설명을 하는데, "무의식적 통합성(unconscious wholeness)은 나에게는 모든 생물학적 · 정신적 현상의 고유한 영적 인도자(spiritus rector)로 여겨진다. 그것은 총체적인 실현, 인간의 경우 전적인 의식화를 추구한다"[462]라고 말한다. 그것은 모든 인간의 내면에서 '무의식적 통합성'이 총체적인 영적 인도자의 역할을 하고 있다는 뜻이다. 또한 인간의 종교적 경험에 실질적으로 영향을 미친다.

제임스의 "more", 대행의 '주인공', 융의 '무의식적 통합성'은 인간 내면의 무의식에서 의식으로 분출하여 끊임없이 교류되고 있다. 단지 무지한 인간이 제대로 인식하지 못할 뿐이다. 하지만 이런 개념들은 너무 긍정적인 양의 에너지 측면에서만 언급되고 있다. 이 우주에는 음의 에너지도 엄연히 작용하고 있다. 그것은 대승불교

---

461. 카를 구스타프 융, 『기억 꿈 사상』, 573.

462. 위의 책, 572.

의 유가행파가 알라야식의 속성으로 밝혀낸 부분이다. 족첸 폰롭 린포체는 마음의 토대인 알라야식의 두 가지 측면을 다음과 같이 설명한다.

> 우리의 의식이 우리가 현재 경험하고 있는 현상들을 끊임없이 발생하게 하는 토대로 작용하는 메커니즘을 이해해두는 것이 좋다. 이것을 분명히 이해하면 그런 현상들을 더 능숙하게 다룰 수 있게 되고, 극단적인 고통의 상태를 피할 수 있다. 또한 해탈을 얻을 기회도 커진다. 우리 마음의 본성은 청정하든 부정하든 모든 현상의 원천이고 뿌리이다. 마음은 모든 현상의 토대이기 때문에 '일체 토대'를 의미하는 알라야식으로도 알려져 있다. 일체의 토대인 이 마음은 두 가지 측면을 지니고 있다. 곧 하나는 청정한 일체의 토대이고 다른 하나는 부정한 일체의 토대이다. 청정한 상태에서 이것은 광명함과 명료함과 깨어 있음의 특성을 지닌 일체의 토대 - 지혜(alaya-jnana)라 불린다. 이 마음은 시작도 없고 끝도 없다. 모든 시간을 넘어서 있고, 모든 현상의 원천이자 토대이다. 이것은 불성이나 법신과 동의어이다. 부정한 상태에서 이것은 평범한 존재들의 미혹된 인식과 동의어이고, 이원적 마음인 일체의 토대 - 의식(alaya-vijnana)이라 불린다. 이것은 순간에서 순간으로 끊임없이 이어지는 마음의 흐름으로서, 카르마의 씨앗을 품고 있는 저장고이다. 다른 말로 일체의 토대인 알라야식이 부정할 때 그것을 '의식'이라 부르고, 청정한 측면을 바라볼 때는 '지혜'라 부른다.[463]

이것은 한마디로 인간의 내면에서 작용하는 모든 현상의 토대인 알라야식은 긍정적이고도 부정적인 측면 모두를 지니고 있다. 인간의 모든 삶의 업이 그대로 훈습되어 저장된 무의식의 바다이기 때

463. 족첸 폰롭 린포체, 앞의 책, 320-321.

문이다. 부정적 요소는 프로이트가 무의식을 해석한 측면과 많이 유사하다. 한마디로 알라야식은 인간 삶의 모든 문제를 해결할 수 있는 힘을 지니고 있으면서도, 그러한 문제를 생성시키는 원인도 지니고 있다. 그러나 모든 인류의 성인들이 깨우친 것처럼 그러한 마음의 가장 깊고 깊은 근원에는 근원적 실재로서의 불성이 자리매김하고 있을 거라고 믿게 된다. 이러한 무궁무진한 알라야식 속에도 깊이가 다른 여러 층이 나뉘어서, 가장 깊은 심층은 근원적 실재, 불성, 혹은 천명으로서의 리(理), 그리고 우주 너머의 궁극적 실재로 이어져 있다고 추정할 수 있다. 그러한 믿음이 우주적 자아가 지향하는 '궁극적 환상'이다.

하지만 아무리 우주적 자아의 '궁극적 환상'이라 해도, 결국엔 깨달음을 얻기 위해서 깨어져야만 하는 문화적 환상일 뿐이다. 아무리 고상한 이름을 붙여도 환상은 환상일 뿐이다. 단지 근원적 실재를 깨닫기 위한 수행의 방편일 뿐이다. 그러나 그것은 말처럼 쉽지 않다. 하지만 대행은 환상을 깨고 깨달음에 이르는 법과 깨달음을 얻는 순간의 평화로움에 대해, 다음과 같이 명쾌하게 설법한다.

> 깨닫는다는 것은 중생인 나를 버리고 따로이 부처인 나를 찾는다는 뜻이 아니다. 내가 곧 부처이니 버릴 나도 찾을 나도 없다. 다만 미망(환상)을 여읨으로써 내가 부처임을, 내가 본래로 나임을 아는 것뿐이다. 그렇게 깨닫고 보면 내가 바로 나 자신이 되기 위해 얼마나 애를 썼던가 하고 웃음을 터뜨리게 될 것이다. 그러나 그것은 허무의 웃음이 아니다. 자유롭고 평화스러운 웃음이다.[464]

464. 한마음선원, 앞의 책, 578.

이렇게 깨닫고 나면 너무나 쉬운 것을 중생들은 갈애와 집착으로 자기의 환상에 얽매여 보지를 못한다. 그러한 환상에 대한 집착은 죽음의 여정에서도 여전히 되풀이됨을 앞의 『티벳 사자의 서』에서 보았다. 죽음의 바르도에서 만나게 되는 평화의 신들, 분노의 신들도 모두 내 마음에서 나온 환영이라고 하지 않던가. 그것이 환상임을 깨닫는 순간에 모든 형상들이 사라지고 바로 붓다의 경지에 들 수 있다고 하였다. 하지만 깨닫지 못하면 영원히 윤회계를 헤매게 된다고 경고한다. 다음은 '초에니 바르도'에서 의식체에게 주는 충고인데, 그것은 삶의 바르도에서도 해당되는 경고이다.

> 아, 고귀하게 태어난 자여, 만일 지금 그대 자신의 생각에서 투영되어 나오는 것들을 바로 알지 못한다면, 그대가 인간 세상에서 아무리 명상수행을 열심히 하고 신에게 헌신했다 할지라도 빛들이 그대를 당황하게 하고, 소리들이 그대를 두렵게 하고, 색채들이 그대를 무서워하게 만들 것이다. 따라서 그대에게는 이 가르침이 더없이 중요하다. 그대가 이 가르침의 중요한 열쇠를 알지 못하면 그대는 빛과 소리와 색채의 본질을 깨닫지 못하고 윤회계 속을 방황하게 될 것이다.[465]

여기에서 가르침이란 모든 환영이 자기 마음이 만든 환상에 불과함을 바로 알고 깨달아야 한다는 것이다. 환상은 자기의 생각이 만들어낸 그릇된 믿음임을 알고, 더 이상 그것에 놀아나서는 안 된다. 다만 인간이 무지하여 어디로 어떻게 나아가야 할지를 모를 때는, 일단은 성현들이 일깨워준 가르침을 굳은 신앙심으로 무조건 믿고 실

465. 파드마삼바바, 『티벳 사자의 서』, 266–267.

천해 나가야 한다. 그것이 '궁극적 환상'을 지향하는 인간의 바른 삶의 자세이다. 또한 살아가다 보면 부득이하게 만나게 되는 수많은 고통과 삶의 난관들은 자기의 의식적 차원에서 도저히 해결할 수 없을 경우가 많다. 그러한 경우에는 피하지 말고 직접 대면하되, 자기 내면의 종교적 경험인 심층의 'more' 차원, '주인공' 그리고 '무의식적 통합성'에 믿고 맡겨야 한다. 그리고 온 우주의 만물을 살리는 근원적 실재의 엄청난 생명 에너지가 우리의 심신을 관통하여 해결해 줄 것이라는 강한 믿음으로 살아가야 한다.

베커도 『죽음의 부정』 말미에서 "인간이 자신의 한계를 극복하는 것은 과학적이고 인위적인 프로그램이 아니라, 창조의 악몽 속에서 땀흘리며 고생하는 일반 대중의 살아있는 에너지에 의한 '전진적인 삶의 관성(the forward momentum of life)', 즉 삶의 신비에 맡겨야 한다"[466] 라고 결론짓고 있다. 세상은 인간의 합리적인 이성만으로 움직여지지 않으며, 인간은 자신의 범위를 넘어선 어떤 신비로운 힘의 작용을 인정하고 맡겨야만 한다. 그리고 그는 인간의 영웅성의 긍정적 방향성에 대해 조언을 하는데, 인간 희생양에 대한 증오를 줄이고 '객관적 증오'로 방향을 돌려, 가난, 불평등, 정치적 압제 등의 사회문제를 제도적으로 해결하는 것으로 대체해야 함을 주장한다. 또한 베커는 인간 내면의 종교적 심성에 모두 맡기고, 자기의 유한성을 깨닫고, 죽음에 의연하게 대면하며 진실하게 인간의 삶을 추구해야 함을 강조한다. 이것이 베커가 결론적으로 주장하는 실천 방향이다.

---

466. 어네스트 베커, 앞의 책, 472.

결론적으로 인간은 이 우주 안에서 자기의 유기적 생명체로서의 유한한 실존적 위치를 자각하고, 위로는 저 높은 우주의 궁극적 실재와 교감하며, 아래로는 심층의 마음 가장 깊숙이 있는 근원적 바탕의 잠재의식과 소통하여 온 우주 만물과 교감하는 그러한 '궁극적 환상'을 지향하며 살아야 한다. 그러면서 삶과 죽음에서 마주치는 숱한 '환상을 직시하는 삶'을 묵묵히 살아가야 한다. 그것이 유교와 불교의 궁극적 가르침이자, 본 글에서 주장하는 실천적 함의이다. 그렇게 정진하다 보면 어느 순간 섬광처럼 환상이 걷히면서 '근원적 실재'가 확연히 드러나는 순간이 올 것이다. 비록 이러한 요원한 믿음마저도 문화적 환상일 수 있지만, 그래도 그렇게 믿고 살아가야 한다. 그것이 유한하면서도 무한을 꿈꾸는 미약한 존재로서의 인간이, 이 우주 안에서 세속적 욕망에 쉽게 함몰되지 않고, 고귀한 인간으로서의 품위를 지키며, 인간답게 살아갈 수 있는 유일한 방편일 것이다.

〈표〉 『난중일기』와 『티벳 사자의 서』의 종합적 고찰

	『난중일기』	『티벳 사자의 서』
환상 속 삶과 죽음	개인적, 문화적 환상들이 서로 융합하고 충돌하는 삶의 소용돌이 속에서 인간의 삶은 예측 불가한 부침을 겪음	사후의 죽음 여정인 바르도에서 전생의 문화적 환상에 의해 쌓은 업이 투사되는 다양한 환영들의 출현에 정신없이 쫓김
파괴적 악을 초래	히데요시가 자신의 불멸 영웅성과 자기 집단의 우월 환상으로 조선을 침략하여 전 국토를 유린하고, 조선의 민초들을 무자비하게 죽임	의식체가 바르도를 지나갈 때 자기의 업이 만든 무시무시한 환영들이 나타나는데, 그것들은 자기를 죽이기보다 열반으로 인도함
영웅 환상의 두 유형	공동체를 위해 자신을 희생하는 이순신의 아가페적 영웅성과 자기 불멸의 명성을 위해 무수히 타자를 죽이는 히데요시의 에로스적 영웅성	생사의 윤회에서 벗어나기 위해 과감히 열반에 들어가려는 의식체와, 다시 살고픈 욕망으로 환생을 향해 자궁 속으로 뛰어드는 의식체
문화적 환상에 따른 죽음관	이순신은 하늘이 부여한 '천명'으로서 죽음을 담담히 대면하고 수용한다. 의로운 일이라면 죽음을 두려워하지 않고 당당히 나아감	붓다의 가르침인 '업의 과보'와 '무상'의 개념으로 죽음을 대면하고 수용한다. '포와수행'으로 불가피한 죽음을 해탈의 기회로 삼음
우주적 자아의 삶	자기성찰로 천명에 순응하며, 초월적 무한성인 천과 합일을 추구하려는 '궁극적 환상'으로 사단칠정의 절제되고 조화로운 삶을 추구함	모든 환영의 허구를 깨닫고 절대적 무한성인 열반을 추구하면서, 눈앞의 환영에 놀아나지 않도록 항상 자기 '마음을 직시'해야 함

자기 통찰의 고독한 삶의 여정

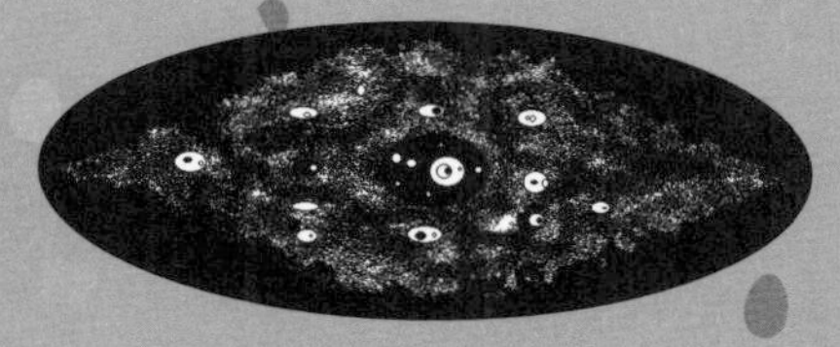

마야(환영)는 우주의 놀이, 결국 허망한 놀이다. 이것을 이해해야만 마야의 베일을 찢었을 때 절대적인 존재 앞에, 궁극적인 현실 앞에 서 있는 우리의 존재를 발견할 수 있다. 불안은 우리의 덧없음과 근본적인 비현실성에 대한 자각에 의해 유발된다. … 마야는 우리의 위대한 환상에 의해, 우리의 무지에 의해, 즉 우주의 변천과 사실성에 대한 우리의 잘못되고 불합리한 동일화에 의해 형성된다.

- 미르치아 엘리아데, 〈신화·꿈·신비〉

자기 통찰의 고독한 삶의 여정

인간은 현실의 고난을 돌파하기 위해, 보다 나은 생존의 안정성을 위해, 진정한 삶의 의미를 찾아, 그리고 자기의 영웅성을 증명하기 위해 매일 매 순간 끊임없이 상상하고 궁리하고 계획하며 자기만의 환상을 만들고 투사한다. 이처럼 인간의 매일의 삶은 자기가 투사하거나 집단이 투사한 거대한 '문화적 영웅 환상'을 좇아 정신없이 나아가는 고군분투 그 자체이다. 평생을 그렇게 살다가 사후의 죽음 여정에서도 끊임없이 바르도를 헤매게 되는데, 전생에 쌓은 환상과 업에 따라 같은 방식으로 생각하고 행동하게 된다.

본 글은 인간의 삶과 죽음의 여정에서 실제로 괴로움과 고통을 안겨주는 것은, 인간이 내면의 근원적인 죽음공포를 부정하기 위해 창의적으로 고안해낸 무수한 개인적, 문화적 환상들에 기인함을 밝혀 보고자 하였다. 그리고 이러한 환상들이 비록 인간의 삶과 죽음에 불가피한 동인이라 할지라도, 이왕이면 진정한 삶의 가르침으로서 여러 성인들이 제시한 '궁극적 환상'을 지향할 것을 제언하였다. 그리고 실천적 함의로써 삶과 죽음의 여정에서 매 순간 마주하게 되는 숱한 '환상을 직시하는 삶'을 제시하였다. 이제까지 다룬 전체 내용을 총괄해보면 다음과 같다.

먼저 2장에서 베커의 자아와 환상 개념을 유형별로 정리하였다. 그리고 3장과 4장에서는 그것을 바탕으로, 그러한 관점으로 이순신의 『난중일기』와 『티벳 사자의 서』를 각각 비교 검토하였다. 이처럼 시대적 배경과 성격이 전혀 다른 두 텍스트를 같이 대등하게 다루려고 했던 이유는 베커의 환상 개념으로 인간의 '삶의 고난'과 '죽음의 고통'을 전체적으로 다루어 보고자 하였기 때문이다.

하나는 유교 문화권인 동아시아 삼국이 최초로 전면적인 전쟁을 펼친, 16세기의 임진왜란 한가운데서 이순신 장군이 집필한 삶의 리얼한 실제가 고스란히 담긴 일기 형식의 글이다. 또 다른 하나는 불교의 발상지인 인도의 마지막 불교인 탄트라 불교가 티벳으로 고스란히 전수되어, 티벳인들에게 관세음보살의 화신으로 믿어지는 파드마삼바바(8세기)에 의해 '사후의 여정에서도 깨달음을 얻어 해탈에 이르는 길이 제시된 것'이다. 그것은 지금도 티벳의 죽음의례에 낭독되어지는 불교 경전으로서, 마치 파드마삼바바가 죽음에 대해 상상한 환상인지 아니면 실제로 자신이 경험한 내용인지 분간하기 어렵다. 이렇게 전혀 다른 두 텍스트가 베커의 환상 담론에 의해 본 연구에서 조우하게 된 것이다. 어찌 보면 이러한 우연도 하나의 신비이다. 인간에게서 삶과 죽음은 동전의 양면처럼 서로 연결되어 있듯, 이 두 텍스트도 '환상으로 인한 삶의 고난과 죽음의 고통의 문제'를 주제로 서로 연결될 수 있다고 본 것이다.

특히 3장에서 다룬 내용은 '문화적 영웅 환상'에 의한 인간의 삶의 고난이다. 무엇보다 『난중일기』와 임진왜란 관련 자료들을 살펴보면서, 도요토미 히데요시라는 한 인간의 불멸적 영웅 환상이 어떻게 확장되고, 어떻게 악으로 변질되어, 무수한 사람들의 생명과 재산을 파괴하는지를 밝혀 보았다. 한마디로 그는 '인간의 유한성을 부정하고 끝없이 불멸을 추구하는 세속적 영웅성의 전형'이다. 그러한 그의 나르시시즘적 불멸의 영웅 환상에서 타자는 인간의 존엄성을 잃고, 파괴의 대상으로 전락하여, 죽어야만 하는 존재가 된다. 조선의 이름 없는 수많은 민중은 그렇게 죽어갔다. 당시 조선의 14대 왕인 선조가 집정하던 조정은 도학적 이상세계에 대한 문화적 환상, 명나라에 대한 사대정치, 그리고 당파간 대립에 매몰되어 급변하는 국제정세의 변화에 둔감했다. 특히 일본 전국이 히데요시에 의해 통일되어 그 힘이 국외로 확장되려 하는 조짐을 제대로 간파하지도 않았고, 인정하려고도 하지 않았다.

그런 와중에 이순신만이 1592년 임진왜란이 일어나기 1년 전에 전라도 좌수사로 임명되어 전쟁 대비를 착실히 하고 있었다. 본 글의 주 텍스트가 이순신이 기록한 『난중일기』 그리고 이순신을 가장 신뢰한 류성룡이 집필한 『징비록』이었기에, 이순신과 류성룡의 시각으로만 보았다는 한계를 지적받을 여지가 있다. 즉 그들은 너무나 충직하고 정의로웠고, 원균과 다른 당파의 조정 대신들은 간사하고 무능한 존재들로 비춰질 수 있다. 하지만 문장 곳곳에 담긴 이순신의 '우국충절'의 충심은 너무나 진실되고 감동적이다. 그러므로 류성룡의 『징비록』이 1695년 일본에서 간행된 이후 지금까지, 이순신은 적국인 일본에서조차도 충의와 고결한 인품을 갖춘 명장으로서 존경받고 있다. 인간이 자기의 '소아(小我)'적 이기심을 극복하고, 국가와 백성을 위한 대의를 위해 자기를 희생하는 '대아(大我)'적 영웅은 국가를 넘어 보편적인 이상적 인간의 모범으로서 존경받는다는 것을 알 수 있다. 물론 히데요시는 우리에겐 철천지원수이지만, 일본인에게 섬나라 한계를 넘어 중원대륙으로 자기들 국가의 위상을 떨친 최초의 영웅으로서 기개와 담력, 탁월한 지모와 카리스마를 갖춘 영웅으로 사랑받고 있다. 결과적으로 히데요시는 스스로 꿈꾼 불세출의 영웅 환상을 실현한 것이다. 그러나 그의 환상이 실현되기 위해 조선의 민중이 얼마나 많이 참혹하게 죽어가야만 했는지를 결코 잊어서는 안된다. 이렇게 집단적 환상과 환상의 충돌에 의해 죽어 나가는 것은 결국 이름없는 숱한 민중들이었다. 이러한 뼈아픈 비극은 지금도 여전히 우리나라뿐만 아니라 전 세계 곳곳에서, 인간이 사는 어느 곳에서나 유사하게 자행되고 있다. 지도자들이 남발하는 장밋빛 환상에 놀아나는 이도 민중이요, 그 피해를 고스란히 받는 이들도 결국은 대다수 민중이다. 이것이 베커가 자신의 유작인『악으로부터의 도피(Escape from Evil)』에서 주장하고자 했던 핵심 내용이다.

그리고 4장에서는 환상에 의한 죽음의 고통을 다루기 위해,『티벳 사자의 서』와 관련된 자료를 분석하였다. 최근의 인간학과 죽음 연구의 경향을 보면, 주로 '존엄한 죽음, 죽음의 수용 태도, 사별자 치유, 죽음의 의미' 등 다양한 주제를 다루고 있지만, 항상 죽음을 겉돌기만 하고 죽음을 대상화하여 바라만 볼 뿐, "도대체 죽음 이후에 어떻게 되는지, 어디로 가는 건지, 영원히 흔적 없이 사라지는 건지?" 등과 같은 인간의 가장 근원적인 질문을 도외시한다는 아쉬움이 많았기에, 직접 죽음 안으로 들어가는 이야기를 연구 주제로 삼고자 하였다. 물론 단테의 『신곡』이나 『이집트 사자의 서』도 죽음 이후를 다루고 있지만, 같은 동양권 문화에서 우리 조상들과 현재 한국인의 정서에 많은 영향을 남긴 것은 유교뿐만 아니라 불교이기 때문에 불교에서 바라보는 죽음을 다루었다. 심지어 조선 선조 당시의 성리학자인 이이조차도, 어머니 신사임당의 죽음을 겪고 상실감에 한때 금강산에 들어가 불교에 입문한 경력이 있을 정도이다. 그러므로 한국인의 죽음 정서에는 이승과 저승, 지옥, 49제, 천도제, 윤회, 등 불교와 관련된 것들이 많다. 이러한 연유로 불교 경전에서 죽음 이후의 전 과정을 여실히 보여주는 『티벳 사자의 서』를 택하여, 사후의 여러 바르도를 거쳐 다시 환생에 이르는 과정을 살펴보았다. 이 경전은 영국학자 에반스 웬츠에 의해 1927년 서구에 소개되어 전 세계적으로 널리 알려지면서 죽음에 관한 대표적인 서적으로 꼽히게 되었다. 비록 종교와 문화가 다르면 이해하기 어려울 수 있는 난해한 내용이 많음에도 불구하고 여전히 세계적으로 널리 읽히는 것을 보면, 인간이라면 누구나 직감하는 죽음에 대한 근원적이며 보편적인 이해와 공감을 제공하고 있기 때문이라고 사려된다.

마지막으로 5장에서는 두 텍스트를 종합적으로 검토 비교하면서, 베커의 사상을 다시 정리해보았다. 인간은 지금은 힘들고 고되더라도 언젠가 좋은 결실이 있으리라는 막연한 환상을 품을 수 있기에 절망스러운 오늘을 버틸 수 있다. 결과적으로 상황이 더 나빠진다고 하더라도, 그러한 환상에 기대어 삶과 죽음을 되풀이하며 나아간다. 그래서 환상은 삶과 죽음의 동인이다. 이러한 개인의 소박한 환상과 더불어 거대한 문화적 환상은 구성원들의 삶에 존재론적 의미를 부여하면서도, 그들의 삶을 옥죄는 규범이 되고, 그것을 어기는 자에게 처벌을 가하는 지배적인 역할을 한다. 조선의 성리학과 명나라에 대한 사대주의가 그랬다. 성리학의 이상주의와 명분 정치는 양반들의 기득권을 공고히 하였을 뿐, 반면에 가난한 백성들의 삶은 실질적으로 개선하지 못했다는 비판을 받기도 한다. 그리고 불교사상의 성립과 변천 과정을 살펴보면, 비록 당대의 중생들이 요구하는 바에 따라 시대별로 변해왔지만, 중생들에게 올바른 삶의 방향을 제시하고, 엄격한 규율을 제공하였다는 점에서 일종의 문화적 환상으로 볼 수 있다.

베커의 핵심적인 주장은 "악을 제거하려는 인간의 선한 행위가 더 큰 악을 생성할 수 있다"는 것이다. 인간이 어떤 대상을 악이라고 규정할 때, 주체의 내면에는 어떤 집단의 '문화적 영웅 환상'이 작용하고 있다. 그런 경우 대상은 자신과 같은 평범한 인간으로 보이지 않고, 불결하고 위험한, 혹은 죽여도 마땅한 하찮은 존재로 전락되고 잔인하게 공격받는다. 그러한 사례에는 임진왜란 때 히데요시의 영웅적 환상에 매료된 왜군이 조선의 병사와 민간인들을 잔인하게 죽인 것, 20세기 초 히틀러가 품은 환상에 이끌려 독일민족의 우월성과 순수 혈통을 지키고, 영광을 되찾겠다는 대의명분 아래에 나치가 6백만 명의 유대인을 학살하고, 전 유럽을 전쟁의 도가니로 몰아넣은 것이 이에 해당된다. 그리고 일본이 제국주의의 패권을 위해 조선과 중국 그리고 아시아에서 벌인 전쟁과 잔인한 민간인 학살 만행도 그에 해당된다. 이러한 일련의 잔인한 역사를 보면, 세상의 모든 악의 시작은 어떤 개인과 집단의 불순하고 그릇된 환상에서 초래됨을 알 수 있다.

결론적으로 본 글을 베커의 관점으로 전개하면서 알 수 있었던 것은 다음 두 가지 의미이다. 첫 번째 의미는 죽음의 대면과 수용이다. 임진왜란 시 이순신을 비롯한 여러 장군들의 의로운 죽음에는 유교적 천명 의식이 반영되어 있다. 의를 위해 기꺼이 죽어야 할 자리에서는 피하지 않았고, 안타깝고 불가피한 죽음에 대해서는 하늘이 정한 운명이라고 애써 수용하였다. 그리고 붓다를 비롯한 불교적 죽음관에는 업의 과보 의식이 반영되어 있다. 업의 과보는 엄중하여 붓다 자신도 피할 수 없고, 다시 태어나서 반드시 갚아야만 한다. 그러므로 삶과 죽음은 12 연기로 업에 의해 맞물려 돌아간다. 『티벳 사자의 서』는 죽어가는 이에게는 죽음조차도 해탈의 기회로 삼아 적극적으로 죽음을 대면하고 수용하라고 가르친다. 살아남은 자에게는 죽음을 이해하고 상실의 아픔을 치유케 하며 죽음을 긍정적으로 바라보게 가르친다.

두 번째 의미는 실천적 함의이다. 그것은 스스로 내면의 심층에 있는 종교적 심성을 인지하고 그것을 구현하는 삶을 추구하는 것이다. '자신의 유한성을 자각하고 무한성을 지향하며 우주의 근원적 실재를 통찰하려는 바램'은 우주적 자아가 품어야 할 '궁극적 환상'으로 규정하고, 자기의 삶에서 마주치는 숱한 '환상을 직시하는 삶'을 살아야 한다. 그것이 본 글에서 주장한 실천 방향이다. 이러한 '궁극적 환상'을 지니고 살아가는 삶의 모습은 매 순간 자기를 성찰하며 그릇된 환상에 놀아나지 않고, 참된 환상을 지니고 살아가려고 노력한다. 공자의 지천명(知天命), 맹자의 정명(正命), 퇴계의 경(敬)의 실천 그리고 이순신의 자기성찰과 천명에 따르는 삶이 그러한 삶이다. 비록 그렇게 거창하지 않더라도, 매일 자기를 겸허하게 반성하며, 이기적인 탐욕에 쉽게 휩쓸리지 않으며, 올바르게 살려고 노력하는 삶이다. 그리고 인간이 삶에서 느끼는 아픔과 상실감, 무의미와 공허감은 인간 내면의 심층에 있는 종교성을 발현하는 종교적 경험에 의해서만 회복 가능하다고 보고, 윌리엄 제임스의 'more' 개념에 대해 알아보았다. 인간은 우주 내에서 자기의 실존적 위치를 파악하고, 우주의 근원적 실재를 통찰하며, 내면의 깊숙한 심층의 잠재의식과 교감하는 그러한 삶을 살아야 한다. 비록 인간이 불안하고 미약한 존재이지만, 영적으로 우주 만물과 소통하고 공감할 수 있는 그런 능력이 있음을 자각하고 믿고 나아갈 수밖에 없다. 그러한 종교적 감정으로서의 경험을 소중하게 여기며, 삶과 죽음을 담담히 대면하며, 무수한 환상에 쉽게 부화뇌동하지 않는 것이 우주적 자아로서 '궁극적 환상'을 지향하며 살아가는 진정한 인간의 모습이다.

마지막으로 본 글을 한마디로 정의하면 인간이 스스로 만든 '문화적 영웅 환상'에 의해 삶과 죽음에서 겪게 되는 온갖 예기치 않은 고통의 문제를 다룬 글이다. 이것은 베커의 인간학이 추구한 주제이고, 공자와 붓다 그리고 앞서 살아갔던 수많은 성인들이 고뇌했던 문제이다. 그들이 깨닫고 설파한 모든 가르침도 모두 인간의 삶의 고통과 죽음의 불안을 해결하려는 그들만의 자기 통찰로 얻은 해결책으로서 일종의 궁극적인 문화적 환상이다. 그들 당대의 지식과 사유를 종합하여, 개인적인 성찰과 깨달음으로 혜안을 보여준 것이다. 그렇다 하더라도 삶의 진정한 길을 찾는 이들은 비록 그들의 가르침이 고리타분하게 여겨질지라도, 시대와 문화를 넘어 삶과 죽음의 여정을 고독하게 나아가는 모든 인간에게 막막한 어둠의 길을 밝혀주는 고귀한 등불임을 알아야 한다.

덧붙이자면 성현들의 가르침을 따르고 자기를 성찰하며 고귀한 삶을 추구한 무수한 성인들 그리고 열반에 이르기 위해 엄격한 수행과 보살의 삶을 산 이들 또한 '문화적 영웅 환상'을 좇아 자기의 삶을 오로지 바친 이들이라고 할 수 있다. 하지만 현대의 우리는 오히려 그들을 '문화적 영웅'으로 삼아, 그들의 환상을 뒤좇고 있다. 또한 각 분야의 최고 전문가들도 우리 시대의 '문화적 영웅'으로 추앙받고 있다. 즉 과학기술, IT기업, 스포츠, 예술, 문화 등의 수많은 스타들도 문화적 영웅으로 인정받고 사랑받는다.

오늘도 우리는 각각 자기만의 '문화적 영웅 환상'을 품고 무수한 별들을 쫓아 밤하늘의 불나방처럼 이리저리 몰려다닌다. 그것이 우리네 인간의 삶이다. 그렇지만 이제 우리는 우주 끝 저 멀리 있는 자기만의 궁극의 별을 향해 고귀한 '우주적 자아 환상'을 품고, 대붕의 고독한 날갯짓으로 먼 항해를 시작해야만 한다. 그것이 진정한 삶의 의미를 찾는 길이다. 삶과 죽음이 온전히 하나인 '궁극의 실재'가 바로 수천, 수만 년 동안 모든 인류의 영적 자아가 꿈꾸어 오던 바로 그 이상향이다.

| 참 고 문 헌 |

1. 종교심리학: 어네스트 베커 관련

〈주 텍스트〉

- 베커, 어네스트, 김재영 역, 『죽음의 부정』, 고양: 인간사랑, 2008.
- Becker, Ernest, *Zen*:

  A Rational Critique, New York: W. W. Norton, 1961

  The Birth and Death of Meaning, New York: Free Press, 1971.

  The Denial of Death, New York: Free Press, 1973.

  Escape From Evil, New York: Free Press, 1975.

〈단행본〉

- 김재영, 『종교심리학의 이해』, 파주: 집문당, 2017.

  『고전 종교심리학 운동 연구』, 파주: 아카넷, 2021.
- 도즈, 제임스, 변진경 역, 『악한 사람들』, 파주: 오월의 봄, 2020.
- 솔로몬, 샐던 외 2명, 이은경 역, 『슬픈 불멸주의자』, 서울: 흐름출판, 2016.
- 아들러, 알프레드, 라영균 역, 『인간이해』, 서울: 일빛, 2009.
- 아렌트, 한나, 김선욱 역, 『예루살렘의 아이히만』, 파주: 한길사, 2018.
- 옷토, 루돌프, 길희성 역, 『성스러움의 의미』, 칠곡: 분도출판사, 2009.
- 와타나베 기요시, 장성주 역, 『산산조각 난 신』, 파주: 글항아리, 2017.
- 융, 카를 구스타프, 조성기 역, 『기억 꿈 사상』, 파주: 김영사, 2010.

  이윤기 역, 『인간과 상징』, 파주: 열린책들, 2012.

  김세영 · 정명진 역, 『아이온』, 서울: 부글, 2016.
- 위니캇, 도널드, 이재훈 역, 『놀이와 현실』, 서울: 한국심리치료연구소, 1997.

- 제임스, 윌리엄, 정명진 역, 『심리학의 원리』, 서울: 부글북스, 2014.

  김재영 역, 『종교적 경험의 다양성』, 파주: 한길사, 2009.
- 칼 맑스, 최인호 역, 『칼 맑스, 프리드리히 엥겔스 선집 1권』, 서울: 박종철 출판사, 1990.
- 토도로프, 츠베탕, 최애영 역, 『환상 문학 서설』, 서울: 일월서각, 2013.
- 프로이트, 안나, 김건종 역, 『자아와 방어기제』, 파주: 열린책들, 2015.
- 프로이트, 지그문트, 박성수 · 한승완 역, 『정신분석학 개요』, 파주: 열린책들, 2006.

  김석희 역, 『문명속의 불만』, 파주: 열린책들, 2008.

  , 윤희기 · 박찬부 역, 『정신분석학의 근본개념』, 파주: 열린책들, 2008.
- 프롬, 에리히 외 2명, 김용정 역, 『선과 정신분석』, 서울: 정음사, 1981.
- 프롬, 에리히, 차경아 역, 『소유냐 존재냐』, 서울: 까치, 2011.

  , 최승자 역, 『존재의 기술』, 서울: 까치, 2016.
- 풍크, 라이너, 김희상 역, 『내가 에리히 프롬에게 배운 것들』, 서울: 갤리온, 2008.
- 하라리, 유발, 조현욱 역, 『사피엔스』, 파주: 김영사, 2016.
- 홀, 캘빈 S. 외 1명, 김형섭 역, 『융 심리학 입문』, 서울: 문예출판사, 2013.
- 화이트헤드, 알프레드 N., 김희헌 역, 『진화하는 종교』, 서울: 대한기독교서회, 2012.
- 히틀러, A., 이명성 역, 『나의 투쟁』, 서울: 홍신문화사, 2014.
- Freud, Sigmund, *The Future of an Illusion,* New York: Norton, 1975.
- James, William, *Psychology: The Briefer Course*, New York: Harper, 2001.

  , *The Varieties of Religious Experience,* New York:

Dover, 2002.

- Jung, Carl, *AION: Researches into the Phenomenology of the self*, New York: Routledge, 1968.

  , *Memories, Dreams, Reflections,* London: William Collins, 2019.

- Rank, Otto, *Beyond Psychology*, New York: Dover, 1958.

〈논문〉

- 김재영, 「어네스트 베커의 죽음학과 종교」, 『종교연구』 vol. 75, 한국종교학회, 2015.

  , 「종교 경험의 다양성 속에 나타나 있는 윌리엄 제임스의 종교이론」, 『범한철 학』 vol. 9, 범한철학회, 1994.

- 박선영, 「환상에 대한 분석적 고찰: 프로이트와 클라인을 중심으로」, 『감성과학』 vol. 8, 한국감성과학회, 2005.

- 박중철, 「죽음을 대하는 현대의학의 태도 비판 – 어네스트 베커의 실존주의 심리학의 관점에서」, 『의철학연구』 vol. 24, 한국의철학회, 2017.

- 배병훈, 「어네스트 베커의 '죽음부정'과 '종교성' 연구: 스티브 잡스의 오이디푸스 프로 젝트적인 삶을 중심으로」, 석사학위논문, 서강대학교, 2013.

- 유근준, 「정신분석의 주요 세 이론 비교 – 정신분석이론, 자아심리학, 대상관계이론」, 『국제신학』 vol. 15, 국제신학대학원대학교, 2013.

- Scimecca, Joseph A., "Cultural Hero Systems and Religious Beliefs: The Ideal–Real Social Science of Ernest Beker" *Review of Religious Research*, Vol. 21, 1979.

- Halling, Steen, "Meaning Beyond Heroic Illusions? Transcendence in Everyday Life" *Journal of Religion and Health*, Vol. 39. 2000.

- Horowitz, Irving Louis, "Ernest Becker: An Appreciation of a Life That Began September 27, 1924 and Ended March 6, 1974," *The American Sociologist*, Vol. 10. 1975.
- Isaacs, S. "The nature and function of phantasy," *The International Journal of Psychoanalysis*, Vol. 29, 1948.
- James, Hardie-Bick, "Transcendence, Symbolic Immortality and Evil" *Human Studies*, Vol. 35, 2012.
- Maxine, Sheets-Johnstone, "Death and immortality ideologies in Western philosophy" *Continental Philosophy Review*, Vol. 36, 2003.
- Munley, Patrick H. & Johnson, Phillip D., "Ernest Becker: a vital resource for counselling psychology" *Counselling Psychology Quarterly*, Vol. 16, 2003.

2. 유교: 『난중일기』 관련

〈주 텍스트〉

- 류성룡, 오세진 외 2명 역, 『징비록』, 서울: 홍익출판사, 2015.
- 이순신, 노승석 역, 『난중일기』, 서울: 민음사, 2012.
- 국사편찬위원회, 조선왕조실록, 『선조실록』.

  , 조선왕조실록, 『선조수정실록』.
- 이은상 해역, 『이충무공전서』, 서울: 충무공기념사업회, 1960.

〈단행본〉

- 강항, 이을호 역, 『간양록』, 파주: 서해문집, 2015.
- 계승범, 『우리가 아는 선비는 없다』, 고양: 위즈덤하우스, 2012.
- 금장태, 『한국 유학의 탐구』, 서울: 서울대학교 출판부, 2014.
- 기대승 · 이황, 김영두 역, 『퇴계와 고봉, 편지를 쓰다』, 서울: 소나무, 2003.
- 김시덕, 『그들이 본 임진왜란』, 서울: 학고재, 2016.
- 김승혜, 『유교의 뿌리를 찾아서』, 서울: 지식의 풍경, 2002.
- 김인호, 『원균평전 – 타는 바다』, 평택: 평택문화원, 2014.
- 도민재 역, 『효경』, 서울: 지만지, 2008.
- 루이스 프로이스, 오만 · 장원철 역, 『임진왜란과 도요토미 히데요시』, 서울: 부키, 2003.
- 박창기, 『토요토미 히데요시』, 서울: 신아사, 2016.
- 사토 데쓰타로 외 2인, 김해경 역, 『이순신 홀로 조선을 구하다』, 고양: 가갸날, 2019.
- 송인창, 『천명과 유교적 인간학』, 서울: 심산, 2011.
- 심영환 역주, 『시경』, 서울: 홍익출판사, 2011.
- 역사교육자협의회, 송완범 외 2명 역, 『동아시아 역사와 일본』, 서울: 동아시아, 2011.
- 윤사순 편저, 『퇴계 이황』, 서울: 예문서원, 2002.

　　　　　, 『한국의 유학사상』, 서울: 두양사, 2016.
- 이민웅, 『이순신 평전』, 서울: 책문, 2017.
- 이상진 해역, 『서경』, 서울: 자유문고, 2004.

- 이수건, 『영남 사림파의 형성』, 대구: 영남대학교출판부, 1979.
- 이이, 김태완 역, 『성학집요』, 서울: 청어람미디어, 2014.
- 이황, 윤사순 역, 『퇴계전집』, 서울: 현암사, 1993.
- 정경운, 문인채 · 문희구 역, 『고대일록』, 파주: 서해문집, 2016.
- 정두희 · 이경순 엮음, 『임진왜란 동아시아 삼국전쟁』, 서울: 휴머니스트, 2010.
- 정장철 역해, 『순자』, 파주: 혜원출판사, 2007.
- 제장명, 『이순신 백의종군』, 서울: 행복한나무, 2011.
  , 『이순신 파워인맥 33』, 서울: 행복한미래, 2012.
- 주자, 이범학 역, 『근사록』, 서울: 서울대학교, 2004.
  , 성백효 역, 『논어집주』, 서울: 전통문화연구회, 2007.
  , 성백효 역, 『맹자집주』, 서울: 전통문화연구회, 2014.
- 지두환, 『조선시대 사상사의 재조명』, 서울: 역사문화, 1998.
- 진래, 이종란 역, 『주희의 철학』, 서울: 예문서원, 2008.
- 케이넨, 신용태 역, 『임진왜란 종군기』, 서울: 경서원, 1997.
- 현병주, 『수길일대와 임진록』, 서울: 바오, 2016.

〈논문〉

- 김경록, 「임진전쟁과 통제사 원균에 대한 재평가」, 『온지논총』 vol. 52, 온지학회, 2017.
- 김경수, 「『난중일기』 속 이순신의 충효관」, 『이순신연구논총』 vol. 33, 순천향대학교 이 순신연구소, 2020.

- 김광옥, 「근대 일본의 풍신수길 · 임진왜란에 대한 인식」, 『역사와경계』 vol. 64, 부산경 남사학회, 2007.
- 김기현, 「퇴계의 자기성찰 정신」, 『유교사상연구』 vol. 37, 한국유교학회, 2009.
- 김성재, 「선진시대 중국 天命사상의 변화 (I)」, 『단군학연구』 vol. 43, 고조선단군학회, 2020.
- 김용헌, 「조선전기 사림파 성리학의 전개와 특징」, 『국학연구』 vol. 19, 국학연구소,2011.
- 김정희, 「순자철학에서 심과 성 및 예의의 관계」, 『동서철학연구』 vol. 75, 동서철학회, 2015.
- 김주식, 「이순신에 대한 세계인의 인식」, 『이순신연구논총』 vol. 30, 순천향대학교 이순 신연구소, 2018.
- 김준배, 「일본 문헌 속의 이순신 표상연구」, 박사학위논문, 고려대학교, 2020.
- 김태형, 「이순신과 원균에 관한 포폄(褒貶)시비 일고(一考)」, 『한국인물사연구』 vol. 22, 한국인물사연구회, 2014.
- 도민재, 「『논어』 "극기복례"의 해석에 관한 연구」, 『동양철학연구』 vol. 72, 동양철학연 구회, 2012.
- 박상휘, 「조선후기 도요토미 히데요시에 대한 지식의 축적」, 『국문학연구』 vol. 30, 국 문학회, 2014.
- 박수철, 「풍신정권의 신격화와 명예 추구-'개인' 히데요시의 관점에서」, 『일본역사연구』 vol. 53, 일본사학회, 2020.
- 박연규, 「유가적 몸과 관계적 자아: '경'의 '거리두기'의 관계성을 중심으로」, 『양명학』 vol. 28, 한국양명학회, 2011.
- 박지현, 「퇴계 이황의 사단칠정론-리발설에 대한 새로운 해석」, 『퇴계학논

집』 vol. 9, 영남퇴계학연구원, 2011.

- 방성석,「임진전쟁 중 선조 · 원균 · 이순신의 분노(憤怒)에 관한 연구」,『이순신연구논총』 vol. 32, 순천향대학교 이순신연구소, 2020.
- 배병삼,「공자의 정치적 이상주의: 수기안인과 성인관을 중심으로」,『사회과학연구』 vol. 19, 경희대학교사회과학연구원, 1993.
- 유명옥,「『맹자』 왕도정치의 이념과 실현 방안」,『철학사상문화』 vol. 34, 동국대학교 동서사상연구소, 2020.
- 유희성,「순자의 인식론」,『동양철학연구』 vol. 58, 동양철학연구회, 2009.
- 윤용남,「유가의 생사관과 죽음에 대한 태도」,『철학논총』 vol. 59, 새한철학회, 2010.
- 이승연,「'개個'와 '가家':『주자가례』의 출현을 중심으로」,『동양 사회사상』 vol. 3, 동양 사회사상학회, 2000.
- 이진영 · 강선보,「공자의 생사관을 통해 본 '지천명'의 죽음교육 의의:『논어』를 중심으 로」,『한국교육한 연구』 vol. 21, 안암교육학회, 2015.
- 임명희,「『국조유선록』에 나타난 선조대 사림파의 도통 인식과 관념의 변화」,『민족문 화논총』 vol. 60, 영남대학교 민족문화연구소, 2015.
- 임헌규,「천명과 윤리」,『온지논총』 vol. 30, 온지학회, 2012.
- 장윤수,「유교의 국가윤리: '공동체적 자아론'과 '도덕적 공동체론'을 중심으로」,『유교 사상연구』 vol. 55, 한국유교학회, 2014.
- 정소이,「다산 정약용의 인심 · 도심론 」,『다산학』 vol. 18, 서울대학교 철학사상연구소, 2011.

　　　　　　,「효제의 종교적 성격」,『종교연구』 vol. 75, 한국종교학회, 2015.

- 제장명,「임진왜란 시기 조선의 수군정책과 이순신의 수군 운용」,『이순신연구논총』vol. 31, 순천향대학교 이순신연구소, 2019.

- 한명기, 「임진왜란 직전 동아시아 정세」, 『한일관계사연구』 vol. 43, 한일관계사학회, 2012.

〈기타자료〉

- 전병근 · 윤예나, 「징비록…한중일 국제전의 뼈아픈 기록(김시덕 인터뷰)」, 『조선비즈』,2021,10,7.

3. 불교: 『티벳 사자의 서』 관련

〈주텍스트〉

- 파드마삼바바, 류시화 역, 『티벳 사자의 서』, 서울: 정신세계사, 1995.
- Evans-Wentz, W.Y., *The Tibetan book of The Dead*, London: Oxford, 1960.
- 동국대학교 한글대장경, 『불설장아함경』.

  , 『잡아함경』.

  , 『증일아함경』.

〈단행본〉

- 가츠라 쇼루 외, 김성철 역, 『유식과 유가행』, 서울: 씨아이알, 2016.
- 김명우, 『유식삼십송과 유식불교』, 서울: 예문서원, 2012.

- 김묘주 역주, 『성유식론 외』, 서울: 동국역경원, 2012.
- 김윤수 편역, 『주석 성유식론』, 광주: 한산암, 2013.
- 김용환, 『만다라–깨달음의 영성세계』, 서울: 열화당, 1991.
- 길희성, 『인도철학사』, 서울: 민음사, 2014.
- 냐나틸로카, 김재성 역, 『붓다의 말씀』, 서울: 고요한소리, 2015.
- 다무라 요시로, 이원섭 역, 『열반경』, 서울: 현암사, 2001.
- 다스굽따, S. B., 정승석 역, 『딴뜨라 불교입문』, 서울: 민족사, 1993.
- 다카하시 신지, 김해석 역, 『붓다』, 서울: 해누리, 2000.
- 라훌라, 월폴라, 진철승 역, 『붓다의 가르침』, 서울: 대원정사, 1988.

  , 전재성 역, 『붓다의 가르침과 팔정도』, 서울: 한국빠알리성전협회, 2002.
- 무케르지, 아지트, 『탄트라』, 서울: 동문선, 1995.
- 레어드, 토머스, 황정연 역, 『달라이 라마가 들려주는 티베트 이야기』, 서울: 웅진씽크 빅, 2008.
- 린포체, 족첸 폰롭, 최람 · 이균형 역, 『티벳 사자의 여행 안내서』, 서울: 정신세계사, 2006.
- 안성두 외 6인, 『죽음, 삶의 끝인가 새로운 시작인가』, 서울: 운주사, 2014.
- 알렉산더, 이븐, 고미라 역, 『나는 천국을 보았다』, 파주: 김영사, 2013.
- 윌리엄스, 폴 · 트라이브, 앤서니, 안성두 역, 『인도불교사상』, 서울: 씨아이알, 2021.
- 이동봉 역, 『밀린다팡하』, 서울: 홍법원, 1992.
- 일지, 『중관불교와 유식불교』, 서울: 세계사, 1992.
- 종석, 『밀교학 개론』, 서울: 운주사, 2010.

- 정도전, 김병환 역해, 『불씨잡변』, 서울: 아카넷, 2014.
- 첸, 케네스, 길희성 · 윤영해 역, 『불교의 이해』, 칠곡: 분도출판사, 2004.
- 퇸둡, 툴쿠, 도솔 역, 『평화로운 죽음 기쁜 환생』, 파주: 청년사, 2007.
- 파드마삼바바, 유기천 역, 『티벳 해탈의 서』, 서울: 정신세계사, 2000.
- 한마음선원, 『한마음요전』 초판, 안양: 한마음선원, 1993.
- 한보광 역, 『극락의 경전』, 서울: 민족사, 2020.
- 한자경, 『불교철학의 전개』, 서울: 예문서원, 2010.

    , 『유식무경, 유식 불교에서의 인식과 존재』, 서울: 예문서원, 2011.

    , 『심층마음의 연구』, 파주: 서광사, 2017.
- 호진, 『무아 · 윤회 문제의 연구』, 서울: 불광출판사, 2018.
- 후카우라 세이분, 박인성 역, 『유식삼십송 풀이』, 서울: 운주사, 2012.
- 휘튼, 조엘 L. · 피셔, 조, 이재황 역, 『죽으면 무슨 일이 일어날까』, 서울: 기원전, 2004.
- David Chidester, *Patterns of Transcendence Religion, Death, and Dying*, Belmont: Wadsworth, 2002
- Evans-Wentz, W.Y., *The Tibetan book of The Great Liberation*, London: Oxford, 1968.

〈논문〉

- 심혁주, 「티베트 생사관의 형성배경: 환경과 종교의 관점에서」, 『인문과학연구』 vol.37, 강원대학교 인문과학연구소, 2013.
- 안성두, 「불가언설성과 교법: 궁극적인 것에 대한 유식학의 접근방식과 붓다의 태도」, 『불교학리뷰』 vol. 11, 불교문화연구소, 2012.

,「유식에 대한 관념론적 해석비판-분별과 진여 개념을 중심으로」, 『철학사상』 vol. 0, 철학사상연구소, 2016.

- 이상호,「의정의 이원화와 통합을 활용한 생수선 정립 방안 연구」, 박사학위논문, 서강 대학교, 2017.
- 임승택,「무아 · 윤회 논쟁에 대한 비판적 검토: 초기불교를 중심으로」,『불교학연구』 vol. 45, 불교학연구회, 2015.

,「불교 만다라에 나타난 인간 심성개발의 교육모델 연구-태장계만다라 중대팔엽 원을 중심으로」,『동아시아불교문화』 vol. 27, 동아시아불교문화학회, 2016.

- 조인숙,「무아와 윤회에 대한 유식학적 관점」,『한국불교학』 vol. 73, 한국불교학회,2015.
- 최경아,「자아와 개인에 대한 정의 고찰: 초기불교를 중심으로」,『인도철학』 vol. 0, 인 도철학회, 2010.
- Chae Young Kim, "Pragmatic Approach of William James and Seon Master Daehaeng towards Religion and Science" *Journal of Dharma*, Vol 44, 3. 2019.

, "Depth Psychological Elements in Seon MasterDaehaeng's Dharma Talks, with Special Reference to *Hanmaum Yeojeon* " Religions, Vol 12, 2021.

| 부 록 |

BOW to The Primary NOTHING

Before the Birth of the Universe

시원의 무(始原之無)에 경배하라!

BOW
자기통찰 명상법

(The Self-Insight Mediation)

– 1일 12배(拜)

1. 시원의 무(궁극적 실재)에 경배하나이다 (始無)
2. 처음의 존재에 경배하나이다 (初有)
3. 처음의 생명에게 경배하나이다 (初生)
4. 나의 선조들께 경배하나이다 (先祖)
5. 나의 부모님께 경배하나이다 (父母)
6. 나에게 경배하나이다 (自我)
7. 나의 배우자에게 경배하나이다 (配匹)
   (or 나의 전문 업적에 경배하나이다)
8. 나의 자녀들에게 경배하나이다 (後孫)
   (or 나의 후학들에게 경배하나이다)
9. 나의 전생의 인연들에 경배하나이다 (前生)
10. 나의 현생의 인연들에 경배하나이다 (現生)
11. 나의 내생의 인연들에 경배하나이다 (來生)
12. 삼라만상의 모든 인연에 경배하나이다 (森羅萬象)

문화적 영웅 환상

발행일 2023년 01월 30일 초판인쇄
지은이 배병훈
펴낸이 배병훈
펴낸곳 BOW 출판
출판등록 제2022-0000349호
주소 서울특별시 강남구 테헤란로84길 14, 1034호(대치동, 지어로빌딩)
편집 현유주
전화 02-6338-8292
이메일 maumredesign@naver.com
블로그 http://blog.naver.com/maumredesign

ISBN 979-11-981704-2-2 03150

가격은 뒷표지에 있습니다. 파본은 구입하신 서점에서 교환해 드립니다.